权威·前沿·原创

皮书系列为
"十二五""十三五"国家重点图书出版规划项目

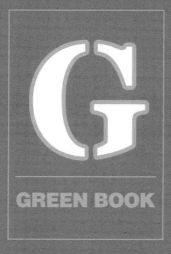

GREEN BOOK

智库成果出版与传播平台

城市休闲和旅游竞争力绿皮书

**GREEN BOOK** OF
URBAN LEISURE AND TOURISM COMPETITIVENESS

# 中国城市休闲和旅游竞争力报告（2020）

## CHINA'S URBAN LEISURE AND TOURISM COMPETITIVENESS REPORT (2020)

主　编／刘德谦　石美玉
副主编／郝志成　何　滢　季少军　廖　斌

社会科学文献出版社
SOCIAL SCIENCES ACADEMIC PRESS (CHINA)

图书在版编目（CIP）数据

　　中国城市休闲和旅游竞争力报告 . 2020 / 刘德谦,
石美玉主编 . -- 北京：社会科学文献出版社，2020. 12
　　（城市休闲和旅游竞争力绿皮书）
　　ISBN 978 - 7 - 5201 - 7669 - 9

　　Ⅰ. ①中…　Ⅱ. ①刘… ②石… 　Ⅲ. ①城市 - 闲暇社
会学 - 研究报告 - 中国 - 2020②城市旅游 - 竞争力 - 研究
报告 - 中国 - 2020　Ⅳ. ①D669. 3②F592. 3

　　中国版本图书馆 CIP 数据核字（2020）第 235121 号

城市休闲和旅游竞争力绿皮书
# 中国城市休闲和旅游竞争力报告（2020）

主　　编／刘德谦　石美玉
副 主 编／郝志成　何　滢　季少军　廖　斌

出 版 人／王利民
组稿编辑／任文武
责任编辑／高振华

出　　版／社会科学文献出版社·城市和绿色发展分社 （010）59367143
　　　　　地址：北京市北三环中路甲 29 号院华龙大厦　邮编：100029
　　　　　网址：www. ssap. com. cn
发　　行／市场营销中心 （010）59367081　59367083
印　　装／天津千鹤文化传播有限公司

规　　格／开　本：787mm × 1092mm　1/16
　　　　　印　张：27.5　字　数：412 千字
版　　次／2020 年 12 月第 1 版　2020 年 12 月第 1 次印刷
书　　号／ISBN 978 - 7 - 5201 - 7669 - 9
定　　价／128.00 元

# 中国城市休闲和旅游竞争力研究

**课题领导组成员**

**组　长**　曹长兴

**副组长**　王　静　严旭阳　王　莹　王美萍　张　驰
　　　　　石美玉

**课题研究组成员**

**组　长**　石美玉

**副组长**　（以姓氏拼音为序）
　　　　　郝志成　何　滢　季少军　廖　斌

**成　员**　（以姓氏拼音为序）
　　　　　丁于思　郝志成　何　滢　季少军　蒋　艳
　　　　　李　享　廉月娟　廖　斌　石美玉　宋志伟
　　　　　王雅丽　魏云洁　吴巧红　张丽峰

# 特邀学术顾问

陈　田　中国科学院城市与乡村发展研究室主任，研究员

戴学锋　中国社会科学院旅游与休闲研究室主任，研究员

黄先开　北京工商大学党委书记，教授

刘德谦　（常务顾问）北京联合大学旅游学院退休教授

马晓龙　南开大学旅游与服务学院教授

倪鹏飞　中国社会科学院城市与竞争力研究中心主任，研究员

宋　瑞　中国社会科学院旅游研究中心主任，研究员

王琪延　中国人民大学休闲经济研究中心主任，教授

吴必虎　北京大学城市与环境学院旅游研究与规划中心主任，
　　　　教授

赵焕焱　华美酒店顾问有限公司首席咨询专家

# 《中国城市休闲和旅游竞争力报告（2020）》

**研究和编撰成员**

**主　编**　刘德谦　石美玉

**副主编**　郝志成　何　滢　季少军　廖　斌

**撰稿人**　丁于思　郝志成　何　滢　季少军　蒋　艳
　　　　　李　享　廖　斌　廉月娟　刘德谦　石美玉
　　　　　王雅丽　魏云洁　张丽峰

**总　纂**　石美玉　刘德谦

**审　读**　宋志伟　吴巧红

本书的出版
得到了北京联合大学旅游信息化协同创新中心的资助
特此致谢

# 摘　要

《中国城市休闲和旅游竞争力报告（2020）》，是我国出版的第一部将"城市休闲竞争力"和"城市旅游竞争力"并行研究的研究报告。经过课题组四年来的准备与探索，这里向读者汇报的是这一研究的第一轮成果。此次汇报的内容，包括"总报告""分报告""专题报告"的三大组成。"总报告"《寻找城市休闲和旅游竞争力的提升途径》，汇报的是本课题研究的起点、进程、成果综述和探求（课题组对提升以上竞争力的有关建议）。"分报告"和"专题报告"各有三篇，是"基本要素驱动""效率增强驱动""创新与成熟度驱动"三个竞争力研究组分别集中于不同侧面研究提出的汇报成果：前三篇，论析的是竞争力三大驱动在全国各样本城市的表现；后三篇则是以三大驱动力作依据，对竞争力排名榜"名列前茅30城"中选取的三座不同城市所作的对标剖释。本书的第四组报告是"前沿报告"，汇集的是本书三位特邀学术顾问在本课题相关方面的近年新作，是基于各自精心研究的独立意见的表达。

主报告的第一部分"起点"，汇报的是研究的必要基础准备。它首先从城市的历史发展与经典著述入手，阐明城市休闲和旅游功能的日益显现实在是城市功能增强的必然；接着又从休闲和旅游的理论辨析，从我国休闲和旅游的发展实例，阐明大力拓展和优化城市的休闲和旅游供给确实是当前造福民众的必需。在"起点"的这一部分，接下来又阐述了课题组如何从国内外有关竞争力研究的梳理中，汇集全球著名的测度范例所进行的比照，同时借鉴了我国创建"中国优秀旅游城市"以及随后制定《旅游休闲示范城市》标准的宝贵经验，从而为课题组的研究铺垫出的颇为坚实的基础。

总报告的"进程"部分，汇报了两方面的内容。第一方面是如何把握好当前课题研究对我国城市发展的两大意义，既包括了有利于城市休闲和旅游功能的综合提升，有利于我国走出当前节假日旅游过于拥堵的困境，有利于本地居民与外来旅游者对城市环境、设施、服务的和谐共享；又包括了如何发挥城市休闲和旅游竞争力对推动城市全面发展的特有功能（譬如对联合国"人居Ⅲ"会议的城市可持续发展理念的响应和对现代城市宜居发展的配合，还有值得注目的休闲和旅游服务的优化所带来的对城市经济发展和综合发展的巨大推动等）。"进程"部分汇报内容的第二方面，是关于本课题指标体系的确立与评价方法的选择，其内容包括了研究方法的选定、指标体系的构建原则与构建、样本城市的确定与竞争力来源数据的采集与选择等，尤其是就指标体系的分野与层次结构问题，在理论把握基础上对国内外不同的成功操作实例所进行的反复斟酌，以及最后在对研究对象充分熟悉基础上推动的本研究 2.0 版指标体系的从容形成。

总报告的"成果综述"部分，是对本次研究核心成果的概要性总结。课题组经过对样本城市有关截面数据的采集和分析，经过去量纲处理后的赋权计算，经过依本研究 2.0 版指标体系从 163 项单项指数→66 组分组指数→24 类类项指数→3 大版块驱动力指数→城市休闲和旅游竞争力总指数的层层分析汇总，由类项维度的 24 组"30 佳城市"综合排名，汇合成为三大驱动力的 3 组"30 强城市"综合排名，最后选出了此次全国城市休闲和旅游竞争力的"名列前茅 30 城"①。报告在总结公布了竞争力指数"名列前茅 30 城"的综合排名榜单后，一方面进行了排名总格局的分析（既剖析了"胡焕庸线"的再现和非区位决定论的现实，也剖析了各城市互有千秋的显现），同时又提纲挈领地从分支研究的三大"驱动板块"——"基本要素驱动板块""效率增强驱动板块""创新与成熟度驱动板块"的研究成果中提

① 在本研究"城市休闲和城市竞争力"的最后综合排名中，竞争力指数位居全部样本城市最前面的 30 座城市，称"城市休闲和城市竞争力"的"名列前茅 30 城"（其中的前 10 名，又称"名列前茅 30 城的 TOP10"）。在三个重要驱动力板块中，其实力最强的 30 座城市或排在最前面的 10 座城市，则称之为该板块的"30 强城市"或"10 强城市"。在其下各维度的"类项指标"中，表现最佳的 30 座城市或排在最前面的 10 座城市，则称之为该维度的"30 佳城市"或"10 佳城市"。

取了他们汇报的要点，从每个板块下的一级指标（类项指标）和二级指标（分组指标）及其指标解释入手，分析了该板块驱动竞争力的"30强城市"的综合排名状况及其表现特征，还有其"10强城市"之所以成为10强的因由，以期能够用各个分报告的研究成果来说明全国城市休闲和旅游竞争力"名列前茅30城"的胜出，确实是这30座城市"基本要素""效率增强""创新与成熟度"三大驱动力聚合的结果。就一定的范畴而言，三个板块的"30强城市"也就是"名列前茅30城"的"候选城"。

正是基于对"名列前茅"城市优势的追寻，对不少城市发展不足的关注，在总报告第四部分的"探求"里，课题组才十分郑重地提出了关于进一步改善城市人居环境，进一步开拓城市公共空间，进一步发展城市公共服务，以及进一步增强对休闲和旅游的供给（包括利用供给侧原理努力拓展市场，增强对居民文化休闲的供给，增强对居民体育健身休闲的供给等等）的几项建议。其实，本课题提出的"寻找休闲和旅游竞争力的提升途径"目标的主要着力点之一，也就是这里的建议。

主报告后面的"分报告"，共有三篇，它们分别集中于对"基本要素驱动""效率增强驱动""创新与成熟度驱动"三大竞争力研究最终成果的分析与阐释。作为对总报告"成果综述"的具体支撑，它们各自的论说又分为两部分，先是以"总述"形式集中于各自板块驱动力的总体论析；其下的"分述"，则是三个板块分别对其下的6个维度、9个维度、9个维度的"类项指标"逐一作出的更详的细分说明。包括对其下三个级别指标体系的构成和解释，对"30佳城市"和"30强城市"的形成及其排名的析论，对这些突出城市的区域描述和对其有关特征的归纳等等。

为了更具体地剖析此次全国城市休闲和旅游竞争力"名列前茅30城"的突出表现，本研究在"基本要素驱动""效率增强驱动""创新与成熟度驱动"三大竞争力的分板块探究中，还各自选出了一个最为关注的城市来给以更细致的讨论和详析。本研究的"专题报告"三篇，就是为此而设的。其所选的黄山市、深圳市、杭州市，虽然有意避开了"基本要素驱动""效率增强驱动""创新与成熟度驱动"各自最强的冠军，但所选城市各自在不同驱动力板块中的代表性，却依然显现得十分突出。三篇"专题报告"对黄山市、深圳市、杭州市所作的不同角度的详论，在相当深度上确实凸显了这些城市管理者、经营者、规划者们和广大市民为自己城市发展所做的贡献，以及其可贵经验的多年积累；而这一切，也确实是有利于各姊妹城市的认真思考和借鉴的。同时，也在一定程度上验证了本次竞争力排名的可信度和指标体系的适用力。

基于本研究特邀学术顾问对本研究的指导和帮助，课题组除了接受他们的指导和认真研读他们的著述外，还征寻到他们未曾发表的新著——马晓龙老师与其学生的《面向文旅融合的城市旅游竞争力指标选择》、王琪延老师与其学生的《北京旅游产业竞争力问题研究》、赵焕焱老师与其助手的《商家经营竞争力与消费适应竞争力的差异》，故而特地在本书的"前沿报告"中把这些佳作推荐给本书的读者，相信读者们一定能够像本课题组成员一样，从他们的新近研究成果中得到更多的启迪。

# Abstract

*China's Urban Leisure and Tourism Competitiveness Report* (*2020*) is the first research report published in China that studies both urban leisure competitiveness and urban tourism competitiveness. The whole book consists of 10 articles that are divided into four parts that are entitled general report, topical reports, special reports and frontier reports. Part I the General Report focuses on the topic of urban leisure and tourism competitiveness in terms of the starting point, process, result summary, and suggestions. Part II the Topical Reports and Part III the Special Reports include three articles respectively, focusing on different aspects of the research results. The first three articles analyze the competitiveness performance driven by three forces; based on these analyses, three cities were chosen from the 30 leading cities as case studies to provide an in – depth understanding of the topic.

Starting Point, the first section of the General Report, introduces the essential groundwork of the whole study. It starts with the historical development of cities and classic works, and indicates that the emergence of urban leisure and tourism functions is inevitable for the enhancement of urban functions. Then the article discusses leisure and tourism theories using practical examples, pointing out that vigorously expanding and optimizing the city's leisure and tourism supply is what is needed to benefit the people at present. Next, the article reviews the competitiveness studies done by scholars from both home and abroad, and compares the measurement approaches regarding competitiveness used by world famous agencies. At the same time, this research draws on the valuable experience from China's construction of "outstanding tourist cities", and from the subsequent development of "demonstration cities of tourism and leisure", which lay a sound foundation for the current study of our team.

The Process section of the General Report emphasizes two aspects. Firstly, it introduces two important implications of the current research findings for urban development of China; that is, this research is conducive to the comprehensive improvement of urban leisure and tourism functions, our country's current dilemma of excessive congestion in holiday tourism, and the harmonious sharing of urban environment, facilities and services between local residents and tourists. It also includes how to give full play to the unique functions of urban leisure and tourism competitiveness in promoting the overall development of the city, such as the response to the sustainable development of the United Nations "Habitat III" conference cities and the coordination of the livable development of modern cities, as well as the huge boost to urban economic development and comprehensive development brought about by the optimization of leisure and tourism services. The second aspect that deserves attention is the establishment of the index system of the research subject and the choice of evaluation methods. These include the selection of research methods, the construction of the index system and its principles, determination of sample cities, and choice of data source, especially in the determination of the hierarchical structure of the index system, repeated consideration of various successful operation examples from both home and abroad on the basis of a sound understanding of theories, and formation of the final 2. 0 version of the research index system based on a full familiarity with the research object.

The Results Review section of the General Report summarizes the core results of this study. Through collecting and analyzing the cross – sectional data of the sample cities, the research team calculates the weight after de dimensioning. According to the index system of version 2. 0 of this study, the researchers first reduced 163 items of indexes into 66 groups of indexes, then into 24 categories, and then 3 driving forces, and finally the general index of urban leisure and tourism competitiveness. Consequently, the comprehensive ranking of the top 30 cities resulting from the index values of 24 categories was summarized into the comprehensive ranking of the best 30 cities resulting from the three driving forces. ①

---

① In the final comprehensive ranking of "Urban Leisure and Tourism Competitiveness" in this research, the "leading 30 cities" of leisure and tourism competitiveness refer to the 30 cities with the top competitiveness index of all sample cities (the top 10 cities are called "top 10 among the 30 leading cities"). Among the three important driving forces, the best 30 cities (or the top 10 cities of the ranking list) are called the "best 30 Cities" (or the "top 10 cities" of this sector). In the sub – category of indicators, the top 30 cities (or the top 10 cities of the ranking list) are called the "top 30 cities" (or the "top 10 cities" in each category).

Lastly, the 30 leading cities relating to leisure and tourism competitiveness were chosen. This section released the comprehensive ranking list of "30 leading cities" with regard to the competitiveness index. On the one hand, it analyzes the overall pattern of rankings (It analyzes the reproduction of the "Hu Huanyong Line" and the reality that is not determined by location, and also analyzes the different performance of each city.). On the other hand, it outlines the main points of the three studies on driving forces of competitiveness—basic elements, efficiency enhancement, and innovation and maturity. Based on the index of categories and secondary indicators, this section analyzes the comprehensive ranking status and performance characteristics of the "best 30 cities" based on their competitiveness driven by the three forces respectively, as well as the reasons why the "best 10 cities" become the best 10. The purpose is to use the research results of each sub – report to illustrate that the victory of the "30 leading cities" with regard to their leisure and tourism competitiveness is a combined impact by the three major driving forces—basic elements, efficiency enhancement, and innovation and maturity. In terms of certain categories, the "test 30 cities" relating to the three driving forces respectively are also the "candidate cities" of the "30 leading cities" in the comprehensive ranking list.

It is because of the pursuit of "leading" city advantage and the concern about the deficiencies of many cities, in the fourth section Exploration of the General Report, the research team formally puts forward on suggestions on further improving urban living environment, further expanding urban public space, further developing urban public services, as well as further enhancing the supply of leisure and tourism (including the use of the supply – side principles to expand the market, increase the supply of residents' leisure culture, increase the supply of residents' sports, fitness, leisure, etc.). In fact, one of the main points proposed by the research of "looking for ways to improve the competitiveness of urban leisure and tourism" is the suggestion.

The individual report part consists of three "sub – reports", which focus on the analysis and interpretation of the final results of three competitiveness studies, namely, "basicrequirement driven", "efficiency enhancement driven" and "innovation and maturity driven" respectively. As a concrete support for the "achievement summary" of the General Report, their respective illustration are divided into two parts. First, they focus on the overall analysis of the driving forces of their respective parts in general. The sub – parts below the General Report consist of a more detailed subdivision description of the 6, 9, and 9 categories of indexes, including a explanation about the construction and composition of the three – level index system, an argument on the formation of the "best 30 cities" and "top 30 cities", and a description of these prominent cities and summary of their related characteristics, and so on.

In order to more specifically analyze the outstanding performanceof the "30 Leading Cities" of leisure and tourism competitiveness, this study, also gives a more detailed discussion and analysis on a model city in each of the three parts of the competitiveness research—basic requirement driven, efficiency enhancement driven, and innovation and maturity driven, and this is the purpose of the three special reports following the part of the individual reports. Although the selection of cities of Huangshan, Shenzhen, and Hangzhou are intentionally avoiding the strongest champions of the rankings in the basic requirement driven, efficiency enhancement driven, and innovation and maturity driven respectively, these cities are still very prominent in the representation of three different driving forces. The detailed discussion on huangshan, Shenzhen, and Hangzhou from different perspectives in the three special reports have highlighted the concentration and efforts made by these city managers, operators, planners and citizens for the development of the city, as well as their valuable experience accumulated over the years. All of this is indeed conducive to the sister cities for deep thinking and reference. At the same time, it also verifies the credibility of the competitiveness ranking and the applicability of the index system to a certain extent.

In addition, the research team not only learns from their suggestions and feedback, but find their new works that have not been published, including "city tourism competitiveness index selection facing the integration of culture and tourism", "Beijing's tourism industry competitiveness research", "Differences in business competitiveness and consumption adaptation competitiveness". We also recommend these new works to our readers in Part IV "Frontier Experts" of this book. We are sure that our readers will be able to learn as much as the research team from their new studies.

# 序　言

"寻找城市休闲和旅游竞争力的提升途径"，是这次《中国城市休闲和旅游竞争力报告（2020）》"总报告"的篇名，也是课题组本次研究的核心主旨。就像世界经济论坛近年来推出的《旅游业竞争力报告》① 每年都有一个并行书名一样，为了突出其研究的年度核心关注，《2019 年旅游业竞争力报告》就选用了 "*Travel and Tourism at a Tipping Point*" 这样的并行书名，就是说，他们希望读者在阅读那份报告时能够更多关注 "旅游业正处在一个转折点" 的现实。故而我们也大胆地打破不少《蓝皮书》《绿皮书》多将该研究的总称袭用为其主报告或总报告篇名的惯例，而将这次本研究年度报告的核心主旨作为了本研究总报告的篇名。

自 20 世纪 50 年代起，大众旅游逐渐在世界流行起来。与之相应的，是当代中国居民的这一离开常住地的旅游活动，不仅因其体验、发现和交流的丰富多彩而深受百姓的喜爱，而且也为政府文件和国家领导人誉为了关系民生的 "幸福产业"。而在此前，研究者也已发现，人们的旅游休闲其实是人们整体休闲的一部分，"中国旅游未来研究会课题组" 的《新 10 年中国旅游发展趋势预测（2011 ~ 2020）》也已说到，在 "新 10 年" 我国旅游发展的趋势中 "居民的本地休闲与异地旅游将因其同一的休闲实质而难于作出本质的区分"②

---

① 世界经济论坛（World Economic Forum，WEF）的《旅游业竞争力报告》（*The Travel & Tourism Competitiveness Report*，又译《旅行和旅游业竞争力报告》等），是该组织在 2007 年开始发布的，在 2007 年及其后的 2008 年、2009 年连续三年中每年发布了一次后，自 2011 年第 4 次发布起，改为了每两年发布一次。其《2019 年旅游业竞争力报告》（*The Travel & Tourism Competitiveness Report* 2019），是 2019 年 9 月发布的。

② 中国旅游未来研究会课题组《新 10 年中国旅游发展趋势预测（2011 ~ 2020）》，《旅游学刊》，2011 年第 3 期，第 93 ~ 94 页。

对于休闲和旅游，严格说来，"休闲"是一个时间概念，它指的是人们对自己闲暇时间的有效利用；"旅游"是一个空间概念，它指的是人们从甲地到乙地或再到丙地等的体验、发现和交流。虽然二者的交叉是反应在四维空间里的，不过为了能够较浅显地对其说明，我们也可以把它理解为二维平面里的两个相交圆。二者相交时，其重合共有的梭形部分，既是"休闲中的异地休闲"，也是"旅游中的闲暇类旅游"；而两圆相交时两侧并非共有的状如"亏眉"月相和"娥眉"月相的两部分，就是本地居民的"本地休闲"和旅游者出行的"非休闲类旅游活动"。近年我国学界的最新研究更证明，休闲学科其实是立足于职工每日工作和睡眠之外 1/3 时间和一年 1/3 日子的关于人类生活生存的元学科。人们的休闲构成，已经不再局限在早年单一的旅游休闲了，其多元多样的文化休闲、活力四射的体育健身休闲、闲适幽静的养心休闲等等，也都逐渐地丰富了起来。同时，不仅应该看到它是人类生而有之的潜意识的向往，是居民幸福生活的一个组成部分，还应该看到，这种非生产性活动所具有的推动人类创造力再生的巨大源泉的价值与功能。所以，不仅休闲和旅游业作为产业集群的服务正在创造着财富，其实，人们的休闲和旅游就是在为其随后的生产与创造集聚着"势能"。如此看来，城市的休闲和旅游功能的提升，就是为市民的身心准备着"生产和创造"的潜能。

为呼应总报告第一部分对"发展休闲和旅游，是造福民众的必需"的论述，在总报告的第二部分里，又再次分析到本课题提出的休闲和旅游并行研究中"休闲和旅游竞争力"的测度，它既有利于城市休闲和旅游功能的综合提升，有利于我国走出当前节假日旅游过于拥堵的困境，有利于本地居民与外来旅游者对城市环境、设施、服务的和谐共享，也有利于发挥城市休闲和旅游竞争力对推动城市本身发展的特有功能（这功能尤其在"产业集群"的互动环节和"非休闲类旅游活动"的关联效应中，表现得更加突出）。

如果再往前追溯，则可以发现，休闲和旅游功能的不断增进，原本就是城市发展的方向，也是城市发展的历史必然。为此，本研究总报告第一部分的"起点：城市休闲和旅游竞争力的研究背景与意义"作为研究的开篇，便特着意从法文原版《雅典宪章》关于城市休闲功能的著名论断，追溯到维特鲁威《建筑十书》、追溯到霍华德的《明日的田园城市》，并与后来联合国"人居Ⅲ"会议的《新城市议程》进行了关联分析；继而又再回溯到我国《考工记》、《管子》，直至《天咫偶闻》及现代吴良镛《中国人居史》理论与中国建城历史等，其意就是要阐明城市休闲和旅游的功能的日益显现，实在是城市功能增强的必然。

为了摸清国内外对竞争力的探索脉络，课题组又从学习波特理论开始，追踪了海外各家对竞争力评价的实操研究，诸如上面提到的 WEF，还有 IMD（瑞士洛桑国际管理发展学院）、森记念财团（森纪念财团）、ATKearney（科尔尼管理咨询公司）、MasterCard（万事达卡）、EIU（经济学人智库）、*Travel + Leisure*（《旅游与休闲》杂志）、*Lonely Plane*（《孤独星球》杂志）、MMC（美世咨询）、WTTC（世界旅游理事会，或译世界旅游及旅行理事会）等海外或国际机构对国家间、城市间，以及其在宜居、休闲、旅游等领域的竞争力的全球性测度与研究，同时也认真学习了自波特理论东渐以来我国学者们的诸多专著与研究论文，尤其关注了中国社科院财经战略研究院《中国城市竞争力报告》等对城市及其休闲和旅游竞争力的研究成果与心得，并从此前国家旅游主管部门在创建"中国优秀旅游城市"以及随后制定《旅游休闲示范城市》标准的多次活动中得到了启示和借鉴，从而为本研究的休闲和旅游竞争力的指标体系的建立找寻到不少有益的参照。

根据社会科学文献出版社的要求，在本书开篇处的全书"摘要"里，课题组已经大致介绍了本书的梗概，相信它一定能够陪伴着读者走完这类图书阅读的颇为枯燥的过程。经历过竞争力评价研究的研究者，大都明白这一工程中的辛苦、繁琐和劳心费力；可喜的是，本课题组成员们都有着自己的坚韧、仔细和责任心，也都为自己能够接受这一劳作的考验而感到高兴。本次课题的成果，是由七篇研究报告组成的（"总报告"一篇，"分报告"三篇，"专题报告"三篇）。值得特别指出的，是本研究中一多半的报告都是由中青年成员精心研究、精心撰写完成的，他们学科基础雄厚，思想敏锐，视野开阔，在研究中又熟悉各种新方法新技术的运用，所以尽管三篇"分报告"和三篇"专题报告"都各有着报告编组的统一规范，但是各组成员仍然能够把自己的报告写得特色鲜明。

至于本研究的指标体系设置，课题组也是十分关注创新与开拓的。在本研究的总报告里，我们已经坦陈，本研究的综合竞争力下三大驱动力分野的来由，就是从世界经济论坛的"全球竞争力的指数"（Global Competitiveness Index，GCI）的 3.0 版学来的。世界经济论坛在它的《2016～2017 年全球竞争力报告》（*The Global Competitiveness Report* 2016 – 2017）中，其"全球竞争力的指数"就是使用的它的 3.0 版，即，其全球竞争力的指数下的一级分指数的三个板块，分别是"Basic requirements subindex"（基本要素分指数），"Efficiency enhancers subindex"（效率增强分指数），"Innovation and sophistication factors subindex"（创新与成熟度分指数）。本研究对于这种划分给以的重视，就是为了重视城市的原有形态与当前定位，以及它的历史与现实。至于本报告三个板块下"类项指数"所细分的若干维度，则有的与他人此前的选择相似，有的却是课题组斟酌后的新设。另外，虽然课题研究中某些指标的名称也与他人的用语一样，但内容却不尽一致，乃至截然不同。如本研究"效率增强驱动力"下的"住宿"维度，本报告中采用的却是"城市住宿适宜度竞争力"而不是"城市住宿运行竞争力"。分析的结果是，饭店经济效益最佳的城市反而落在了某些样本城市的后面。这个以休闲和旅游者感受为核心的指标探索，就是在本课题组考虑后交由本研究的顾问专家以德尔菲法反复磋商决定的。至于其他有关"创新是灵魂"的实例，这里就不再赘言了。

在国家反复强调"以人为本"和"人民至上"治国理念的时候，休闲和旅游的幸福产业已经得到了国家的高度重视，因此我们感到，本次课题组为本研究所确定的"寻找城市休闲和旅游竞争力的提升途径"的目标，也一定会有得到有关城市的更多关注，从而真正为城市的更优发展发挥它的一定作用；也就是说，它的多元意义的油然而生，也许就会出现更多的机遇。

刘德谦　石美玉

庚子年端午节

# 目  录

# Ⅲ 专题报告

# Ⅳ 前沿报告

皮书数据库阅读**使用指南**

# CONTENTS

## I  General Report

## II  Topical Reports

# 总 报 告

**General Report**

## G.1
# 寻找城市休闲和旅游竞争力的
# 提升途径*

摘　要：　本报告的"起点"部分，对城市的历史发展与经典著述、休
闲和旅游的理论与我国实践发展的实例、国内外有关竞争力
的研究脉络与国内外有关竞争力的著名测度范例等进行综述
和分析。接下来，"进程"部分在突出阐述综合提升城市休
闲和旅游多元功能以及推动城市全面发展的特有价值后，更

---

* 本书的总报告共分四个部分，由课题组组长石美玉组织课题组成员和常务顾问共同研究和分
工撰稿完成。前两个部分（"起点：城市休闲和旅游竞争力的研究背景与意义"和"进程：
课题的指向与指标体系的构建"）由刘德谦执笔；第三部分（"成果综述：城市休闲和旅游竞
争力综合排名格局与总体分析"）为本次研究成果的核心，由石美玉、刘德谦、季少军、何
滢、王雅丽、廖斌、郝志成、廉月娟等共同执笔，魏云洁绘制地图，石美玉统稿；第四部分
（"探求：提升城市休闲和旅游竞争力的途径建议"）由刘德谦与石美玉共同执笔。
** 本报告主要执笔人：刘德谦、石美玉、季少军、何滢、廖斌、王雅丽。

就国内外有关竞争力测度实操经典给予了比较追述，进而推敲了指标体系的构建，推动了 2.0 版指标体系的形成。"成果综述"部分，是对本次研究核心成果的概要性总结，在阐述了课题组对样本城市有关截面数据的采集分析和无量纲化处理后的赋权计算之后，继续选出全国城市休闲和旅游竞争力"名列前茅 30 城"的过程和结果；然后，一方面对该排名总格局进行分析，另一方面提纲挈领地从分支研究的三大驱动板块——基本要素驱动板块、效率增强驱动板块、创新与成熟度驱动板块的成果中提取了要点，对各板块总述和分述的精要部分以及对三大驱动竞争力的"30 强城市"及其下面 21 个维度"30 佳城市"的特征进行了剖析。"探求"部分郑重提出了进一步改善城市人居环境、进一步开拓城市公共空间、进一步发展城市公共服务、进一步增强对休闲和旅游的供给（包括利用供给侧原理努力拓展市场，增加对居民文化休闲的供给，增加对居民体育健身休闲的供给等）等几项建议。

**关键词：** 竞争力研究　中国城市　休闲旅游

# 一　起点：城市休闲和旅游竞争力的研究背景与意义

## （一）休闲和旅游，城市功能增强的必然

就本质而言，休闲和旅游都是人类的一种生活实践。在人们向往幸福生活的时候，休闲和旅游越来越成为其生活的重要组成；在现代城市形成和优化的时候，休闲和旅游也成了城市服务的必备功能。也正因为如此，在社会

消费转型期到来之时，随着休闲和旅游消费的增加，劳动与休息本质的同一性也就进一步促进了人类的自觉全面发展；而这一演进，更需要城市的支撑。

追溯起来，人们曾经普遍认为，城市（或城邦国家）的出现，是人类文明形成的三大标志之一。中国的城市，从组成"城市"一词的两个字就可以看出，是先民安全舒适生活的聚居地。城郭的设置，意在防止他人的非法进入；商市的交流，是为了满足居民生活的需求。即使在远古政治中心的"国都"，周代"营国"制度的"左祖右社，前朝后市"的布局，就已经为民间买卖贸易安排了它认为适当的区位。在中国早期，虽然帝王并没有在都市里专为老百姓开辟出休闲旅游的区域，可是他们的宫苑，老百姓有时也是可以进去玩玩的，如《汉书》就记载有"京师民观角抵于上林平乐馆""多聚观者""三百里内皆（来）观"①的情况。民间休闲娱乐也同样在不断发展，如果再检阅千年之后北宋孟元老的《东京梦华录》，展看北宋张择端《清明上河图》所描绘的汴京及汴河两岸的景象，则可以看到那时丰富多样的民众生活，以及图中百姓比肩接踵的热闹场景，或者也可以说，北宋的东京（开封）已经具有了不同一般的"休闲和旅游竞争力"。

1. 《雅典宪章》论城市休闲功能与安排

对城市有关功能系统的阐释，当今最为人们认可的，自当是国际现代建筑协会（Congrès Internationaux d'Architecture Moderne）的《雅典宪章》（Charter of Athens）对此的论及。据这份1933年的文件阐述，城市的四大功能就是居住、休闲、工作与交通。其中的居住、工作与交通，主要指的是为市民提供生存与劳动创造需要而安排的环境条件；休闲，则是人们在生活中对劳动创造成果的享受，自然也是大众恢复劳动创造力的必需。

《雅典宪章》所使用的有关城市休闲功能的"recreation"一词，虽在早年

---

① 据班固的《汉书》记载，武帝元封六年"夏，京师民观角抵于上林平乐馆"。而在此前记载的元封三年春，"作角抵戏，三百里内皆（来）观"。看来，这在上林苑平乐馆举行的杂技演出，既是当时老百姓欣赏的娱乐项目，又是百姓数百里跋涉的旅游。唐人颜师古转引东汉文颖的注称："名此乐为角抵者，两两相当角力，角技艺射御，故名角抵，盖杂技乐也。巴俞戏、鱼龙蔓延之属也。"见《汉书·武帝纪》，中华书局编辑部据光绪二十六年王先谦补注本校点排印，中华书局，1962，第199、194页。

的中译本中曾被译为"游息""游憩"等，但现在改译的"休闲"一词则更能体现它的本义。① 因为，"recreation"一词的根词"recreate"在拉丁文中就是由"re"＋"creūre"（"re"＋"create"）构成的。② 基于"create"所具有的"创造""产生"等的含义，又在它前面加上了表示"重新"或"再次"等含义的前缀"re－"，其整体的词义显然就叠加成了"再创造""再现"之类的意思；再经过名物化后缀"－ion"的转化，"recreation"的含义就转化为人们为"恢复身心活力""实现劳动力再生"的"消遣""娱乐"的"休闲"活动了。

如果从旅游休闲的学科解释来看，人们的休闲既包含本地居民的休闲，也包含外地居民利用城际交通实现的异地休闲。而人们离开自己常住地的异地休闲，就是现在人们所说的旅游（休闲类旅游）。《雅典宪章》所确认的城市四大功能之一的休闲功能，应该就是为本地居民提供的休闲服务功能，当然也是可以让外地居民与本地居民共享的服务功能。

《雅典宪章》是自古以来人们对城市休闲功能最为清晰和最具指导性的意见。对于休闲，《雅典宪章》第二章的"城市的四大主要活动——审视与解决方式"里就明确指出："城市休闲活动可以划分为三类：分别以日、周和年为周期。日常休闲活动应该靠近住宅，周末远足可以在城市外围的邻近地区，而一年一度的假期旅行则允许远离城市及其所在地域。因此，我们需要这样三类身心再生场所：①宅边绿地；②地区内的开放空间；③遍及全国的旅游胜地。"因此，它首先以4个小节的篇幅批评了那之前城市在休闲方面不能满足居民需要的众多现象的存在，并指出，"就总体而言，目前的开放空间尚不能满足需求"，诸如，"开放空间由于地点不合适而难以服务于

---

① 《雅典宪章》所用的"recreation"一词，在早年的中文译本中，被译为"游息"或"游憩"（如1951年清华大学营造学系译本），且一度长期被人们沿用。但在2006年中国建筑工业出版社出版的唐纳德·沃特森等的《城市设计手册》中，译者刘海龙等已经将"recreation"一词慎重地改译为"休闲"。该书的这一译法被联合国教科文组织世界遗产中心、国际古迹遗址理事会、国际文物保护与修复研究中心、中国国家文物局2007年联合主编的《国际文化遗产保护文件选编》的《雅典宪章》转载选用。
② 参见 C. T. Onions, *The Oxford Dictionary of English Etymology*（《牛津英语词源词典》），牛津大学出版社，1966，第746页。

广大居民", "城市周边偏远的开放空间不能改善城市内部拥挤的生存条件", "现有的为数不多的运动设备通常被布置在一些暂时的空地上，以至于不得不时常变动", "一小部分渴望充分利用周末闲暇的体育团体在城市郊外建立了临时活动场所，然而由于他们不是官方团体，这些场所必然无法长期维系", "周末出游的地点往往不能与城市保持便捷的联系", "一旦选定了一些地点作为临近城市的合适的周末休闲地，我们还必须解决大量的交通问题，从区域规划开始就应该对这个问题给予足够的重视，包括调查各种可能的交通手段，如公路、铁路或水路" （这显然指的就是旅游了）等。

因此，《雅典宪章》紧接着又从城市规划层面用6个小节的篇幅提出要求，以期有力推动城市休闲功能的实现。"今后任何居住区都必须包括足够的、合理布置的绿色空间，以满足儿童、青年、成年人游戏和运动的需要。""无论如何，目前的城市肌理必须改变，人口密集的'沙丁鱼罐头城市'应当转变为绿色城市。""有碍健康的建筑街区必须被拆除，并以绿地代之，从而改善邻近居住区的卫生条件。""任何具有卫生与健康基本常识的人都能轻而易举地识别出贫民窟和不卫生的城市街区。这些地方应该铲除，并趁此机会以公园取而代之，这将是提高居民健康条件的第一步。""新的绿地应有明确的功能，应当包括与住宅紧密联系的幼儿园、学校少年宫和其他公共设施。""绿地应积极融入建成区，成为居住区的有机组成部分。绿色空间的作用绝不仅仅是装点城市，它们首先必须具有实用的功能。一些公共设施应该与草坪相结合：如日间托儿所、学前和学后教育机构、青年俱乐部、体育和智育中心、阅览室、游戏室、跑道和室外游泳池。这些都是住宅区的拓展部分，就像住宅本身一样，也应由土地法令加以明确规定。""应当创造宜人的周末休闲空间，包括公园、森林、活动场地、露天大型运动场和海滨。""到目前为止，我们还没有或者说实质上没有专门服务于周末休闲的设施。将来，我们会对城市周边的大量空间加以整饬和配备，并提供充分便捷的多种交通方式，以提高其可达性。""这些空间不再是房前屋后稀疏点缀着树木的草坪，而是精心维护下的真正的森林、草场、天然或人造的海滨，从而为城市居民创造大量休闲游憩和身心恢复的机会。""公园、活动场地、体育场和海滨。""各种休闲方式都必须被考虑在内，包括人们在优美的自然景观内的活动：散步或远足，个人或团体；包括所有的运动方式，如网球、篮球、足球、游泳和田径运动；包括各种娱乐形式，音乐会、露天剧场和形式多样的表演赛或锦标赛；等等。另外，还应预先考虑必需的设施，合理组织交通，安排旅馆、酒店、露营地等住宿场所，最重要的是，这些区域要确保饮用水与食物的供应。""应对现有的自然资源进行评估：包括河流、森林、山丘、山脉、山谷、湖泊和海域。""机械时代的交通已经相对发达，距离不再是我们考虑的决定性因素。""这样做的意义不仅在于保护未受沾染的自然美景，同时也让遭受破坏的区域得以休养生息。简言之，我们需要动用人类的手段来部分地创造场所或景观，以满足大众需求，这同样也是政府官员的重要职责之一。"①

对于《雅典宪章》在空间安排上的历史贡献，被称为现代建筑运动主将的法国人勒·柯布西耶又在他的《人类三大聚居地规划》一书中再次做了充分的肯定。他认为，国际现代建筑协会所提出的太阳、空间和绿地是城市生活的物质环境的理念，"显示出国际现代建筑协会旨在将已被人们抛弃、丢失和遗忘的'自然环境'重新引入人类生活"，尤其是其中有关人类休闲的高度重视，因为"科学的组织方法，都是保障生产质量和数量的必要工具，难以避免将对工人的行为和心理产生影响，有时还会对某些工人形成负面的危害"，因此，在他的书中，才对休闲的"恢复"和"素质提升"两大价值做了不少篇幅的阐释。②

① 由于《雅典宪章》英法原版的差异，故而它的中译本的差异就更多。此处的引文，摘自〔美〕唐纳德·沃特森等的《城市设计手册》的中译本（刘海龙等译）。该书英文原版"2～5 雅典宪章"的编者（勒·柯布西耶）在脚注的"致谢"里称，此文件系译自安东尼·厄德利的法文版，来源于 1973 年纽约格罗斯曼出版社的《雅典宪章》。见《城市设计手册》中译本，中国建筑工业出版社，2006，第 111～126 页。同样译本的《雅典宪章》，亦选入联合国教科文组织世界遗产中心、国际古迹遗址理事会、国际文物保护与修复研究中心、中国国家文物局联合主编的《国际文化遗产保护文件选编》，文物出版社，2007，第 14～16 页。显然，这里的译文与读者此前熟悉的《雅典宪章》的旧译本是大不相同的。

② 〔法〕勒·柯布西耶：《人类三大聚居地规划》，刘佳燕译，中国建筑工业出版社，2009，第 42～49 页。

2. 田园城市的环境理念

有关《雅典宪章》的思考，并不是凭空而来的。在它之前，值得重视的，还有田园城市的理想和田园城市运动的流行。田园城市又译为花园城市，是著名的英国社会活动家埃比尼泽·霍华德 1898 年在其著作《明日：一条通往真正改革的和平之路》中正式提出来的。该书在修订后于 1902 年再版时更名为现名《明日的田园城市》。

在西方，被认为是城市规划开创者的是希腊人希波丹姆。古希腊著名思想家亚里士多德在公元前 4 世纪便颇为称赞地提起了他："一个米利都本地人欧利芬的儿子希波丹姆开创了城市规划艺术，并规划了比雷埃夫斯。"[①]

希波丹姆之后，还出现了颇有盛名的古罗马建筑师马可·维特鲁威，其所著的《建筑十书》，用了 10 个卷次来阐述有关建筑与规划的详细内容，其中包括建筑教育与建筑基本概念、房屋与建筑材料、庙宇建筑（竟占用了两卷）、其他公共建筑物、气候与住宅、室内装修、供水工程、天文与计时器、机械原理与制造。值得注意的是，无论是希波丹姆还是维特鲁威，他们都已经注意到了公共空间的开拓和公共建筑的营造。比如《建筑十书》在"建筑学的部门"下，就写到建筑学中建造房屋、制作日晷、制造机械三部门；又在"建造房屋"下写了建造公共建筑和私有建筑；而且把公共建筑分为防御、宗教、实用三类，在第三类的实用建筑中便已经有了对"广场、浴场、剧场、散步廊"等公共建筑的实施安排。[②]

应该说，从公元前的古希腊、古罗马到现在，由于一些开明的政治家、宗教领袖以及商界精英的共同关注，由于规划师、建筑师和工匠们的多样化创造，再加上商业繁荣、文艺复兴、工业革命和人口流动的促进作用，西方城市的发展的确是成绩斐然的。但是战争和自然灾害带来的破坏，贫富悬殊以及规划缺失带来的城市病态，也是显而易见的。正因为如此，20 世纪 30 年代《雅典宪

---

① 希波丹姆留下的米利都的城市三大空间格局和网格街区等，均被后人誉为规划的"希波丹姆模式"，其所规划的比雷埃夫斯，是希腊的一个海港城市。上面引文，转引自〔美〕詹姆斯·E. 万斯：《延伸的城市——西方文明中的城市形态学》，凌霓、潘荣译，中国建筑工业出版社，2007，第 45 页。

② 〔古罗马〕马可·维特鲁威：《建筑十书》，高履泰译，中国建筑工业出版社，1986，第 14 页。

章》对城市休闲功能的确认，更体现了人类进入新时代后规划师和建筑师们对城市的历史责任认识的一次大飞跃。人们比较熟悉的包括城市规划理论、城市规划实践、城市建设立法三部分的现代城市规划学，也正是在此基础上形成的。

在《雅典宪章》之前，埃比尼泽·霍华德《明日的田园城市》的出版和田园城市运动的流行，实际上是工业革命后西方城市出现了急速膨胀、环境恶化、贫富悬殊、疫病流行等问题后才应时而生的。在《明日的田园城市》中，霍华德分析了人口向城市集中的动因："一切原因都可以归纳为'引力'。可以把每一个城市当作一块磁铁，每一个人当作一枚磁针。与此同时，只有找到一种方法能构成引力大于现有城市的磁铁，才能有效、自然、健康地重新分布人口。"于是，他提出了著名的"三磁铁"理论。城市作为一块磁铁，自有其优势与劣势；乡村作为另一块磁铁，也有其优势与劣势。"但是，城市磁铁和乡村磁铁都不能全面反映大自然的用心和意图，人类社会和自然美景本应兼而有之。""两块磁铁必须合二为一。"这就是他理想的城乡结合的"第三块磁铁"："城市-乡村——自然美、社会机遇、接近田野和公园、地租低、工资高、地方税低、有充裕的工作可做、低物价、无繁重劳动、企业有发展余地、资金周转快、水和空气清新、排水良好、敞亮的住宅和花园、无烟尘、无贫民窟、自由、合作。"①

对于理想中的"城市-乡村磁铁"的田园城市，霍华德还详细地做了包括示意图在内的具体规划。他构想的田园城市的单体，用地面积为6000英亩（为24281.16平方公里，即2428116公顷），其人口容量限定为32000人（其中30000人住在城里，2000人散居在乡间）；如果城市人口超过了规定数量，则应建设另一个新的城市。田园城市的市区用地为1000英亩（4046.86平方公里），四周为5000英亩（20234.3平方公里）的农业用地（农用地上有森林、果园、农学院、大农场、小出租地、自留地、奶牛场、儿童夏令营、疗养院、自流井等）。城市最中央是一个面积约5.5英亩（约22258平方米）的圆形花园，花园周边是市政厅、音乐演讲大厅、剧院、展览馆、画廊和医院等公共建筑。6条林荫大道从中心花园向六方辐射出去。林荫大道穿过的第一

---

① 〔英〕埃比尼泽·霍华德：《明日的田园城市》，金经元译，商务印书馆，2010，第5~9页。

个外层环形地带，则是由被称为"水晶宫"的玻璃连拱长廊围绕起来的面积145英亩（约586.7947平方公里，即58679.47公顷）供居民休闲之用的中央公园；再往外的圈层则是"第五大街"和住宅组群；又往外是"宏伟大街"和公园、学校及教堂；城市的外环是工厂、仓库和市场；再往外则是农业用地等。[①]

令人瞩目的是霍华德在他的田园城市的理想中，除了中心花园和音乐大厅、剧院、展览馆、画廊的安排可以供当地居民休闲使用外，还特地为这个已经与乡村结合的3万人的小城镇居民的休闲，设计了相当于我国880亩的中央公园。这的确是十分难能可贵的。

霍华德为实践他的主张，在其著作出版后的第二年（1899年），便与志同道合的朋友组织成立了田园城市协会。随后更筹措资金，于1903年和1920年先后在伦敦附近购置土地，建起了莱奇沃思和韦林两座田园城市。

应该说，霍华德在《明日的田园城市》中表述的，不只是他对城市建设的构思，更是他的一种社会理想。从历史背景来看，他思想的形成，不仅与先于他一个世纪的发源于英国的田园郊区运动有关，也与产生在其前后的空想社会主义思潮有关。从他书中对英国莫尔《乌托邦》相似细节的述及，和其对法国傅立叶、路易·勃朗，英国欧文等的提及，都不难看出，霍华德田园城市的思路也是得益于先贤们的启示。所以，有一些研究者才分析说，空想社会主义或许也是霍华德田园城市理论渊源的一部分。

无论是横轴还是纵轴，霍华德田园城市的影响都是十分深远的。从地域来看，1903年和1920年就霍华德田园城市部分理想试验而建的两座田园城市（莱奇沃思、韦林），无论是获得相当成功的莱奇沃思，还是未获更多瞩目的韦林，也都让人们从中得到了启迪。田园城市运动在英国本土，在欧洲大陆、美国、日本、澳大利亚等地的衍化，从时间来看，无论是1907年《城镇规划和住宅法》在英国国会的通过，还是随后出现的城市规划运动，或者是再后的卫星城市建设，以及二战之后的新城运动，都深受霍华德的影响。不过严格说来，在人们的理解和实践中，霍华德的田园城市构想也在不

---

① 〔英〕埃比尼泽·霍华德：《明日的田园城市》，金经元译，商务印书馆，2010，第12~18页。

断分化与重构。在英国和其他国家，对霍华德的规划设想也都没有生搬硬套，而大多是既从霍华德的田园城市那里汲取营养，又在霍华德理论基础上另有创新。直至今天，世界各国郊区住宅的建设和卫星城的不断兴起，其实都与霍华德田园城市的规划理念有着千丝万缕的联系。在我国，虽然在《明日的田园城市》的中译本中，译者已经阐明了他之所以经过认真推敲决意要把"garden city"译为"田园城市"（"为了避免人们过分习惯于把'花园城市'理解为'美如花园的城市'，把注意力放在园林艺术手法上，忽视了'城乡一体'的主题思想"，"希望人们能从'田'字联想到'乡'，以体现'城乡一体'"①），但是在大众对霍华德的理解中，偏重于城市自然生态改善的"花园"思维有时更占主流。以至于到现在，"花园城市"仍然是个没有过时的热词，如一度在世界流行的"国际花园城市"的评选，也是以大众心理追求为依托，意在推动建设如鲜花盛开一样的良好生态居住社区的一种努力。②

---

① 见〔英〕埃比尼泽·霍华德《明日的田园城市》"译序"，金经元译，商务印书馆，2010，（译序前置页码）第16～17页。

② 我国城市管理者对城市生态环境的重视，曾一度反映为一些城市对"国际花园城市"评选的关注。人们所知的"国际花园城市"评选，根据有关资料，应该是1957年在伦敦成立的一个民间非政府组织"国际公园与娱乐管理联合会"发起主办的一个可参与的十分广泛的竞赛活动。其被汉译为"国际花园城市"的"in Bloom"实际是"鲜花盛开"的意思；如果用它所颁发的"International Awards for Liveable Communities"（"国际前列宜居社区"奖）的立意来理解，则"Nations in Bloom"前面的"nations"既不是指"国家或民族"，也不是指"城市"，而主要是指"communities"（社区、聚居地）。这里所说的"花园"（bloom）实际并非霍华德"田园城市""花园城市"的"花园"（garden）所特指的那些深刻内容。有一段时间，我国之所以一度出现了许多城市争相报名参加这个"国际花园城市"评选的现象，第一是因为这个竞赛的评选原本就有一些国际影响力；第二是这个活动的"景观改善，遗产管理，环保实践，公众参与，未来规划"5个评选标准确实有利于地方生态环境的改善；第三是地方领导人对联合国的了解不深，又受某些片面宣传的影响，错误地将这个活动与联合国下属机构的职能活动混在一起（以致一些媒体上也出现了"联合国国际花园城市"等的错误报道），这正是此误会出现的关键。据了解，由于其各次活动的主办方或中国报名代理商及赛事活动重心和活动对象的差异，包括其所使用的英文名称"Nations in Bloom"或"LivCom"（"LivCom Awards"，即"International Awards for Liveable Communities"）等的差异，其汉译的"国际花园城市""LivCom国际花园城市与社区""LivCom全球国际花园社区""全球最适宜居住社区""宜居社区"等的名称混乱，加上其评选对象覆盖面过大（对大城市、中小城市、乡镇到房地产社区的广泛包容），以致除研究者外至今人们对其的印象也不十分清晰。

### 3. 走向后工业时代的思维

关于城市规划与建设的理念，在全球范围引人注目的共识中，还有国际建筑师协会1977年发表的《马丘比丘宪章》，以及2016年10月联合国住房与城市可持续发展大会第三届人居大会（简称"人居Ⅲ"）通过的《新城市议程》等。

《马丘比丘宪章》是专家们根据时代的变化总结了城市发展实践中的弊病，提出的城市规划和设计的新理念、新方法，既有对《雅典宪章》的肯定，也有对其某些内容的补充或修订，无疑对现代城市的发展优化会产生十分积极的作用。如《马丘比丘宪章》对城市空间的流动性和连续性的提出，对人际关系和城市的动态特征的强调；如《新城市议程》对积极建设既有包容、安全又有韧性和可持续的城市和人类居住区的谋划，对人居公共空间的强调等，都是极富建设性的。一些研究者认为，这些都是后工业时代人们对城市规划和设计的一次次推进。不过，虽然它们对21世纪全球城市的建设实践都将产生极大的推力，但是，如果细细考量它们对城市休闲功能的认识和谋划，可以看出在一定程度上仍然未能超越1933年的《雅典宪章》。

把"后工业时代"提出来研究的，是20世纪70年代美国社会学家丹尼尔·贝尔的《后工业社会的来临》一书。贝尔主张把人类社会的发展进程划分为三大阶段，即前工业社会、工业社会和后工业社会。他认为，与社会发展的前两个阶段比起来，后工业社会已经呈现出多方面的不同特征，比如在经济上，前工业社会以消耗自然资源为主，属第一产业范畴；工业社会以利用能源技术和机器技术的制造业为主，属第二产业范畴；而后工业社会则属于第三产业范畴。在职业上，前工业社会以农民、矿工、渔民、不熟练工人为主；工业社会则以半熟练工人和工程师为主；后工业社会则以专业性和技术性的职工以及科学家为主。在技术上，前工业社会以原料技术为主，工业社会以能源技术为主，而后工业社会则以信息技术为主。如果从贝尔《后工业社会的来临》1976年英文版序言所强调的"后工业社会某些新层面"的特点来认识，那么其中第四点"从商品转向服务"所包含的后工业时代的突出要素，就是社会的经济结构从商品生产经济转向了服务型经济，其中多数劳动力不再集中于农业和制造业，而是转向了服务业，同时服务业也在发生着变化，即"工业社会的服务业主要是辅助商品生产的运输业、公共事业和金融业以及个人服务的提供（如美容师、餐馆服务员等）。但是在后工业社会中，新的服务业主要是对人群的服务（主体是医疗保健、教育和社会服务）以及专业和技术服务（例如，研究、评估、电算及系统分析）"。关于其中的差异，贝尔认为："如我已经指出的，后工业社会并不取代工业社会，就像工业社会并不消除经济中的农业部门一样。犹如在羊皮纸上刮去原有的一些文字后重写，这些新的发展覆盖在旧的一层上，消除了一些特征，同时加厚了整个社会的结构。"①

正是基于上述特征，2016年2月，著名经济学家厉以宁才在论述中国经济双重转型的时候说："去年（2015年），我国第三产业增加值占GDP的比重超过了50%，这是现代工业化发展中的一个重要标志，表明我国已开始进入后工业化时代。"② 他的这一论述很快便得到了大众传媒和许多专家学者的响应，于是全国对第三产业和服务业的研究更加重视了，虽然学者们对贝尔的观点并不完全认同，但不少学者仍然将其对我国经济的研究、对我国休闲和旅游的研究，置于后工业社会背景的考量之中。

不过，在对后工业时代的主流认识中，也有一些不完全一致的看法，比如中国工业经济联合会会长（前工业和信息化部部长）李毅中在回答《瞭望》新闻周刊记者提问时，就明确地表达了他的看法："我国现在处于工业化的后期，而不是后工业化时代。要科学把握实现工业化并进入后工业化的历史进程，从国情出发，分阶段完成使命。"③ 如果对应厉以宁《中国经济双重转型的启示》已经论及的"虽然我国第三产业增加值占GDP的比重超过了50%，但工业化还没有实现。因为我们与建成制造业强国这个工业化

① 〔美〕丹尼尔·贝尔：《后工业社会的来临》，高铦、王宏周、魏章玲译，江西人民出版社，2018，第67～78页。

② 厉以宁：《中国经济双重转型的启示》，《人民日报》2016年2月25日。

③ 王仁贵、李亚飞：《持续发力制造强国》，《瞭望》2019年第37期，第12～15页。

目标还有距离，必须向这个目标继续努力"，再对应李毅中"要科学把握实现工业化并进入后工业化的历史进程，从国情出发，分阶段完成使命"来看，二位对此的认识有差异也有共识。如果能够注意到贝尔在论及后工业社会的特征时所说的"它们作为一种趋势，正出现于所有的工业社会；至于它们出现的程度，则取决于世界各国实力的平衡"，那么厉、李二人的阐释也就更为一致了。

因此，我们既必须看到我国工业化尚未完全实现的现实，抓紧第二产业的继续发展与完善，也要看到时代发展的潮流，及时有序地发展第三产业，以期用新的服务项目、类型与方式更好地服务第一产业、第二产业，服务人民日益增长的需要，服务民众休闲和旅游的需求。如果从另一个角度来认识，后工业社会的发展，除了对工业社会财富和创造力的继承外，必然会对工业社会发展中的弊病做出不少匡正，其所注重的人本思想的回归更有利于社会建设的宜人化，在继承工业社会的财富和成就的同时，后工业社会中的知识理论要素、信息经济学要素、智能新科技要素，以及其顶层设计等的凸显，也是我们发展现代服务业所必须把握和运用的。

4. 我国对城市发展的理论与实证

中国古代关于城市建设的谋划理论，最早、最为人称道的，是载于《周礼·冬官》的《考工记》。现存的《考工记》文字不多（7100余字），其对城市营建的阐述多集中在"百工"中的"匠人"部分。研究者还认为，《考工记》原系《周礼》的《冬官》一章，散佚后为汉代人所补进。就像论者对《周礼》成书年代的主张各异一样，对《考工记》成书年代学术界也说法不一，但大多推断该书应系春秋战国时代齐人所作；当然，也不排除该书汇有西周遗文及后人的增益。

我国古代的城市规划学说，也散见于《商君书》《管子》《墨子》等书中。如《管子》这一托名于齐国管仲的管子学派言论的汇集中，就说到城市建设的诸多内容，其对建城的选址要求，既考虑到交通需要，又考虑到城市用水以及防止水患等，即使是现代城市规划建设，对此也都是不得不认真对待的。《管子》中有关城市规划与营建的相关论述的确是不少的，在其

《权修》《幼官》《五辅》《八观》《大匡》《小匡》《度地》等篇中都有不少精到的论述。中国现存的一些著名古都古城，如洛阳、开封、杭州、南京等，在其选址与营建上，显然大都有着与《管子》相应的共识。

就实践而言，我国城市的建设，最早可以追溯到夏商时代。据史料记载，则有"夏都阳城""禹避舜之子于阳城""禹居阳城"等说。① 阳城，其遗址在今河南郑州市所属登封市告成镇王城岗，现存小城面积约1万平方米，但出土文物比较有限。夏商周断代史研究学者考证认为，阳城大约建于公元前2070年，经专家论证，王城岗遗址属于河南龙山文化晚期。

在我国的考古发掘报告中，此前已知的比较完整的中国最早古城遗址，是河南洛阳偃师的二里头遗址。它位于河南洛阳市偃师二里头村，其遗址范围广大，遗存十分丰富，从出土的刀、镰、铲等可以看出，其生产当以农业为主。同时，手工业生产也有相应发展，如铸铜（经化学测定，得知已属青铜）、制陶、制骨、纺织、编织等。从玉、贝和绿松石等非本地产物的出土来看，其交通和贸易这时也有了一定的发展。宫殿建筑遗址也显示出其宏伟的格局，可以证明当时劳动创造的水平；同时，等级悬殊的墓葬，也说明了当时贫富的分化和剥削的残酷。据研究者分析，二里头类型遗址的相对年代，上限晚于河南龙山文化，下限早于郑州二里岗的商文化，多数研究者认为，这就是商汤时的第一个都城西亳②。

至于我国先民更早的聚居地，还有1985年开始发掘的安徽省含山县铜闸镇凌家滩遗址。这里虽发掘出了宫殿和神庙遗址，以及精美玉礼器、石

---

① 《国语·周语》有载："昔夏之兴也，融降于崇山。"三国韦昭注称："崇，崇高山也。夏居阳城，崇高所近。"（韦昭注《国语》，上海古籍出版社据《四部备要》排印清士礼居翻刻明道本，1978，第30~31页）《孟子·万章上》也载："禹避舜之子于阳城。"东汉赵岐注称："阳城，箕山之阴，皆嵩山下深谷中。"（赵岐注，孙奭疏《孟子注疏》，中华书局影印、世界书局缩印之清阮元校刻《十三经注疏》本，中华书局，1980，第2737~2738页）《史记·夏本纪》亦载"禹辞辟舜之子商均于阳城"，刘宋裴骃集解称："刘熙曰：'今颍川阳城是也。'"（《史记》卷二，夏本纪第二，中华书局校点清金陵书局本，1959，第82页）
② 西亳，据称是商汤建立商朝后所定之都，约在公元前1711~前1482年，共约230年，历经成汤、太丁、外丙、中壬、太甲、沃丁、太庚、小甲、雍己、太戊、中丁共11王。这是现在研究者的一个有较多共识性的看法。

器、陶器等珍贵文物上千件，并可推证其时养殖、畜牧、手工业等已初具规模，祭祀活动活跃等，但这处距今 5500 年的聚居遗址是否应该认定为中国最早的城市，则由于其出土文物中对共识性的文明社会的物质性标准青铜器和文字的欠缺，专家们仍有争议。

中国的古城，得到国际共识的，应该是良渚古城遗址。2019 年 7 月 6 日，在阿塞拜疆首都巴库举行的联合国教科文组织第 43 届世界遗产委员会会议通过决议，根据世界遗产第 3 条、第 4 条标准，将中国世界文化遗产提名项目"良渚古城遗址"列入《世界遗产名录》。

良渚位于浙江省杭州市，良渚文化的考古和研究工作始于 1936 年良渚镇一带的发现，迄今已历时 80 余年。其世界遗产申报范围包括 14.3 平方公里的遗产区和 99.8 平方公里的缓冲区，其中，遗产区由瑶山片区、城址片区、谷口高坝片区和平原低坝 – 山前长堤片区四部分组成。遗产构成要素包括公元前 3300 ~ 前 2300 年的城址、功能复杂的外围水利工程和分等级的墓地（含祭坛）等，一系列以象征其信仰体系的玉器为代表的出土文物也为其内涵及价值提供了有力佐证。"良渚古城遗址为中国以及该地区在新石器晚期到青铜时代早期的文化认同、社会政治组织以及社会文化的发展提供了无可替代的证据。"世界遗产委员会认为，该遗址揭示了从小规模新石器时代社会向具有等级制度、礼仪制度和玉器制作工艺的大型综合政治单元的过渡，代表了中国 5000 多年前史前稻作文明的伟大成就，所以被认为是"杰出的早期城市文明代表"[①]。

由于人类文明早期生产力的低下，加上阶级的分化，在早年城市的规划与建设中是难以考虑到劳动者的闲暇与休闲的。城市空间划时代的变化，其实是由城市经济繁荣所致，我国也是在较晚的时期才出现的。当代学者吴良镛在《中国人居史》中分析我国宋元时期城市民居的"里坊制的解体"和"街巷的盛行"时说，"城市里坊式布局的崩溃和街巷式布局的确立，使得商业不再是都市生活的一个局部，而渗透进整个城市生活"，"市民第一次

---

① 《良渚古城缘何可以列入世界遗产名录》，新京报网，2019 年 7 月 6 日。

成为城市的主导""大大拓展了市井文化发展的空间""使得人居文化更为丰富多元".① 至于对北宋汴京和南宋临安的自然环境和百姓闲暇生活的生动记录，不仅张择端的《清明上河图》可以让人十分直观地感受到，其灵动的文字记载也见之于时人孟元老的《东京梦华录》、吴自牧的《梦粱录》、耐得翁的《都城纪胜》、四水潜夫的《武林旧事》、西湖老人的《西湖老人繁胜录》等等，当然还有《宋史》的丰富资料可以佐证。至于后来明清时期的北京城，除了《明史》《清史稿》卷帙浩瀚的史料外，明人的《帝京景物略》、清人的《日下旧闻考》等地志史谈著述，今人均可在汇集荦荦的"北京古籍丛书"中找来一睹，古都北京山川地貌、生态环境、城坊宫阙、京都胜迹、民情风习及交通往来等，均一一跃然纸上，百年前中国城市的休闲与旅游环境和状况也就不难推知了。

### （二）休闲和旅游，造福民众的必需

人类社会的不断发展，依靠的是人类的不断劳动与创造。但是，无论从人的生理节律还是从心理节律来考察，劳动的持续与创造的更新，都需要有闲暇时间来调剂和支撑；现代研究者认为，不只人的个体的闲暇和休闲是必要的，全社会对民众群体的休闲安排，更是保障劳动的持续与创造的更新所不可缺少的。

#### 1. 中国现代旅游的发展

就人类文明的进程而言，休闲和旅游活动早已是我国先民的生活内容；不过，现今意义的大众休闲和大众旅游，确是现代才有的。

如果认真阅读我国的历史文献就会知道，早在先秦时代，我国就有了比较广泛的旅游活动，诸如君王的巡游（巡狩）、游畋，王公贵胄的观光，庶民的游娱（游逸）、泻忧、托志等，就是先秦时代比较典型的类型；而在那时的朝聘、朝觐、会同、出使、游说、游学、贸易等活动中，往往兼有旅游活动。休闲活动和旅游活动对人们内心的陶冶，使人们纷纷采用文学形式将

---

① 吴良镛：《中国人居史》，中国建筑工业出版社，2014，第315页。

其反映出来。从《诗经》的篇章，到三曹的创作，再到"谢灵运们"的山水诗等，简直是一条旅游诗歌的历史长河，以至于从我国第一部诗文总集的《文选》到清代的大型类书《渊鉴类函》，都使用了专门的类别来汇集前人有关行旅和游览等类的诗文。

现代汉语中的"旅游"，在老百姓的口中，常常指的是旅游者的出行活动；而国际上习用的"tourism"，在英语中虽然有时也用来指旅游者的旅游行为，但是，它的第一要义，指的却是产业，是旅游业。

在世界的旅游史中或世界旅游业的发展史中，最具代表性的人物是英国人托马斯·库克。其实，在他之前，英国就已经有了一批批游客乘坐火车到各地去旅游的活动；托马斯·库克与他人不同的是，他不是自己去旅游，而是对他人的出行活动给予服务安排。1841年，在英国的拉夫伯勒举行禁酒会时，库克便请米德兰铁路公司安排了一列从莱斯特往返会议地的列车，并提供了一些相应的服务；为此，他向乘客收取1先令的费用。他开展的这次旅行服务，被人们誉为现代旅游的开端。

（1）发展初期对市场的适应

关于中国现代旅游业的正式开端，虽然20世纪之初已经有外国公司在华开展了一些业务，但在研究者中，多认为是从陈光甫1923年在他自己创办的上海商业储蓄银行（1915年成立）内开设旅行部算起的。陈光甫为了扩大旅行服务的经营，1927年，将旅行部从上海商业储蓄银行分离出来成立了中国旅行社，并同时创刊《旅行杂志》。① 他从托马斯·库克的通济隆公司和美国运通公司那里借鉴了许多有关旅行业务运作的办法，包括兑换货币、发行旅行支票、代售船票车票、组织旅行，以及编辑发行旅行指南等等。

在那以后，不仅中国旅行社的业务得到了较好的发展，而且随着社会的需要和国人的努力，在全国各大中城市，与旅行相关的交通、住宿等旅行服

---

① 陈光甫对此的认识是很深的，他认为人们的旅行"不特可以开眼界，且足以拓思想"。至于他创刊《旅行杂志》的目的，他说，不只在于服务商旅，更"冀由此引起国人对于旅行之观感，以推求其益之普及"。见《旅行杂志·发刊辞》1927年第1期，第1页。

务接待业也得到了令人瞩目的发展，形成了以交通、旅行社和旅馆为主的行业规模。尤其是在社会动荡不断、日本帝国主义侵略的时候，这种发展更是难能可贵的。

（2）发展条件的日趋成熟

1949 年新中国成立，为国人休闲和旅游的发展带来了一个好机遇，但由于面临朝鲜战争，而且有诸多社会改革要进行，所以国家一时无暇过问居民的旅游和旅游业。但出于国事活动的需要，这时国家对入境旅游还是颇多重视的；同时，入境旅游的经济效益也受到了关注。1954 年在京成立的隶属国务院的中国国际旅行社和其后《关于中国国际旅行社的现状和 1956 ~ 1957 两年的工作规划》的安排（中国国际旅行社任务是为中央和地方国际活动而服务），以及 1964 年成立中国旅行游览事业管理局时对工作目标的重申（扩大对外政治影响、为国家吸取自由外汇），都在一定程度上体现了1949 年后我国前期旅游发展的脉络。

从旅游发展的基础物质条件来看，这一时期铁路公路建设大规模开展，再加上一些名胜古迹的开放以及住宿业的改善等，居民的出游条件和体验是1949 年以前未曾有过的。只是由于详细统计资料的缺乏，人们对它的发展规模未能做出准确的描述。

从现代旅游的规模发展来看，我国居民旅游活动的迅速崛起，实际上应该是从 20 世纪 70 年代开始的。改革开放政策的实施，加上 1979 年邓小平同志对旅游事业的指示带来的机遇，中国旅游业才有了政策的依托和规模性的发展空间。旅游研究者大多认为，居民可自由支配时间和可自由支配收入的增多，是旅游活动产生的必要条件。其实，这应该是居民休闲活动（包括其去异地的旅游和在本地的休闲）产生和不断增多的必要条件。这是休闲和旅游产生和增多的重要条件，同时也是其可以实现的条件之一。因为，就居民的社会生活而言，其去异地旅游也好，在本地休闲也罢，如果要得到更好的实现，或发展形成时代的潮流，社会环境（以及社会对旅游休闲的供给）是绝对不可缺少的。所以 1976 年打倒了"四人帮"，也为老百姓的旅游出行带来了收入的增长、时间的保障和适宜旅游的环境。

1977~1978 年，国家决定对全国职工进行大覆盖面的工资调高，这不仅是自 1949 年以来的第一次，也是 20 世纪以来中国职工工资的唯一一次全国性的普遍提升。这一措施的落实，也为一部分职工能够挤出"闲钱"去旅游创造了前所未有的条件；另外，"文革"的落幕，也把工余时间和法定假日还给了民众，这为部分职工利用空闲时间（假日、休息日和工余）去旅游带来了机遇。同时，全国范围的社会动荡的结束，使得个人心境和社会环境也都适宜休闲和旅游。

在这之后，国家的关注和政策的安排，也为中国居民的休闲和旅游创造了越来越多的条件。这首先在于国家有关部门和国家领导人对国民旅游的发展有着比较明确的考量。如 1981 年《国务院关于加强旅游工作的决定》，虽然其主要关注点仍然是入境旅游带来的外汇收入和对外友谊的增进，提出了"暂不宜发展国内旅游"，但仍然没有忘记老百姓的需求，所以特别强调了"国内旅游事关党和政府与群众的关系问题"①。此后，如《经济参考》1984 年 9 月 8 日"论坛"所说："我们国内的人想看看祖国的山河，这不是我们提倡不提倡，是群众有这个需要，我们要适应这个需要，满足群众的这个要求。"这一内容正是对之前 7 月国家领导人胡耀邦在北戴河的讲话的复述。

（3）中国旅游发展的新时期

为了加快旅游事业的发展，1984 年底国家旅游局便就中央提出的旅游发展要实现转变的要求，拟定了关于政策措施上的"四个转变"和"五个一起上"文件。该文件在 1985 年 1 月得到国务院的批转，这也是 1985 年 9 月全国旅游工作会议上推动实施的"从主要搞旅游接待转变为开发建设与接待并举""从只抓国际旅游转到国际、国内旅游一起抓""从国家投入转变为国家、地方、部门、集体、个人的一起上""旅游经营单位从事业转为

---

① 《国务院关于加强旅游工作的决定》，载《中国改革全书·旅游业体制改革卷》，大连出版社，1992，第 198 页。

企业"的来源。①

显然，这里的"四个转变"就是我国在新阶段对旅游发展道路的适时选择，而其中的"建设与接待并举"，国家、地方、部门、集体、个人的"五个一起上""事业转为企业"，正是以市场经济手段增加我国旅游供给的明确措施，我国的国内旅游也从此有了它颇为明确的定位。不仅此前业界部分人士对国内旅游发展会影响入境旅游的担心因此得到了纾解，部分经济学人阐释的"发展旅游投资小、见效快"的错误认识也得到了纠正。

那时的旅游业依然是我国创汇的三大支柱之一，有鉴于当时国家经济发展对外汇的急需，在部署 1986～1990 年的《国民经济和社会发展的第七个五年计划》中，有关未来时段旅游业的选择，仍然沿袭了此前的对外汇和外事的定位。虽然这样，国内旅游仍然迅猛地发展着，有关统计数据显示，国内旅游 1985 年的出游总量已达到 2.4 亿人次，其总花费也达到了 80 亿元人民币；到了 1992 年，国内旅游出游数量则增长到了 3.3 亿人次，其总花费更达到了 250 亿元人民币之多（平均年增长率分别为 4.7% 和 17.7%）。形势发展显示，中国居民的国内旅游，对全国社会、经济和文化的影响已经达到了任何人也难以小觑的程度。正是基于对国内旅游业发展现实的正视，也是为了加强引导，1993 年，国务院办公厅便以（国办发〔1993〕75 号）"通知"的形式转发了国家旅游局《关于积极发展国内旅游业的意见》。也正是有了国务院对各部委、各直属机构和对各省（自治区、直辖市）人民政府的明确部署，对于发展我国国内旅游，有关行政管理部门才有了政策上的明确依据。

自此之后，中国居民的国内旅游便开始了蓬勃发展的局面，再加上政府部门不断出台相关政策进行推动与优化，故而逐渐迎来了大众旅游发展的好时期。

回溯起来，中国大众旅游的迅猛发展始于 1995 年。那是因为我国的

① 《国务院批转国家旅游局关于当前旅游体制改革几个问题的报告的通知》（国发〔1985〕14 号），1985 年 1 月 31 日，《中华人民共和国国务院公报》1985 年第 6 期，第 7～11 页。

工时制度在这年发生了巨大的变化。1952 年以来，我国一直实施职工每天工作 8 小时、每周工作 6 天的工时制度。但 1995 年 1 月 1 日起施行的《中华人民共和国劳动法》对它做了重大的调整，提出了国家实行劳动者每日工作时间不超过 8 个小时、平均每周工作时间不超过 44 个小时的工时制度。值得注意的是，就在"五天半工作制"实施不久，1995 年 3 月 25 日国务院又做出了《关于修改〈国务院关于职工工作时间的规定〉的决定》。依据修改后的新决定，自 1995 年 5 月 1 日起我国职工的工时制便改为了每日工作 8 个小时、每周工作 40 个小时的每周 5 天工作制。于是，我国职工享受到了每周两天的"双休日"，得到了与当时发达国家职工相近的待遇。

当时我国的其他休闲供给并没有得到相应发展，在增多的工休日中，职工的生活除了亲友聚会和家务劳动外，大都不约而同地开始选择旅游，故而出现了席卷全国的"周末旅游热"。

我国大众旅游最大浪潮的到来，是在 20 多年前。给人印象最深的，是 1999 年"黄金周"假日制度带来的国内旅游的井喷。那是为了改善劳动者的生活，国务院在 1999 年 9 月发布的对 1949 年 12 月政务院的《全国年节及纪念日放假办法》的修订。这次修订一共增加了 3 天法定假日，即将 5 月 1 日劳动节放假从 1 天改为 3 天，将 10 月 1 日国庆节放假从 2 天改为 3 天。而有关方面在该年 9 月做出的对该年"十一"假期的安排，更富有了新意，即将与"十一"假日邻近的两个双休日做了平行的位移，从而与新规定的 3 天法定假日连接了起来，形成了连续 7 天的长假日。紧接着第二年的"春节""五一""十一"的放假通知，也都袭用了 1999 年"十一"前后两个双休日位移的办法，于是形成了中国前所未有的每年 3 个 7 天的长假日。

为了解决对假日旅游井喷准备不足带来的问题，我国有关此事的 12 个委部局又就假日旅游形成了《关于进一步发展假日旅游的若干意见》上报国务院。我国对自己国家假日的"黄金周"的称呼，就是在这时正式出现的。但是，"黄金周"却不是某些经济学家所认为的"为了走出金融危机或让旅游业赚大钱"。据在《中国经济周刊》发表《国家放长假决策始末》的当事人张国宝回忆，那是在他工作中提出"让人民群众有更多的休息机会，也是提高福利的一种方式"的建议得到时任总理朱镕基的重视后，责成有关方面具体研究，又经过13个部委研究和开会讨论通过后，中央才最后决定的。①

（4）新挑战与新态势

态势之一，问题反复带来的思考。

政府对职工假日的改进，进一步释放了居民的旅游需求，与此同时，旅游交通等旅游供给不足的问题也开始凸显。这个问题，原本可以通过适当增加假日、引导假日休闲多样化、适度增加旅游供给和加强管理调度等来加以疏导和缓解，不料却有刚刚进入旅游研究的经济学家以"'黄金周'旅游收入的增长额在社会消费品零售总额的增长额中的占比呈现明显的下降趋势"为由，提出了取消黄金周的建议。"五一"黄金周取消的结果，是将原本可以在"五一"黄金周出游的居民大多转移到了"十一"黄金周，以致2008年以来出现了"十一"黄金周游人倍增的现象，而且延续至今也未能得到有效解决。

对于"十一"黄金周游人倍增的现象，《2012～2013年中国国内旅游分析与展望》的报告，就对取消"五一"黄金周前后10年的国内旅游发展差异做出了分析。②

表1显示，取消"五一"黄金周之前的2003～2007年，"十一"黄金周期间游人的平均增长率，与这五年每年全年的游人增长率是完全同步的；而取消"五一"黄金周之后的2008～2012年，每年"十一"黄金周游人的平均增长率远远大于全年游人的增长率，几乎是全年游人增长率的2倍。由此不难判断，取消"五一"黄金周后每年国内旅游人数的增长更向"十一"黄金周集中，也就使得出行车辆和旅游景区的游人从"拥挤"变成了"拥堵"。原来本该在"五一"黄金周出行的游人，大多被挤到"十一"黄金周了。

---

① 张国宝：《国家放长假决策始末》，《中国经济周刊》2013年第27期，第42～45页。
② 刘德谦：《2012～2013年中国国内旅游分析与展望》，载宋瑞主编《2013～2014年中国旅游发展分析与预测》，社会科学文献出版社，2013，第222页。

**表1 2003～2012年"十一"黄金周旅游人数增长与国内旅游人数增长的比较**

| 年份 | "十一"黄金周旅游人次数 | | | 全年旅游人次数 | | |
|---|---|---|---|---|---|---|
| | 人次数（亿人次） | 同比增长（%） | 五年平均增幅(%) | 人次数（亿人次） | 同比增长（%） | 五年平均增幅(%) |
| 2003 | 0.89 | 11.5 | | 8.70 | -0.9 | |
| 2004 | 1.01 | 13.5 | | 11.02 | 26.7 | |
| 2005 | 1.11 | 10.0 | 12.59 | 12.12 | 10.0 | 12.89 |
| 2006 | 1.33 | 19.8 | | 13.94 | 15.0 | |
| 2007 | 1.46 | 9.8 | | 16.10 | 15.5 | |
| 2008 | 1.78 | 21.9 | | 17.12 | 6.3 | |
| 2009 | 2.28 | 28.1 | | 19.02 | 11.1 | |
| 2010 | 2.54 | 11.4 | 23.82 | 21.03 | 10.6 | 12.93 |
| 2011 | 3.02 | 18.9 | | 26.41 | 25.6 | |
| 2012 | 4.25 | 23.3 | | 29.57 | 12.0 | |

注：①2003年是受非典型性肺炎的影响，全年出游人数骤减，所以2004年全年人数出现了恢复性的骤增。②如将2012年"十一"黄金周的数据与2011年数据直接比较，则其增幅为40.7%，基于2012年的"十一"黄金周是加上了1天中秋假日形成的，故改为以7天的可比数计算，计算结果为23.3%。

资料来源：2002～2012年各年《"十一"黄金周旅游统计报告》；2003～2012年各年《中国旅游年鉴》；国家旅游局《2012年国内旅游基本状况》。

把原本可以较缓释放的需求，硬性集中到了"十一"那几天，既让旅游供给难以适应，又降低了服务的质量，还增加了安全隐患，不仅游客不满意，而且对产业的发展也是有害无益的。

态势之二，为适应新需求努力。

有关产业发展中，人们在追求质量提升的同时，并不排斥数量的增长。对于旅游业正常的增长，居民和业界自然都是十分欢迎的；尤其是对消费者需求的增长，市场更应该努力去配合去适应。据《旅游绿皮书》对历史数据的统计，2000～2005年，国内旅游出游人数年均增幅为10.25%，出游总花费年均增幅为14.41%；2006～2010年，国内旅游出游人数年均增幅为11.84%，出游总花费年均增幅为18.94%，都远远超过了这两个五年计划期间GDP的增速。所以，该文作者在《旅游绿皮书》中才把它们誉为"稳健的大步"。

为什么"十一五"期间国内旅游增速能够比上一个五年计划高出更多呢？在诸多原因中，国家层面对国内旅游的更加关注是主因。

进一步变化是从 2005 年全国旅游工作会上开始的，主管部门对旅游的发展方针做了一些微调，一改此前"大力发展入境旅游、积极发展国内旅游、适度发展出境旅游"的方针，提出了"大力发展入境旅游、规范发展出境旅游、全面提升国内旅游"的方针。令人们注意的是，旅游主管部门基于对关系民生的国内旅游有了更多的关切，所以对国内旅游的发展，已经上升到了"全面提升"的高度。可是在 2006 年发布国家"十一五"规划时，决策层却把旅游主管部门对三大市场的安排顺序改为了"全面发展国内旅游，积极发展入境旅游，规范发展出境旅游"。这样一来，国内旅游的发展就上升到了第一重要的位置。而这正是为了适应我国旅游发展新需求的努力。自此以后，全面发展国内旅游也成为我国旅游管理层和业界学界的指导思路。后来，随着中央对"以人为本"发展理念的强调，以国内旅游为主体的旅游业，便被人们誉为关系中国人民福祉的幸福产业。

态势之三，旅游 70 年的成就。

对这些年来国内旅游的发展，国家统计局 2019 年 8 月为纪念中华人民共和国成立 70 周年撰写的专稿称："文化和旅游部数据显示，2018 年我国人均出游已达 4 次，国内旅游人数超过 55 亿人次（55.4 亿人次），是 1994 年的 11 倍，年均增长 10.3%；国内旅游收入超过 5 万亿元（51278 亿元），是 1994 年的 50 倍，年均增长 17.7%。据测算，2017 年全国旅游及相关产业增加值为 37210 亿元，比上年增长 12.8%，比同期 GDP 现价增速高 1.9 个百分点，占 GDP 的比重为 4.5%，比上年提高约 0.1 个百分点。分行业数据来看，旅游出行服务、旅游餐饮服务、旅游娱乐服务增长较快，增加值增速分别为 15.3%、15.1% 和 17.2%。"[1]

在出境旅游和入境旅游方面，如据 2019 年 9 月国家统计局为同一目的发布的数据，自 1995 年至 2017 年的 22 年间，我国出境旅游由年出游 500

---

[1] 《文化和旅游部：2018 年中国人均出游已达 4 次》，中文互联网数据资讯网，2019 年 8 月 16 日。

万人次增至 1.43 亿人次，年均增长 17%。我国出境旅游人数在世界排名不断提升，1995 年居世界第 17 位，2013 年首次跃居世界第 1 位，2014～2017 年更是连年稳居世界第一，成为全球最大的出境游市场。与此同时，我国出境旅游支出也跃居世界第 1 位。1995 年我国出境旅游支出居世界第 25 位，2013 年居世界第 2 位，2014 年、2015 年、2016 年、2017 年是连年第一（2017 年，我国出境旅游支出额为 2577 亿美元，比 1995 年的 37 亿美元增加了 2540 亿美元）。2018 年，国内居民出境游 16199 万人次。其中，因私出境 15502 万人次；赴港澳台出境 9919 万人次。[①] 上面资料还显示，我国入境旅游人数和国际旅游收入的增加也非常可观。1995 年，我国入境旅游人数为 4639 万人次，居世界第 7 位，而 2013～2017 年则稳居世界第 4 位。2018 年，入境游客 14120 万人次。其中，外国人 3054 万人次；香港、澳门和台湾同胞 11066 万人次。入境游客中，过夜游客 6290 万人次；国际旅游收入达 1271 亿美元，比上年增长 3.0%。

在迅猛的发展中，还存在着一些不足，如迄今一直未能解决的节假日期间游人过度拥挤的问题，以及一些地方服务满意度不高和乱收费现象等，都需要各个城市继续努力去克服，这也是人民日益增长的美好生活需要和不平衡不充分的发展之间的矛盾在我国旅游发展中的体现。

2. 休闲与旅游汇合的新局面

前面已经述及了我国居民旅游生活的巨大变化，但更值得注意的是，我国居民的休闲与旅游逐渐合一的新局面也随着 21 世纪的到来而更加凸显。

我国现代汉语中，表达"愉快地度过闲暇时光"的"休闲"一词，是一个由词素"休"和"闲"合成的动宾结构的双音词。在一定意义上，它相当于国际休闲研究中使用的"leisure"和"recreation"。"leisure"在英语中主要词义有两个，一个是指"闲暇时间"，一个是与"recreation"同义。至于"recreation"，本报告前面在论及《雅典宪章》时已经论述到其词源上的"恢

① 《国家统计局：国内出境游人数年均增长 17% 居世界第 1 位》，中文互联网数据资讯网，2019 年 9 月 4 日。

复身心活力"的含义。① 现今，人们已经越来越意识到，休闲以及旅游与户外运动，作为人类潜意识的向往，正在显露着它所具有的巨大的推动人类创造力再生的本质功能，由此也不难推知，休闲对于城市、对于我国国民经济的价值。

（1）对休闲的关注在现实中的凸显

凸显之一，休闲走进旅游管理。

前面述及的居民可自由支配时间和可自由支配收入的增多是旅游产生的必要条件，其实，这更是居民休闲活动发展的必要条件。所以，在人们认识到闲暇旅游的实质是休闲的同时，研究者对休闲的重视更是日益增加。2006年4月杭州世界休闲博览会在杭州"休博园"开幕引起全国居民的广泛关注，在该博览会闭幕时，由世界休闲组织作为组织单位，以"休闲：社会、文化和经济发展不可分割的组成部分"为主题的"第九届世界休闲大会"同时在杭州召开，从而使休闲由我国学界的关注转变成了全国上下较为共同的关注。

紧接着，继2007年《政府工作报告》中明确提出"积极培育休闲消费热点"后，2009年国务院又在"三定"方案中明确将引导休闲度假确定为国家旅游局的职能。也就是这年，在国家旅游局的倡导下，在山东、广东、浙江等省的带动下，不少省市自己拟定的"国民休闲发展纲要""国民旅游休闲纲要""国民旅游计划"等开始实施。同时，在国家旅游主管部门进一步研究引导休闲度假的办法与措施的基础上，经过全国上下共同的努力推动，认真酝酿而成的《国民旅游休闲纲要（2013~2020年）》，终于在2013年以《国务院办公厅关于印发〈国民旅游休闲纲要（2013~2020年）〉的通知》（国办发〔2013〕10号）的形式得以公布与实施。据2014年9月中国旅游研究院编写的《中国休闲发展年度报告（2013~

---

① 以上内容，系综合英语词典和有关论著而成。详见《牛津英语大辞典》第Ⅵ卷，牛津大学出版社，1978，第192页。〔美〕杰弗瑞·戈比：《你生命中的休闲》，康筝译，云南人民出版社，2000，第4、6页。〔英〕洛基·洛明、詹姆斯·爱德蒙兹：《旅游学要义》，李力译，广东旅游出版社，2017，第154~155页。刘德谦：《也论休闲与旅游》，《旅游学刊》2006年第10期，第10~19页。

2014)》分析，这应该是我国"提出全面建成小康社会的背景下，我国的国民休闲开始迈入新的阶段"的标志。

凸显之二，休闲发展获得新动力。

在国务院"三定"方案将引导休闲度假确定为国家旅游局的职能后，国家旅游局综合司便与中国社会科学院财贸经济研究所合作编制了连续出版物《中国休闲发展报告》[①]，用以总结我国每年休闲产业发展，并为来年和今后发展提供相应参考。

据 2019 年 8 月中国社会科学院旅游研究中心发布的《2018～2019 年中国休闲发展报告》，这两年，中国的旅游和休闲发展呈现出四大特征：其一，供给侧结构性改革加速推进，带动了旅游休闲品质不断提升；其二，文化和旅游融合发展持续深入，推动了休闲文化内涵的逐渐增强；其三，全域旅游示范区进入验收阶段，使得旅游和休闲对产业和民生的带动作用更加凸显；其四，乡村旅游和休闲度假发展成为假日生活的热点。有研究者认为，这四个特征也将在未来的几年内保持。

在这方面，政府是功不可没的。譬如，文化和旅游部 2019 年 1 月出台《关于实施旅游服务质量提升计划的指导意见》，就针对景区、酒店、旅行社以及线上旅游服务平台等行业主体，全面推进供给侧结构性改革，着力改善游客休闲体验，进而推动旅游休闲产业高质量发展；又如，文化和旅游部 2019 年 3 月出台《关于促进旅游演艺发展的指导意见》，就意在推动文化和旅游的融合，引导市场供给形式多样化，这为丰富游客生活、满足休闲需求、传播地方文化等提供了多元化渠道；再如，文化和旅游部 2019 年 3 月出台《国家全域旅游示范区验收、认定和管理实施办法（试行）》和《国家全域旅游示范区验收标准（试行）》，更进一步从制度层面规范了国家全域旅游示范区的验收、认定和管理工作，从而比较充分地发挥了行业示范主体的引领作用，以凸显休闲服务的综合吸引力。至于乡村旅游和休闲度假新热点的到来，更是基于各个相关部委

① 后来，此研究报告转为中国社会科学院旅游研究中心独立主编。

办的合作，如国家发展改革委、文化和旅游部等 13 个部门 2019 年 10 月联合发布《促进乡村旅游发展提质升级行动方案（2018～2020 年)》，文化和旅游部等 17 个部门 2019 年 12 月联合印发《关于促进乡村旅游可持续发展的指导意见》，更为从农村实际和旅游市场需求出发，强化规划，完善基础设施建设，推进乡村旅游环境优化，促进旅游产品的丰富创造了有利的条件，也将在推动城乡居民休闲度假空间的发展方面起到十分积极的作用。

此外，在旅游的发展中，还有特别值得注意的新态势，那就是 20 世纪后期全球出现的"慢旅游"思潮在我国的传播。与带着求新求异求乐的愿望、力图在有限的时间段充分利用闲暇去感受世界的旅游理念不同，"慢旅游"是以慢节奏的深度体验去品味假日生活。虽然都是对闲暇时光的利用，但是"慢旅游"在旅程中摆脱了时间压力，在闲适性的"休""闲"中享受了不同于走马观花的另一种心灵的自在与愉悦，这也就使得传统的旅游项目有可能与更轻松的休闲有了更多融合的机会。

（2）当前休闲发展的新态势

态势之一，老百姓的休闲生活有了新统计。

2019 年 1 月，国家统计局公布了《2018 年全国时间利用调查公报》。该调查结果显示，我国居民在一天的活动中，个人生理必需活动（包括睡眠）平均用时 11 小时 53 分钟，占全天的 49.5%；居民的平均个人自由支配活动时间（即闲暇时间）为 3 小时 56 分钟。其中，个人自由支配活动包括健身锻炼、听广播或音乐、看电视、阅读书报期刊、社会交往等。居民健身锻炼的平均时间为 31 分钟，城镇居民是 41 分钟，农村居民是 16 分钟。居民的平均娱乐休闲时间为 1 小时 5 分钟，男性为 1 小时 13 分钟，女性为 58 分钟；城镇居民为 1 小时 9 分钟，农村居民为 58 分钟。调查还显示，居民休闲娱乐的参与率为 40.7%。[①] 从一年的时间分配来看，全国职工每周工作 5 天，公休日 2 天，一年平均 52 周，因而一共得到了 104 天的假日；再

---

① 《2018 年全国时间利用调查公报》，国家统计局，2019 年 1 月 25 日。

加上每年法定假日 11 天（元旦 1 天、春节 3 天、清明节 1 天、端午节 1 天、劳动节 1 天、中秋节 1 天、国庆节 3 天），共有 115 天的休息日。这自然是职工自主休闲的好日子。

人们的休闲，除了日常享有的多式多样的文化娱乐休闲外，还有各类体育健身运动休闲、阅读求知休闲、会友交流休闲以及饲养花鸟虫鱼休闲等很个性随意的活动，更有目前最受关注的时间集中（公休日和公共节假日）的不同目的地的旅游休闲。

在体育健身运动休闲方面，有资料显示，进入 21 世纪以来，我国经常参加体育锻炼的人口比例为 1/3（2018 年的调查数据略小一些，为 30.9%）；而新型的各种户外健身运动则更受年轻人的欢迎，一份企业联盟的调查资料显示，在户外运动的参与者中，14~45 岁人群占比超过了 85%。

在文化休闲方面，据《2018 年国民经济和社会发展统计公报》等有关资料的统计，截至 2018 年末，全国文化系统共有艺术表演团体 2075 个、博物馆 3331 个、文化馆 3326 个。全国共有公共图书馆 3173 个，接受图书馆服务的总人数已达 8.45 亿人次之多。全年共生产故事影片 902 部，科教、纪录、动画和特种影片 180 部。全年共生产电视剧 323 部 13726 集、电视动画片 86257 分钟。

在旅游休闲方面，统计公报还显示，2018 年全年国内游客 55.4 亿人次（比上年增长 10.8%），国内居民因私出境 15502 万人次（比上年增长 14.1%）；二者相加，全国旅游出游人数高达 56.95 亿人次，即使把全国人口中的老弱病残都算上，平均每人全年出行旅游也有 4 次之多。

态势之二，政策创造了克服休闲发展制约的机遇。

《休闲绿皮书》撰稿人之一的刘德谦，在其《对近年中国居民休闲生活发展状况的分析》中，从理论上分析了休闲制约因素的 3 个部分 7 个方面：一是基础性的制约（包括休闲时间的制约、居民可自由支配收入的制约）；二是休闲供给的制约（包括公共服务供给的制约、市场供给的制约、供给相关环境的制约）；三是居民自身的制约（包括居民人际关系制约；休闲者自我因素制约，而自我因素制约，又包括认知、喜好的局限和休闲技能的局限）。①

应该看到，这些制约因素在全球几乎普遍存在。要克服这些休闲制约，无论在他国还是我国，都不是可以一朝一夕实现的。因此，也就需要人们不断地努力。在我国，除了国家政策层面继续保障职工的假日和继续逐步提高工资，以稳步突破对休闲的基础性制约外，积极优化城乡休闲供给也十分关键。本课题对我国城市休闲与旅游竞争力的研究，主要目的之一，就是推动公共休闲服务供给的优化、市场休闲供给的优化，推动各个城市休闲供给环境的优化，并进而引导居民努力克服来自自身和周边人际关系等对自己休闲的制约，以期有更多人能够享受休闲，消除疲劳，恢复活力，增进体能和智慧，在对自己一天工作之外的 1/3 时间和一年之中 1/3 日子的科学安排中，在自己选择的包括日常休闲和旅游、户外运动等在内的多样休闲中，获得身心的舒畅，推动创造力的自我恢复和进一步增长。而目前继续落实国务院《国民旅游休闲纲要（2013～2020 年）》的有关部署，正是克服国民休闲面临制约的机遇。

### （三）休闲和旅游的城市竞争力

1. 引人注目的研究

（1）波特理论

说起竞争力的研究，人们往往会想到迈克尔·波特的"竞争三部曲"——《竞争战略》《竞争优势》《国家竞争优势》，以及他的许多著述，想起他的"钻石模型"等。就研究者的研究逻辑次序和进程而言，竞争力的研究与评价大致是从 3 个层次渐次出现和推进的：企业竞争力→产业竞争力→国家竞争力。其实，人们从对波特著述的阅读中也可以清楚地感到，他的竞争优势的研究和理论，与亚当·斯密和大卫·李嘉图等早年的研究是有密切联系的。波特的国家竞争优势理论的逻辑起点，自然也与前辈的"绝

---

① 刘德谦、高舜礼、宋瑞主编《2011 年中国休闲发展报告》，社会科学文献出版社，2011，第 48 页。

对优势理论"和"比较优势理论"密切相关。当然,波特阐述得更多的,也是他与其他主流学者之间的不同。

波特在这些著述中总结的研究和创新,无疑是有着全球性的启发意义的。譬如波特在分析行业结构时,依据产业经济学研究成果总结出的5种竞争力的"五力模型",他所阐述的"这五种力的综合作用力随产业的不同而不同,随产业的发展而变化"①,以及他对相关的三类成功型战略思路的揭示(成本领先战略、差异化战略、专一化战略),甚至有关优势的获取等,人们大都已经熟知;而其最后的集大成者《国家竞争优势》,更是把其研究完整地从企业推向了国家的层面,在1998年新版的《国家竞争优势》中,他说"虽然本书定位于国家层次,但它的分析框架完全适应于对地区、州和城市等级别的分析"②,当他在后面接着述及"《国家竞争优势》的理论目前也同样开始运用到城市和大城区"时,还以注释的形式(篇章尾注"14")指出了1997年R. M. Smit等人论述运用其理论的实例。当然了,在他的著作中(尤其是《国家竞争优势》中)所列举的一个个国家和城市的实例,不仅使他的理论得到了证实和细化,而且其观点也更加显豁。

(2)有关全球竞争力的测度

前面已经说到,对全球竞争力的关注并不起源于波特,在波特理论提出的前后,人们对国家竞争力的比较就已经开始测度了,如世界经济论坛自1979年以来开始发布的《全球竞争力报告》、瑞士洛桑国际管理发展学院从1989年开始发布的《世界竞争力年报》等等。

其一,世界经济论坛的《全球竞争力报告》。

在国家竞争力的全面评价方面,当前最广为人知的,当是世界经济论坛(WEF)自1979年以来开始发布的《全球竞争力报告》。

据最近(2019年10月)在日内瓦公布的《2019年全球竞争力报告——如何结束失去的十年生产率增长》,通过103项指标的相关指数的比较,中国

---

① 〔美〕迈克尔·波特:《国家竞争优势》,李明轩、邱如美译,中信出版社,2007,第XVII、XXVI页。

② 〔美〕迈克尔·波特:《国家竞争优势》,李明轩、邱如美译,中信出版社,2007,第XVI页。

在 141 个国家和经济体中以综合得分 73.9 分（比上年提高 1.3 分）获得全球第 28 名（与上年度持平）。

在 2019 版的该报告中，在国家竞争力方面名列前茅的 Top 10（国家和地区）分别是：新加坡、美国、中国香港、荷兰、瑞士、日本、德国、瑞典、英国、丹麦。在构成全球竞争力指数（GCI，4.0）的 12 大支柱中，分别位居全球第一的是：制度，芬兰；基础设施，新加坡；信息通信技术采用，韩国；宏观经济稳定性，多地（33 个国家和地区）；医疗保健，多地（4 个国家和地区）；技能，瑞士；产品市场，中国香港；劳动力市场，新加坡；金融体系，中国香港；市场规模，中国；商业活力，美国；创新能力，德国。而综合竞争力位居全球第一的新加坡（较上年度提高了一个名次），其综合得分则达到了 84.8 分（较上年度提高 1.3 分），且在其他几大支柱中新加坡也都名列前茅，如基础设施（95.4 分）、劳动力市场（81.2 分）等。[①]

不仅波特直言其有关竞争力的理论也适用于"城市和大城区"，而且上面所述 WEF 的《全球竞争力报告》的 GCI（全球竞争力指数）对城市的适用性也是十分明显的，因为多年来在该报告中名列前茅的新加坡，就是一个城市国家。就其面积而言，如果与我国一些城市总面积做一个硬性比较，新加坡几乎排不上名次。据统计，2018 年新加坡陆地面积为 722.5 平方公里（见《2019 年新加坡统计年鉴》，因其不断地填海造地，所以其国土面积是在不断变化的，该年鉴的数据截至 2018 年 6 月）[②]，如果用我国"2018 年中国城市建成区面积"进行比较，则新加坡的国土面积，大约相当于我国南京市区（796 平方公里）的面积。如果视野聚焦于一些列入《全球竞争力报告》的全球国家，也有不少国土面积不大的小国或者城市国家，由此来看《全球竞争力报告》的 GCI 指标体系，也确实在一定程度上是适用于城市的。

从人口来说，更是如此。在面积不大的国家中，新加坡还是一个人口较为密集的国家。据《2019 年新加坡统计年鉴》，截至 2018 年 6 月底，新加

① WEF, *Global Competitiveness Report 2019*，2019，第 Ⅷ、154～157、506～509 页。

② *Yearbook of Statistics Singapore 2019*，新加坡，2019，第 3 页。

坡全国总人口为 564 万人，大约处于同年我国城市人口排名第 68 名的荆州市（569 万人，2018 年底数据）和第 69 名的六安市（561 万人，2018 年底数据）之间。据 2018 年的资料，全球 220 多个国家中，全国人口总数不到 600 万的就占一半以上，所以不少国家的人口规模也就大致与我国某些中小城市差不多，相比之下，新加坡也就不算小国了。

其二，洛桑国际管理发展学院的《世界竞争力年报》。

几乎与 WEF《全球竞争力报告》齐名的，自然是瑞士洛桑国际管理发展学院（IMD）的《世界竞争力年报》，它们二者均受国际社会的欢迎。IMD 从 1989 年开始发布《世界竞争力年报》，迄今（2019 年）已是第 31 版了，其目的是希望从经济表现、基础设施、政府效率和企业效率等多个方面来评估国家和经济体的竞争力。在该年报看来，竞争力不但是各国或经济体经济政策的工具，也应该是经济政策的目标。

该报告以国家和经济体的竞争力作为直接研究对象，以发布世界各国的竞争力排序为标志。这一排名，既广泛采集了包括失业、GDP 增长和政府在健康、教育等方面的支出等"硬指标"数据，也兼顾了对诸如社会凝聚力、全球化进程、腐败等主题进行调查所得出的"软指标"数据。

《IMD 世界竞争力排行榜 2018》，根据其 235 个指标对全球 63 个经济体进行了评估，其结果显示，在这一年的版本中，世界上排前 5 位的最具竞争力的经济体与前一年保持不变，只是排名次序略有变化：美国回到第 1 名位置，紧随其后的是中国香港、新加坡、荷兰和瑞士（荷兰移至第四位，与瑞士互换，瑞士下降到第五）。前 10 名的余下 5 名，主要由北欧诸国占据：丹麦、挪威和瑞典分别排名第 6、第 8 和第 9。而第 7 和第 10 则是亚洲的阿联酋和北美的加拿大。中国的排名较 2017 年突升了 5 位，位列第 13。

据 2019 年 5 月公布的《IMD 世界竞争力排行榜 2019》，在全球 63 个国家和经济体中，新加坡由于先进的技术基础设施、熟练的劳动力、良好的移民法律以及建立新企业的有效途径，首次跃居第 1 位；中国香港在其商业政策环境和商业融资的推动下，仍然居于世界的第 2 位。而上年排名第 1 的美国，尽管其基础设施和经济表现仍处于全球的高水平，但受其高科技出口疲软和美元价值波动等的冲击，下滑至第 3 位。之下的第 4 至第 10 名，则分别是瑞士、阿联酋、荷兰、爱尔兰、丹麦、瑞典、卡塔尔。在激烈的世界竞争中，中国排名较 2018 年略降，列第 14 位。[①]

其三，世界经济论坛的《旅游业竞争力报告》。

世界经济论坛在 1979 年开始发布年度性《全球竞争力报告》后，于 2007 年又出版了全球的《旅游业竞争力报告》（The Travel & Tourism Competitiveness Report，又译名《全球旅游竞争力报告》或《旅行和旅游竞争力报告》）。该报告开始时也和《全球竞争力报告》一样，每年发布一次，但在连续发布了 3 年（2007 年，2008 年，2009 年）之后，自 2011 年第 4 次发布开始改为每两年发布一次。这应该是全球公认的国际机构对全球各经济体旅游发展的最为全面的总结。

世界经济论坛的第 8 本《旅游业竞争力报告》是《2019 年旅游业竞争力报告》，该报告已在 2019 年 9 月发布。报告显示，在全球旅游业竞争力 Top 10 的国家和地区中，除了英国因为脱欧关系名次略有下降外，其他 9 国名次几乎都与上次的报告相近，甚至连某些排名也几乎一样，它们分别是法国、德国、日本、美国、英国、澳大利亚、意大利、加拿大、瑞士。可喜的是，中国的表现依然相当突出，以总平均分 4.9 分从上次的第 15 位上升到了第 13 位。[②]

该报告将旅游业发展的竞争力划分为 4 个部分和其下的 14 个细分项，亦即其竞争力指数结构的 4 大分指数（subindex）和其下的 14 项支柱（pillar），以及再下的 90 个单项指标（individual indicator）。2019 年报告显示，4 大分指数和其下 14 大支柱领先的国家或经济体，具体见表 2。

---

① *The IMD World Competitiveness Ranking*，IMD WORLD COMPETITIVENESS ONLINE，IMD 网络资料。

② WEF，*The Travel & Tourism Competitiveness Report 2019*，2019，第 XⅢ 页。

表2  WEF 2019 旅游业竞争力分指数中领先的国家或经济体

| 4 大分指数及其下 14 大支柱 | 领先的国家或经济体 |
| --- | --- |
| A. 有利环境 | 瑞士 |
| 1. 商业环境 | 中国香港 |
| 2. 安全保障 | 芬兰 |
| 3. 健康与卫生 | 奥地利、德国 |
| 4. 人力资源与劳动力市场 | 美国、瑞士 |
| 5. 信息通信技术准备 | 中国香港 |
| B. 政策和有利条件 | 新西兰 |
| 6. 旅游业优先程度 | 马耳他、牙买加、塞浦路斯 |
| 7. 国际开放程度 | 新西兰 |
| 8. 价格竞争力 | 伊朗 |
| 9. 环境可持续性 | 瑞士 |
| C. 基础设施 | 美国、瑞士 |
| 10. 航空基础设施 | 加拿大 |
| 11. 陆路和港口基础设施 | 中国香港、新加坡 |
| 12. 旅游服务基础设施 | 葡萄牙、奥地利 |
| D. 自然资源与文化资源 | 中国 |
| 13. 自然资源 | 墨西哥 |
| 14. 文化资源与商务旅行 | 中国 |

资料来源：WEF, *The Travel & Tourism Competitiveness Report 2019*，2019，第 Ⅸ ~ Ⅻ、65 ~ 83 页。

世界经济论坛 2007 年首次推出全球《旅游业竞争力报告》以来，中国旅游业的发展实在是值得称赞的，中国的旅游业竞争力指数及其在全球的排名不断攀升，应该视为国际社会对中国旅游业进步的真实肯定（见表3）。

表3  WEF《旅游业竞争力报告》创刊以来中国旅游业的排名

单位：分，个

| 报告出版年度 | 中国总得分/满分 | 中国在全球排名/参与排名的国家或经济体数 | 与上次排名的比较 |
| --- | --- | --- | --- |
| 2007 | 3.97/7 | 71/124 | — |
| 2008 | 4.06/7 | 62/130 | + 10 |
| 2009 | 4.33/7 | 47/133 | + 15 |

续表

| 报告<br>出版年度 | 中国总得分<br>/满分 | 中国在全球排名<br>/参与排名的<br>国家或经济体数 | 与上次排名的比较 |
|---|---|---|---|
| 2011 | 4.47/7 | 39/139 | +8 |
| 2013 | 4.45/7 | 45/140 | -6 |
| 2015 | 4.54/7 | 17/141 | +28 |
| 2017 | 4.72/7 | 15/136 | +2 |
| 2019 | 4.9/7 | 13/140 | +2 |

注：①该报告2007年、2008年、2009年连续三年都是年度性报告，而自2011年起该报告改为隔年一次的双年版。②在2015年报告中，中国出现了名次的飞跃，除了中国确有诸多进步外，也与该报告的指标体系大调整有关。具体见2007年后各版《旅游业竞争力报告》。

资料来源：WEF《旅游业竞争力报告》各年文本。

成绩的取得，一方面，自然得力于中国经济实力的支撑和政策的不断完善，同时与旅游业及相关行业的努力密不可分，其中包括旅游规划界专家的成功谋划；另一方面，关于2015年中国旅游业在全球排名的较大提升，其实也与WEF这年新启用的TTCI（旅游业竞争力指数）有利于中国旅游业强项的显露有关。

（3）对城市竞争力的评价

虽然迈克尔·波特强调了国家竞争力也适应于对城市的考量，世界经济论坛的《全球竞争力报告》和全球《旅游业竞争力报告》也把不少类似城市的小国及经济体纳入其竞争力的比较研究之中，但是城市竞争力的研究仍然与国家竞争力的研究有所不同，除土地面积与人口数量的巨大差异之外，在研究方法上和指标体系上国家竞争力也有更多的选择，甚至国家竞争力的研究和城市竞争力的研究开始分化为两种类型。近年来，人们除了对国家竞争力和城市竞争力的理论探究外，在对城市竞争力的具体评价方面，也出现了一些令人瞩目的成果，国内外研究者较为关注的有下面几种。

其一，中国社会科学院财经战略研究院的《中国城市竞争力报告》。

《中国城市竞争力报告》是中国社会科学院财经战略研究院（曾用名"中国社会科学院财贸经济研究所"）的一项课题成果。该课题的研究，意在从全球视角来探析中国各城市在全国城市竞争力中的位置（包括优势、劣势、机遇和挑战等），同时提出中国城市的竞争战略，以期能够为各城市的发展与建设提供具有启示性的参考，进而提升自己城市的竞争力。

该课题是倪鹏飞在 2003 年开始主持的，每年发布一次。该研究提出的"弓弦箭模型"认为，城市竞争力是指一个城市在竞争和发展过程中与其他城市相比较所具有的吸引、争夺、拥有、控制和转化资源，争夺、占领和控制市场以创造价值，为其居民提供福利的能力。他在假定城市竞争力与城市价值收益完全正相关后，将城市竞争力归为城市产业竞争力，具体表现为创造有价值产品的产业增加值。而产业增加值的约束条件又分两类，即硬实力和软实力。其中，硬实力包括劳动力、资本力、设施力、科技力、结构力、区位力、环境力等；软实力包括秩序力、制度力、文化力、管理力、开放力等。

2019 年出版的《中国城市竞争力报告 No. 17》中，"中国城市竞争力 2018 年度排名"下的城市排名，已不再是早年由各个细分的各力聚合而成的关于各个城市的单一排名了，而是考虑到城市类型的多组排名，如"2018 年中国 293 个城市综合经济竞争力""2018 年中国 288 个宜居城市竞争力""2018 年中国 288 个城市可持续竞争力""2018 年中国 288 个城市宜商竞争力"等。

在每一类型下面，又有各自的几个力群的分组，再下才是竞争力的基础要素构成。

如城市综合经济竞争力是由以 GDP 连续 5 年平均增量为标志的综合增量竞争力和以平均 GDP 为标志的综合效率竞争力聚合而成的。

宜居城市竞争力是由分属于优质的教育环境、健康的医疗环境、安全的社会环境、绿色的生活环境、舒适的居住环境、便捷的基础设施、活跃的经济环境 7 个环境竞争力组群的 26 项基础指标来考量测评的。

城市可持续竞争力是由分属于创新驱动的知识城市、公平包容的和谐城市、环境友好的生态城市、多元一体的文化城市、城乡一体的全域城市、开放便捷的信息城市 6 个竞争力组群的 25 个基础指标来加以考量测评的。

城市宜商竞争力是由分属于当地要素竞争力、当地需求竞争力、软件环境竞争力、硬件环境竞争力、全球联系竞争力5个竞争力组群的16个基础指标来加以考量测评的。

据2019年出版的《中国城市竞争力报告 No.17》，2018年中国293个城市综合经济竞争力前10座城市依次是深圳、香港、上海、广州、北京、苏州、南京、武汉、台北、东莞；2018年中国288个宜居城市竞争力前10座城市依次是香港、无锡、杭州、南通、广州、南京、澳门、深圳、宁波、镇江；2018年中国288个城市可持续竞争力前10座城市依次是香港、北京、上海、深圳、广州、杭州、南京、澳门、成都、苏州；2018年中国288个城市宜商竞争力前10座城市依次是香港、北京、上海、深圳、广州、南京、杭州、天津、重庆、青岛。如果就此与2018年版《中国城市竞争力报告 No.16》的2017年综合经济竞争力、宜居城市竞争力、可持续竞争力对照，则可以发现这年居前列的城市，在后一年仍然是稳居前列的，只是排名次序有所变化而已，而这三大类竞争力的前三名，连排名次序都一点没有变。由此可见，每座城市竞争力的获得，也不是轻而易举的。

其二，森纪念财团的《世界城市综合实力排行榜》。

除了中国社会科学院的《中国城市竞争力报告》在研究城市竞争力之外，还有日本森纪念财团的《世界城市综合实力排行榜》、美国科尔尼管理咨询公司的《全球城市指数》等，也在研究城市的竞争力。比起有17年研究历史的《中国城市竞争力报告》，《世界城市综合实力排行榜》和《全球城市指数》都要晚一些。

日本研究机构森纪念财团的年度报告《世界城市综合实力排行榜》是2008年开始研究编制的，其研究意向是想通过对经济、研究与开发、文化与交流、居住、生态环境、交通6个分野（领域）的市场规模、市场魅力、经济活力、人力资本、商业环境、经商容易度、研究共同体、研究环境、成果创新、文化发展潜力、旅游资源、文化设施、接待实力与引力、接待外国人实绩、就业环境、居住成本、安全等24个指数组群下的70个指标构成的世界城市综合实力指数〔或译成世界城市实力指数（GPCI）〕的分析与汇集，选出全球最具综合吸引力的城市。

据 2019 年 11 月 22 日发布的《2019 年世界城市实力指数（GPCI）报告》，其指标体系中，共有 6 个分野 24 个指数组群 70 项指标。其经济分野下，是 13 项指标组成的市场规模、市场魅力、经济活力、人力资本、商业环境、经商容易度 6 个指数组群；其研究与开发分野下，是 13 项指标组成的研究共同体、研究环境、成果创新 3 个指数组群；其文化与交流分野下，是 15 项指标组成的文化发展潜力、旅游资源、文化设施、接待实力与引力、接待外国人实绩 5 个指数组群；其居住分野下，是 14 项指标组成的就业环境、居住成本、安全、生活良好度、生活便捷度 5 个指数群组；等等。很显然，《2019 年世界城市实力指数（GPCI）报告》城市实力指数（GPCI）里的文化与交流分野下的竞争力，与其居住分野下的竞争力，以及随后的生态环境分野和交通分野下的竞争力（分别是 3 组共 9 项和 4 组共 10 项），其所研究的内容，在某种程度上已基本属于旅游和休闲的竞争力了。[①]

据《2019 年世界城市实力指数（GPCI）报告》，伦敦、纽约、东京和巴黎（依排名顺序）再次入选全球最具综合吸引力的四强城市。紧随其后的是新加坡（第 5 名）、阿姆斯特丹（第 6 名）、首尔（第 7 名）、柏林（第 8 名）、香港（第 9 名）和悉尼（第 10 名）。

其三，科尔尼公司的《全球城市指数》。

该报告围绕商业活动、人力资本、信息交流、文化体验和政治事务 5 个维度来评选当前全球最具竞争力的城市。其中，商务活动主要评估的是资本流动、市场动态和主要公司现状；人力资本主要评估的是居民教育水平；信息交流主要评估的是通过互联网和其他媒体来获取信息的能力；文化体验主要评估的是各种体育赛事、博物馆和博览会的举办；政治事务主要评估的是政治交往活动以及其智库和国际往来。该指数报告首次发布于 2008 年，由科尔尼咨询公司联合多国学者与智库机构联合发起。

该报告的"全球城市综合排名"和"全球城市潜力排名"两份榜单，

---

① 森纪念财团：《世界城市综合实力排行榜》，网络版，日英双语版，第 2~3 页。

借助于公开正式数据的进一步分析，对超过 130 个全球城市的国际竞争力分别进行评估，包括当前世界前列城市的竞争力表现和未来城市的发展潜力。该报告中《2019 年全球城市排行榜》的"全球城市指数排名"就以 5 个维度的 27 项指标对城市当前综合表现做了全球排名，前 10 名依次是纽约、伦敦、巴黎、东京、香港、新加坡、洛杉矶、芝加哥、北京、华盛顿特区。2019 年"全球城市展望排名"前 10 名依次是伦敦、新加坡、旧金山、阿姆斯特丹、巴黎、东京、波士顿、慕尼黑、都柏林、斯德哥尔摩。[①]

（4）对城市休闲和旅游竞争力的关注

至于全球性地从休闲与旅游等视角来研究竞争力的选择，除了世界经济论坛的《旅游业竞争力报告》，一些在国际上影响力较大的媒体、社团和咨询机构，乃至一些企业也做了颇多的努力。不过，它们的注意力更多是放在城市上的。目前，人们认可度较高的有美国旅游休闲杂志《旅游与休闲》评选的"世界最佳城市"，总部设在澳大利亚的《孤独星球》杂志的"十佳旅游城市"，英国《经济学人》周刊评选的"全球宜居城市排行"，美国福布斯杂志中文版的"中国最佳商业城市"，以及万事达卡公司的"全球目的地城市指数"等，具体见表 4。

表 4　全球对城市休闲和旅游竞争力的著名测度举例

| 竞争力研究名称 | 发布机构 |
| --- | --- |
| 旅游业竞争力报告 | 世界经济论坛 |
| 世界最佳城市 | 《旅游与休闲》杂志 |
| 全球目的地城市指数 | 万事达卡公司 |
| 十佳旅游城市 | 《孤独星球》杂志 |
| 全球宜居城市排行 | 《经济学人》周刊 |
| 城市旅游业影响报告 | 世界旅游业理事会 |
| 全球最宜居城市排名 | 美世咨询公司 |

资料来源：本课题组资料库。

---

① 见 ATKearney 网络资料，http：//www.atkearney.com/global－cities/2019。

其一，《旅游与休闲》的"世界最佳城市"。

《旅游与休闲》是美国梅瑞迪斯公司旗下梅瑞迪斯旅游与休闲集团出版发行的一份旅游与休闲类著名期刊，它每年都要举办"全球最佳奖"的投票评选活动，广泛邀请读者就自己在各地的旅游经历进行评价，分享他们对最佳岛屿、城市、酒店、邮轮、机场等的看法。依据读者们就其美观度、文化艺术魅力、餐饮魅力、人文风俗亲和力、旅游购物吸引力，以及游客的花费是否值得等指标体系进行的综合评分，评选出"最佳岛屿""最佳城市""最佳酒店"等多个不同类型的排行榜。

据 *Travel + Leisure* 网所载彼得·特齐安所撰《2019 全球最佳 15 城》[①] 公布的评选结果，2019 年被选入"世界最佳城市"获得"2019 年世界最佳奖"的 15 座全球最佳旅游休闲城市分别是：

①越南会安（总分 90.39）；

②墨西哥圣米格尔德阿连德（总分 90.23）；

③泰国清迈（总分 89.56）；

④墨西哥墨西哥城（总分 89.30）；

⑤墨西哥瓦哈卡州（总分 89.16）；

⑥印度尼西亚乌布（总分 89.08）；

⑦日本东京（总分 88.95）；

⑧日本京都（总分 88.42）；

⑨意大利佛罗伦萨（总分 88.26）；

⑩印度乌代普尔（总分 87.80）；

⑪意大利罗马（总分 87.34）；

⑫美国南卡罗来纳州查尔斯顿（总分 87.04）；

⑬西班牙塞维利亚（总分 86.65）；

⑭美国新墨西哥州圣达菲（总分 86.59）；

⑮泰国曼谷（总分 86.52）。

---

① *Peter Terzian*, *The Top 15 Cities in the World*, *Travel + Leisure*, 2019 年 7 月 10 日。

据投票人的反馈，上面高居年榜首的越南会安，对一些人来说，最重要的是购物：在会安"你可以定制任何东西"。对另一些人来说，是食物：会安的食物是"越南最好的，有很棒的素食供你选择"。一位粉丝写道："会安如此平易近人却无伤大雅。"一名读者解释他投票的原因说："市中心被限制，汽车不被允许通行，这样人们就可以走在马路中央步行到你要去的商店和市场。"

据称，《旅游与休闲》2020 年调查于 2019 年 11 月 4 日至 2020 年 3 月 2 日在 tlworldsbest. com 网站公开；调查结果刊登在 2020 年《旅游与休闲》杂志的 8 月号和 T + L 的网站上。

其二，万事达卡的"全球目的地城市指数"。

万事达卡是目前国际通行的几种非现金金融支付的工具之一。其公司成立于 1966 年，总部设在美国纽约。它除了服务于银行和商家之外，还为旅游者在全球各地的支付解决了许多难题。作为目前国际上六大信用卡品牌之一，这些年它也有极大的发展与变化。为了便于旅游目的地更好地了解自身与其他目的地的游客和消费的情况，也便于对旅游的预测、计划和管理，2009 年开始万事达卡公司对各城市国际游客人数和游客跨境消费进行统计，并于 2010 年正式公布了《全球旅游目的地城市指数》，对世界各国旅游城市进行排名。

该研究报告综合分析全球 132 个热点旅游目的地城市过夜入境旅客人数和旅游消费总额，以年度性《全球旅游目的地城市指数》报告形式发布。据该公司 2019 年 9 月发布的《2019 全球旅游目的地城市指数》[①]，2018 年以世界各地过夜游客人数为衡量标准的"全球十大热门旅游城市"是：

①曼谷（接待过夜国际游客 2278 万人次）；

②巴黎（接待过夜国际游客 1910 万人次）；

③伦敦（接待过夜国际游客 1909 万人次）；

④迪拜（接待过夜国际游客 1593 万人次）；

---

① *Global Destination Cities Index 2019*，MasterCard.

⑤新加坡（接待过夜国际游客1467万人次）；

⑥吉隆坡（接待过夜国际游客1379万人次）；

⑦纽约（接待过夜国际游客1360万人次）；

⑧伊斯坦布尔（接待过夜国际游客1340万人次）；

⑨东京（接待过夜国际游客1293万人次）；

⑩安塔利亚（Antalya，位于土耳其）（接待过夜国际游客1241万人次）。

2019年是万事达卡公司发布"全球旅游目的地城市指数"的第10年。基于旅游城市的引力变化大多不是骤然发生的，所以2019年榜单的前10名，与上年排行榜的前10名仍然在很大程度上是一致的，不仅曼谷、巴黎、伦敦自2010年以来一直稳居前3名，而且曼谷更在过去7年中6次夺冠。

在过夜游客的消费总额方面，2019年万事达榜单上显示的2018年过夜游客当地总花费的前10名城市依次是：

①迪拜（308.2亿美元）；

②麦加（200.9亿美元）；

③曼谷（200.3亿美元）；

④新加坡（165.6亿美元）；

⑤伦敦（164.7亿美元）；

⑥纽约（164.3亿美元）；

⑦巴黎（140.6亿美元）；

⑧东京（137.7亿美元）；

⑨马略卡岛帕尔马（126.9亿美元）；

⑩普吉岛（120.1亿美元）。

可以看出，尽管迪拜2018年接待的国际过夜游客人数仅处在全球的第4位，但是，海外国际游客在迪拜的消费却遥遥领先，其中除了迪拜旅游消费相对昂贵外，也与迪拜所吸引的消费者拥有的收入水平密切相关。

其三，《孤独星球》的"十佳旅游城市"。

《孤独星球》是一本全球知名的旅行指南类连续出版物，其公司1972年在澳大利亚创立。作为旅游类期刊，它以目的地专题介绍见长，特别适用于旅游者（尤其是自助旅行者或背包客）对目的地的选择，故而在全球很受欢迎。作为该刊主要内容之一，《孤独星球》每年都向读者推出它对最佳旅行地的建议，"十佳旅游城市"便是其中之一，所入选的前10名知名和不太知名的城市，既有因其景点和节事活动而颇受关注的城市，也有值得一看的偏僻城镇，还有那些遭受自然灾害值得我们关注的城市。该刊2019年的"孤独星球十佳……旅游地"评选，是《孤独星球》的编辑们向有关工作人员和世界各地的数百名参与者征集提名的第14年，由此选出了10个城市、地区、国家和有价值的目的地，将其推荐为2019年最佳旅游选择。

《孤独星球》的"2019年十佳旅游城市"是2018年10月发布的。据美国有线电视旅游节目报道，[1] 其排名依次是：

①哥本哈根（丹麦）；

②深圳（中国）；

③诺维萨德（塞尔维亚）；

④迈阿密（美国）；

⑤加德满都（尼泊尔）；

⑥墨西哥城（墨西哥）；

⑦达喀尔（塞内加尔）；

⑧西雅图（美国）；

⑨扎达尔（克罗地亚）；

⑩梅克内斯（摩洛哥）。

与《孤独星球》2018年发布的"十佳旅游城市"榜单上的西班牙塞维利亚、美国底特律、澳大利亚堪培拉、德国汉堡、中国台湾和高雄、比利时安特卫普、意大利马泰拉、波多黎各圣胡安、墨西哥瓜纳华托、挪威奥斯陆依次相比，没有任何一个城市是重复的，可见《孤独星球》是看重城市旅游资源特色而特意做出的推荐选择。

其四，经济学人智库的"全球最宜居城市"。

---

① PLAY, *Lonely Planet's top 10 cities to visit in 2019*, CNN·Published, 2018年10月23日。

"全球最宜居城市"是著名的英国《经济学人》杂志的经济学人智库通过对全球 140 个城市进行的调查，根据社会稳定、医疗保健、文化和自然环境、教育、基础设施 5 个大类的 30 个量化因子分析，对这 140 个城市进行评估评选出来的榜单。

2019 年 9 月，经济学人智库公布了《2019 年全球最宜居城市指数报告》[①]，维也纳再度挤下墨尔本，仍然占据着 EIU "全球最适宜居住城市"第一的宝座。2019 年该排行榜前 10 名依次是：

①维也纳（奥地利）；

②墨尔本（澳大利亚）；

③悉尼（澳大利亚）；

④大阪（日本）；

⑤卡尔加里（加拿大）；

⑥温哥华（加拿大）；

⑦多伦多（加拿大）；

⑧东京（日本）；

⑨哥本哈根（丹麦）；

⑩阿德莱德（澳大利亚）。

与 2018 年的排名相比，名列前茅的 Top 10 城市，几乎没有大的变化。墨尔本 2019 年依旧名列第二，是它蝉联冠军 7 年后，2018 年败给维也纳的继续。在前 20 名当中，欧洲城市就占了 8 个，其余则是日本、澳大利亚、新西兰和加拿大的城市。法国巴黎受"黄背心"运动影响，一下子后退了 6 个名次，跌到第 25 名。由此可见，宜居城市的形成，必须依靠城市各个环节的持续努力；如遇意外，优势失去是顷刻间的事情。

其五，世界旅游业理事会的《城市旅游业影响报告》。

世界旅游业理事会（World Travel and Tourism Council, WTTC, 又译为"世界旅游理事会"或"世界旅游及旅行理事会"）与世界旅游组织

---

① *World's Most Livable Cities in 2019*，914233/archdaily. com/.

（UNWTO，the United Nations World Tourism Organization）一样，都是全球知名的国际旅游组织；与 UNWTO 不同，WTTC 不是国家间的组织，也不隶属于联合国，它只是全球旅游和旅游相关的大型企业的行业组织。目前，其成员大多为世界大型企业的首席执行官、董事长或总裁，其主要宗旨是增进世界各国对旅游业的认识（诸如"旅游业是世界上最大的经济部门之一""在全球范围内提供了 1/10 的工作岗位""创造了全球 10.4% 的 GDP"等等）。在过去的 30 年里，WTTC 一直致力于对旅游业在全球和各国的经济影响研究，其所召开的会议、出版的研究报告和面向大众的读物，均在各国多有影响。

比如，在它发布的《2018 年城市旅游业影响报告》①内，就包括世界各城市旅游业的规模、各城市国际旅游收入和国内旅游收入占比的比较、各城市最近两年旅游收入的增长、各城市近十年旅游收入的年平均增长率等内容。

2018 年的报告显示，按旅游市场规模大小排序，2017 年全球十大旅游城市分别是：

①上海（旅游市场规模 350 亿美元）；

②北京（旅游市场规模 325 亿美元）；

③巴黎（旅游市场规模 280 亿美元）；

④奥兰多（旅游市场规模 248 亿美元）；

⑤纽约（旅游市场规模 248 亿美元）；

⑥东京（旅游市场规模 217 亿美元）；

⑦曼谷（旅游市场规模 213 亿美元）；

⑧墨西哥（旅游市场规模 197 亿美元）；

⑨拉斯维加斯（旅游市场规模 195 亿美元）；

⑩深圳（旅游市场规模 190 亿美元）。

从中国的上海、北京、深圳占了其中三席的态势，不难看出当前中国旅游业的实力。

---

① *City Tourism & Tourism Impact 2018.*

WTTC 的《2018 年城市旅游业影响报告》还显示，就旅游业收入对 GDP 的直接贡献而言，在 2007～2017 年的 10 年间全球旅游业年平均增长率最快的 Top 10 城市里，中国包揽了前三名。Top 10 城市依次是：

①重庆（年平均旅游收入增长率 18.0%）；

②成都（年平均旅游收入增长率 10.0%）；

③上海（年平均旅游收入增长率 9.0%）；

④拉各斯（年平均旅游收入增长率 8.7%）；

⑤广州（年平均旅游收入增长率 7.0%）；

⑥德黑兰（年平均旅游收入增长率 7.0%）；

⑦阿布扎比（年平均旅游收入增长率 6.6%）；

⑧伊斯坦布尔（年平均旅游收入增长率 6.5%）；

⑨胡志明市（年平均旅游收入增长率 6.5%）；

⑩孟买（年平均旅游收入增长率 6.4%）。

由此可以看出，在 WTTC 对全球旅游业的影响力研究中，城市旅游的发展一直是它关注的重心。

其六，美世咨询的"全球最宜居城市排名"。

美世咨询公司是总部设在纽约的一家美国咨询公司，它不仅因在全球人力资源管理咨询机构中名列前茅而著称，而且其推出的诸多"城市排行榜"报告也在全球多有好评。诸如《全球最宜居城市排名》《城市生活质量排名》《城市生活成本排名》等。这些报告原本是为帮助跨国雇员在求职、外派、出差时了解目的地，以衡量自己对旅居生活的适应，或者供雇主机构对外派雇员考虑给予什么待遇使用的，自然也为全球的旅游者提供了十分有用的信息。

2019 年美世咨询的《2019 城市生活质量排名》[①] 是 2019 年 3 月发布的，其中列为 Top 10 的世界城市依次是：

①维也纳（奥地利）；

②苏黎世（瑞士）；

---

① *Quality of Living Ranking*，mercer.com/Insights/.

③温哥华（加拿大）；

④慕尼黑（德国）；

⑤奥克兰（新西兰）；

⑥杜塞尔多夫（德国）；

⑦法兰克福（德国）；

⑧哥本哈根（丹麦）；

⑨日内瓦（瑞士）；

⑩巴塞尔（瑞士）。

上面的评选中，在对城市进行比较时，其决定生活质量的因素包括娱乐、公共服务及运输、社会文化环境、学校和教育、医疗及健康、政治社会环境、自然环境、住房、经济环境、消费品的可用性等39项。

美世咨询的另一个《全球城市生活成本排名》也在全球颇受瞩目。2019年它的排名包括了五大洲的209个城市，其衡量的内容包括每个城市200多个项目的比较生活成本，其中包括住房、交通、食品、服装、居家用品和娱乐等，其细致的考察甚至涉及了电影院票价，甚至一条牛仔裤、一杯咖啡、一个汉堡包、一公升汽油等的价格。

2019年美世咨询的《2019年生活成本排名》[①]，以生活成本从高到低排序，在全球生活最贵的城市中，亚洲竟然占了前10名中的8席。该年位居前列的Top 10 城市依次是：

①香港（中国）；

②东京（日本）；

③新加坡（新加坡）；

④首尔（韩国）；

⑤苏黎世（瑞士）；

⑥上海（中国）；

⑦阿什哈巴德（土库曼斯坦）；

---

① *Cost of Living Ranking*，mercer. com/Insights/.

⑧北京（中国）；

⑨纽约（美国）；

⑩深圳（中国）。

有关中国城市生活成本在全球是不是那样昂贵，自然还得以中国自己的研究结论为准。

2. 我国对城市竞争力的研究与评估

（1）我国学者的研究概况

我国的学界和管理层对竞争力的重视与研究是很有分量的，不仅关注者和研究者人数众多，而且涉及面非常广。除了早期对斯密和李嘉图等的竞争优势理论的研究外，在20世纪80年代迈克尔·波特的第一本名著《竞争优势》出版后，我国学人便很快开始了翻译和跟踪研究；而在波特第二本、第三本著作陆续出版后，更在我国形成了关于竞争力研究的小浪潮，不仅有理论的继续探索，而且深入到有关企业、产业、城市和国家层面。既有共识性的研究，有独具一格的创新，也涌现出了不少具有代表性的学人。有研究者认为，在这一领域的研究者中，最有成就且更具创新的研究者，非杨小凯莫属（他关于竞争中的内生比较优势理论、后发优势与劣势的理论等，也是赞者甚众的）。

在中国知网上搜索，这些年来我国研究者的确成绩斐然。该网收入的我国文章题目含有"竞争力"三个字的文献，截至2019年10月31日，已经多达25786篇。其中，以"竞争力理论"为主题的有319篇，以"竞争力分析"为主题的有1809篇，以"竞争力评价"为主题的有2795篇，以"评价指标体系"为主题的有1802篇，以"核心竞争力"为主题的有15349篇，以"企业核心竞争力"为主题的有6107篇，以"产业竞争力"为主题的有1952篇。在检索中，以"城市竞争力"为主题的有1665篇，如包括"城市""竞争力"两词并不连续的标题，则高达6087篇。若对搜索结果进行年度计量分析，则2003～2016年每年发表的此一主题的文章都在200篇以上，2006～2008年，每年发表的文章都达到了300篇或者更多。当然了，另外的一些研究竞争力，标题却没有"竞争力"三个字的，只会更多。

与上面竞争力总体研究的成果比较起来，讨论旅游和休闲竞争力的文章就要少多了；不过，以"旅游竞争力"为主题的文章总数仍然有 1088 篇，其中以"旅游竞争力研究"为主题的有 159 篇，以"旅游竞争力模型"为主题的有 4 篇。

在城市旅游竞争力评价的研究方面，有不少学人为此下了许多功夫。如丁蕾、吴小根、丁洁的《城市旅游竞争力评价指标体系的构建及应用》（2006，载《经济地理》），董锁成、李雪、张广海、金贤锋的《城市群旅游竞争力评价指标体系与测度方法探讨》（2009，载《旅游学刊》），王丽的《基于 AHP 的城市旅游竞争力评价指标体系的构建及应用研究》（2014，载《地域研究与开发》），等等。至于结合省市地方实情的旅游竞争力研究，那就更丰富了，其中最重要的，如万绪才、李刚、张安的《区域旅游业国际竞争力定量评价理论与实践研究——江苏省各地市实例分析》（2001，载《经济地理》），李树民、陈实、邵金萍的《西安城市旅游竞争力的比较研究》（2002，载《西北大学学报（哲学社会科学版）》），等等。

此外，研究者的有关城市竞争力和城市休闲及旅游竞争力的专著，也在理论探求和实践测度上做了积极的努力。在倪鹏飞的《中国城市竞争力理论研究与实证分析》（中国经济出版社，2001）出版后，又有姜杰、张喜民、王在勇的《城市竞争力》（山东人民出版社，2003），项光勤的《城市竞争力研究》（中国工商出版社，2006）等相继出版。对城市的休闲和旅游方面的研究，也有了更多的专题专著，如马晓龙的《城市旅游竞争力——基于 58 个中国主要城市的比较研究》（南开大学出版社，2009），刘名俭的《中国旅游产业竞争力发展研究》（科学出版社，2011），张洪的《城市旅游业竞争力研究——基于区域与产业复合竞争背景》（南京大学出版社，2012），于锦华的《旅游产业集群与竞争力研究》（经济管理出版社，2014），佟志伟的《中国城市旅游竞争力统计》（首都师范大学出版社，2014），臧德霞的《旅游目的地竞争力评价》（山东科学技术出版社，2016），王琪延、黄羽翼的《北京市旅游竞争力研究》（中国人民大学出版社，2017），等等。

这些著作的作者，不仅都对城市旅游竞争力做了各有特色的精心研究，有的还结合其所选城市和相关领域进行了十分具体的分析。如马晓龙的著作在对旅游竞争力理论进行探究后，又对21世纪初我国58个主要城市旅游竞争力做了剖析与评价。佟志伟在理论与技术分析后确立了60多个指标，并以2007年数据为主要截面数据对我国293个城市的旅游竞争力做了分析与排名。而王琪延、黄羽翼的论著，更是在他们原有的对理论深度把握的基础上对北京市旅游竞争力进行了深度的实证研究；另外，二位学者不仅研制并提出了自己的城市竞争力指标体系，从多层面多角度分析了提升北京市旅游竞争力的必要性和方法，而且进行了北京市各区旅游竞争力评价和要素比较。

（2）关于竞争力的评价探索

我国有关竞争力评估的实践，各个领域各个层面都有一些研究成果推出。其中最受瞩目的，首推倪鹏飞主编的《中国城市竞争力报告 No.1——推销让中国城市沸腾》（社会科学文献出版社，2003）对城市竞争力的重视与研究。它刚一出版就受到有关部门的重视，而且在学界产生了极大的反响。

《中国城市竞争力报告 No.1——推销让中国城市沸腾》根据有关理论框架，首先采用综合市场占有率、城市经济增长率、地均GDP、居民人均收入水平4个客观指标，利用国家统计局等统计部门发布的2001年的相关数据对200个城市的综合竞争力进行计量评估、分析，接着又在综合竞争力研究的基础上，通过问卷调查和标准统计数据，在初始指标和要素指标基础上形成54个指数指标、12个分项竞争力指标，对其中50个最具竞争力城市的47个城市12项分项指标进行全面的计量评估和排名，为我国各个有关城市的竞争战略选择提供了重要参考。①

自2003年《中国城市竞争力报告 No.1——推销让中国城市沸腾》开始发布，之后每年都发布一次，在延续往年理论框架和指标体系的基础上，至2019年该报告已经出版发行到了 No.17。2019年总报告对2018年度293座

---

① 倪鹏飞、李娟：《中国城市竞争力（2002年）述评：推销，让中国城市沸腾》，《中国城市竞争力报告 No.1——推销让中国城市沸腾》，社会科学文献出版社，2003，第22页。

城市经济竞争力的综合排名，对 2018 年度 288 座城市宜居竞争力的排名，对 2018 年度 288 座城市可持续竞争力的排名，及其紧接总报告的主题报告部分的各章、分项报告部分的各章、区域报告中详细分析的各章，无不经过专家们精细认真研究，不能不说是对我国城市发展的一个及时的贡献。同时，该书的研究撰稿团队"中国社会科学院城市与竞争力研究中心"也越来越壮大，不仅将城市竞争力的研究推向深入，也为国家和城市的决策提供了越来越多的重要参考。应该说，它们的这一探索是十分成功的。

在休闲和旅游竞争力的研究方面，近年来，中国社会科学院旅游研究中心也做出了积极的努力。如其《全球休闲范例城市研究》一书（宋瑞主编，社会科学文献出版社，2012），就是一部没有署名城市竞争力研究的对城市竞争力的研究报告。该课题组的研究进程是：第一步，邀请 15 位专家就共识性的核心要素从数百座城市中选出自己认为最具代表性的城市作为进一步筛选的基础；第二步，就专家的选择整理出 50 个具有共识性的城市进行相关第三方数据的采集，着手建模和量化研究；第三步，请专家团队就数据分析结果，依据指标体系的构成，从中遴选出最具个性的 12 个代表性城市；第四步，课题组就 12 个城市进行更全面的研究，最后再在更细化研究的基础上决定 10 个范例城市的认定。最后才是对此研究的总结性的分工撰稿。[1]《全球休闲范例城市研究》课题组，还特地为此研究编制了三个层级（其指数量分别是 3→9→18）的城市休闲发展指数指标体系，为课题组实现以一个全面、简洁、准确的标准来反映休闲示例城市发展水平提供了科学的判断准则。

尽管中国社会科学院旅游研究中心的两部年度研究报告（《旅游绿皮书》《休闲绿皮书》）并没有把城市旅游竞争力和城市休闲竞争力作为分析的重点，但是其所讨论的不少内容是与竞争力密切相关的，而且有时也选择了休闲和旅游竞争力来做主题讨论，如 2010 年《旅游绿皮书》中刘德谦执笔的主报告，就是在《全球视野下的中国旅游业竞争力》题目下，结合中

---

① 宋瑞主编《全球休闲范例城市研究》，社会科学文献出版社，2012，第 12～13 页。

国旅游发展实情和 WEF 全球《旅游业竞争力报告》所做的对中国旅游竞争力的分析。

令人瞩目的是，还有 2019 年在京发布的《休闲绿皮书 No.7》，其中"区域发展"栏目中的《中国休闲城市区域发展与特征研究》一文，又提醒了人们对《中国休闲城市发展报告（2018）》（吕宁，旅游教育出版社，2018）一书的注意。如果找来该书的第三章阅读，就可以发现作者为其报告所设计的包含 4 个层次指数（1→2→6→30）的评价指标体系；如果翻到该书的第四章，就可以阅读到该报告以 2016 年统计为来源数据的"休闲城市的发展指数排名前 20 名"及其下休闲环境、休闲服务、休闲经济、休闲消费、关注度分项的十大城市的排名。

应该说，上述研究者对休闲和旅游竞争力理论的探究、对其评价的探索，都对我国城市休闲竞争力和旅游竞争力的培育产生了十分积极的推动作用。

（3）国家对城市休闲竞争力和旅游竞争力的培育

在我国，对旅游休闲城市竞争力的关注方面，除了我国学者的已有研究外，还有国家和各地方政府的努力。譬如此前多年全国"旅游优秀城市""中国最佳旅游城市""旅游休闲示范城市"的创建和申报，都是为了提高城市旅游和休闲功能的一次次努力。其最具有力度的首次开创，便是国家旅游局早年部署的"旅游优秀城市"的创建活动。

其一，关于"旅游优秀城市"的创建。

在中国行政管理分工中，国家旅游局和各省（自治区、直辖市）的地方旅游局都是一个后起的部门，因而旅游活动所涉及的职能职责，大多已经分配给了早期成立的委、部、局或委、办、局了。为了促进城市旅游业的发展，进而带动整个旅游业的快速发展，对于这种已经有的格局，国家旅游主管部门便酝酿出了一个办法，即以创建中国优秀旅游城市的方式来动员全国各个城市的主官在其管辖的城市大力推动城市旅游环境与旅游服务的改善与提升。经过 1995~1998 年的积极筹备，终于在 1998 年，经国务院同意，成立了创建中国优秀旅游城市指导委员会，各城市可以通过申报、创建、自检、初审、验收、批准命名 6 个创优步骤，获得"优秀旅游城市"称号。

申报城市在地方政府依照创建与检查的标准积极改善和优化自己城市的旅游接待的硬件和软件之后，经过有关专家对检查标准的 20 个大类 176 个评分点（2007 年修改后，评分点改为 183 个）的评定测算，在总分达到较高标准后，便可以获得"中国优秀旅游城市"称号。

《中国优秀旅游城市检查标准》（2007 修订本）的 20 个检查大项，依次是：城市旅游经济发展水平、城市旅游产业定位与规模、城市旅游业政策支持和资金投入、城市旅游业发展的政府主导机制、城市旅游业的管理体系、城市旅游行业精神文明建设、城市的生态自然环境、城市的现代旅游功能、城市的旅游教育培训、城市的旅游交通、城市旅游景区的开发与管理、城市的旅游促销与产品开发、城市的旅游住宿、城市的旅行社、城市的旅游餐饮、城市的旅游购物、城市的旅游文化娱乐、城市的旅游厕所、城市的旅游市场秩序、城市的旅游安全与保险。[①] 值得注意的是，这项创建中国优秀旅游城市的活动，一经正式提出，便立即在全国引起了很多城市四大班子的高度重视，随后声势浩大地在全国开展了起来。

由于这一创建活动旨在推动各城市的地方政府采取措施优化各个城市旅游环境，增强旅游供给，提高旅游服务质量，所以它虽然也注重对旅游者具体的感受与服务项目（评分点）的检查，但是直接促进地方政府的要求却更加明显。如 20 个分项的最高分中，有 4 大项加强旅游工作的内容均在 50 分以上［其中被赋值最高的依次是：城市的现代旅游功能（100 分）、城市旅游业的管理体系（70 分）、城市的旅游市场秩序（70 分）、城市旅游行业精神文明建设（60 分）］。显然，创建的目的首先就是要求各城市的地方政府积极地健全城市旅游业的管理体系，整顿好城市的旅游市场秩序，加强城市旅游行业精神文明建设，以期能够完善公共服务并发展好市场，优化城市的现代旅游功能，能够让自己城市的旅游竞争力不断增强，树立自己城市的良好形象，把最好的旅游感受呈献给远道而来的各地旅游者。

1999 年 1 月，国家旅游局在创建"中国优秀旅游城市"的工作会议上

---

① 《中国优秀旅游城市检查标准（2007 修订本）》。

公布了第一批"中国优秀旅游城市"名单，北京、上海、杭州、大连等54个城市获得了该称号；2000年下半年，重庆、武汉、中山、昆山等68个城市也通过了考核验收，成为第二批；紧接着的2001年，又有九江、常州、锦州、淄博等16个城市获得了第三批"中国优秀旅游城市"的荣誉称号；第四批、第五批等又在接下来的一些年份陆续公布。截至2012年的统计，已有370座国内城市成功地获得了"中国优秀旅游城市"的称号。[①] 无疑地，它不仅在改善城市环境、提高旅游服务质量上发挥了其他产业政策难以发挥的作用，也在发展地方经济、提高市民生活质量、促进就业、提升城市文化软实力方面，为城市主管部门提供了一次重要的机遇。

在优秀旅游城市创建活动中，领导部门和各地政府总结出了以优秀旅游城市的创建推动旅游环境的改善，是建设大旅游、大市场、大产业的成功经验，故而在2003年1月的全国旅游工作会议的工作部署中，提出了要在2003年验收一批新的优秀旅游城市的基础上，进一步正式开展最佳旅游城市的创建工作，并以最佳旅游城市的创建带动优秀旅游城市的升级。

其二，关于《中国最佳旅游城市标准体系》的初步实施。

《中国最佳旅游城市标准体系》是国家旅游局委托世界旅游组织和北京大学等单位共同研究编制的。[②] 2003年2月，国家旅游局在此基础上公布了《中国最佳旅游城市创建指南》。接着，申报、创建、初步评估筛选的工作便在全国正式开展起来。

《中国最佳旅游城市标准体系》在总原则的安排下，分别设立了基础标准和专项标准。其中基础标准下共有10项内容，分别是：旅游者体验及满意度，当地居民获益度、满意度和参与度，旅游资源和景区（点）的丰富程度、质量及独特性，自然及文化景观的规划、保护水平，环保、旅游自然和文化资源保护、污染控制，交通及城市基础设施，旅游设施和服务的覆盖面、质量和独特性，城市旅游管理、规划、发展及营销，有关方面合作发展

---

① 《旅游局：2003年旅游工作的主要任务和要求》，中国网，2003年2月13日。
② 吴必虎、冯学钢、李咪咪：《中国最佳旅游城市标准的理论与实施》，《旅游学刊》2003年第6期，第40~44页。

旅游业的格局，与前面 9 个专项相关的独特之处。这一标准计分的最高总分是 1000 分。其中，"旅游设施和服务的覆盖面、质量和独特性"的得分可以高达 160 分，"旅游者体验及满意度"的得分也可高达 120 分，由此可见，这个"最佳"对城市特色和旅游者实际感受的重视。

《中国最佳旅游城市标准体系》一方面积极吸取当时关于旅游业发展的先进理念，另一方面认真参照了当前世界上著名的大型评选活动的方法。这套评价体系在创建的同时，还在一定程度上淡化了旅游业在地方经济发展中的作用以及对旅游设施的要求，故而在"最佳旅游城市"称号之外，还设置了 9 个专项优秀旅游城市称号（在"旅游城市"前加上"最佳观光""最佳历史文化""最佳娱乐""最佳商务会展""最佳餐饮""最佳购物""最佳度假""最佳民俗风情""最佳绿色"），以强调这些最佳旅游目的地城市各自的独特性。

如果从竞争力理论来理解主管部门的思路，确实早年只有一个层级的优秀旅游城市是难以长时间推动城市旅游竞争力的继续提升的；新的"最佳旅游城市"的标准和要求，显然有利于竞争力的继续提升。但因为在 21 世纪的第一个 10 年期间，一些地方和部门出现了评比达标表彰过多过滥的现象①，这一干扰引起了中央的高度重视。为了统一落实中央的指示，经 2009 年国家旅游局局长办公会议研究，不得不停止了这一创建"中国优秀旅游城市"的活动（在没有接到国务院清理办公室正式通知前，国家旅游局将不再组织创建中国优秀旅游城市、中国旅游强县的验收和命名工作）。随后中央又对评比达标表彰活动的举办出台了管理办法。② 鉴于政府部门不再适宜用行政的力量来推动达标或评比表彰等活动，所以在成都、杭州和大连获得"2006 中国最佳旅游城市"后，最佳旅游城市的创建活动就没有再继续

---

① 为克服这一干扰，国务院特地下发了通知，参见《国务院办公厅转发监察部等部门关于清理评比达标表彰活动意见的通知》（国办发〔2006〕102 号）。

② 《中共中央办公厅国务院办公厅关于印发〈评比达标表彰活动管理办法（试行）〉的通知》（中办发〔2010〕33 号）和全国评比达标表彰工作协调小组印发的《评比达标表彰活动管理办法（试行）实施细则》（国评组发〔2011〕5 号）的规定。

进行。

其三，关于《旅游休闲示范城市》标准的提出。

基于此前全国旅游标准化的推行曾经发挥作用，诸如推荐性标准《旅游饭店星级的划分与评定》和《旅游景区质量等级的划分与评定》等，都在有关方面自愿选择下很好地发挥了优化旅游供给、改善旅游服务的作用，因此，有关专家和旅游主管部门更进一步注意到了如何在旅游管理中发挥旅游标准化的动能，2015 年由全国旅游标准化技术委员会（SAC/TC 210）提出了旅游行业标准《旅游休闲示范城市》（LB/T047–2015），就是思考如何能够延续创建"优秀旅游城市"和创建"最佳旅游城市"的努力，继续推动全国城市旅游休闲功能的进一步优化。

《旅游休闲示范城市》标准共有四章，其第四章是对"旅游休闲示范城市"的具体要求。该要求的具体内容共分 5 个大部分：必备条件（政策与规划、安全、资源保护、空气质量）、旅游休闲整体环境（地方经济发展水平，对外交通可进入性、便捷性、畅通性，城市绿化水平，旅游气候舒适度指数，居民日常生活环境质量，景观与资源质量，旅游休闲氛围）、旅游休闲空间与产品（旅游休闲空间规划、城市自然休闲活动空间、城市文体活动公共空间、城市经营性休闲空间、空间连接性、旅游休闲产品、旅游休闲商品与购物、夜间旅游休闲产品）、旅游休闲基础设施与服务（旅游信息与咨询服务体系、旅游休闲交通设施与服务、旅游标识系统、旅游休闲住宿设施、旅游休闲餐饮设施、公共厕所、旅游安全保障系统、旅游休闲无障碍设施）、推动旅游休闲政策落实的措施和旅游休闲管理体系（带薪休假制度的落实、旅游休闲发展定位与规划、旅游休闲企事业机构政策扶持、旅游休闲社会组织发展、旅游休闲公共教育发展、旅游休闲福利保障、旅游休闲服务质量保障）。

从总体上来看，这个标准在某种程度上借鉴了"中国优秀旅游城市""中国最佳旅游城市"等指标经验以及 WTO 旅游可持续发展监测的内容，但是它却与前两个标准有很大的不同。其中最重要的，一是它注意并强调了本地居民与外来旅游者对资源、设施与服务的共享；二是"在标准的主要编写者——中山大学旅游学院教授徐红罡看来，新标准相较于以往标准最大的不同是转变观念，弱化经济特性，凸显'旅游和休闲是人们的福利'"。对此，"此项标准评审专家组的组长刘德谦认为很合时宜"，"'标准的价值不仅仅局限于认定工作'，刘德谦说，'它在推动全国城市休闲体系的建设，休闲质量的提升乃至对中国社会发展产生的能动性将是难以估量的'"。① 所以应该说，这确实是一个正确的方向。

2015 年，国家旅游局正式启动了首批"中国旅游休闲示范城市"创建及评审工作，一些申报城市对照着《旅游休闲示范城市》标准，不断完善和提升自己城市的各项指标。2016 年 9 月国家旅游局终于公布了首批 10 个"中国旅游休闲示范城市"名单，并在 2017 年 8 月"第三届全域旅游推进会暨人文陕西推介会"召开时颁发了"中国旅游休闲示范城市"的金色标牌，这标志着杭州、成都、大连、厦门、武汉、银川、宁波、苏州、无锡、珠海 10 座城市在旅游休闲整体环境打造，旅游产品、设施和服务的改进，以及旅游政策和管理体系的完善上走在了全国的前列。

也许同样是基于政府部门不适宜于用行政力量来推动达标或评比的文件精神，2018 年以后，旅游主管部门便回避了"旅游休闲示范城市"的命名活动。尽管如此，但旅游行业标准《旅游休闲示范城市》（LB/T047 - 2015）仍然是一个有效标准，它对城市的价值一点也没有减弱；我们城市的管理者必须认识到，虽然《旅游休闲示范城市》不再是由上级行政指令推行的"达标或评比"活动，然而一个城市力争建设成为"旅游休闲示范城市"，地方政府仍然有着不能推卸的责任，它既关系到本地居民的福祉，也是城市可持续发展的必需。

前面所述我国自 1995 年以来对旅游休闲城市竞争力的培育过程，既反映了我国主管部门在城市建设管理方面的已有创新，也道出了这一创新与其经验积累所产生的内生比较优势，而这些都正是我国未来提升城市休闲

---

① 王洋：《新标实施满月业界再行解读　旅游休闲示范城市标准意义何在》，《中国旅游报》2016 年 1 月 5 日。

竞争力和旅游竞争力的动能基础。从理论的视角和全球竞争力的视野来看，我国在建设旅游休闲城市方面所做的努力，也正是世界经济论坛《全球竞争力报告》的"全球竞争力指数（GCI）"3.0版所强调的"创新驱动"或"创新与成熟度驱动力"之所在，而这也正是城市发展最具现代特征的驱动力。

综上所述，从本文有关我国城市休闲和旅游竞争力研究的论述来看，完善城市休闲和旅游功能，增强城市休闲和旅游竞争力，朝着休闲和旅游城市去努力，不仅是城市居民和外来旅游者的愿望，也应该是人类城市发展的一个方向。

## 二　进程：课题的指向与指标体系的构建

### （一）课题的指向

从总报告前面对本课题的研究起点的论述来看，完善城市的休闲和旅游服务功能，增强城市休闲和旅游竞争力，朝着休闲和旅游城市去努力，不仅是城市居民和外来旅游者的愿望，也应该是人类城市发展的方向。而这也正是本研究为造福城市居民的出发点。

1. 研究城市休闲和旅游竞争力的现实意义

（1）促进城市休闲和旅游功能的综合提升

就人类活动而言，人们大都认识到了休闲和旅游是两个密切相关又各有内容的概念。就城市居民而言，休闲与旅游应该就是他们每日工作和睡眠之外1/3时间和一年1/3日子的生活内容。如果就学科而言，它具有与其他学科门类一致的元学科性质。"休闲"关注的是人们对闲暇时间的支配与利用，"旅游"关注的是人们空间上的位移所能够感受到的发现、体验与交流。

第一点，是必须面对大众的需求。

就对人类的价值而言，休闲和旅游不仅是人类生而有之的潜意识向往，还具有推动人类精力恢复、体质提升、创造力增进的巨大的价值与功能。就居民的实际生活而言，无论是去他乡旅游观光、游览名胜，还是去故土寻亲访友、田园叙旧，或者去林原海滨悠闲静养、探奇猎异，也无论是在本地就近消遣、悠闲散步，还是放声歌唱、翩翩起舞，或者是运动健身、开卷阅读，抑或是写字画画、吹拉弹唱，乃至种花弄草、饲养宠物等；发挥自己的审美情趣、兴趣爱好，参加天上、地下、水中的各种新型户外活动，除了对心身起到调整作用外，也是一个促使自己精力、体能、智能和创造力得到再一次培育的过程。

从另一个角度来考察，人们在休闲和旅游活动中，不管你是否有意愿与人交流，但在实际过程中，都实现了人际交往。基于人类的进步，除了家庭和学校的教育外，从社会交流活动中的学习养成，也是提高人们素养的不可或缺的重要途径。虽然工作职场的交流也是人类交流的主要环境，但是它的交流往往比较单一；而闲暇时的交流却来得更为自然，而且更为多样和丰富。所以，重视休闲和旅游对推动人类智力和体能的提升、推动人类创造力的增进，确实是非常现实也非常重要的。

本课题组选择"中国城市休闲和旅游竞争力"研究的目的，自然是意识到了休闲和旅游在中国居民生活中的价值，认识到了城市的休闲和旅游功能是建设现代城市的必需，同时也深深地感受到了居民多元多样的休闲活动的开展，对于舒缓当前节假日旅游过于集中的困境、优化当前休闲的引导与供给对于城市建设发展的重要性。

本课题之所以要在对城市的研究中把"休闲"和"旅游"并列起来，那是因为就人类的活动而言，"休闲"和"旅游"的确是两个密切相关、既难以分开又彼此难以涵盖的活动。就二者的概念而言，前面已经说到，"休闲"关注的是人们对闲暇时间的支配与利用，"旅游"关注的是人们空间上的位移所能实现的发现、体验与交流。如图1所示，"休闲"和"旅游"就好似两个同等的相交圆，相交时二者重复的梭形部分，既是休闲中的异地休闲，也是旅游中的闲暇类旅游。图1中，左侧表示"休闲活动"的圆中，状如"亏眉"的月相部分，就是"休闲活动"中的"本地休闲"；右侧表示"旅游活动"的圆中，状如"蛾眉"的月相部分，就是"旅游活动"中的"非闲暇类旅游"。①

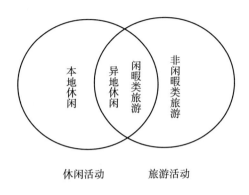

**图1  休闲活动与旅游活动关系**

尽管在前人的研究中，对一个人一天时间的划分曾经有过两分法、三分法、四分法、五分法等，如果更科学地去思考，或许下面这样的"四分法"更能够被多数人接受：①"个人生理必需活动时间"（包括睡眠、餐饮、自我卫生护理、如厕，以及必要时就医等）；②"职业活动时间"（包括职场工作、家庭生产经营活动、学生上学，以及上班上学等路途往返交通时间等）；③"家庭和社会的责任和义务劳动时间"（包括日常家务劳动、抚育子女、赡养老人，以及社会公益所需的活动等）；④"个人自由支配时间"（也就是"闲暇时间"），就是居民一天的时间中，除①②③类活动后所剩余的时间。这段时间，人们可以自由地选择诸如健身锻炼、看电视听广播听音乐、阅读书报期刊、外出娱乐休闲以及与亲友聚会聊天等等。当然了，在工作日的工余时间不会很多，每次选择的休闲方式也大多是一两样、三五样而已。但是，在公休日和假日却不一样。一年约有52周，职工每周都有两天的公休日（一年内约有104天），每年还有11天法定假日，二者相加共计115天。在这些正常的休息日里，人们自然可以更方便地安排各式休闲活动，

---

① 刘德谦：《不要混淆了"休闲"与"旅游"》，《旅游学刊》2006年第9期，第9～10页。

诸如在城市公园和郊野公园散步散心，去博物馆、图书馆、科技馆参观、阅读等，去剧院影院欣赏舞台艺术或屏幕放映；到运动健身场所去打球、练武、健身，到文化馆去唱歌跳舞或学习书画，找个短训班进修一门文艺爱好，邀约亲朋好友聊天交流或小酌，找个风景地静静地走走等；或者走得更远一些，去乡村过几天农家生活，去城里看看现代都市风貌，去名胜古迹感受祖国的历史，去某个主题公园感受一下新奇项目，或者回故乡看望亲人故旧等。这种闲暇时间的利用，自然就是休闲与旅游。

至于"旅游"的内容，据《中华人民共和国旅游法》草案的第二条："本法所称旅游，是指自然人为休闲、娱乐、游览、度假、探亲访友、就医疗养、购物、参加会议或从事经济、文化、体育、宗教活动，离开常住地到其他地方，连续停留时间不超过 12 个月，并且主要目的不是通过所从事的活动获取报酬的行为。"① 如果选用世界旅游组织《国际旅游统计建议(2008)》对游客出行原因所列举的"商务和职业，度假和休闲、探亲访友、主题旅游、保健和医疗、宗教/朝圣、购物、过境、其他"② 作为对照，显然，草案中的界定与世界旅游组织的认定是基本一致的。

如果把上面两个文件所列举的旅游活动归并一下，则可以大致归并为四大类或三大类，世界旅游组织统计时通用的划分是"休闲度假""探亲访友、医疗健康、宗教""商务、职业""其他"，共 4 类。如果使用人们熟知的早年世界旅游组织的有关旅游的定义（"人们由于休闲、事务和其他目的而到惯常环境之外的地方旅行，其连续停留时间不超过一年的活动"③），那

---

① 2013 年 4 月 25 日第十二届全国人民代表大会常务委员会第二次会议通过，并在同日以中华人民共和国主席令公布的《中华人民共和国旅游法》的第二条中，列举的内容已简化为："在中华人民共和国境内的和在中华人民共和国境内组织到境外的游览、度假、休闲等形式的旅游活动以及为旅游活动提供相关服务的经营活动，适用本法。"

② UNWTO, *International Recommendations for Tourism Statistics 2008*, 联合国，2010，第 9 页。

③ 原文是："Tourism comprises the activities of persons traveling to and staying in places outside their usual environment for not more than one consecutive year for leisure, business and other purposes." 见 United Nations Department for Economic and Social Information and Policy Analysis Statistical Division and World Tourism Organization, *Recommendations on Tourism Statistics*，联合国，1994，第 5 页。

么，人们的"旅游"活动，也可以粗略地划分为"休闲、事务和其他"三大类（见表5）。

表5　统计资料中不同目的游客所占全体出游者比重（以2017年数据为例）

单位：%

| | | 观光游览 | 休闲度假 | 文娱体育健身 | 探亲访友 | 养生保健疗养 | 出差开会商务 | 其他 |
|---|---|---|---|---|---|---|---|---|
| 中国 | 城镇居民 | 29.5 | 30.1 | 2.8 | 22.1 | 1.2 | 12.6 | 1.6 |
| | | 62.4 | | | 23.3 | | 12.6 | 1.6 |
| | | 闲暇类旅游<br>85.7 | | | | | 事务类旅游<br>12.6 | 其他<br>1.6 |
| | | 观光游览 | 休闲度假 | 文娱体育健身 | 探亲访友 | 养生保健疗养 | 做生意外出办公事 | 其他 |
| | 农村居民 | 21.8 | 20.7 | 1.7 | 29.3 | 1.7 | 18.1 | 0.6 |
| | | 44.2 | | | 31.0 | | 18.1 | 0.6 |
| | | 闲暇类旅游<br>75.2 | | | | | 事务类旅游<br>18.1 | 其他<br>0.6 |
| 国际 | UNWTO的全球统计 | 休闲度假 | | | 探亲访友<br>医疗健康<br>宗教 | | 商务职业 | 目的不清楚 |
| | | 53 | | | 27 | | 13 | 7 |
| | | 闲暇类旅游<br>80 | | | | | 事务类旅游<br>13 | 其他<br>7 |

注：表中的"闲暇类旅游"就是广义的"休闲旅游"，为了体现它与狭义"休闲"的不同，所以在表中换成了"闲暇类旅游"。

资料来源：国家旅游局：《旅游抽样调查资料（2017）》；UNWTO, *International Tourism Highlights 2017 Edition*。

由表5可以看出，无论从我国统计和旅游主管部门的《旅游抽样调查资料（2017）》，还是从世界旅游组织的《世界旅游报告（2017）》（*International Tourism Highlights 2017 Edition*，又译作《国际旅游亮点》或《国际旅游集萃》），无论我国还是全球，在游客目的分类中，休闲类的

旅游都是人们旅游出行的主体。

表5显示，"闲暇类旅游"在旅游出行者中占有80%左右的巨大比重。表中所称的"闲暇类旅游"，其实，也就是"休闲旅游"。只是因为过去人们一度把"休闲"范围理解得太窄（如理解为"娱乐消遣"等），人们一度在统计时又沿用了过去惯用的词语，所以才造成现在的用语含义的误差（这也是今后人们应该注意规范的）。如果也使用本报告选用的截面年份数据，以2016年我国全年国内游客44亿人次、国内旅游收入39390亿元来测算（据国家统计局统计公报），80%左右的比重就是35.2亿人次、31512亿元。如果换用最新资料年份数据，2018年全年国内游客55.4亿人次、国内旅游收入51278亿元来测算，则80%左右的比重就是44.3亿人次、41022亿元。

第二点，是必须找准着力点。

对这样一个庞大的出行群体，这样一个经济活动的收支，全国各个城市都不能不予以极大的关注。但是，在不少城市，旅游者对旅游环境和旅游服务并不都那么满意，有的地方还存在着生态环境欠佳、生活环境不够宜人、休闲空间不够、食住行游购娱等要素配置不当、服务水平跟不上消费者的要求等状况；有的城市虽然也有一些十分突出的强项，但也受到了不少短板的制约。因此，各个城市都需要提高自己休闲和旅游的竞争力；或者在与其他兄弟城市的比较中找到差距，需要调整结构，补齐短板，推动城市的竞争力更上一层楼；或者依托并发挥已有优势，通过成熟经验的不断总结，让强项更强，进而形成内生比较优势，创造出更强的竞争力。

前面所述的居民休闲内容和旅游者的旅游目的，也让我们认识到，如要满足人们多种多样的正当需求，就必须有全面多样的供给与之相适应，需要城市的环境与之相适应，需要城市文化和民风与之相适应。城市的自然条件和生活条件的优化、城市的公共服务的完善、商业服务和经营管理的提升，都是与城市休闲和旅游竞争力的提高密切相连的。

城市休闲和旅游功能的综合提升，的确有不少工作要做，本研究注意了前人和当代各家研究者对城市竞争力，对休闲竞争力和旅游竞争力的研究理念，在充分关注此前人们已有的城市休闲功能理念、城市建设理念、城市生态环境理念、城市生活环境理念、城市休闲和旅游的空间理念、城市对本市居民的服务理念、城市对外来旅游者的服务理念，以及现代城市的智慧城市理念等的同时，参照了当前世界上各具影响力的最佳城市等的评选理念和指标要求，尤其是注意到了世界经济论坛"全球竞争力指数"3.0版对竞争力指数的基本要素分指数、效率增强分指数、创新与成熟度分指数的科学分配安排，在对我国城市竞争力各侧面加深研究和探索中，选取了163个相关要素作为初始的单项指标，并在此基础上，归纳出了61个分组指数指标，以及其上的24类类别指数指标，确立了本"休闲和旅游竞争力"的三大驱动力构成。

比如其中第一驱动力板块（基本要素驱动）对城市生态环境要素、城市生活环境要素、城市文化资源要素等的要求，第二驱动力板块（效率增强驱动）对城市休闲和旅游服务空间、城市休闲和旅游接待运行、休闲和旅游服务满意度等的要求，第三驱动力板块（创新与成熟度驱动）对休闲和旅游公共服务的拓展、休闲和旅游的辅导与教育、推动休闲和旅游政策的落实等的要求，目的都是为了推动城市能够依托基本要素驱动的条件，增加其效率增强驱动的效能，进而开动创新与成熟度驱动的加速器，实现城市休闲和旅游竞争力的不断提升。

（2）走出当前节假日旅游过于拥堵的困境

本报告已经述及"人民日益增长的美好生活需要和不平衡不充分的发展之间的矛盾"在我国旅游发展中的体现。因此，舒缓当前节假日旅游过于集中的困境，应该是各个城市必须关心也能够有所作为的大事情。

第一点，是认真分析面临的挑战。

在分析我国节假日期间旅游越来越拥堵，以致形成诸多问题，从而造成出游者不满时，人们都一致认识到这是出行的居民过多酿成的。研究者对其深层原因进行分析时，大致有下列几种看法：一是认为因为中国人口基数过大；二是认为目前职工的长假日不足；三是认为"黄金周"放假过于集中；四是认为节假日期间旅游供应不足；等等。

其一，"因为中国人口基数过大"，这是谁也不能否认的事实；中国人口众多,有时会产生供不应求的问题,但也有它优势的一面,决不能够以此作为不去满足民众需要的借口;各个有关方面都应该为解决和舒缓现在的困境不断去努力,这才是正理。其二,认为"目前职工的长假日不足",的确也是一个可以再分析讨论的问题;对这个问题,大众传媒早已有反映,但是分析和解决这个问题,以及是否可以适度再增加几天法定假日(以形成多个长假日),这有待决策部门进一步去分析研究。其三,认为"黄金周"是旅游拥挤的原因,"取消'五一'黄金周"的主张已经变成现实,但是在实际取消了"五一"黄金周后,不仅没有舒缓节假日期间旅游的拥堵,反倒形成了这些年来"十一"黄金周期间加倍拥堵的现象(本报告前面的"问题反复带来的思考"已经对此有了详细的讨论①),这也正是需要我们继续探索解决的问题。其四,关于"节假日期间旅游供应不足",有关方面正在做着积极的努力;但也有研究者认为,旅游业如要形成适应当前"十一"黄金周需求的产能,其成本必然是极其高昂的,而假日过后有关产能的极度过剩(包括人力物力的过剩),则又会成为我们必须面对的又一个大问题。

第二点,是认真探索解决路径。

对此,一些研究者曾经提出过一些有益的建议,认为形成节假日期间交通拥堵和许多目的地游客爆满的原因是多样的,除了"人口基数""供应不足"和"假日制度"有待进一步优化之外,还因为目前居民的休闲选择比较单一(即多数人倾向于选择旅游)。这些研究者认为,深度推动居民休闲的多样化,将是缓解节假日期间我国旅游过于集中的一个有效途径。"今后加大和增强旅游供给的能力十分重要。但是也不要一门心思只想旅游。就居民的假日生活而言,增强多样化的休闲供给相当重要、也相当迫切,同时还应该引导居民学会多样方式的休闲。"② 因此,大力普及现代休闲理念和休闲方式,努力引导居民休闲的多元化,各个城市都应该不断地开拓出各式各样的休闲空间,增强休闲公共服务和市场供给的多元化,推进各种各样的文化休闲的发展,培育多种多样的体育

---

① 请参见总报告"起点"之"休闲和旅游,造福民众的必需"下面的"中国现代旅游的发展",之"新态势与新挑战"中"态势之一,问题反复带来的思考"。

② 刘德谦:《恢复"五一"黄金周,开辟元旦黄金周》,中国青年网,2012年10月8日。

健身休闲（包括户外运动）爱好，让更多不习惯多样休闲的居民学会积极休闲，让单一休闲形式的爱好者有多种爱好的机会，化"千军万马挤独木桥"的旅游选择为多元多样的休闲选择；再加上其他制约因素的减少，那么缓解节假日期间的旅游拥堵，提升居民的休闲满意度和旅游满意度也就将成为现实。这也是本课题组要积极研究提升"城市休闲和旅游竞争力"的原因。

（3）实现本地居民与外来旅游者的和谐共享

地方政府原本就是为本地纳税人服务的，无论是省、自治区，还是直辖市、省辖市等，它们每年的政府工作报告，都必须汇报地方政府为本地百姓做了些什么事，还准备做些什么事。因此，除了不多的典型旅游城市或以发展旅游为主业的目的地外，没有太多的地方政府会把发展旅游作为自己的第一要务。而发展休闲，主要就是为本地居民造福，就是为改善和优化本地居民生活质量，对此，本地居民自当是非常欢迎的。

就发展的内容和措施而言，城市发展休闲，其实就是在发展旅游。它在服务市民的同时也树立了自己的城市形象，增强了城市的国内国际影响力，吸引更多游客来此，可以说一举多得。

因此，城市发展休闲和旅游的最佳途径，就是让休闲和旅游的环境、资源、设施与服务等都能够实现本地居民与外来旅游者的共享，让本地的公共服务供给和市场供给都能够有意识地考虑到本地居民与外来旅游者共同的需求。实现本地居民与外来旅游者对环境、资源、设施与服务的共享，这不仅是研究者对城市休闲和旅游发展的共同理想，而且应该是各个城市的一致选择。这正是 2014～2015 年国家旅游主管部门推动旅游行业标准《旅游休闲示范城市》编制的目的。21 世纪第二个 10 年之初，刘德谦《新 10 年中国旅游发展趋势预测（2011～2020）》也已说到，在"新 10 年"我国旅游发展的趋势中，"居民的本地休闲与异地旅游将因其同一的休闲实质而难于作出本质的区分"①。由此不难理解，推动本地居民与外来旅游者对环境、资

---

① 刘德谦：《新 10 年中国旅游发展趋势预测（2011～2020）》，《旅游学刊》2011 年第 3 期，第 93～94 页。

源、设施与服务的共享，应该是现代新型城市在未来发展的一个方向。本研究课题的目的选择，其实也在于此。

当然，这"共享"也是需要有细致安排的。同等共享的原则，并不意味着没有适应不同需求的安排。就城市而言，虽然外来旅游者不过是异地休闲而已，但他们最关注的，却是目的地城市中最富城际引力、全国引力、国际引力的地方，即有着传统引力和现代引力的地方；而本市居民，常常更关注的是最便于本地居民时间分配的最惬意的休闲内容。二者之间虽然有重复，但也有一些差异。

这正是专注发展旅游业的城市常常忽视的地方。本课题的研究正是注意到了本地居民与外地居民需求的同中有异，在注意大力优化对外来旅游者供给的同时，也设置了许多有利于拓展本地居民休闲的指标，同时更设置了许多环境、设施、服务的增量型和不断优化型的指标，尤其是"创新与成熟度驱动"板块中的"环境与资源的保护利用""对弱势群体的关爱""休闲和旅游服务业的拓展""旅游公共服务的拓展""休闲和旅游的辅导与公共教育""推动休闲和旅游政策的落实"，以及其下的"生态与景观的保育利用""智慧旅游运用的拓展""旅游新业态的拓展""对本市居民的休闲辅导"等指标，都是直接推动城市创新发展，惠及本地市民的；另外，这也是为了保障本地居民原来享用的环境和服务不致因为外来游客的使用而出现"被摊薄"的窘境。

实现城市环境、资源、设施、服务方面的本地居民与外来旅游者的和谐共享，不仅可以增进城市居民的获得感，推进城市旅游环境、资源、设施、服务的无阻力优化，同时可以使城市的管理者摆脱以往只谈旅游发展时的被动局面（引起本地纳税人的不满）。随之增进的，是外来旅游者对当地人的尊重和感谢，是本市居民对外来客人的更加关心，是本地居民对客人的亲和力，而这种友善和亲和力正是发展旅游所需要的，也是人们建设和谐城市的必需。

2. 城市休闲和旅游竞争力对城市本身的价值

在说到城市休闲和旅游竞争力应该是人类城市发展的方向的时候，人们往往容易就事论事，强调它对居民个体和旅游者个体的价值。其实，它对城市本身的发展，对城市综合竞争力的成长也是有着极大意义的。

（1）推动休闲和旅游竞争力与现代城市发展方向契合

有关研究成果告诉我们，一座理想的现代城市，它应当既是当地居民理想的城市，又是外来客人理想的城市。优秀的"宜居城市"自当是本地居民和外来客人共同的"心仪对象"。如果以早年法文原版《雅典宪章》对城市"休闲"功能的阐述来看，过去人们对城市"宜居"的一般性理解，对于适应"休闲"的一般性理解是远远不够的。① 因为狭义"宜居"的关注重点，仅仅是对城市"四大功能"（居住、休闲、工作与交通）中"居住"问题的优化解决。

人们对"宜居"的理解正在不断深化。这些年来，国内外对于建设"宜居城市"都有不少研究，总报告第一部分讲述了中国和世界各地对"宜居城市"的评选及其指标体系的设置。应该说，这些认识和深化都是很有价值的；其测评指标的安排，也是很有见地的。只是对于其中指标的具体含义，目前在民间研究者中尚难推出有更多共识性的准则。② 不过，国际上的原则共识还是存在的，那就是 2016 年 10 月 17 日至 20 日在厄瓜多尔首都基多召开的被简称的"人居Ⅲ"（Habitat Ⅲ）的"联合国第三次住房与城市可持续发展大会"上通过的《新城市议程》（*New Urban Agenda*）。

这次"人居Ⅲ"会议围绕着 6 个领域的话题展开：社会融合与公平、城市制度、空间发展、城市经济、城市生态环境、城市住房与基本服务。显

---

① 请参阅本研究总报告第一部分对"《雅典宪章》论城市休闲功能与安排"的论述。
② 如 2007 年建设部城市建设司、科学技术司、中国城市科学研究会就曾共同为某单位拟就《宜居城市科学评价标准》开展"宜居城市"测评研究发表严正声明，称改到位的行为"破坏了建设部的形象，造成了恶劣的影响"，"《宜居城市科学评价标准》是不存在的"。"任何有关《宜居城市科学评价标准》是我国目前最权威、官方唯一认可的、科学的'宜居城市评价标准'的说法和评价都是没有依据的"。见《建设部城市建设司、建设部科学技术司、中国城市科学研究会严正声明》，www.mohurd.gov.cn，2007 年 6 月 8 日。

然这都是关系人居环境改善的关键问题。① 至于城市的人居环境，会议通过的《新城市议程》阐述得为更明确（见"联合国《新城市议程》选段"）。由此不难看出，由各国国家元首和政府首脑、部长及高级代表共同签署通过的《新城市议程》的确对此已有了共识。

### 联合国《新城市议程》选段

13. 我们设想的城市和人类住区：

（a）能够履行社会功能，包括土地的社会和生态功能，以逐步实现以下目标：人人不受歧视地充分实现适当生活水准权所含的适当住房权，人人普遍享有安全和负担得起的饮用水和卫生设施，以及人人平等获得在粮食安全和营养、卫生、教育、基础设施、出行和交通、能源、空气质量和生计等方面的公共产品和优质服务。

（b）具有参与性，促进市民参与，使所有居民都能产生归属感和主人翁意识，优先确保家庭友好型的安全、包容、便利、绿色和优质的公共空间，适当加强社会和代际互动、文化表达和政治参与，在和平与多元的社会里促进社会凝聚力、包容性和安全性，让所有居民的需求都得到满足，并认识到处境脆弱者的特殊需求。

（c）实现性别平等，增强所有妇女和女童的权能，为此确保妇女充分和有效地参与所有领域和各级决策领导，并享有平等权利；确保所有妇女都享有体面工作，实现同工同酬或同值工作同等报酬；防止和消除私人和公共空间中对妇女和女童的一切形式的歧视、暴力和骚扰。

（d）能够迎接当前和未来的持久、包容和可持续经济增长的挑战和机遇，借助城市化促进结构转型、高生产力、增值活动和资源效率，

---

① 关于"人居Ⅲ"会议的政策研究，筹委会专门成立了10个政策小组来讨论，它们分别是：①城市权利与人人共享的城市；②城市社会文化制度；③国家城市政策；④城市治理、能力与制度建设；⑤城市财政与地方财税系统；⑥城市空间战略：土地市场与空间分化；⑦城市经济发展战略；⑧城市生态与韧性；⑨城市设施与技术；⑩住宅政策。显然，这正是针对前面预设的6组话题设立的，而这些话题，也确实是解决城市人居问题的关键。

发挥地方经济作用，并注意到非正规经济部门的贡献，同时支持其可持续地向正规经济部门过渡。

（e）能够履行跨越行政边界的地域职能，为各级落实平衡、可持续和综合的城市和地域发展发挥枢纽和驱动作用。

（f）能够促进顾及年龄和性别平等的规划和投资，使人人享有可持续、安全和便利的城市出行工具以及节约资源型客运和货运交通系统，实现人员、地点、货物、服务和经济机会的有效联通。

（g）能够采取和落实灾害风险减轻和管理措施，降低脆弱性，增强韧性以及对自然和人为灾害的反应能力，并促进减缓和适应气候变化。

（h）能够保护、养护、恢复和促进城市和人类住区内的生态系统、水、自然生境和生物多样性，最大限度地减少它们对环境的影响，并转向可持续的消费和生产模式。


资料来源："联合国公约与宣言检索系统"之"宣言·规定·说明"。


其实，联合国《新城市议程》第13款提出的城市和人居要求细则，与此前各国宜居城市研究者所追求的理念是一致的。无论是本报告第一部分列举的中国社科院《中国城市竞争力报告》的"宜居城市竞争力"指标体系，还是日本森纪念财团《世界城市综合实力排行榜》在其"文化与交流""居住""生态环境""交通"分野下提出的分组指标，或者"经济学人智库"《全球宜居城市排行》提出的5大类30个因子等，都有许多与联合国《新城市议程》的城市和人居要求一致或共通的内容，可见"人居Ⅲ"会议所反映的的确是人类对于城市和人居所抱期望的共同心声。而本研究"城市休闲和旅游竞争力"第一个板块"基础要素竞争力"的指标体系，也同样与《新城市议程》"我们设想的城市和人类住区"有着许多相同点和共通点。也就是说，"城市休闲和旅游竞争力"的提升，也是城市人居环境竞争力的提升，而城市人居环境竞争力的提升，同样也带来了城市休闲和旅游竞争力的提升。它们的关系是相辅相成的。

有资料显示，从《新城市议程》和"人居Ⅲ"的各项活动，都可以发现，公共空间问题是一个颇受各方重视的人居要素。《新城市议程》有4个条款11次论及公共空间，筹备期间还有专门的政策文件的准备。从会议文件提出"城市发展应该以公共空间作为首要因素"和会议期间举办的特别论坛，都可以看到其对于公共空间的重视。我国参会代表石楠在他的论文《"人居三"、〈新城市议程〉及其对我国的启示》中也写道："其实，联合国大家庭对于公共空间的重视并不是本次会议才提出来的，《国际准则》[①] 中就对公共空间给予了特别的重视，'公共空间是创造城市价值的主要因素之一'。""可见，在联合国大家庭的视野里，公共空间不只是规划的一个要素，也是城市可持续发展的核心要素，还是实现全球可持续发展战略目标的重要因素。"[②]

正是基于《城市与区域规划国际准则》（联合国人居署，2015）Ⅰ"导言"的 B"定义和范围"和Ⅱ"城市与区域规划国际准则"的 A、B、C 中对城市公共空间的不断强调，[③] 基于2016年联合国"人居Ⅲ"大会上通过的《新城市议程》对城市公共空间重要性的再次重申和多次强调，"城市休闲和旅游竞争力"的三大组成板块（"基本要素驱动"板块、"效率增强驱动"板块、"创新与成熟度驱动"板块）下有关维度的"类项指标"，与其下的"分组指标"，与再下的"单项指标"中，才从不同的角度将"城市公共空间"的开拓、建设、优化纳入其中，这也是本课题组试图对此前有关"城市竞争力、休闲竞争力、旅游竞争力"指标体系的一次试探性的增补。在现代城市的重要问题上，这也是本研究试图契合联合国诸多共识的一种努力，以期更好地发挥休闲和旅游竞争力对推动城市可持续发展的价值。

（2）推动现代城市的综合发展

在前面推动"推动休闲和旅游竞争力与现代城市发展方向的契合"论

---

① 指联合国人居署的《城市与区域规划国际准则》，2015。
② 石楠：《"人居三"、〈新城市议程〉及其对我国的启示》，《城市规划》2017年第1期，第9~21页。
③ 联合国人居署：《城市与区域规划国际准则》，沈建国、石楠、杨映雪译，《城市规划》2016年第12期，第9~18页。

述里，我们已经讲述了本研究的指标体系对联合国"人居Ⅲ"会议和会议成果《新城市议程》的呼应。下面要继续强调的，是休闲和旅游竞争力对现代城市综合发展的推力。

除极个别畸形发展的超大城市外，一座城市大多是人心向往的繁荣城市，那里有适宜生活的条件，有适合个人发展的就业环境，本地人大多舍不得离开它，外地人愿意到那里去游览观光，当然了，更希望能够留下来就业和生活。另外，作为城市管理者，当然希望自己所管理的城市能够适宜于市民的生活，但同时也希望城市的各项产业能够得到更好的发展，能够有更大的经济力的支撑，因为这的确是城市能够不断发展的重要因素。

其实，休闲和旅游竞争力的培育不仅不会影响经济竞争力的增长，而且是一种显著正相关的推力。

这里先说旅游。作为现代社会服务于民众生活的旅游业，当今已经发展成为许多产业门类的产业集群。在与联合国《国际标准行业分类》接轨的我国《国民经济行业分类》（GB/T4754-2017，这是我国目前通用的该标准的最新版本）中，社会经济活动一共被分为20个门类。有关"旅游业"的范畴，除了第四层级的"旅行社及相关服务"（第7291小类）属于"租赁和商务服务业"（L门类）下的"商务服务业"（第72大类）的"其他商务服务业"（729中类）外，旅游者所需的游、购、娱、食、住、行等供给，实际上是跨越了许多行业门类，由许多行业门类下面的大类、中类、小类一起来完成的。它们跨越的行业门类，分属于这20个行业门类里的"住宿和餐饮业"（H门类）、"交通运输业、仓储和邮政业"（G门类）、"水利、环境和公共设施管理业"（N门类）、"批发和零售业"（F门类）、"文化、体育和娱乐业"（R门类）等；而且随着乡村旅游、工业旅游等的发展，加上其对上游产业的支撑力的需求，它还正向着"农、林、牧、渔业"（A门类）、采矿业（B门类）、制造业（C门类）等延伸；如果再加上其他支撑产业和延伸产业，那么，电力、热力、燃气及水生产和供应业（E门类）、建筑业（D门类）、信息传输、软件和信息技术服务业（I门类）、金融业（J门类）、房地产业（K门类）等等也都是旅游业发展所不可或缺的。也就是说,《国民经济行业分类》的 A、B、C、D、E、F、G、H、I、J、K、L 等全都是旅游业发展所不可缺少的关联和支撑行业。难怪此前国家有关部门要提出"全域旅游"的概念。的确,如今的旅游业早已不是单一的企业或行业,而是一大片产业集合在一起的产业集群(见表6)。

表6 休闲和旅游供给与《国民经济行业分类》各行业门类关联

| 《国民经济行业分类》的行业门类 | | 与休闲和旅游业的供给或支撑关系 |
| --- | --- | --- |
| 门类代码 | 门类名称 | |
| A | 农、林、牧、渔业 | 上游行业 |
| B | 采矿业 | 上游行业 |
| C | 制造业 | 上游行业 |
| D | 建筑业 | 上游行业 |
| E | 电力、热力、燃气及水生产和供应业 | 支撑行业 |
| F | 批发和零售业 | 直接供给 |
| G | 交通运输业、仓储和邮政业 | 直接供给 |
| H | 住宿和餐饮业 | 直接供给 |
| I | 信息传输、软件和信息技术服务业 | 直接供给 |
| J | 金融业 | 支撑行业 |
| K | 房地产业 | 上游行业 |
| L | 租赁和商务服务业 | 直接供给 |
| M | 科学研究、技术服务和地质勘查业 | 上游行业 |
| N | 水利、环境和公共设施管理业 | 直接服务 |
| O | 居民服务和其他服务业 | 直接服务 |
| P | 教育 | 上游行业 |
| Q | 卫生和社会工作 | 直接服务 |
| R | 文化、体育和娱乐业 | 直接服务 |
| S | 公共管理、社会保障和社会组织 | 直接服务 |
| T | 国际机构 | 间接支持 |

注:休闲和旅游供给与《国民经济行业分类》各行业门类的关联往往不止一种,如上文所述,随着乡村旅游、工业旅游等的发展,旅游者的关注也正向着农业、林业、牧业、渔业、采矿业、制造业等延伸。为了简约起见,表中只选录了一种。

资料来源:本课题组资料库。

因此,不仅各个产业门类都是旅游业发展的必要内容或必要支撑,而且旅游业的发展也必然带动城市多个产业门类的不断发展、改进和提升。

据世界旅游组织《2019 年国际旅游报告》的数据,2018 年这类事务与专业的旅游者,已经占有了当年 14 亿国际旅游者总数的 13%[1] (约计 1.82 亿人次)。

关于这类被简称为"商务旅游"的商务、公务和专业交流类的旅游,"根据全球商务旅行协会测算,2016 年全球商务旅游市场规模达到 1.3 万亿美元,我国商务旅游市场规模也达到 3179.65 亿美元,占全球总规模的近 1/4"[2]。

特别值得注意的是,其最关键的还不仅仅是"事务与专业类旅游"的出游人数和旅游花费的贡献之大,而更在于这些旅游者的"旅游流"是一个巨大的载体,它承载着的是这个时代发展需要的信息流、技术流、资金流,且还有准备再来这个目的地的情感流。他们给这个城市带来新的信息、技术、资金等,自然十分有利于这座城市的成长与发展;而且更大的机遇还在于,游客中的投资者或企业家们,此行或许就是准备前来这座城市投资开办工商企业而进行的考察准备,这正是作为开放城市的管理者为发展城市经济所希望实现的。所以说,旅游竞争力的提升,为本地产业融合发展增加了推力。

对于入境商务旅游(IBT)与外商直接投资(FDI)的关系,国内外的学者都有不少研究,他们一致的看法是,二者之间有着良好的互动关系,也就是说,入境商务旅游带来了外商的直接投资,同时外商直接投资也带动了入境商务旅游的兴旺。不久前,有研究者在分析二者在扩宽企业融资渠道、提升企业软硬件设施、完善人才交流机制、优化社会发展模式和带动经济的发展方面所具有的重要影响时,选取了 1994～2016 年京津冀外企数量、外商投资额与入境商务旅游的 3 组数据指标,在进行检验和分析后证实,不仅京津冀外商投资与入境旅游互为因果关系,而且京津冀入境商务旅游对外商投资的推动作用均高于外商投资对入境商务旅游的带动作用。[3] 由此可见,旅游竞争力带来的不仅是一个产业的兴旺,而且是一种借助外力加速城市健

---

[1] 世界旅游组织:《2019 年国际旅游报告》,第 7 页。

[2] 田纪鹏、朱金梁、魏倩倩、蔡晓燕:《近十年国内外商务旅游研究回顾与展望》,《旅游论坛》2019 年第 1 期,第 86～97 页。

[3] 袁晋锋、包富华:《京津冀 FDI 与入境商务旅游的互动关系研究》,《资源开发与市场》2019 年第 9 期,第 1196～1202 页。

康发展的力量。城市的引力不仅对海外投资者发挥作用，对国内正在扩展的企事业单位也同样重要。

总报告第一部分中提及的一些城市竞争力排名，如美世咨询公司的包括《全球最宜居城市排名》《城市生活质量排名》《城市生活成本排名》等的"城市排行榜"，原本是供企业跨国雇员在求职、外派、出差时了解目的地，以衡量自己对旅居生活的适应，或者供雇主机构对外派雇员考虑给予什么待遇使用的；但它实际也成了帮助投资者在世界各地落户或建立分支机构的参考资料。所以说，本报告提出的包括诸多宜居指标在内的休闲竞争力的提升，也同样是如何设法借助外力加速自己城市健康发展的力量。

## （二）指标体系的构建

### 1. 指标体系的确立原则与评价方法的选择

应该说，有关"竞争力"的研究，有关"城市竞争力"的研究，都是涉及面十分宽泛的大课题，同时它们下面还都有不同指向、不同领域的区分。譬如，城市经济竞争力的分析与评价，就与城市宜居适应力的分析与评价有着许多不同。而城市综合竞争力与专一领域竞争力之间，又有着共同点与不同点。本课题的研究虽然与城市综合竞争力的全面研究密切相关，但本课题组在这里的领域选择，只是"休闲和旅游"共有的竞争力，因此与多数学人此前的研究并不重合。尽管人们对竞争力的研究已经成绩斐然，而且其研究的侧面和层面几乎已经面面俱到了；不过还应该看到，目前还有待继续开拓研究的空间。

基于人们对竞争力的研究，最早多集中于对企业的关注，而且对于市场有着更多的偏爱，使得本课题组有关我国城市休闲和旅游竞争力的研究显得似乎与前人的诸多研究略有一些不同，自然又与他人有关旅游业竞争力的研究有一些异中之同。也就是说，本课题组不仅关注着城市旅游产业发展在与其他城市竞争中显露出的"强、弱、机、威"（指竞争力 SWOT 分析中的 Strengths 优势、Weaknesses 劣势、Opportunities 机会、Threats 威胁）之间的有机组合，而且关注着城市对外来旅游者的引力，关注本地居民所享有的休闲环境、得到的服务，即不仅关注本地人和外来人凭着自己的收入能否购买到自己满意的产品或服务，也关注着他们是否可以无须购买就能够得到部分公共服务的满足。

（1）指标体系与方法的选定

关于"竞争力"和"城市竞争力"的定义和概念，此前，中外学者都有相当多的探讨，虽然现在仍然存在一些差异，没有完全一致的表述，但是也应该说，其核心的内涵已经没有了更多的不同。本课题的任务，是一次实操性的工作，因此无意再开展争议性问题的讨论，只选取了诸家的共识性内核，以定义"城市休闲和旅游竞争力"的研究，从而在此基础上做一次有关我国"城市的休闲和旅游竞争力"评价的实操化努力。从这个意义上说，这里的"城市休闲和旅游竞争力"指的是"城市的休闲和城市的旅游所共有的相辅相成的竞争力"，也就是在城市综合竞争力中，既基于市场又不完全依赖市场，意在推动城市居民的休闲拓展和质量提升，并以方便外来旅游者的安排惠及外来旅游者的服务力。它应该是城市发展动力机制的有机组成。

与许多竞争力实践研究中的指标体系一样，"城市休闲和旅游竞争力"指标体系的确立，也有必须遵照的原则。除了国家的法律法规与政策外，其技术原则应该有这样三组：第一组是城市发展动力间的密切配合；第二组是竞争力不同形态的科学关联；第三组是如何对待竞争力的不同表现。具体而言，第一组原则是：A. 城市主系统与子系统及各层次的主次原则；B. 城市完备要素与特征要素的互相关照与互相补充的原则。第二组原则是：C. 稳定力与发展力双轮驱动的原则；D. 积蓄力和爆发力互为因果的原则。第三组原则是：E. 理想化指标与可操作化指标的互补性原则；F. 可比性较弱指标与可比性较强指标不能完全混同的原则。

在竞争力的研究中，层次分析法目前是多数研究者最乐意使用的分析方法[①]，原因在于，如果把整体竞争力看作许多分力之和，那么就不难发现，

---

① 虽然在各家有关竞争力的研究中，其具体的操作仍然多种多样，而且大多数研究者还为此建立了不少有所差异的数学模型，不过在总体方法的选用上，趋同仍然是主流。

把构成竞争力的因素加以细分后，它的各个因子所贡献的力量并不完全均等，而且部分因子之间还存在着多层次的你我包容；因此，必须进行有层级的分析，以较为清楚地反映它们彼此与合力的关系。

虽然不少研究者在论及竞争力评价的时候，习惯于先论述竞争力指标体系的构建，再论述竞争力评价方法的选择，以及其对权重的安排；但是，在研究者考虑某一研究的指标体系构建的时候，其实已经考虑到了评价方法的选择，在具体构建指标体系的层级时，就已经有了对诸多权重的认真考虑。

（2）指标体系的分野

关于休闲竞争力和旅游竞争力指标体系的构建，目前研究的现状，研究者对于"城市旅游竞争力"的讨论较多一些，涉及"城市休闲竞争力"的则极少。其中，"城市旅游竞争力"指标的安排与设计，大多关注的是城市旅游经济竞争力的地理元素及其旅游业的产业构成，其所关注的要素大体可以归纳为诸如这样的几类指标：区位与可进入性、自然环境、经济基础、文化基础、旅游资源条件、设施条件、人力基础与科技管理水平、旅游产业发展现状、政府的重视与支持、对投资者的引力，以及就此再从"产业发展"侧面细分出的产业规模、产业结构、产业效益等，或者再就其"创新"侧面由经济、环境、科技、资本和人力资源生发出未来创新的潜力等。诸如这样的增项，有的将其归并在类似的大项之下（或另在下一层级表现出来），有的则另行安排设计为不同名称的与前者同级的分项。①

根据国家统计局城市社会经济调查司《中国城市统计年鉴（2018）》，我国目前按行政区划分的城市共有 661 个，其中直辖市 4 个、副省级城市 15 个、地级市 279 个、县级市 363 个。如果注意一下，就不难发现，这些城市除了行政区级别的不同外，还在其他方面有着诸多的不同。这些不同既有区位和自然条件形成的建城的基础，也有其形成时的时代使命，还有历史

---

① 应该说，只要这些设计能够有逻辑自洽的考量，往往都得到了同行的认可，被认为已经达到了相当的高度。

进程中对其城市形态的相对固化，以及其在现代化进程中所处的发展阶段等。细细观察起来，这些城市的确是多种多样的，如行政中心、文化中心、金融中心，工业城市、商贸城市，历史古都、现代新城，内陆城市、海港城市，宜居之城、宜游之城，以及城市人口的多寡和管理者的选择定位，乃至基于推进排序与推动力度部署的城市市政建设，等等。它们之间的这些不同，几乎都是无法避免的。尽管它们为本地居民服务和为外来旅游者服务的内容有许多相同之处，但如果对它们原本有的差异和它们的历史发展进程都完全用一把尺子来度量，似乎也是不够妥当的；更何况旅游者的喜好和要求，以及外来投资者的投资考虑，也都不可能完全相同。

为此，本课题组特别注意到了世界经济论坛《全球竞争力报告2016～2017》中的"全球竞争力指数"3.0版的安排（见图2）。

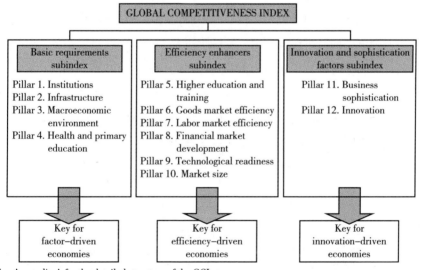

**图2　全球竞争力指数3.0版的三项分指数结构框架**

资料来源：WEF，*The Global Competitiveness Report 2016－2017*。

图2显示，世界经济论坛的《全球竞争力报告2016～2017》版首先将全球竞争力指数（Global Competitiveness Index）划分成了基本要素分指数（basic requirements subindex)、效率增强分指数（efficiency enhancers subindex）、创新与成熟度分指数（innovation and sophistication factors subindex）3个大组，并把它视作全球竞争力的3个驱动板块——要素驱动、效率驱动和创新驱动（factor-driven，efficiency-driven，innovation-driven），然后再往下将其分为12项支柱（pillar）[1]。有启发意义的是，在该报告的总竞争力指数中，基本要素分指数的分值比重是20%~60%。对此，该报告的说明是，这种上下浮动的原因，是基于对像布隆迪这样的第一阶段发展中的国家而言，实现基础要求应该占该国总竞争力指数的60%；而对于类似瑞典这样的发达国家来说，在国家总竞争力指数中，基础要求则应该是起码的要求，所以它就只能够占总体竞争力的20%了。《全球竞争力报告》的这一思路，不一定对本课题研究的"休闲和旅游竞争力"适用，但它能够正视不同发展地区差异存在的思路（不致因指标的设置或权重的安排导致某种不顾实际的偏差），却是值得我们认真体会的。[2]

在城市竞争力指标设置时，相较许多研究者对城市发展推动力平行看待的做法，与兼顾不同城市形成原因、发展阶段及其发展中城市形态的选择以及其形态特征，再来考虑城市竞争力的指标体系的做法，显然是不同的。就像许多学科研究起始于典型事物的理想推导一样，其结论往往会不断被现实修正。因此，随着城市竞争力研究的深化，对城市竞争力指标体系的认识也会更加多样。

中国人民大学王琪延等的《北京市旅游竞争力研究》在论及旅游竞争力指标体系构建时曾经对"客观性、可得性、科学性和可比性前提"给予

---

[1] 在该结构框架示意图的第二排的3个竖长方框内，自左至右：左栏为"基本要素分指数"，其下有第一至第四的4条支柱（pillar）：第一支柱是制度机构；第二支柱是基础设施；第三支柱是宏观经济环境；第四支柱是健康与基础教育。中栏为"效率增强分指数"，其下有第五至第十的6条支柱：第五支柱是高等教育与培训；第六支柱是产品市场效率；第七支柱是劳动力市场效率；第八支柱是金融市场效率；第九支柱是技术准备就绪；第十支柱是市场规模。右栏为"创新与成熟度分指数"，其下有第十一至第十二的2条支柱：第十一支柱是商业成熟速度；第十二支柱是创新能力。在该结构图3组箭头下的3个横框，显示的是不同分指数下的多条不同支柱对发展阶段不同的经济所发挥的不同关键作用；左栏对应"基本要素分指数"的，是"要素驱动经济的关键"；中栏对应"效率增强分指数"的，是"效率驱动经济的关键"；右栏对应"创新与成熟度分指数"的，是"创新驱动经济的关键"。
[2] 世界经济论坛：《2016~2017年全球竞争力报告》，英文原版，第39页。

了充分的强调。① 看来，客观、可得、科学、可比，或许的确就是竞争力评价实操中要充分注意的原则。

（3）构建指标体系的层次斟酌

前面已经提及，在竞争力评价的实操中，指标体系的构建也有相当多的成功实例可供参考。如总报告第一部分"起点"述及的世界经济论坛的《全球竞争力报告》，就从层次分析角度为"全球竞争力"设计了覆盖较为全面的 4 级层次的内容。基于该报告的编制至今已逾 20 年，其带来的启示也是相当丰富的。表 7 所示的，就是世界经济论坛《全球竞争力报告》2019 年选用的"GCI（4.0 版）"的 4 个分指数。

在第一层"全球竞争力指数"下面，是第二层有利环境、人力资本、市场、创新经济系统共计 4 个分指数。再下，是由第三层制度、基础设施、信息通信技术采用、宏观经济稳定、健康、技能等组成的 12 项支柱。最下面，是第四层的 103 个单项指标。由于 103 个单项指标的内容实在太多，所以课题组在表 7 右侧的单项指标举例中，只能够使用 103 个单项指标的举例方法来说明该指数单项指标与上一层支柱的关系（在某些支柱名称难以显示支柱内容时，这一举例更有一种说明的性质；同时，表中所列的指标数，也可供读者了解该支柱的"粗壮"程度）。

表 7　《全球竞争力报告》中"全球竞争力指数"4.0 版的指数结构

| 四个分指数 | 12 根支柱 | 103 项单项指标 |
| --- | --- | --- |
| | | 单项指标举例 |
| 有利环境<br>（45） | 制度（26） | 如"制度"支柱下，就包括了安全、社会资本、检查和制衡、公共部门绩效、透明度、产权、公司治理、政府未来取向 8 个分组，各分组下又各包含了 1~6 个指标。其中"透明度"分组下仅有一个指标"腐败发生率"（这年"腐败发生率"最低的是丹麦） |
| | 基础设施（12） | |
| | 信息通信技术采用（5） | |
| | 宏观经济稳定（2） | |

---

① 王琪延、黄羽翼编著《北京市旅游竞争力研究》，中国人民大学出版社，2017，第 62 页。

| 四个分指数 | 12 根支柱 | 103 项单项指标 |
| --- | --- | --- |
| | | 单项指标举例 |
| 人力资本<br>（10） | 健康（1） | 如"技能"支柱下，就包括了现有劳动力、现有劳动力技能、未来劳动力、未来劳动力技能、小学教育师生比5个分组。分组下的指标内容，又包括了受教育年限、教育与培训的质量与技能水平等，乃至"批判性思维教学"也都成了一项指标（这年"批判性思维教学"得分最高的是芬兰） |
| | 技能（9） | |
| 市场<br>（30） | 产品市场（7） | 如"金融体系"支柱下，就包括了深度和稳定性两个分组。其"深度"下的指标共有国内对私营部门的信贷占GDP的百分比、中小企业融资情况、风险投资可得性、保险费占GDP的百分比等5项指标（这年"深度"，美国总分最高） |
| | 劳动力市场（12） | |
| | 金融体系（9） | |
| | 市场规模（2） | |
| 创新经济系统<br>（18） | 企业活力（8） | 如"创新能力"支柱下，就包括了互动合作与劳动力多样性、研究与开发、商业化程度3个分组，下面各有2~4个指标（这年"创新能力"总分最高的是德国） |
| | 创新能力（10） | |

资料来源：世界经济论坛：《2019年全球竞争力报告》，2019，第ⅷ、154~157、506~509页。

　　《全球竞争力报告》的"全球竞争力指数"是一个基础指标数比较庞大的系统，不仅最下面的单项指标有103项之多，而且在其第三层支柱与最下面的103项单项指标间，还包含了一个指标分组的中间层，这也许与它关注的对象和内容都需要更广阔的视野和更深入的分析有着密切的关系。

　　如果再深入一些，还可以发现该报告对2019年"全球竞争力指数"4.0版标注的变化。该报告研究者对全球竞争力指标体系不断地修订和优化，显然是竞争力评价研究不断深化的体现。这种现象，其实在别的研究团队的工作中也有类似的体现，如《中国城市竞争力报告》中分报告的数量和指标数量也是在不断调整的。从表8就可以概略地看出这一变化。

表8　《中国城市竞争力报告》中近年竞争力分野与其下分力结构

| 出版版次<br>（出版年份） | 中国城市竞争力 | | | |
| --- | --- | --- | --- | --- |
| | 综合经济竞争力 | | 宜居、宜商和可持续竞争力 | |
| | 竞争力名称 | 分力结构数 | 竞争力名称与分力结构数 | |
| No. 13<br>（2015） | 2014 综合<br>经济竞争力 | 2 | 2014 宜居、宜商和可持续竞争力 | 6 |

续表

| 出版版次<br>（出版年份） | 中国城市竞争力 | | | | | | |
|---|---|---|---|---|---|---|---|
| | 综合经济竞争力 | | 宜居、宜商和可持续竞争力 | | | | |
| | 竞争力名称 | 分力结构数 | 竞争力名称与分力结构数 | | | | |
| No. 14<br>（2016） | 2015 综合<br>经济竞争力 | 2 | 2015 宜居宜商竞争力 | | 2 | 2015 可持续<br>竞争力等 | 7 |
| No. 15<br>（2017） | 2016 综合<br>经济竞争力 | 2 | 2016 宜居<br>竞争力 | 7 | — | — | 2016 可持续<br>竞争力 | 6 |
| No. 16<br>（2018） | 2017 综合<br>经济竞争力 | 2 | 2017 宜居<br>竞争力 | 7 | — | — | 2017 可持续<br>竞争力 | 6 |
| No. 17<br>（2019） | 2018 综合<br>经济竞争力 | 2 | 2018 宜居<br>竞争力 | 7 | 2018 宜商<br>竞争力 | 5 | 2018 可持续<br>竞争力 | 6 |

资料来源：《中国城市竞争力报告》No. 13 ~ No. 17。

如果将表 8 的分力结构展开来，则可进一步了解这些分力的状况及其下面的指标含义，以及再下的具体分项指标的具体内容。表 9 为本课题组理解的 2019 年《中国城市竞争力报告 No. 17》的指标体系。

表 9 《中国城市竞争力报告 No. 17》的指标体系

| 指标 | 指标含义 | 分项指标数量和举例 |
|---|---|---|
| | | 指标举例 |
| 城市综合经济<br>竞争力<br>（2） | 综合增量竞争力（1） | 共包括 GDP 连续 5 年平均增量、平均 GDP 两项 |
| | 综合效率竞争力（1） | |
| 宜居城市<br>竞争力<br>（23） | 优质的教育环境（3） | 如"健康的医疗环境"下就包括了城市流动人口健康档案覆盖率、城市每万人拥有医生数、三甲医院数、每万人医院床位数共 4 项；"安全的社会环境"下则包括了城市教育环境反应度，每万人刑事案件逮捕人数，人均社会保障、就业和医疗卫生财政支出，户籍与非户籍人口之间的公平性共 4 项 |
| | 健康的医疗环境（4） | |
| | 安全的社会环境（4） | |
| | 绿色的生活环境（3） | |
| | 舒适的居住环境（3） | |
| | 便捷的基础设施（3） | |
| | 活跃的经济环境（3） | |

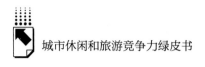

续表

| 指标 | 指标含义 | 分项指标数量和举例 |
|---|---|---|
|  |  | 指标举例 |
| 城市可持续<br>竞争力<br>(25) | 创新驱动的知识城市(4) | 如"创新驱动的知识城市"下就包括了 GDP 增量、大学指数、科研人员指数、专利指数共 4 项;"公平包容的和谐城市",则与"宜居城市"下的"社会环境"相似,包括了城市包容性,城市教育环境反应度,社会保障制度,人均社会保障、就业和医疗卫生财政支出,每万人刑事案件逮捕人数共 5 项 |
|  | 公平包容的和谐城市(5) |  |
|  | 环境友好的生态城市(4) |  |
|  | 多元一本的文化城市(4) |  |
|  | 城乡一体的全域城市(4) |  |
|  | 开放便捷的信息城市(4) |  |
| 城市宜商<br>竞争力<br>(19) | 当地要素竞争力(6) | 如"当地要素竞争力"就包括了金融机构存贷款总额占 GDP 比重、金融从业人员、科技产品指数、R&D(研发)投入指数、教育水平指数、年轻人口指数共 6 项;"当地需求竞争力"则包括了人口规模指数、经济发展指数、人均收入共 3 项 |
|  | 当地需求竞争力(3) |  |
|  | 软件环境竞争力(3) |  |
|  | 硬件环境竞争力(3) |  |
|  | 全球联系竞争力(4) |  |

资料来源:《中国城市竞争力报告 No. 17》,第 531 ~ 535 页。

  除了中国社科院城市与竞争力研究中心《中国城市竞争力报告》在研究中国城市竞争力之外,还有日本森纪念财团的《世界城市综合实力排行榜》报告、美国科尔尼管理咨询公司的《全球城市指数》报告等。相比有 17 年研究历史的《中国城市竞争力报告》,《世界城市综合实力排行榜》报告和《全球城市指数》报告都要晚一些。表 10 为本课题组根据森纪念财团《2019 年世界城市综合实力排行榜》指标体系整理出来的结构简表。

表 10　森纪念财团《2019 年世界城市综合实力排行榜》指标体系

| 分野(6) | 指数组群(26) | 指标(68) |
|---|---|---|
|  |  | 指标举例 |
| 经济<br>(13) | 市场规模(2) | 序号 1 ~ 13。<br>如"商业环境"下面的"工资水平高低""有无熟练的人力资源""有无充分的工作场所可供选择";如"经商容易度"下面的"企业所得税税率低""经商所遭遇的政治、经济、商机的风险低";等等 |
|  | 市场魅力(2) |  |
|  | 经济活力(2) |  |
|  | 人力资本(2) |  |
|  | 商业环境(3) |  |
|  | 经商容易度(2) |  |

续表

| 分野(6) | 指数组群(26) | 指标(68) |
|---|---|---|
| | | 指标举例 |
| 研究与开发(7) | 研究共同体(2) | 序号14~20。<br>如"研究共同体"下面的"研究者人数""世界顶尖大学"等 |
| | 研究环境(2) | |
| | 成果创新(3) | |
| 文化与交流(15) | 发展潜力(2) | 序号21~35。<br>如"发展潜力"下面的"每年举办国际会议数量""每年举办节事活动数量";如"文化设施"下面的"剧院·音乐厅数""博物馆数""体育场馆数";等等 |
| | 旅游资源(3) | |
| | 文化设施(3) | |
| | 接待实力与引力(4) | |
| | 接待外国人实绩(3) | |
| 居住(14) | 就业环境(3) | 序号36~49。<br>如"就业环境"下面的"总失业率""总劳动时间的长短""工作方式的灵活性";如"居住成本"下面的"房屋租金水平低""物价水平低";等等 |
| | 居住成本(2) | |
| | 安全(2) | |
| | 生活良好度(3) | |
| | 生活便捷度(4) | |
| 生态环境(9) | 可持续发展(3) | 序号50~58。<br>如"自然环境"下面的"水质好坏""城市绿化覆盖率""温度舒适水平"等等 |
| | 大气质量(3) | |
| | 自然环境(3) | |
| 交通(10) | 国际交通网(2) | 序号58~68。<br>如"交通便捷度"下面的"上班上学的路途时间短""交通拥堵概率低""出租车车费便宜"等等 |
| | 航空运力(2) | |
| | 市内交通(3) | |
| | 交通便捷度(3) | |

注：基于该报告"指数群组"的各组名称的日文都比较简短，如以此直译中文，有的概念难以显豁，故只好参照其自译的英文版译出。其中，在英日用语差异颇大或直译中文后含义仍不够显豁处，则参照其下所设基层指数名称改译。这里在右栏使用的基础指数举例，也可以对中栏"指数群组"名称含义仍不够显豁者，给予一点说明 [日英双语版『世界の都市総合力ランキング』，*Global Power City Index 2019*（日本森纪念财团《2019年世界城市综合实力排行榜》）]。

资料来源：日本森記念財団『世界の都市総合力ランキング』（日英双语版）。

日本研究者的《世界城市综合实力排行榜》的指标体系，其层次安排与名称虽与《中国城市竞争力报告》不同，也与《全球竞争力报告》不同，但它们在结构上是较为相似的，甚至许多基础指标的名称和内容都是相似的，其根本原因自然不是谁对谁的借用，而是因为大家在各自的研究中有一定的共识。

巧合的是，《中国城市竞争力报告 No. 17》各个分力报告合起来共有 69 个指标，而《2019 世界城市综合实力排行榜》的指标数是 68 个。不过，基于《中国城市竞争力报告 No. 17》的几个分力指标有的是重叠的，相比之下《2019 世界城市综合实力排行榜》的指标就显得略多。不过，在 2003 年《中国城市竞争力报告 No. 1》刚刚开始的时候，其所设计的指标数量却是更多一些的。①

指标数量的多少，有相近也有相异，研究者的取舍各有各的原因。比如，还有一些研究者设计的城市竞争力的指标数就比上述的《全球竞争力报告》《中国城市竞争力报告》《世界城市综合实力排行榜》少了许多。

竞争力指标数量的多寡，与研究者对城市竞争力的相关要素的认识和选择密切相关。它不在于研究者关注对象本身覆盖范围的跨度，也不在于研究者对竞争力的因素做了什么样的细分，或者也与其准备在评估时拟使用的研究方法（如需要多维变量降维处理的主成分分析法或因子分析法等）有关。

本课题组对"城市休闲和旅游竞争力"指标体系的认识及对指标的选择，一方面自然是基于对中外竞争力研究的各家论著的研读，另一方面是基于对当今国内外有关竞争力的各种评估报告文献的参阅。同时，也细致地分析了我国不同形态城市的诸多形成要素和其延续发展要素的彼此关联，故而在对评价对象熟悉的基础上以不同思路把"城市休闲和旅游竞争力"指标体系梳理为几个不同的架构方案，随后又从其较为可取的多个结构中，挑选了一个其指标体系相对客观、科学，各项指标数据又比较可得、可比的方案，目的是希望能够既符合各形态城市成长发展历史，又符合现状与未来的趋势。

---

① 《中国城市竞争力报告 No. 1》中在追溯该研究进程时曾指出："报告借鉴国际上成熟的经验，遵循规范的问卷调查规则，设计了 113 个有效指标，对 47 个样本城市的相关方面进行 2000 份问卷，利用精妙的数学方法，对问卷结果进行真实、准确的定量表达，同时对问卷数据进行汇总，形成了对中国城市竞争力一些影响因素的现状倾向性、变化趋势和规律性的重要发现。"倪鹏飞、李娟：《中国城市竞争力（2002 年）述评：推销，让中国城市沸腾》，《中国城市竞争力报告 No. 1》，社会科学文献出版社，2003，第 22 页。

　　本课题组这次采用的"城市休闲和旅游竞争力指标体系（2.0版）"，是在课题组对2017年研究初期拟定的"城市休闲和旅游竞争力指标体系（1.0版）"基础上反复修改而成的。2017年的1.0版指标体系共有5层，首先将"城市休闲和旅游综合竞争力"分为"三大驱动力"（基本要素驱动、效率增强驱动、创新与成熟度驱动），其下再设3级指标：类项指标、分组指标、单项指标。由于当时希望能够把有关"城市休闲和旅游竞争力"所有重要因子都考虑进去，于是产生了指标过于庞大的"317→85→31→3→1"的5层指数结构（第5级的单项指标再经细化后，更多达455个指标细项）。

　　虽然当时课题组自身感到这个结构具有较强的科学性，但也发现有些过于理想化。譬如，有的指标虽然几乎每个居民都能感受到，可是数据却无法采集，有的内容在当前也无可比的基础，所以课题组在实际采集数据与测算时，不得不将概念化和学术化的指标名称改为了实质性的名称，同时对其做了大量的合并与简化（有的甚至不得不完全改变或者暂时放弃）。本课题组现在采用的"城市休闲和旅游竞争力指标体系（2.0版）"结构，仍然分为5个层次，在"城市休闲和旅游综合竞争力"之下，是"三大驱动力"指标，其下再设3个层级指标：Ⅰ级，类项指标；其下Ⅱ级，分组指标；再下是Ⅲ级，单项指标。各级指标的数据经过测定计算后得出指数及其汇总，依次称为"综合指数""板块指数""类项指数""分组指数""单项指数"（为方便记忆和分清层级，后三层指数又改称为"Ⅰ级指数""Ⅱ级指数""Ⅲ级指数"），从而将1.0版庞大的5层指数结构精简成了"163→61→24→3→1"结构。表11就是本报告所选用的三大板块的指标安排。

**表11　城市休闲和旅游竞争力三大板块指数结构（2.0版）**

| 指数层级 | | | |
|---|---|---|---|
| 综合指数 | 板块指数 | 类项指数 | 分组指数 |
| 城市休闲和旅游竞争力↓ | 基本要素驱动板块↓ | 城市生态环境要素 | 建成区绿化覆盖率 |
| | | | 森林覆盖率 |
| | | | 人均公园绿地面积 |

| 综合指数 | 板块指数 | 类项指数 | 分组指数 |
|---|---|---|---|
| | | 指数层级 | |
| 城市休闲和旅游竞争力↓ | 基本要素驱动板块↓ | 城市生活环境要素 | 空气质量达到及好于二级的天数 |
| | | | 污水集中处理率 |
| | | | 城市区域环境噪声等效声级 |
| | | 城市景观资源要素 | 适宜休闲的园区的丰富度 |
| | | | 城市总体景观 |
| | | 城市文化资源要素 | 历史文化独特资源 |
| | | | 现代文化生活资源 |
| | | 城市休闲和旅游空间基础 | 规划中休闲和旅游空间有明确范围及空间结构 |
| | | | 规划中明确规划出满足不同休闲和旅游需求的空间范围 |
| | | | 规划中休闲和旅游空间的规模结构与城市的适宜性 |
| | | | 编制了各类休闲和旅游空间规划 |
| | | | 将城市最佳生态环境区域开辟为城市的公共休闲空间 |
| | | 城市休闲和旅游安全保障 | 休闲和旅游安全保障措施 |
| | | | 休闲和旅游安全保障体系 |
| | 效率增强驱动板块↓ | 城市已有基础 | 宜居城市竞争力 |
| | | 休闲和旅游服务空间 | 对成功开拓的保持与优化 |
| | | | 城市经营性休闲空间结构 |
| | | 休闲和旅游接待运行 | 规模 |
| | | | 效率 |
| | | 交通 | 对外交通 |
| | | | 本市交通 |
| | | 餐饮 | 本市居民消费 |
| | | | 入境游客消费 |
| | | | 餐饮适应力 |
| | | 住宿 | 价格适应力 |
| | | | 选择适应力 |
| | | | 满意度 |

续表

| 指数层级 | | | |
|---|---|---|---|
| 综合指数 | 板块指数 | 类项指数 | 分组指数 |
| 城市休闲和旅游竞争力↓ | 效率增强驱动板块↓ | 购物和文化消费 | 购物 |
| | | | 文化消费 |
| | | 旅行社 | 服务覆盖 |
| | | | 服务效率 |
| | | | 活力评价 |
| | | 休闲和旅游服务满意度 | 原有基础 |
| | | | 推进力度 |
| | 创新与成熟度驱动板块↓ | 地方经济持续发展 | 地方经济发展水平 |
| | | | 本地居民生活水平 |
| | | 地方政府对休闲和旅游发展的重视 | 建设目标 |
| | | | 工作部署 |
| | | | 旅游管理机构的转型升级 |
| | | | 专项经费支持 |
| | | 环境与资源的保护利用 | 生态与景观的保育利用 |
| | | | 文化与遗产的保护利用 |
| | | 对弱势群体的关爱 | 针对老年人的服务 |
| | | | 休闲和旅游无障碍设施建设水平 |
| | | | 其他针对特殊人群的服务 |
| | | 休闲和旅游服务业的拓展 | 休闲和旅游的文化拓展 |
| | | | 城市旅游交通拓展 |
| | | | 休闲和旅游新业态的拓展 |
| | | 休闲和旅游公共服务的拓展 | 智慧旅游运用的拓展 |
| | | | 公益活动的开展 |
| | | | 志愿者服务 |
| | | 休闲和旅游的辅导与公共教育 | 对市民的辅导与公共教育 |
| | | | 对青少年的辅导与学校教育 |
| | | | 文明休闲和文明旅游形成的社会风气 |
| | | 推动休闲和旅游政策的落实 | 有推动带薪年假的政策与办法 |
| | | | 相关规划与安排 |
| | | 城市休闲和旅游服务质量与人员保障 | 休闲和旅游服务质量保障 |
| | | | 旅游教育与从业人员培训 |

资料来源：本课题组资料库。

从表 11 可以看出，本课题"城市休闲和旅游竞争力"的基本要素驱动板块、效率增强板块和创新与成熟度驱动板块的"类项指数"已经分别简化为 5 类、9 类和 9 类；其下的"分组指数"已经分别简化为 14 组、20 组和 24 组。至于再下的（表中省略了）"单项指数"，自然也做了相应的删减与合并（在第一次分别简化后又进一步简化为 32 项、48 项和 83 项）。而且再后，又在研究进程中进行了指标数量、名称和其内涵的细小微调。有关这些方面的具体内容，请参阅本书第二部分的三篇有关基本要素驱动、效率增强驱动、创新与成熟度驱动的分报告。

为了说明本课题组指标选择的特点，这里不得不做一些有关休闲和旅游竞争力研究的宽视野的比较。

我们不妨再回顾一下世界经济论坛的《旅游业竞争力报告》，在其 2019 年版与 2017 年版中，虽然 2019 年报告的表述方式和分析角度都有了大幅度的改变，但是，它们的支柱指标结构仍然与 2017 年完全一样。在有利环境、政策和有利条件、基础设施、自然资源与文化资源 4 个分指数下面，仍然是 14 条支柱，其下就是它的 90 项指标（见表 12）。

世界经济论坛的《旅游业竞争力报告》，是该组织对全球各经济体旅游发展的最为全面的关注。但是，从上述 90 项指标的选择来看，它最为关注的还是旅游产业发展的环境与条件。譬如它四大分指数之一的自然资源与文化资源板块下面的指标，尽管都与旅游者的直接感受相关，可是其两条支柱下一共才 10 项指标；而与之同级的有利环境分指数下面的支柱就有 5 个（占总支柱数的 1/3 强），仅仅其下的一条商业环境支柱下面就有 12 项指标（分指数的一条支柱下的指标，就比另一个分指数的全部指标还多）。由此也不难看出《旅游业竞争力报告》对商业的关注。

其实从世界经济论坛《旅游业竞争力报告 2019》的整体来看，它 4 个分指数的前两个（有利环境、政策和有利条件），主要关注的是旅游业发展的环境与条件。正是基于它所关注的竞争力的核心，主要放在了商业竞争的引力上，因而其选择的关键性竞争力因子，就必然聚焦于产业发展环境条件的那 63 个指标；而关系到旅游者直接体验的交通设施、服务设施和目的地旅游资源的指标（分指数基础设施、自然资源与文化资源下面的），就只剩下 27 个了。

表 12　WEF 旅游业竞争力十大分指数下支柱和指标数的安排

| 综合力 | 四大分指数 | 14 支柱 | 指标数 |
|---|---|---|---|
| 旅游业竞争力↓ | A. 有利环境 | | 40 |
| | | 1. 商业环境 | 12 |
| | | 2. 安全保障 | 5 |
| | | 3. 健康与卫生 | 6 |
| | | 4. 人力资源与劳动力市场 | 9 |
| | | 5. 信息通信技术准备 | 8 |
| | B. 政策和有利条件 | | 23 |
| | | 6. 旅游业优先程度 | 6 |
| | | 7. 国际开放程度 | 3 |
| | | 8. 价格竞争力 | 4 |
| | | 9. 环境可持续性 | 10 |
| | C. 基础设施 | | 17 |
| | | 10. 航空基础设施 | 6 |
| | | 11. 陆路和港口基础设施 | 7 |
| | | 12. 旅游服务基础设施 | 4 |
| | D. 自然资源与文化资源 | | 10 |
| | | 13. 自然资源 | 5 |
| | | 14. 文化资源与商务旅行 | 5 |

资料来源：世界经济论坛：《2019 年旅游业竞争力报告》，2019，第Ⅸ～Ⅵ页。

与世界经济论坛《旅游业竞争力报告》对旅游发展环境条件的重点关注有所不同，本课题组的"城市休闲和旅游竞争力"指标设置的关注点，主要还是放在了提升城市居民和外来旅游者的休闲和旅游感受上面。

研究者在进行竞争力评估时，选择和确认了竞争力因子的数量，对该竞争力的评估以及竞争力定位的确是关系重大的，即使是同一类型的竞争力，也会因为指标的调整而影响到最终的结果。比如在世界经济论坛《旅游业竞争力报告 2015》中出现了中国的旅游业竞争力从《旅游业竞争力报告 2013》的全球第 45 名跃居全球第 17 名的现象，个中原因，除了中国旅游业的实际进步外，还有世界经济论坛《旅游业竞争力报告 2015》指标体系的新调整无意中产生了一些有利于中国优势凸显的效应。因为在 2015 年报告的 90 项指标中，自然与文化资源分指数下的自然资源、文化资源和事务类旅行两组支柱下的 10 个指标项中，中国居全球前 10 名的就有 7 项。如"13.01 世界自然遗产地数量"，全球第 3；"13.02 已知物种数量"，全球第 5；"14.01 世界文化遗产地数量"，全球第 5；"14.02 口头和非物质文化表现形式"，全球第 1。除了大自然的赐予和祖先的遗留外，也有我们当代人奋发努力的成就，如"14.03 大型体育场馆"（指按座位计算的大型体育场馆的数量），全球第 2；"14.04 大型国际会议"（指平均每年举行的国际会议数量），全球第 7；"14.05 旅游数字化的需求"（指文化娱乐旅游需求的网上搜索），全球第 8。此外，还有"4.01 小学教育的入学率"，全球第 4；"6.05 旅游统计的时效性"（指旅游统计数据按月或按季的及时发布），全球第 7。正是中国在不少指标上所处的优势位置，极大地拉升了中国在全球总体竞争力中的位次。

2. 样本城市的确定与数据来源的选择

（1）样本城市的确定

《中国城市统计年鉴（2017）》显示，在本研究报告选用的截面数据年份的 2016 年，我国城市按行政级别分组的状况是：直辖市 4 个、副省级市 15 个、地级市 278 个、县级市 360 个，全国总计 657 个。就城市休闲和旅游的竞争力而言，如果把所有城市不分大小和发展程度都混在一起加以比较，其必要性和现实性或者还需要再斟酌，尤其是在研究团队人力有限的时候。本课题组考虑，如果在对我国城市休闲和旅游的竞争力加以分析评价时，能够先选择一部分正规数据资料比较容易采集的城市加以研究，或许对接下来的持续研究会更具探索意义。于是本课题组注意到了人们研究我国旅游时此前经常选取的 50 个样本城市，即北京、天津、石家庄、秦皇岛、太原、呼和浩特、沈阳、大连、长春、哈尔滨、上海、南京、苏州、无锡、杭州、宁波、温州、合肥、黄山、福州、厦门、泉州、南昌、济南、青岛、郑州、洛阳、武汉、宜昌、长沙、张家界、广州、深圳、珠海、东莞、南宁、桂林、海口、三亚、重庆、成都、贵阳、昆明、丽江、拉萨、西安、兰州、西宁、银川、乌鲁木齐，或者能够更有效地推动部分城市先期行动起来，提升城市的休闲和旅游竞争力，这对带动我国更多城市提升自己的休闲和旅游竞争力，结果可能会更理想一些。为了确证人们对这 50 座样本城市的共识价值，课题组同时找出了中国社会科学院《中国城市竞争力报告 No. 15》和《2016～2017 年中国旅游发展分析与预测》（《旅游绿皮书 No. 16》）来与之比照（见表 13）。

表 13　43 座样本城市选择比照

| 人们熟知的 43 个旅游城市 | | 《中国城市竞争力报告 No. 15》 | | 《2016～2017 年中国旅游发展分析与预测》旅游消费价格指数选取的部分样本城市 |
| --- | --- | --- | --- | --- |
| 序号 | 城市 | 综合经济竞争力 Top 100 排名 | 宜居竞争力 Top 100 排名 | |
| 1 | 北京 | 7 | 15 | √ |
| 2 | 天津 | 6 | 38 | √ |
| 3 | 石家庄 | 46 | √ | — |
| 4 | 秦皇岛 | √ | √ | √ |
| 5 | 太原 | 80 | 73 | — |
| 6 | 呼和浩特 | 86 | 37 | — |
| 7 | 沈阳 | 31 | 42 | √ |
| 8 | 大连 | 26 | 25 | √ |
| 9 | 长春 | 45 | 39 | √ |
| 10 | 哈尔滨 | 59 | 62 | √ |
| 11 | 上海 | 3 | 10 | √ |
| 12 | 南京 | 12 | 9 | √ |
| 13 | 苏州 | 9 | 20 | √ |
| 14 | 无锡 | 13 | 2 | √ |
| 15 | 杭州 | 24 | 6 | √ |
| 16 | 宁波 | 23 | 12 | √ |
| 17 | 温州 | 52 | 82 | — |
| 18 | 合肥 | 32 | 17 | √ |

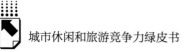

续表

| 人们熟知的 43 个旅游城市 | | 《中国城市竞争力报告 No.15》 | | 《2016～2017 年中国旅游发展分析与预测》旅游消费价格指数选取的部分样本城市 |
| --- | --- | --- | --- | --- |
| 序号 | 城市 | 综合经济竞争力 Top 100 排名 | 宜居竞争力 Top 100 排名 | |
| 19 | 黄山 | √ | 58 | √ |
| 20 | 福州 | 38 | 16 | — |
| 21 | 厦门 | 19 | 5 | √ |
| 22 | 泉州 | 30 | 32 | |
| 23 | 南昌 | 43 | 21 | |
| 24 | 济南 | 27 | 30 | √ |
| 25 | 青岛 | 17 | 26 | √ |
| 26 | 郑州 | 18 | 53 | √ |
| 27 | 洛阳 | 74 | √ | — |
| 28 | 武汉 | 10 | 11 | — |
| 29 | 宜昌 | 68 | 91 | |
| 30 | 长沙 | 20 | 19 | √ |
| 31 | 张家界 | √ | √ | — |
| 32 | 广州 | 5 | 3 | √ |
| 33 | 深圳 | 1 | 7 | |
| 34 | 珠海 | 48 | 40 | √ |
| 35 | 东莞 | 14 | 35 | — |
| 36 | 南宁 | 71 | 46 | √ |
| 37 | 桂林 | √ | 70 | √ |
| 38 | 海口 | √ | 34 | √ |
| 39 | 三亚 | √ | √ | √ |
| 40 | 重庆 | 22 | 80 | — |
| 41 | 成都 | 15 | 23 | |
| 42 | 贵阳 | 56 | 83 | — |
| 43 | 昆明 | 61 | 49 | √ |

注：在《中国城市竞争力报告 No.15》栏下的"√"，表示该城市已经入选该报告，但未能进入竞争力前 100 名。《2016～2017 年中国旅游发展分析与预测》栏下的"√"，表示该城市已经纳入该书"旅游消费价格指数选取的 50 个样本城市"的研究，而"—"则表示该城市未能纳入该书"样本城市"研究。

资料来源：倪鹏飞主编《中国城市竞争力报告 No.15》，中国社会科学出版社，2017，第 3～22 页；宋瑞主编《2016～2017 年中国旅游发展分析与预测》，社会科学文献出版社，2017，第 280 页。

从《中国城市竞争力报告 No.15》和《2016～2017 年中国旅游发展分析与预测》看来，早年为旅游业界、学界和管理层所关注的 50 座样本城市的前 43 名，不仅为研究者所关注，而且在综合经济发展和人居环境竞争力的研究中还进入了该两类报告的前 100 名。为此，本课题组在留意早年旅游部门在分析我国城市旅游发展时的 50 座"监测城市"的同时，还一并考虑到了与我国在对城市其他方面进行研究时对"50 城市"的选择（如"全国 50 个中心城市最新排名""50 个重点城市主要环境指标现状分析""中国移动 5G 正式商用首批 50 个城市名单""房地产开发投资吸引力 Top50""全国 50 个城市上班距离排行榜""全国 50 个重点旅游城市星级饭店财务状况"等），经过比照，本课题组拟选取的这 50 座样本城市，大多是经过各方研究者初选认定的全国具有代表性的城市。

考虑到全国城市休闲和旅游竞争力数据的采集，本课题决定在研究的第一阶段暂时以 50 个城市作为评价的范围。虽然课题组也注意到了《旅游绿皮书》"旅游消费价格指数选取的 50 样本城市"中的威海、烟台、曲阜、峨眉山、都江堰、岳阳、韶山、武夷山、井冈山、敦煌等城市，不仅休闲和旅游资源富集，而且对居民休闲和旅游的适应力也正在显现；但因其中部分城市多种资料采集的困难，在本次研究时就只好割爱了。虽然在本次全国城市休闲和旅游竞争力的评价时未能将其纳入，但是课题组在下一轮的研究中或者也会将样本城市从 50 个扩充到 60 个、70 个，乃至更多，届时把它们扩充进来也是在认真考虑之中的。

（2）数据来源的选择

样本城市选定后，就该着手采集相关数据了。作为竞争力的比较研究，自当必须用截面数据来支撑，以期能够用不同主体在同一时间段的数据来反映它们的差异与距离。可是，鉴于现实研究中要获得全国范围不同领域的当年数据和上年数据的实际困难，所以全球类似的这种比较型研究者一般都主张选取更上一年的数据。虽然本课题的研究工作是在 2016 年拟议和准备的，但是集中开展工作却是在 2018 年和 2019 年，于是课题组便决定将 2016 年确定为采集截面数据的年份；再加之 2016 年又是我国"十三五"规划的起始之年，本研究如果能够一直持续下去，那么接下来的报告也就能够更具价值。基于世界经济论坛《旅游业竞争力报告》从年度报告改为双年一报的经验，本课题组的研究也拟采用每二至三年编写一次的办法，即每个五年计划开始年一次、中间年一次，下个五年计划开始年再一次（既是对上个五年计划期间变化的总结，又是对再下一个五年计划的规划），接下来，在更下个五年计划的中间年再做一次，以此类推。之所以不拟采用一年一编的原因，是因为就城市发展而言，即使有关方面进行一些硬件建设，或者着力推动产业和公共服务的发展，其年度性的变化往往也不是十分明显的。

此前研究竞争力评价的论著，不少都讨论到在实际操作中的数据和处理问题。一些理论探索为了避开过多的麻烦，大多选用了单一的数据来源。但如要进行细致一些的实际评价，显然单一的数据来源是远远不够的。为此本课题组特意注意选择了多来源数据，既关注到这些数据覆盖面的互补，又注意到它们的年度连续性、科学性和权威性（至少是某种程度的权威和准确）。故而课题组从五个方面注意了文献和资料的采集：一是相关年度综合性的全国统计年鉴和专项统计年鉴，如《中国统计年鉴》《中国城市统计年鉴》《中国城市建设统计年鉴》《中国环境统计年鉴》《中国能源统计年鉴》《中国交通运输统计年鉴》《中国文化年鉴》《中国文化及相关产业统计年鉴》《中国商品市场统计年鉴》《中国旅游统计年鉴》《中国旅游统计年鉴（副本）》《旅游抽样调查资料》《中国旅游财务信息年鉴》《中国餐饮年鉴》《中国饭店业务统计》《中国旅行社行业发展报告》等；二是相关城市各自的统计年鉴、国民经济和社会发展公报、地方政府的年度性工作报告，以及该市的旅游业发展报告及该市政府和统计部门的官方网站资料等；三是国家有关政府部门的技术性文件，如全国重点文物保护单位名单、国家级风景名胜区名单、中国国家森林公园名单、国家级自然保护区名录、国家 A 级景区名单、国家级博物馆名单、国家地质公园资格名单，以及联合国教科文组织的世界遗产名录等；四是对他人研究成果的借鉴，如《中国城市竞争力报告》《中国旅游发展分析与预测》《中国休闲发展报告》《全国游客满意度调查报告》《消费者满意度调查报告》等；五是对相关产业网络大数据的分析归纳，包括美团、大众点评、途牛、携程、驴妈妈、同程等旅游度假的在线信息，以及涉及行业、企业、消费者的地方媒体资料。

当然了，如此众多来源和不同形态的数据资料，必然会给后续的研究工作增加更大的难度。但是，课题组的同志仍然愿意为此做一番努力和尝试。

## 三　成果综述：城市休闲和旅游竞争力综合排名格局与总体分析

### （一）中国城市休闲和旅游竞争力的综合排名

1. 有关城市休闲和旅游竞争力的总格局

经过 2016～2017 年的筹备和 2018～2019 年课题组成员的齐心努力，本次对"中国城市休闲和旅游竞争力"的评价探究终于告一段落。课题组在对 163 项单项指数→66 组分组指数→24 类类项指数→3 大驱动力指数→城市休闲和旅游竞争力总指数的层层分析与汇总中，选出了全国城市休闲和旅游竞争力"名列前茅 30 城"。"名列前茅 30 城"的脱颖而出并不是偶然的，它是许多年来城市居民和城市管理者、经营者、规划者、建设者长期努力积累的成果，也是这些年来他们辛勤劳动的结晶。

下面就是全国城市休闲和旅游竞争力"名列前茅 30 城"的榜单，以及课题组对其总格局的分析。

（1）总指数与总排名

经过本课题组两年来的研究，现将以 50 座样本城市 2016 年截面数据为依据的我国城市休闲和旅游竞争力的"名列前茅 30 城"的综合排名公布于后（见表 14）。

### 表14　全国城市休闲和旅游竞争力"名列前茅30城"综合排名

单位：分，名

| 城市 | 全国城市休闲和旅游竞争力 | | 休闲和旅游竞争力下的三大驱动板块组成 | | | | | |
| --- | --- | --- | --- | --- | --- | --- | --- | --- |
| | 竞争力总指数（满分:900） | 总排名 | 基本要素驱动竞争力 | | 效率增强驱动竞争力 | | 创新与成熟度驱动竞争力 | |
| | | | 板块指数（满分:300） | 排名 | 板块指数（满分:300） | 排名 | 板块指数（满分:300） | 排名 |
| 北京 | 772.13 | 1 | 246.51 | 1 | 245.62 | 1 | 280.00 | 1 |
| 上海 | 691.98 | 2 | 200.51 | 5 | 232.39 | 2 | 259.08 | 2 |
| 杭州 | 686.01 | 3 | 222.47 | 2 | 222.87 | 7 | 240.67 | 5 |
| 南京 | 668.73 | 4 | 195.64 | 8 | 228.08 | 4 | 245.01 | 3 |
| 广州 | 662.66 | 5 | 197.72 | 7 | 220.59 | 8 | 244.35 | 4 |
| 深圳 | 639.20 | 6 | 175.95 | 19 | 230.68 | 3 | 232.57 | 6 |
| 重庆 | 636.13 | 7 | 207.28 | 4 | 215.12 | 11 | 213.73 | 10 |
| 苏州 | 635.53 | 8 | 212.18 | 3 | 223.97 | 6 | 199.38 | 15 |
| 厦门 | 618.94 | 9 | 200.10 | 6 | 208.14 | 16 | 210.70 | 11 |
| 成都 | 616.98 | 10 | 184.40 | 16 | 205.72 | 23 | 226.86 | 7 |
| 大连 | 616.07 | 11 | 185.74 | 14 | 220.28 | 9 | 210.05 | 12 |
| 青岛 | 615.01 | 12 | 186.80 | 12 | 206.31 | 19 | 221.90 | 8 |
| 天津 | 605.04 | 13 | 184.67 | 15 | 212.63 | 13 | 207.74 | 13 |
| 无锡 | 600.13 | 14 | 170.85 | 24 | 224.96 | 5 | 204.32 | 14 |
| 西安 | 590.89 | 15 | 190.10 | 10 | 205.92 | 21 | 194.87 | 16 |
| 武汉 | 586.38 | 16 | 162.72 | 31 | 208.20 | 15 | 215.46 | 9 |
| 长沙 | 574.35 | 17 | 177.79 | 18 | 202.07 | 26 | 194.49 | 17 |
| 宁波 | 574.02 | 18 | 175.04 | 20 | 213.33 | 12 | 185.65 | 20 |
| 洛阳 | 568.40 | 19 | 189.14 | 11 | 195.79 | 35 | 183.47 | 23 |
| 哈尔滨 | 562.15 | 20 | 167.15 | 27 | 205.76 | 22 | 189.24 | 19 |
| 黄山 | 561.75 | 21 | 190.71 | 9 | 192.57 | 38 | 178.47 | 27 |
| 珠海 | 558.74 | 22 | 169.09 | 25 | 197.00 | 33 | 192.65 | 18 |
| 福州 | 553.21 | 23 | 165.81 | 29 | 206.79 | 17 | 180.61 | 25 |
| 太原 | 550.79 | 24 | 166.24 | 28 | 204.98 | 24 | 179.57 | 26 |
| 昆明 | 547.17 | 25 | 167.15 | 26 | 195.01 | 36 | 185.01 | 21 |
| 沈阳 | 543.25 | 26 | 156.86 | 40 | 216.52 | 10 | 169.87 | 32 |
| 济南 | 536.92 | 27 | 151.50 | 43 | 200.42 | 28 | 185.00 | 22 |
| 长春 | 533.83 | 28 | 159.32 | 38 | 199.83 | 30 | 174.68 | 29 |
| 贵阳 | 533.04 | 29 | 171.04 | 23 | 188.18 | 41 | 173.82 | 30 |
| 泉州 | 531.19 | 30 | 172.50 | 21 | 206.90 | 20 | 151.79 | 42 |

资料来源：本课题组资料库。

从表14不难看出，以上全国城市休闲和旅游竞争力"名列前茅"的30座城市最后被确认的排名，确实是由它们的总指数所确定的；而它们的总指数，又是由它们的"三大驱动板块"（基本要素驱动竞争力、效率增强驱动竞争力、创新与成熟度驱动竞争力）的3组指数汇总而成的。

在本研究总报告的"进程"里，已经介绍到本课题组"休闲和旅游竞争力"就是"休闲竞争力"和"旅游竞争力"，现在所采用的"城市休闲和旅游竞争力指标体系（2.0）"结构，是一个共5个层次的指标体系。在其"综合竞争力"下，有3个被称为"驱动板块"的分力指标；其下再设3个层级指标：一层是"类项指标"，其下层是"分组指标"，再下层是"单项指标"。采集来的各相关城市的单项指标数据，经过分析和汇总，再经过去量纲化处理和加权计算后得出的指数，则由下而上依次称为单项指数、分组指数、类项指数、板块指数、综合指数。其指标数量的结构是163→66→24→3→1。因此，"名列前茅30城"的产生，则是163项单项指数汇总成为66组分组指数，再由分组指数汇总成为24类类项指数，再由类项指数汇总成为三大板块指数，最后再汇总成为综合指数进行排名的。如果没有单项指数→分组指数→类项指数→板块指数→综合指数的层层支撑，城市休闲和旅游竞争力的评价评分与排名就不可能产生。

从表14中"名列前茅30城"的基本要素驱动板块、效率增强驱动板块、创新与成熟度驱动板块三大竞争力的表现来看，第11~20名的第二梯队10座城市之间，或第21~30名的第三梯队10座城市之间的差异并不显著；而第1~10名的第一梯队10座城市之间，差异则显得大了一些，究其缘由，则是第一梯队的10座城市在基本要素驱动板块和创新与成熟度驱动板块两部分的竞争力有着较多的差异（从图3~图5的柱状图的直观印象中也可以明显地感觉到这一点）。

（2）"名列前茅30城"的总格局

这次评价的最后结果显示，在全国具有代表性的50个样本城市中，"名列前茅30城"的脱颖而出，虽然是第一次探索性研究的结果，但是也在总体上反映出当前我国城市休闲竞争力和旅游竞争力的总体格局。下面的三幅柱状图，可以帮助读者比较直观地了解这"名列前茅30城"竞争力的具体表现，以及它们的总竞争力是怎样由其下的"三大板块"分力聚合而成的（见图3、图4、图5）。

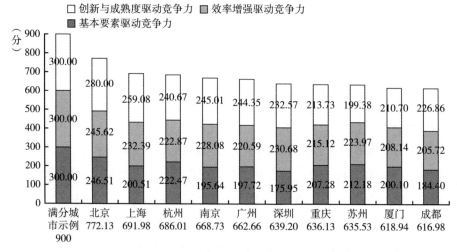

**图3　休闲和旅游竞争力排名前10城市三力聚合示意**

资料来源：本课题组资料库。

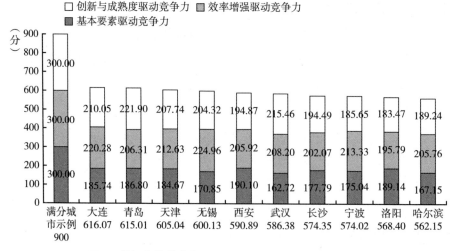

**图4　休闲和旅游竞争力排名11~20城市三力聚合示意**

资料来源：本课题组资料库。

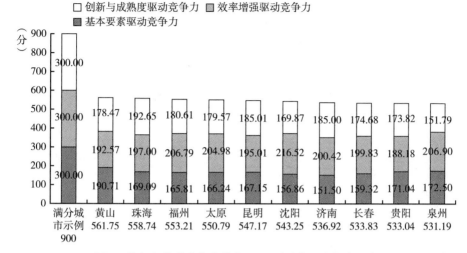

**图5　休闲和旅游竞争力排名21～30城市三力聚合示意**

资料来源：本课题组资料库。

除了可以从上面的柱状图直观了解我国城市休闲和旅游竞争力"名列前茅30城"的大致格局外，对"名列前茅30城"的总格局，还可以从两个方面来论析。

第一方面，"胡焕庸线"的再现。

分析"全国城市休闲和旅游竞争力"的总格局，不能不首先了解"名列前茅30城"在我国的分布。为了便于叙述，这里暂且略去30座城市在三大竞争力板块下的得分，把表14的全国城市休闲和旅游竞争力"名列前茅30城"得分排名表简化为表15。

**表15　全国城市休闲和旅游竞争力"名列前茅30城"综合排名**

| 城市 1～10 | 全国城市休闲和旅游竞争力 | | 城市 11～20 | 全国城市休闲和旅游竞争力 | | 城市 21～30 | 全国城市休闲和旅游竞争力 | |
|---|---|---|---|---|---|---|---|---|
| | 竞争力总指数（满分：900） | 总排名 | | 竞争力总指数（满分：900） | 总排名 | | 竞争力总指数（满分：900） | 总排名 |
| 北京 | 772.13 | 1 | 大连 | 616.07 | 11 | 黄山 | 561.75 | 21 |

| 城市<br>1～10 | 全国城市<br>休闲和旅游竞争力 | | 城市<br>11～20 | 全国城市<br>休闲和旅游竞争力 | | 城市<br>21～30 | 全国城市<br>休闲和旅游竞争力 | |
|---|---|---|---|---|---|---|---|---|
| | 竞争力<br>总指数<br>（满分：<br>900） | 总排名 | | 竞争力<br>总指数<br>（满分：<br>900） | 总排名 | | 竞争力<br>总指数<br>（满分：<br>900） | 总排名 |
| 上海 | 691.98 | 2 | 青岛 | 615.01 | 12 | 珠海 | 558.74 | 22 |
| 杭州 | 686.01 | 3 | 天津 | 605.04 | 13 | 福州 | 553.21 | 23 |
| 南京 | 668.73 | 4 | 无锡 | 600.13 | 14 | 太原 | 550.79 | 24 |
| 广州 | 662.66 | 5 | 西安 | 590.89 | 15 | 昆明 | 547.17 | 25 |
| 深圳 | 639.20 | 6 | 武汉 | 586.38 | 16 | 沈阳 | 543.25 | 26 |
| 重庆 | 636.13 | 7 | 长沙 | 574.35 | 17 | 济南 | 536.92 | 27 |
| 苏州 | 635.53 | 8 | 宁波 | 574.02 | 18 | 长春 | 533.83 | 28 |
| 厦门 | 618.94 | 9 | 洛阳 | 568.40 | 19 | 贵阳 | 533.04 | 29 |
| 成都 | 616.98 | 10 | 哈尔滨 | 562.15 | 20 | 泉州 | 531.19 | 30 |

资料来源：本课题组资料库。

对着表15中的"名列前茅30城"，如果细想一下，无论是第一梯队的北京等10座城市，还是第二梯队的大连等10座城市，抑或第三梯队的黄山等10座城市，它们几乎全都位于我国的偏东、南一侧。不妨对着表15，再来看看"名列前茅30城"在我国地图上的分布。

如果看了图6的位置分布示意，"名列前茅30城"在我国的分布格局也就一清二楚了。

熟悉"胡焕庸线"的读者，一定马上会联想起在中国地图上的那条从黑龙江省瑷珲（今黑河市）到云南省腾冲的"北东—南西"45°的虚拟线。那就是1935年在中央大学任教的我国人口地理学家胡焕庸先生根据1933年中国人口分布提出的中国人口密度分界线，即后来研究者所称的"胡焕庸线"。胡焕庸在他的《中国人口之分布——附统计表与密度图》中说："今试自黑龙江之瑷珲，向西南作一直线，至云南之腾冲为止，分全国为东南与西北两部，则此东南部之面积，计四百万方公里，约占全国总面积之百分之三十六；西北部之面积，计七百万方公里，约占全国总面积之百分之六十四。惟人口之分布，则东南部计

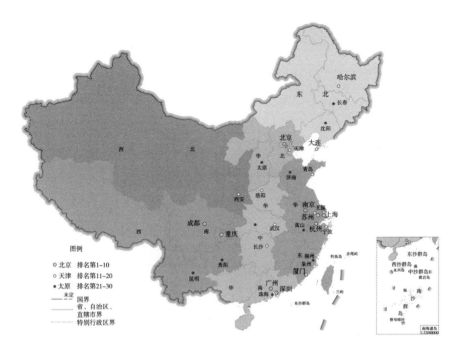

**图 6 全国城市休闲和旅游竞争力"名列前茅 30 城"分布**

注：该图基于国家测绘地理信息局标准地图服务网站下载的审图号为 GS（2019）1835 号的标准地图制作，底图无修改。

四万四千万，约占总人口之百分之九十六；西北部之人口，仅一千八百万，约占全国总人口之百分之四，其多寡之悬殊，有如此者。"① 至今，我国有关国土研究的学者仍然普遍认为，"胡焕庸线"不仅在中国人口研究中具有时代意义，而且在经济生产、社会发展和科学研究方面也都有着十分重要的意义。

根据《中国人口之分布——附统计表与密度图》中的论述，人们还深刻地认识到了"胡焕庸线"与我国地形地貌及气候的关系，在该文"作者估计，吾国雨量不足五百公厘之地区"② 的启迪下，研究者更发现了这条

---

① 胡焕庸：《中国人口之分布——附统计表与密度图》，《地理学报》1935 年第 2 期，第 33 ~ 74 页。

② 胡焕庸：《中国人口之分布——附统计表与密度图》，《地理学报》1935 年第 2 期，第 33 ~ 74 页。

"胡焕庸线"与我国"400毫米等降水量线"有着某种走向的一致，以及一定程度的重合（见图7）。

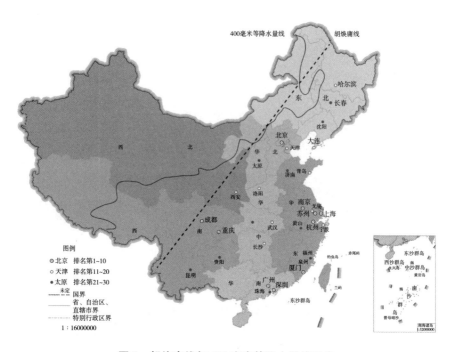

**图7　胡焕庸线与400毫米等降水量线示意**

注：该图基于国家测绘地理信息局标准地图服务网站下载的审图号为 GS（2019）1835号的标准地图制作，底图无修改。

图7中的粗虚线，是"胡焕庸线"；细实线，是"400毫米等降水量线"。从气象学的分析来看，400毫米等降水量线的形成，其实是在我国从西北到东南的由高到低的三级台阶地势影响下，西伯利亚南来的冷空气与西进的太平洋季风交汇带来的降水条件决定的。在"胡焕庸线"的东南侧（即胡文所称的"东南半壁"），由西至东雨量逐渐充沛，气候温润，有利于树木的生长；土地肥沃，便于耕种。这种与西北部干旱截然不同的有利于生存生活的自然环境，就形成了有史以来中国西北与东南人口分布一少一多的格局。据2000年我国第5次人口普查，"胡焕庸线"两侧的人口分布比例，与70年前相差仍然不到2%，但是，线之东南生活的居民远不是当年的4.3

亿，而已经是 12.2 亿了。

多年来，"胡焕庸线"的"东南半壁"只占用了全国约 2/5 的国土，却创造了超过我国 90% 的 GDP，这是因为有生活在那里的 90% 以上人口的劳动与创造作为它的支撑。据 2010 年卫星 DMSP/OLS 夜间灯光图像数据和土地覆盖数据估算，2010 年中国人口分布情况是，"胡焕庸线"两侧，东南与西北面积所占比例分别是 43.68% 与 56.32%，人口各占 93.49% 与 6.51%。根据 2010 年遥感数据监测统计，"胡焕庸线"以西地区未利用土地面积占全国未利用土地总面积的 96.66%，其中裸岩石砾地、戈壁、沙地等占 85%。①

从上面所述"胡焕庸线"的理论与现实来看，似乎"中国休闲和旅游竞争力""名列前茅 30 城"集中在"胡焕庸线"东南一侧是再自然不过的事了。不过，这实际上只是事物的一个侧面。

第二方面，并非区位决定论的"名列前茅 30 城"。

这里"并非区位决定论的'名列前茅 30 城'"小标题的提出，意在指出"名列前茅 30 城"之所以能够脱颖而出，实在是基于各个城市自己竞争力的优势。

因为如果从另一个角度来观察，更值得重视的，是在 2016 年我国 657 座各级城市中，位于"胡焕庸线"东南一侧的城市一共有 535 座（所占比重为 81.4%）之多（即使本报告选取的 50 座样本城市，位于"胡焕庸线"东南一侧的也有 44 座城市）。那么，为什么偏偏只有"名列前茅 30 城"走在了最前面，成了佼佼者，而不是位于我国东南部的别的城市呢？可见区位现象，并不意味着"区位决定论"。细想之下也可以发现，原来这 30 座城市能够在众多的城市中脱颖而出，也是与其自身原有优势和继而付出的努力分不开的。

比如说，在"名列前茅 30 城"中的北京、上海、杭州、南京、广州、

---

① 郭华东、王心源、吴炳方、李新武：《基于空间信息认知人口密度分界线——"胡焕庸线"》，《中国科学院院刊》2016 年第 12 期，第 1385～1394 页。

深圳、重庆、苏州、厦门、成都这 10 座城市，在构成"全国城市休闲和旅游竞争力"总指数的基本要素驱动板块、效率增强驱动板块、创新与成熟度驱动板块的三大竞争力分指数方面，就都位于全国 50 座样本城市的最前列（见表 16）。

表 16 "名列前茅 30 城"休闲和旅游竞争力"Top 10"之分力排名

| Top 10 城市 | 总排名 | 基本要素驱动板块分力排名 | 效率增强驱动板块分力排名 | 创新与成熟度驱动板块分力排名 |
| --- | --- | --- | --- | --- |
| 北京 | 1 | 1 | 1 | 1 |
| 上海 | 2 | 5 | 2 | 2 |
| 杭州 | 3 | 2 | 7 | 5 |
| 南京 | 4 | 8 | 4 | 3 |
| 广州 | 5 | 7 | 8 | 4 |
| 深圳 | 6 | 19 | 3 | 6 |
| 重庆 | 7 | 4 | 11 | 10 |
| 苏州 | 8 | 3 | 6 | 15 |
| 厦门 | 9 | 6 | 16 | 11 |
| 成都 | 10 | 16 | 23 | 7 |

资料来源：本课题组资料库。

从表 16 中可以看出，"全国城市休闲和旅游竞争力"的"名列前茅 30 城"中前 5 位的北京、上海、杭州、南京、广州在竞争力的基本要素驱动板块、效率增强驱动板块、创新与成熟度驱动板块三大分指数中也全都处在"Top 10"之内；而 6～10 名的深圳、重庆、苏州、厦门、成都，也都在三大板块中各有 1～3 项位居全国前 10 名。

如果回到表 14，还可以看出，在"名列前茅 30 城"中排名前 20 名的城市，也大多是在三大竞争力板块指数中分别位居前列的。如竞争力总分在"名列前茅 30 城"中排第 11 位的城市，便是居效率增强驱动板块第 9 名的大连；在"名列前茅 30 城"中排第 12 位的城市，便是居创新与成熟度驱动板块第 8 名的青岛；在"名列前茅 30 城"中排第 14 位的城市，便是居效率增强驱动板块第 5 名的无锡；在"名列前茅 30 城"中排第 15 位的城市，便是居基本要素驱动板块第 10 名的西安；在"名列前茅 30 城"中排第 16 位的城市，便是居创新与成熟度驱动板块第 9 名的武汉。它们都是因为在三大主要分力中取得了骄人的成绩而走在了全国城市前列的。

正是基于它们对基本要素驱动竞争力的城市生态环境要素、城市生活环境要素、城市景观资源要素、城市文化资源要素、城市休闲和旅游空间基础、城市休闲和旅游安全保障这些有利于百姓生活方面要素的保护、安排和提升，才为城市的旅游和休闲发展奠定了颇为坚实的基础。也就是说，这"名列前茅 30 城"之所以在"全国城市休闲和旅游竞争力"方面卓然而立，不仅因为大自然赋予了它们可人的自然环境，也不仅因为祖先留给了它们可贵的文化遗存，更在于它们在此基础上，为城市的建设做了许许多多的努力。

正是基于它们在效率增强驱动板块竞争力中对休闲和旅游服务空间的打造，对休闲和旅游接待运行、交通、餐饮、住宿、购物和文化消费、旅行社服务等有关方面的效能效率的不断推进，对休闲和旅游服务满意度的重视和提升，才使得居民的休闲得到了一定程度的实现，才能为外来旅游者提供比较满意的服务。

也正是它们中的多数并不因此满足，从而在城市的不断发展方面做出了不懈的努力，才能够在创新与成熟度驱动板块竞争力的地方经济持续发展、地方政府对休闲和旅游发展的重视、环境与资源的保护利用、对弱势群体的关爱、休闲和旅游服务业的拓展、休闲和旅游公共服务的拓展、休闲和旅游的辅导与公共教育、推动休闲和旅游政策的落实、城市休闲和旅游服务质量与人员保障的有关方面，都有着相当可观的表现。

也正是城市休闲和旅游竞争力基本要素驱动板块、效率增强驱动板块、创新与成熟度驱动板块三大分力的彼此配合与推动，才有了"名列前茅 30 城"中 Top 10 的成功。

这些城市，其突出之处都是可圈可点的。这里不妨看看它们在次年（2017 年）的竞争力实绩（因休闲接待没有正式的统计数据可寻，故只好分析它们的旅游接待部分）（见表 17）。

表 17 "名列前茅 30 城" Top 10 在 2017 年的旅游接待实绩

| "名列前茅 30 城"之 Top 10 | | 入境旅游 | | 国内旅游 | |
|---|---|---|---|---|---|
| 名次 | 城市 | 游客（万人次） | 收入（亿美元） | 游客（万人次） | 收入（亿元） |
| 1 | 北京 | 392.6 | 51.3 | 29353.4 | 5122.4 |
| 2 | 上海 | 719.3 | 66.9 | 32845.2 | 4025.1 |
| 3 | 杭州 | 402.2 | 35.4 | 15884.4 | 3005.9 |
| 4 | 南京 | 74.5 | 7.9 | 1183.3 | 2020.4 |
| 5 | 广州 | 900.4 | 63.1 | 5375.1 | 3187.9 |
| 6 | 深圳 | 3322.9 | 49.8 | 9824.5 | 1485.5 |
| 7 | 重庆 | 224.9 | 19.5 | 53871.9 | 1376.5 |
| 8 | 苏州 | 175.6 | 23.0 | 12046.4 | 2161.3 |
| 9 | 厦门 | 386.3 | 32.2 | 7444.2 | 951.1 |
| 10 | 成都 | 301.3 | 13.1 | 20703.8 | 2946.2 |

注：本报告在制表时调整了其数值的表示单位。
资料来源：《中国城市统计年鉴（2018）》。

表 17 的数据，可以从 3 个方面来认识。其一，虽然各地对统计口径的把握并不完全均衡，其可比性并不绝对准确；但是，其在总体上的统计仍然是十分可信的。其二，就《中国城市统计年鉴（2018）》所列全国的地级以上城市来看，上列"名列前茅 30 城"的 Top 10 城市在 2017 年也是业绩斐然的。既囊括了当年全国接待入境游客人数的前三名（深圳、广州、上海），囊括了入境旅游外汇收入的前 4 名（上海、广州、北京、深圳）；又囊括了国内旅游接待人数的前三名（重庆、上海、北京），囊括了国内旅游收入的前 5 名（北京、上海、广州、杭州、成都）。Top 10 中没有进入前三名的其他几座城市，也大多进入了入境旅游接待人数或外汇收入的前 10 名、国内旅游旅游接待人数或旅游收入的前 10 名。看来，它们在竞争力方面的"名列前茅"，并非虚名。

2.各城市互有千秋的表现

为了说明城市休闲和旅游竞争力"名列前茅30城"在其强势表现上的互有千秋，这里不妨用10城一组的办法把"全国城市休闲和旅游竞争力"的"名列前茅30城"分成三组来分析。

第一组依次是北京、上海、杭州、南京、广州、深圳、重庆、苏州、厦门、成都。在竞争力满分为900分的定量标准中，它们的总得分依次从772.13分到616.98分（见表18）。

表18　全国城市休闲和旅游竞争力第1~10名的分力构成

| "名列前茅30城"第1~10名 | | 竞争力总得分（满分:900） | 三大驱动板块组成 | | |
| --- | --- | --- | --- | --- | --- |
| 总排名 | 城市 | | 基本要素驱动板块得分（满分:300） | 效率增强驱动板块得分（满分:300） | 创新与成熟度驱动板块得分（满分:300） |
| 1 | 北京 | 772.13 | 246.51 | 245.62 | 280.00 |
| 2 | 上海 | 691.98 | 200.51 | 232.39 | 259.08 |
| 3 | 杭州 | 686.01 | 222.47 | 222.87 | 240.67 |
| 4 | 南京 | 668.73 | 195.64 | 228.08 | 245.01 |
| 5 | 广州 | 662.66 | 197.72 | 220.59 | 244.35 |
| 6 | 深圳 | 639.20 | 175.95 | 230.68 | 232.57 |
| 7 | 重庆 | 636.13 | 207.28 | 215.12 | 213.73 |
| 8 | 苏州 | 635.53 | 212.18 | 223.97 | 199.38 |
| 9 | 厦门 | 618.94 | 200.10 | 208.14 | 210.70 |
| 10 | 成都 | 616.98 | 184.40 | 205.72 | 226.86 |

资料来源：本课题组资料库。

从表18可以看出，全国城市休闲和旅游竞争力排名前10的城市，在竞争力三大板块各占300分的得分分配下，绝大多数都在每个竞争力板块中获得了200分以上的优异成绩。在效率增强驱动板块中，10个城市的得分都在200分以上；在创新与成熟度驱动板块中，9个城市的得分都在200分以上；在基本要素驱动板块中，也有超过一半的城市达到了200分。

"名列前茅30城"第二组是11~20名的城市，它们依次是大连、青岛、天津、无锡、西安、武汉、长沙、宁波、洛阳、哈尔滨。在城市休闲和旅游竞争力满分为 900 分的标准中，其总得分依次从 616.07 分到 562.15 分（见表 19）。

表 19　全国城市休闲和旅游竞争力第 11～20 名的分力构成

| "名列前茅 30 城"第 11～20 名 | | | 三大驱动板块组成 | | |
|---|---|---|---|---|---|
| 总排名 | 城市 | 竞争力总得分（满分:900） | 基本要素驱动板块得分（满分:300） | 效率增强驱动板块得分（满分:300） | 创新与成熟度驱动板块得分（满分:300） |
| 11 | 大连 | 616.07 | 185.74 | 220.28 | 210.05 |
| 12 | 青岛 | 615.01 | 186.80 | 206.31 | 221.90 |
| 13 | 天津 | 605.04 | 184.67 | 212.63 | 207.74 |
| 14 | 无锡 | 600.13 | 170.85 | 224.96 | 204.32 |
| 15 | 西安 | 590.89 | 190.10 | 205.92 | 194.87 |
| 16 | 武汉 | 586.38 | 162.72 | 208.20 | 215.46 |
| 17 | 长沙 | 574.35 | 177.79 | 202.07 | 194.49 |
| 18 | 宁波 | 574.02 | 175.04 | 213.33 | 185.65 |
| 19 | 洛阳 | 568.40 | 189.14 | 195.79 | 183.47 |
| 20 | 哈尔滨 | 562.15 | 167.15 | 205.76 | 189.24 |

资料来源：本课题组资料库。

从表 19 不难看出，全国城市休闲和旅游竞争力"名列前茅 30 城"的第 11～20 名城市，在竞争力三大板块各占 300 分的得分分配下，绝大多数都在每个板块获得了相当好的成绩。在效率增强驱动板块中，9 个城市的得分都在 200 分以上；在创新与成熟度驱动板块中，也有 5 个城市的得分在 200 分及以上；10 个城市基本要素驱动板块的得分都稍稍逊色一些，但也有 8 个城市超过了 170 分。从本组的 10 个城市乃至第一组的后 5 个城市来看，全国城市休闲和旅游竞争力的基本要素驱动板块部分的实力，都有待各个城市做出进一步提升的努力。

"名列前茅 30 城"第三组的第 21～30 名城市，依次是黄山、珠海、福州、太原、昆明、沈阳、济南、长春、贵阳、泉州。在城市休闲和旅游竞争力满分为 900 分的标准中，它们也都取得了相当不错的成绩（见表 20）。

表20　全国城市休闲和旅游竞争力第21～30名的分力构成

| "名列前茅30城"第21～30名 | | 三大驱动板块组成 | | |
|---|---|---|---|---|
| 总排名 | 城市 | 竞争力总得分（满分:900） | 基本要素驱动板块得分（满分:300） | 效率增强驱动板块得分（满分:300） | 创新与成熟度驱动板块得分（满分:300） |
| 21 | 黄山 | 561.75 | 190.71 | 192.57 | 178.47 |
| 22 | 珠海 | 558.74 | 169.09 | 197.00 | 192.65 |
| 23 | 福州 | 553.21 | 165.81 | 206.79 | 180.61 |
| 24 | 太原 | 550.79 | 166.24 | 204.98 | 179.57 |
| 25 | 昆明 | 547.17 | 167.15 | 195.01 | 185.01 |
| 26 | 沈阳 | 543.25 | 156.86 | 216.52 | 169.87 |
| 27 | 济南 | 536.92 | 151.50 | 200.42 | 185.00 |
| 28 | 长春 | 533.83 | 159.32 | 199.83 | 174.68 |
| 29 | 贵阳 | 533.04 | 171.04 | 188.18 | 173.82 |
| 30 | 泉州 | 531.19 | 172.50 | 206.90 | 151.79 |

资料来源：本课题组资料库。

　　从表20不难看出，全国城市休闲和旅游竞争力"名列前茅30城"的第21～30名城市，在竞争力三大板块各占300分的得分分配下，绝大多数都在每个板块获得了相当不错的成绩。在效率增强驱动板块中，有4个城市得分在200分以上，另6个城市也接近200分；在创新与成熟度驱动板块中，大多数得分在170～190分，有的城市还达到了192分；基本要素驱动板块的得分逊色一些，但也在150～190分，甚至还有城市超过了190分，其中2个城市超过了170分。由于这些城市竞争力的三大分力也都相当强，它们所得的总分（依次是561.75分到531.08分）也都是颇为可观的。

　　虽然"名列前茅"的30城，都是全国城市的佼佼者，可是，从前面第一组的5座城市和第二组、第三组各10座城市来看，在全国城市休闲和旅游竞争力的基本要素驱动板块的部分环节，都还有不太令人满意之处。其实，城市基本要素驱动板块所包含的内容，就是当地老百姓的居住和休息所需要的环境，也就是说，城市生态环境和生活环境的继续优化，城市景观资源和文化资源的科学培育，城市休闲和旅游空间的继续开拓，城市休闲和旅游安全保障的进一步提高，都还有待于城市的居民、企业事业、城市的主管部门下更大的力气去改善。发现差距是好事，因为有了努力的方向也就有了可期盼的美好未来。

## （二）三大驱动力的聚合

本报告前面已经论及，全国休闲和旅游竞争力"名列前茅"的30座城市之所以能够领跑全国城市，是由它们基本要素驱动板块、效率增强驱动板块、创新与成熟度驱动板块合成的总竞争力确定的。因此有必要来分析一下三大驱动力的聚合。

在总报告的"进程"里我们还述及本课题组的指标体系的构成首先是将"城市休闲和旅游综合竞争力"分为了基本要素驱动、效率增强驱动、创新与成熟度驱动"三股"驱动力"体系。每股驱动力是一个"板块"，每个板块下再依次设立了类项、分组、单项的三级指标。从下面基础的单项指标开始，向上进行各组、各类指标的一层层依次组合，最后拧成为三股合力；每座城市的这三个板块的驱动力聚合在一起，就是这座城市的"休闲和旅游综合竞争力"。

在城市休闲和旅游综合竞争力的基本要素驱动板块下，共有城市生态环境要素、城市生活环境要素、城市景观资源要素、城市文化资源要素、城市休闲和旅游空间基础、城市休闲和旅游安全保障6个维度的类项指标；在效率增强驱动板块下，共有城市已有基础、休闲和旅游服务空间、休闲和旅游接待运行、交通、餐饮、住宿、购物和文化消费、旅行社、休闲和旅游服务满意度9个维度的类项指标；在创新与成熟度驱动板块下，共有地方经济持续发展、地方政府对休闲和旅游发展的重视、环境与资源的保护利用、对弱势群体的关爱、休闲和旅游服务业的拓展、休闲和旅游公共服务的拓展、休闲和旅游的辅导与公共教育、推动休闲和旅游政策的落实、城市休闲和旅游服务质量与人员保障9个维度的类项指标。

1. 基本要素驱动板块

（1）本板块竞争力分析

基本要素驱动是从城市的生态与人居生活环境的构成、当代人文生活环境及其相应空间的构成这两个方面的 6 个维度来评估考量的。它具体包括了城市生态环境、生活环境、景观资源、文化资源、休闲和旅游空间基础、休闲和旅游安全保障 6 个维度。这 6 个维度分别形成了 6 个类项指标（一级指标），在 6 个类项指标下设立了 17 个分组指标（二级指标）和 32 个单项指标（三级指标），其总分为 300 分。

下面，为了表格的简明，故暂且在略去本板块最基础的 32 个单项指标（三级指标），将要素驱动力下的一、二两级指标结构列于后，如表 21 所示。

表 21　基本要素驱动竞争力板块下的一级与二级指标

| 一级指标(类项指标) | 指标解释 | 所包含的二级指标(分组指标) |
|---|---|---|
| 城市生态环境要素 | 城市生态环境质量 | 建成区绿化覆盖率 |
| | | 森林覆盖率 |
| | | 人均公园绿地面积 |
| 城市生活环境要素 | 城市生活环境质量 | 空气质量达到及好于二级的天数 |
| | | 污水集中处理率 |
| | | 城市区域环境噪声等效声级 |
| 城市景观资源要素 | 城市景观资源数量与质量 | 适宜休闲的园区丰富度 |
| | | 城市总体景观 |
| 城市文化资源要素 | 城市历史文化资源与现代文化生活资源 | 历史文化独特资源 |
| | | 现代文化生活资源 |
| 城市休闲和旅游空间基础 | 城市休闲和旅游的空间与设施 | 休闲和旅游空间有明确范围及空间结构等,共5组 |
| 城市休闲和旅游安全保障 | 城市休闲和旅游的安全服务与保障 | 休闲和旅游安全保障措施 |
| | | 休闲和旅游安全保障体系 |

资料来源：本课题组资料库。

经过对 50 个样本城市基本要素驱动的 32 项单项指标→17 组分组指标→6 类类项指标→本板块基本要素驱动的层层测算与汇总，本课题组最终得出了全国城市休闲和旅游竞争力"基本要素驱动力指数"最强的前 30 个城市的综合排名（见表 22）。

表22 基本要素驱动竞争力"30强城市"综合排名

| 基本要素 "30强城市" | 生态环境 (60分) | 生活环境 (60分) | 景观资源 (49分) | 文化资源 (65分) | 空间基础 (36分) | 安全保障 (30分) | 合计 (300分) | 排名 |
|---|---|---|---|---|---|---|---|---|
| 北京 | 42.73 | 46.49 | 32.29 | 62.00 | 34.00 | 29.00 | 246.51 | 1 |
| 杭州 | 41.62 | 49.79 | 10.06 | 60.00 | 35.00 | 26.00 | 222.47 | 2 |
| 苏州 | 33.68 | 48.12 | 13.88 | 59.50 | 33.00 | 24.00 | 212.18 | 3 |
| 重庆 | 39.97 | 52.84 | 32.97 | 41.50 | 21.00 | 19.00 | 207.28 | 4 |
| 上海 | 23.20 | 50.45 | 8.36 | 57.50 | 33.00 | 28.00 | 200.51 | 5 |
| 厦门 | 47.31 | 55.55 | 8.44 | 41.80 | 24.00 | 23.00 | 200.10 | 6 |
| 广州 | 38.18 | 52.93 | 7.61 | 51.00 | 27.00 | 21.00 | 197.72 | 7 |
| 南京 | 36.25 | 44.02 | 7.37 | 58.00 | 25.00 | 25.00 | 195.64 | 8 |
| 黄山 | 48.17 | 57.18 | 10.36 | 42.00 | 10.00 | 23.00 | 190.71 | 9 |
| 西安 | 34.68 | 45.85 | 14.57 | 49.00 | 25.00 | 21.00 | 190.10 | 10 |
| 洛阳 | 34.01 | 46.49 | 12.64 | 48.00 | 26.00 | 22.00 | 189.14 | 11 |
| 青岛 | 31.81 | 52.32 | 7.17 | 40.50 | 30.00 | 25.00 | 186.80 | 12 |
| 秦皇岛 | 42.03 | 51.68 | 6.48 | 31.00 | 29.00 | 26.00 | 186.19 | 13 |
| 大连 | 34.32 | 52.74 | 8.68 | 43.00 | 32.00 | 15.00 | 185.74 | 14 |
| 天津 | 21.16 | 48.40 | 8.61 | 55.50 | 28.00 | 23.00 | 184.67 | 15 |
| 成都 | 34.93 | 46.47 | 7.50 | 43.50 | 30.00 | 22.00 | 184.40 | 16 |
| 桂林 | 41.77 | 52.59 | 7.78 | 30.00 | 26.00 | 23.00 | 181.14 | 17 |
| 长沙 | 33.89 | 52.01 | 4.89 | 41.00 | 26.00 | 20.00 | 177.79 | 18 |
| 深圳 | 38.91 | 55.18 | 4.86 | 31.00 | 26.00 | 20.00 | 175.95 | 19 |
| 宁波 | 34.66 | 50.47 | 4.41 | 43.50 | 26.00 | 16.00 | 175.04 | 20 |
| 泉州 | 40.22 | 54.96 | 4.32 | 37.00 | 18.00 | 18.00 | 172.50 | 21 |
| 东莞 | 44.50 | 52.95 | 4.52 | 33.50 | 18.00 | 18.00 | 171.47 | 22 |
| 贵阳 | 36.89 | 53.67 | 7.98 | 31.50 | 18.00 | 23.00 | 171.04 | 23 |
| 无锡 | 35.49 | 47.97 | 8.89 | 33.50 | 26.00 | 19.00 | 170.85 | 24 |
| 珠海 | 40.33 | 56.19 | 2.07 | 22.50 | 26.00 | 22.00 | 169.09 | 25 |
| 昆明 | 34.01 | 55.99 | 10.15 | 32.00 | 18.00 | 17.00 | 167.15 | 26 |
| 哈尔滨 | 30.06 | 49.67 | 8.92 | 41.50 | 21.00 | 16.00 | 167.15 | 27 |
| 太原 | 29.07 | 48.79 | 4.88 | 45.50 | 22.00 | 16.00 | 166.24 | 28 |
| 福州 | 40.08 | 54.86 | 8.97 | 28.90 | 14.00 | 19.00 | 165.81 | 29 |
| 张家界 | 39.00 | 51.88 | 9.51 | 23.50 | 20.00 | 21.00 | 164.89 | 30 |

资料来源：本课题组资料库。

从休闲和旅游竞争力是三大驱动力的聚合的角度来审视，在本板块对基本要素驱动力的研究中，可以归纳出全国50个样本城市的如下特征。

其一，基本要素驱动竞争力"10强城市"（北京、杭州、苏州、重庆、上海、厦门、广州、南京、黄山和西安），几乎都是国家森林城市和国家级历史文化名城，它们大多生态环境良好，历史悠久，自然资源、文化资源都十分丰富，社会与经济发展也大多走在全国前列，也适宜居住。在基本要素驱动竞争力指数总分300分的高指标下，"10强城市"的城市指数均值也达到了206.32分，比50个样本城市该指数均值的172.34分高出了33.98分。不仅可以看出全国50个样本城市间的差距较大，也显示出前10城市竞争力的强劲。

其二，城市间差距的表现也是多种多样的。不仅像上面说的那样，基本要素驱动力的"10强城市"，其驱动力的均值比50个样本城市的均值高出了33.98分，而且排名前30名的城市均值的185.88分，也比50个样本城市均值的172.34分高出了13.54分。从单个城市来看，排名第1的城市得分也比排名第10城市的得分高出56.41分；比排名第21城市的得分高出74.01分，比排名第30城市的得分高出81.62分。由此可见，每个城市之间的发展的确是很不平衡的。

其三，虽然在基本要素驱动竞争力方面50个样本城市之间的差距较大，但是基本要素驱动力的"30强城市"，总体情况仍然是相当可观的。资料显示，这"30强城市"，100%的城市是中国优秀旅游城市，93.33%的城市是国家园林城市，70%的城市是中国历史文化名城，这也正好说明，这"30强城市"的确有着它强劲的基础实力。

其四，从区域分布上看，基本要素驱动竞争力优势突出的城市，多集中在华东、华南、华北和西南地区。在基本要素驱动城市休闲和旅游竞争力指数综合排名前30的城市中，华东地区占36.67%，华南地区占16.67%，华北地区占13.33%，西南地区占13.33%，华中地区占10%，东北地区占6.67%，西北地区占3.33%（见图8）。

（2）基本要素竞争力的"10强城市"

前面已经述及，"基本要素驱动竞争力"的前10名城市依次是北京、

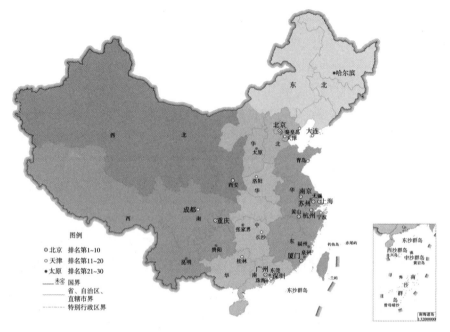

**图8 全国城市基本要素驱动竞争力"30强城市"分布示意**

注：该图基于国家测绘地理信息局标准地图服务网站下载的审图号为GS（2019）1835号的标准地图制作，底图无修改。

区划说明：东北：黑吉辽＋内蒙古东部（呼伦贝尔市、通辽市、赤峰市、兴安盟、锡林郭勒盟）；华北：京津冀晋＋内蒙古中部（呼和浩特市、包头市、鄂尔多斯市、乌兰察布市）；西北：陕甘宁青新＋内蒙古西部（巴彦淖尔、乌海、阿拉善盟）；华东：沪苏浙皖鲁赣闽台；华中：豫鄂湘；西南：川渝云贵藏；华南：粤桂琼港澳。

杭州、苏州、重庆、上海、厦门、广州、南京、黄山、西安。

如果再进一步去分析它们为什么能够高居本板块"10强城市"，则可以发现，这些城市都在本板块的下属6个类项中取得了领先或极为靠前的可喜成绩（见表23）。

**表23 基本要素驱动竞争力板块6个维度竞争力之最佳**

| 基本要素驱动竞争力指标名称 | 基本要素驱动各类项指标的"10佳城市" | | | | | | | | | |
|---|---|---|---|---|---|---|---|---|---|---|
| | 1 | 2 | 3 | 4 | 5 | 6 | 7 | 8 | 9 | 10 |
| 1.0 基本要素驱动板块 | 北京 | 杭州 | 苏州 | 重庆 | 上海 | 厦门 | 广州 | 南京 | 黄山 | 西安 |

| 基本要素驱动 | 基本要素驱动各类项指标的"10佳城市" | | | | | | | | | |
|---|---|---|---|---|---|---|---|---|---|---|
| 竞争力指标名称 | 1 | 2 | 3 | 4 | 5 | 6 | 7 | 8 | 9 | 10 |
| 1.1 生态环境要素 | 黄山 | 厦门 | 东莞 | 北京 | 秦皇岛 | 宜昌 | 桂林 | 三亚 | 杭州 | 珠海 |
| 1.2 生活环境要素 | 黄山 | 丽江 | 珠海 | 昆明 | 海口 | 厦门 | 深圳 | 三亚 | 泉州 | 福州 |
| 1.3 景观资源要素 | 重庆 | 北京 | 西安 | 苏州 | 洛阳 | 黄山 | 昆明 | 杭州 | 济南 | 张家界 |
| 1.4 文化资源要素 | 北京 | 杭州 | 苏州 | 南京 | 上海 | 天津 | 广州 | 西安 | 洛阳 | 太原 |
| 1.5 休闲和旅游空间基础 | 杭州 | 北京 | 上海 | 苏州 | 大连 | 青岛 | 成都 | 秦皇岛 | 天津 | 广州 |
| 1.6 休闲和旅游安全保障 | 北京 | 上海 | 秦皇岛 杭州 | | 南京 青岛 | | 苏州 | 天津 黄山 厦门 桂林 贵阳 | | |

资料来源：本课题组资料库。

在表23中，全国样本城市共有30余座城市进入了"基本要素驱动"板块不同维度类项指标的"10佳城市"① 名单。在其中各个类项竞争力的前四名中，北京出现了5次，杭州、苏州各出现了3次，黄山、上海各出现了2次，重庆、厦门、丽江、东莞、珠海、西安、昆明、秦皇岛、南京各出现了1次。正是因为如此，这才推动了"基本要素驱动"板块北京、杭州、苏州、重庆、上海等"10强城市"的诞生。

"基本要素驱动"板块"十强"第一的北京，获得了2个类项的第一，获得了2个类项的第二。"十强"第二的杭州，获得了1个类项的第一，获

① 本文中，对在"城市休闲和旅游竞争力"综合排名中脱颖而出的前30座成绩优异的城市，一律称"城市休闲和旅游竞争力""名列前茅30城"（即本竞争力报告的最高荣誉）；对"名列前茅30城"中最靠前的10座城市，则称"名列前茅30城的Top 10"。对在三大驱动板块竞争力的最强30名城市，称该板块竞争力"30强城市"；其中处于最前的10座城市则称为该板块竞争力的"10强城市"。对各板块驱动力下各维度"类项指标"的前30名城市，称该维度类项"30佳城市"；其中名列前10的城市，则称为该维度类项的"10佳城市"。

得了1个类项的第二。"十强"第三的苏州，获得了1个类项的第三，还获得了2个类项的第四。"十强"第四的重庆，获得了1个类项的第一。"十强"第五的上海，也在类项竞争力中获得了1个类项的第二，还获得了1个类项的第三。本板块"十强"的第六至第十，也大都取得了6个类项中某一类项的前三名地位。遗憾的是黄山市，它在本板块竞争力里获得了2个类项的第一，按理应该高居本板块竞争力的前三名的，只因有一个类项滞后较多，便只好屈居在了本板块"十强"的第九名（其实，黄山市在本板块基本要素驱动竞争力的优秀表现，实在是可圈可点的）（见表24）。

表24 基本要素驱动竞争力板块"10强城市"强在何处

| 本板块"10强城市"城市名称 | | 本板块"10强城市"类项指数排名的最佳表现 | | | | | | |
|---|---|---|---|---|---|---|---|---|
| | | 1.0 基本要素驱动板块 | 1.1 生态环境要素 | 1.2 生活环境要素 | 1.3 景观资源要素 | 1.4 文化资源要素 | 1.5 休闲和旅游空间基础 | 1.6 休闲和旅游安全保障 |
| 1 | 北京 | 1 | 4 | 42 | 2 | 1 | 2 | 1 |
| 2 | 杭州 | 2 | 9 | 32 | 8 | 2 | 1 | 3 |
| 3 | 苏州 | 3 | 31 | 39 | 4 | 3 | 3 | 7 |
| 4 | 重庆 | 4 | 13 | 17 | 1 | 16 | 26 | 23 |
| 5 | 上海 | 5 | 48 | 29 | 17 | 5 | 3 | 2 |
| 6 | 厦门 | 6 | 2 | 6 | 16 | 15 | 22 | 8 |
| 7 | 广州 | 7 | 17 | 16 | 23 | 7 | 10 | 16 |
| 8 | 南京 | 8 | 20 | 50 | 26 | 4 | 18 | 5 |
| 9 | 黄山 | 9 | 1 | 1 | 6 | 14 | 50 | 8 |
| 10 | 西安 | 10 | 25 | 47 | 3 | 8 | 18 | 16 |

资料来源：本课题组资料库。

2. 效率增强驱动板块

（1）本板块竞争力分析

在我国经济发展的重要战略关键期，提高资源配置的效率效能，对我国休闲和旅游的发展也同样具有十分重要的意义。城市休闲和旅游作为民生改善的重要指标，当前也在不同城市演绎着不同的优化进程，因此，在城市休闲和旅游竞争力中设立效率增强驱动板块，可以推动我国休闲和旅游高效率高效能的发展，为各城市提升其休闲和旅游城市竞争力提供一个重要参考。

　　效率增强驱动作为休闲和旅游竞争力的板块之一，本课题组共为它设立了城市已有基础、休闲和旅游服务空间、休闲和旅游接待运行、交通、餐饮、住宿、购物和文化消费、旅行社、休闲和旅游服务满意度9个评估维度。9个维度分别形成9个类项指标（一级指标），在9个类项指标下共设立了25个分组指标（二级指标）和48个单项指标（三级指标），总分为300分。

　　下面，为了表格的简明，故暂时略去本驱动板块的48个单项指标（三级指标），只将效率增强驱动竞争力下的一、二两级指标结构开列于后，如表25所示。

**表25　效率增强驱动竞争力板块下的一级与二级指标**

| 一级指标（类项指标） | 指标解释 | 其所包含的二级指标（分组指标） |
|---|---|---|
| 城市已有基础 | 此前已有的对该市竞争力的评价 | 宜居城市竞争力、和谐城市竞争力、生态城市竞争力、文化城市竞争力、信息城市竞争力等，共6组 |
| 休闲与旅游服务空间 | 休闲与旅游服务空间的结构及对其的开拓、保持与优化 | 对成功开拓的保持与优化 |
| | | 城市经营性休闲空间结构 |
| 休闲和旅游接待运行 | 休闲和旅游接待运行规模与效率效能 | 规模 |
| | | 效率 |
| 交通 | 内外交通的通达度与其效能效率 | 对外交通 |
| | | 本市交通 |
| 餐饮 | 餐饮对休闲和旅游的适应力 | 本市居民消费 |
| | | 游客消费 |
| | | 餐饮适应力 |
| 住宿 | 住宿对休闲和旅游的适应力 | 价格适应力 |
| | | 选择适应力 |
| | | 满意度 |
| 购物和文化消费 | 购物和文化消费对休闲和旅游的适应力 | 购物 |
| | | 文化消费 |
| 旅行社 | 旅行社服务的效能效率 | 服务覆盖 |
| | | 服务效率 |
| | | 活力评价 |
| 休闲和旅游服务的社会评价满意度 | 消费者满意度的提升 | 原有基础 |
| | | 推进力度 |

　　资料来源：本课题组资料库。

经过对 50 个样本城市效率增强驱动的 48 项单项指标→25 组分组指标→9 类类项指标→本板块效率增强驱动的层层测算与汇总，本课题组最终得出了全国城市休闲和旅游竞争力效率增强驱动力指数的"30 强城市"的综合排名（见表 26）。

**表 26　效率增强驱动竞争力"30 强城市"综合排名**

| 效率增强"30 强城市" | 城市已有基础（30 分） | 服务空间（36 分） | 接待运行（34 分） | 交通（40 分） | 餐饮（30 分） | 住宿（30 分） | 购物文化消费（30 分） | 旅行社（20 分） | 服务满意度（50 分） | 合计（300 分） | 排名 |
|---|---|---|---|---|---|---|---|---|---|---|---|
| 北京 | 25.10 | 32.40 | 34.00 | 32.74 | 26.71 | 12.30 | 23.47 | 19.00 | 39.90 | 245.62 | 1 |
| 上海 | 24.18 | 26.33 | 33.37 | 30.24 | 27.15 | 12.60 | 21.39 | 17.30 | 39.84 | 232.39 | 2 |
| 深圳 | 24.15 | 30.70 | 28.36 | 35.78 | 25.49 | 15.90 | 20.12 | 12.80 | 37.37 | 230.68 | 3 |
| 南京 | 24.43 | 28.23 | 24.92 | 29.02 | 24.39 | 18.60 | 24.81 | 14.20 | 39.47 | 228.08 | 4 |
| 无锡 | 26.06 | 28.47 | 22.34 | 27.24 | 23.24 | 20.40 | 22.96 | 14.10 | 40.16 | 224.96 | 5 |
| 苏州 | 24.64 | 30.00 | 21.83 | 32.22 | 22.91 | 19.50 | 21.64 | 12.10 | 39.13 | 223.97 | 6 |
| 杭州 | 24.95 | 25.70 | 23.13 | 31.85 | 25.10 | 17.70 | 22.11 | 13.50 | 38.83 | 222.87 | 7 |
| 广州 | 23.80 | 21.40 | 28.36 | 34.66 | 26.26 | 16.50 | 18.98 | 12.90 | 37.73 | 220.59 | 8 |
| 大连 | 25.48 | 29.47 | 21.48 | 29.28 | 23.30 | 22.50 | 17.02 | 14.30 | 37.46 | 220.28 | 9 |
| 沈阳 | 22.83 | 22.73 | 22.58 | 26.14 | 19.86 | 24.30 | 21.01 | 17.50 | 39.58 | 216.52 | 10 |
| 重庆 | 22.45 | 25.37 | 25.73 | 29.20 | 22.17 | 20.40 | 15.57 | 13.10 | 41.14 | 215.12 | 11 |
| 宁波 | 24.46 | 27.60 | 20.59 | 24.94 | 26.42 | 18.60 | 19.64 | 12.50 | 38.58 | 213.33 | 12 |
| 天津 | 23.08 | 24.80 | 21.62 | 26.30 | 22.01 | 20.10 | 18.48 | 16.90 | 39.34 | 212.63 | 13 |
| 东莞 | 21.82 | 20.50 | 22.40 | 29.39 | 26.77 | 21.90 | 19.65 | 12.90 | 36.10 | 211.42 | 14 |
| 武汉 | 23.04 | 24.60 | 21.31 | 29.91 | 22.28 | 21.00 | 17.46 | 11.50 | 37.10 | 208.20 | 15 |
| 厦门 | 24.41 | 20.00 | 24.19 | 29.79 | 24.06 | 17.40 | 17.60 | 12.80 | 37.88 | 208.14 | 16 |
| 福州 | 23.50 | 24.28 | 24.76 | 22.82 | 18.30 | 17.50 | 14.80 | 36.92 | 206.79 | 17 |
| 温州 | 21.63 | 25.30 | 20.15 | 26.05 | 24.62 | 19.20 | 17.73 | 13.90 | 37.95 | 206.53 | 18 |
| 青岛 | 24.79 | 24.80 | 24.82 | 23.36 | 20.55 | 19.20 | 16.11 | 13.70 | 38.99 | 206.31 | 19 |
| 泉州 | 21.64 | 24.40 | 23.51 | 22.95 | 22.89 | 21.60 | 18.86 | 13.20 | 37.25 | 206.30 | 20 |
| 西安 | 22.86 | 27.90 | 21.76 | 26.64 | 20.24 | 21.60 | 14.56 | 11.40 | 38.96 | 205.92 | 21 |
| 哈尔滨 | 23.05 | 29.23 | 21.69 | 26.60 | 18.08 | 19.80 | 16.66 | 14.00 | 36.65 | 205.76 | 22 |
| 成都 | 23.51 | 26.60 | 24.30 | 26.64 | 20.11 | 19.50 | 15.91 | 11.60 | 37.56 | 205.72 | 23 |

| 效率增强"30强城市" | 城市已有基础(30分) | 服务空间(36分) | 接待运行(34分) | 交通(40分) | 餐饮(30分) | 住宿(30分) | 购物文化消费(30分) | 旅行社(20分) | 服务满意度(50分) | 合计(300分) | 排名 |
|---|---|---|---|---|---|---|---|---|---|---|---|
| 太原 | 20.40 | 27.70 | 23.39 | 22.34 | 18.79 | 21.00 | 17.88 | 14.40 | 39.08 | 204.98 | 24 |
| 呼和浩特 | 22.92 | 21.33 | 20.26 | 22.45 | 21.23 | 24.00 | 19.79 | 13.70 | 37.61 | 203.30 | 25 |
| 长沙 | 22.13 | 23.83 | 23.70 | 23.86 | 19.27 | 21.90 | 16.66 | 13.00 | 37.72 | 202.07 | 26 |
| 南昌 | 25.27 | 23.53 | 23.31 | 24.11 | 19.31 | 22.50 | 14.32 | 12.70 | 36.91 | 201.96 | 27 |
| 济南 | 24.43 | 20.30 | 24.24 | 25.72 | 20.40 | 18.00 | 16.58 | 12.10 | 38.66 | 200.42 | 28 |
| 郑州 | 24.39 | 23.30 | 23.51 | 23.47 | 18.91 | 20.40 | 15.34 | 12.60 | 38.49 | 200.40 | 29 |
| 长春 | 23.72 | 23.27 | 19.17 | 23.82 | 17.56 | 22.20 | 18.89 | 13.30 | 37.90 | 199.83 | 30 |

注：此表内的数值，其小数点后的第二位数，系对其后的第三位数四舍五入后得出（G3 报告文中的表 2 亦同此）。故其中个别城市的"效率增强竞争力"的得分的表示数，与前面表 14"名列前茅 30 城综合排名"总得分统计过程中各城市在相关版块的得分须精确到小数点后第 4 位数时所选用表示数有所不同。

资料来源：本课题组资料库。

从表 26 效率增强驱动竞争力的综合排名来看，大致可以归结出各城市在效率增强驱动方面的以下三个特征。

其一，作为样本的 50 个城市的得分均值为 202.66 分，中位数城市得分为 205.35 分，标准差为 16.34。其中有半数的城市休闲和旅游效率增强驱动竞争力水平高于平均值，50 个城市整体的效率增强驱动竞争力水平都较高。数据显示，休闲和旅游效率增强驱动竞争力得分最高或者居于甚高位置的城市数量仍然不很多，230 分以上的城市仅有 3 个，并且排名第一的北京的得分远远超过排在第二名的上海。此外，50 个样本城市的休闲和旅游效率增强驱动竞争力得分的标准差为 16.34，呈现出较为明显的分化特点。由此看来，中国休闲和旅游城市的建设还需要更下功夫。

其二，在我国 50 个样本城市的休闲与旅游效率增强驱动竞争力排名中，北京、上海、深圳、南京、无锡、苏州、杭州、广州、大连、沈阳位居前十。从具体的"效率增强"竞争力得分来看，前三名得分均超过了 230 分，"效率驱动"力较强。同时，虽然前十名均不失为佼佼者，但是其"效率驱动"力水平仍然存在着不均衡的现象，其中，得分 245.62 分的北京尤为突出，比排在第十名的沈阳竟高出 29.1 分。

其三，从区域分布来看，城市休闲和旅游效率增强驱动竞争力呈现东强西弱、北高南低的分布格局。华东、东北、华北、华南、华中、西南、西北七大地区城市休闲和旅游效率增强驱动竞争力得分均值分别为 211.50 分、210.60 分、209.88 分、199.39 分、198.59 分、192.52 分、183.42 分，空间上大致呈现从东向西、从北向南递减的趋势。从标准差反映的区域内部各城市效率增强驱动竞争力差异程度来看，东北地区和华中地区相对比较均衡，华南和华北地区区域内部城市间差异较大，尤其是华南地区城市间差别更为突出，标准差达到了 18.95 分（见图 9）。

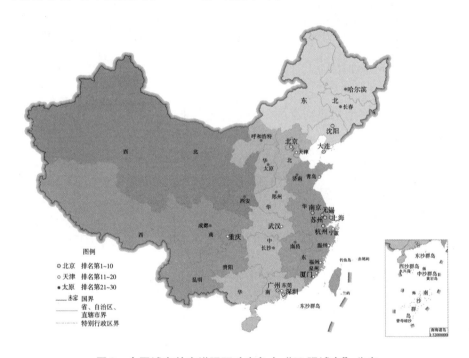

**图 9　全国城市效率增强驱动竞争力 "30 强城市" 分布**

注：该图基于国家测绘地理信息局标准地图服务网站下载的审图号为 GS（2019）1835号的标准地图制作，底图无修改。

区划说明：东北：黑吉辽 + 内蒙古东部（呼伦贝尔市、通辽市、赤峰市、兴安盟、锡林郭勒盟）；华北：京津冀晋 + 内蒙古中部（呼和浩特市、包头市、鄂尔多斯市、乌兰察布市）；西北：陕甘宁青新 + 内蒙古西部（巴彦淖尔、乌海、阿拉善盟）；华东：沪苏浙皖鲁赣闽台；华中：豫鄂湘；西南：川渝云贵藏；华南：粤桂琼港澳。

（2）效率增强竞争力的"10强城市"

前面已经述及位居"效率增强驱动竞争力"的前十城市依次是北京、上海、深圳、南京、无锡、苏州、杭州、广州、大连、沈阳。

如果再进一步去分析它们为什么能够高居本板块"10强"，则可以发现，这些城市都在本板块下属9个维度类项中取得了领先或极为靠前的可喜成绩（见表27）。

表27　效率增强驱动竞争力板块9个维度竞争力之最佳

| 效率增强驱动竞争力指标名称 | 效率增强驱动各类项指标的"10佳城市" | | | | | | | | | |
|---|---|---|---|---|---|---|---|---|---|---|
| | 1 | 2 | 3 | 4 | 5 | 6 | 7 | 8 | 9 | 10 |
| 2.0 效率增强驱动板块 | 北京 | 上海 | 深圳 | 南京 | 无锡 | 苏州 | 杭州 | 广州 | 大连 | 沈阳 |
| 2.1 城市已有基础 | 无锡 | 大连 | 南昌 | 北京 | 杭州 | 青岛 | 苏州 | 合肥 | 宁波 | 南京 |
| 2.2 休闲和旅游服务空间 | 北京 | 深圳 | 苏州 | 大连 | 哈尔滨 | 无锡 | 南京 | 西安 | 太原 | 宁波 |
| 2.3 休闲和旅游接待运行 | 北京 | 上海 | 深圳 | 广州 | 重庆 | 南京 | 青岛 | 成都 | 福州 | 济南 |
| 2.4 交通 | 深圳 | 广州 | 北京 | 苏州 | 杭州 | 上海 | 武汉 | 厦门 | 东莞 | 大连 |
| 2.5 餐饮 | 上海 | 东莞 | 北京 | 宁波 | 广州 | 深圳 | 杭州 | 温州 | 南京 | 厦门 |
| 2.6 住宿 | 沈阳 | 呼和浩特 | 张家界 | 拉萨 | 海口 | 银川 | 南昌 | 西宁 | 大连 | 贵阳 |
| 2.7 购物和文化消费 | 南京 | 北京 | 无锡 | 杭州 | 苏州 | 上海 | 沈阳 | 深圳 | 呼和浩特 | 东莞 |
| 2.8 旅行社 | 北京 | 沈阳 | 上海 | 天津 | 石家庄 | 福州 | 太原 | 大连 | 南京 | 无锡 |
| 2.9 休闲和旅游服务满意度 | 重庆 | 无锡 | 黄山 | 北京 | 上海 | 沈阳 | 南京 | 天津 | 苏州 | 太原 |

资料来源：本课题组资料库。

在表27中，全国共有30余座城市进入了效率增强驱动板块不同类项竞争力的"10佳城市"名单。其中获得单类第一的，有北京（三类）、无锡、深圳、上海、沈阳、南京、重庆；获得单类第二的，有大连、深圳、上海、广州、东莞、呼和浩特、北京、沈阳、无锡。在各类项竞争力的前四名中，北京出现了 8 次；无锡、上海、深圳各出现了 3 次；沈阳、广州、苏州各出现了 2 次；南京、重庆、东莞、呼和浩特、南昌、张家界、黄山、宁波、拉萨、杭州、天津，各出现了 1 次。正是因为如此，才形成了效率增强驱动板块北京、上海、深圳、南京、无锡、苏州、杭州、大连、沈阳等 "10 强城市" 的格局（见表 28）。

表 28　效率增强驱动竞争力板块 "10 强城市" 强在何处

| 本板块 "10 强城市" 城市名称 | | 本板块 "10 强市" 类项指数排名的最佳表现 | | | | | | | | |
|---|---|---|---|---|---|---|---|---|---|---|
| | | 2.0 效率增 强驱动 板块 | 2.1 城市已 有基础 | 2.2 服务 空间 | 2.3 接待 运行 | 2.4 交通 | 2.5 餐饮 | 2.6 住宿 | 2.7 购物文 化消费 | 2.8 旅行社 | 2.9 服务 满意度 |
| 1 | 北京 | 1 | 4 | 1 | 1 | 3 | 3 | 50 | 2 | 1 | 4 |
| 2 | 上海 | 2 | 14 | 14 | 2 | 6 | 1 | 49 | 6 | 3 | 5 |
| 3 | 深圳 | 3 | 15 | 2 | 3 | 1 | 6 | 48 | 8 | 23 | 30 |
| 4 | 南京 | 4 | 10 | 7 | 6 | 12 | 9 | 39 | 1 | 9 | 7 |
| 5 | 无锡 | 5 | 1 | 6 | 21 | 15 | 12 | 27 | 3 | 10 | 2 |
| 6 | 苏州 | 6 | 7 | 3 | 24 | 4 | 13 | 35 | 5 | 33 | 9 |
| 7 | 杭州 | 7 | 5 | 15 | 17 | 5 | 7 | 45 | 4 | 16 | 13 |
| 8 | 广州 | 8 | 17 | 36 | 4 | 2 | 5 | 47 | 13 | 21 | 24 |
| 9 | 大连 | 9 | 2 | 4 | 32 | 10 | 11 | 9 | 25 | 8 | 29 |
| 10 | 沈阳 | 10 | 28 | 31 | 19 | 20 | 24 | 1 | 7 | 2 | 6 |

资料来源：本课题组资料库。

### 3. 创新与成熟度驱动板块

（1）本板块竞争力分析

任何一座城市，它的休闲竞争力和旅游竞争力的水平都会受到多种因素的影响与制约。这些因素不仅包括了与环境、资源相关的基础要素，包括了与产业密切相关的效率效益要素，还涉及了能够体现城市在产品与服务供给方面的创新与成熟度水平的要素。创新步伐大、产业成熟度高的城市，往往会吸引更多可移动的资源和人才，从而打造出更多适合市场需求的休闲和旅游产品，创造更多社会财富，更好地服务于当地居民和外来旅游者。当前，我国经济正由高速增长阶段向高质量发展阶段过渡，在此转型升级的关键时期，创新与成熟度水平的高低，对于提升我国城市休闲和旅游竞争力的重要作用更是不言而喻的。

正是基于这样的认识，本研究的创新与成熟度驱动板块对我国城市创新与成熟度驱动竞争力的水平进行评估考量。综合既有研究与专家意见，本研究将其分为 9 个评价维度，包括地方经济持续发展、地方政府对休闲和旅游发展的重视、环境与资源的保护利用、对弱势群体的关爱、休闲和旅游服务业的拓展、休闲和旅游公共服务的拓展、休闲和旅游的辅导与公共教育、推动休闲和旅游的落实，以及城市休闲和旅游服务质量与人员保障。这 9 个维度就是 9 个类项指标（一级指标），其下一共设立了 24 个分组指标（二级指标）和 83 个单项指标（三级指标），总分为 300 分。

为了表格更加简明清楚，这里暂时略去本板块的 83 个单项指标（三级指标），只将创新与成熟度驱动力板块的类项指标和分组指标的一、二两级指标的结构关系列在下面（见表 29）。

表 29　创新与成熟度驱动力板块下的一级与二级指标

| 一级指标(类项指标) | 指标解释 | 所包含的二级指标(分组指标) |
|---|---|---|
| 地方经济持续发展 | 当前城市经济发展水平与地方居民生活水平 | 地方经济发展水平 |
| | | 本地居民生活水平 |
| 地方政府对休闲和旅游发展的重视 | 地方政府对休闲和旅游发展的推动政策与落实措施 | 建设目标 |
| | | 工作部署 |
| | | 旅游管理机构的转型升级 |
| | | 专项经费支持 |
| 环境与资源的保护利用 | 在生态资源、文化遗产方面实施的保护利用措施与成效 | 生态与景观的保育利用 |
| | | 文化与遗产的保护利用 |
| 对弱势群体的关爱 | 针对老年人、残障人士等特殊群体的设施与服务建设 | 针对老年人的服务 |
| | | 休闲和旅游无障碍设施建设水平 |
| | | 其他针对特殊人群的服务 |
| 休闲和旅游服务业的拓展 | 在文化场所、交通以及新业态方面的拓展成效 | 休闲和旅游的文化拓展 |
| | | 城市旅游交通 |
| | | 休闲和旅游新业态的拓展 |

续表

| 一级指标(类项指标) | 指标解释 | 所包含的二级指标(分组指标) |
|---|---|---|
| 休闲和旅游公共服务的拓展 | 休闲和旅游公共服务的建设成效 | 智慧旅游运用的拓展 |
| | | 公益活动的开展 |
| | | 志愿者服务 |
| 休闲和旅游的辅导与公共教育 | 对市民、青少年的辅导工作以及对文明社会风气形成的推动 | 对市民的辅导与公共教育 |
| | | 对青少年的辅导与学校教育 |
| | | 文明休闲和文明旅游形成的社会风气 |
| 推动休闲和旅游政策的落实 | 带薪休假的推动政策与措施 | 有推动带薪年假的政策与办法 |
| | | 相关规划与安排 |
| 城市休闲和旅游服务质量与人员保障 | 休闲和旅游服务质量的保障措施 | 休闲和旅游服务质量保障 |
| | | 旅游教育与从业人员培训 |

资料来源：本课题组资料库。

经过对 50 个样本城市创新与成熟度驱动的 83 项单项指标（三级指标）→24 个分组指标（二级指标）→9 类类项指标→本板块创新与成熟度驱动（一级指标）的层层测算与汇总，本课题组最终得出了全国城市休闲和旅游竞争力创新与成熟度驱动力指数的"30 强城市"的综合排名（见表 30）。

需要说明的是，本研究在对创新与成熟度驱动竞争力进行分析和测度计算时，除了使用本研究第一板块和第二板块同样的方法依据所采集的数据及预设的指标权重，对 50 个样本城市的创新与成熟度 9 个维度的指标指数进行测算测定，并根据其结果对 50 个样本城市进行排名，汇总为本城市休闲和旅游竞争力研究的总得分和总排名之外，还做了一些不同于第一板块和第二板块所用方法的分析，即在此创新与成熟度驱动竞争力的现有研究的基础上，将得分进行了归一化（Normalization Method）处理。故而表 30 分析的就是由归一化方法得到的分值为 0 到 1 之间的小数。进行这一方法的处理，目的是为了使数据之间的可比性更明显，在进行城市之间的对比时更方便。

**表30　全国城市创新与成熟度驱动竞争力指数"30强城市"综合排名**

| 城市 | 指数 | 排名 | 地区经济持续发展 | 地方政府对休闲和旅游发展的重视 | 环境与资源的保护利用 | 对弱势群体的关爱 | 休闲和旅游服务业的拓展 | 休闲和旅游公共服务的拓展 | 休闲和旅游的辅导与公共教育 | 推动休闲和旅游政策的落实 | 休闲和旅游服务质量与人员保障 |
|---|---|---|---|---|---|---|---|---|---|---|---|
| 北京 | 1.00 | 1 | 1.00 | 1.00 | 1.00 | 1.00 | 1.00 * | 1.00 | 1.00 | 1.00 | 1.00 |
| 上海 | 0.92 | 2 | 0.89 | 0.97 | 0.93 * | 0.93 | 1.00 * | 0.88 | 0.93 | 0.78 | 0.93 * |
| 南京 | 0.88 | 3 | 0.81 | 0.70 | 0.93 * | 0.62 | 0.93 | 0.93 | 0.88 * | 0.93 | 0.93 * |
| 广州 | 0.87 | 4 | 1.02 | 0.71 | 0.95 | 0.95 | 0.95 * | 0.71 | 0.95 | 0.63 | 0.71 |
| 杭州 | 0.86 | 5 | 0.87 | 0.90 | 0.90 * | 0.90 | 0.90 * | 0.90 | 0.86 * | 0.75 | 0.66 * |
| 深圳 | 0.83 | 6 | 0.95 | 0.44 | 0.88 * | 0.88 | 0.94 | 0.88 * | 0.88 * | 0.59 * | 0.66 * |
| 成都 | 0.81 | 7 | 0.70 * | 0.68 | 0.90 * | 0.60 * | 0.96 | 0.68 | 0.90 | 0.60 * | 0.90 |
| 青岛 | 0.79 | 8 | 0.74 | 0.67 | 0.89 | 0.60 * | 0.95 * | 0.67 | 0.89 | 0.60 * | 0.67 |
| 武汉 | 0.77 | 9 | 0.77 * | 0.66 | 0.88 * | 0.59 | 0.82 | 0.88 * | 0.88 * | 0.59 * | 0.66 * |
| 重庆 | 0.76 | 10 | 0.64 * | 0.43 | 0.85 | 0.57 | 0.91 | 0.85 | 0.86 * | 0.71 | 0.64 |
| 厦门 | 0.75 * | 11 | 0.70 * | 0.65 | 0.87 | 0.58 | 0.87 | 0.87 | 0.87 * | 0.44 | 0.65 |
| 大连 | 0.75 * | 11 | 0.65 | 0.82 | 0.65 | 0.84 * | 0.89 | 0.63 | 0.87 * | 0.70 | 0.63 * |
| 天津 | 0.74 | 13 | 0.69 | 0.59 * | 0.84 | 0.84 * | 0.90 * | 0.42 | 0.84 | 0.56 * | 0.63 * |
| 无锡 | 0.73 | 14 | 0.63 * | 0.81 | 0.81 | 0.27 | 0.81 | 0.81 | 0.81 | 0.68 * | 0.61 |
| 苏州 | 0.71 | 15 | 0.67 * | 0.59 * | 0.78 | 0.78 | 0.78 | 0.59 * | 0.82 * | 0.65 | 0.59 * |
| 西安 | 0.70 | 16 | 0.64 * | 0.41 * | 0.83 | 0.55 * | 0.77 * | 0.83 | 1.10 | 0.41 * | 0.62 |
| 长沙 | 0.69 * | 17 | 0.78 | 0.41 * | 0.82 | 0.55 * | 0.76 * | 0.82 | 0.82 * | 0.41 * | 0.61 * |
| 珠海 | 0.69 * | 17 | 0.77 * | 0.58 * | 0.77 | 0.51 | 0.77 * | 0.58 | 0.77 | 0.51 * | 0.58 * |
| 哈尔滨 | 0.68 | 19 | 0.55 | 0.63 * | 0.79 * | 0.53 * | 0.84 | 0.59 * | 0.79 * | 0.40 | 0.59 * |
| 宁波 | 0.66 * | 20 | 0.67 * | 0.60 | 0.79 * | 0.53 * | 0.69 | 0.60 * | 0.79 * | 0.53 | 0.60 |
| 昆明 | 0.66 * | 20 | 0.62 * | 0.78 | 0.78 * | 0.26 | 0.73 * | 0.59 * | 0.78 * | 0.52 | 0.59 * |
| 济南 | 0.66 * | 20 | 0.63 * | 0.63 * | 0.84 | 0.56 | 0.62 | 0.63 | 0.84 | 0.56 * | 0.63 * |
| 洛阳 | 0.66 * | 20 | 0.42 * | 0.77 | 0.77 * | 0.51 * | 0.67 * | 0.77 * | 0.77 * | 0.68 * | 0.58 * |
| 郑州 | 0.65 * | 24 | 0.62 * | 0.42 | 0.78 * | 0.53 * | 0.69 * | 0.60 * | 0.80 | 0.66 | 0.47 |
| 福州 | 0.65 * | 24 | 0.64 * | 0.38 | 0.76 | 0.50 | 0.76 * | 0.57 | 0.76 | 0.50 | 0.57 |
| 太原 | 0.64 * | 26 | 0.49 | 0.39 | 0.78 * | 0.52 | 0.73 * | 0.78 | 0.78 * | 0.52 | 0.59 * |
| 黄山 | 0.64 * | 26 | 0.42 * | 0.58 * | 0.77 * | 0.51 * | 0.72 | 0.77 * | 0.77 * | 0.51 * | 0.58 * |
| 南昌 | 0.63 | 28 | 0.56 * | 0.74 | 0.74 | 0.49 | 0.69 * | 0.56 | 0.74 * | 0.48 | 0.56 * |
| 长春 | 0.62 * | 29 | 0.50 | 0.58 * | 0.57 | 0.74 | 0.77 * | 0.37 | 0.74 * | 0.64 | 0.55 |
| 贵阳 | 0.62 * | 29 | 0.56 * | 0.72 | 0.72 | 0.24 | 0.67 * | 0.72 | 0.72 | 0.48 | 0.54 |

注：* 排名根据小数点后四位分值确定，表中只显示了小数点后两位。

资料来源：本课题组资料库。

从表 30 所列创新与成熟度驱动竞争力的测度结果来看，大致可以概括出以下三个明显特征。

其一，创新与成熟度竞争力排名前十的城市，依次是北京、上海、南京、广州、杭州、深圳、成都、青岛、武汉与重庆。从得分情况看，前 7 名城市总体业绩都较突出，其均值皆超过 0.8 分；同时，除北京外，其余 6 个城市分值相差不大，但位居第一的北京与第十名重庆之间存在较大差距，反映出在整体排名居于前列的城市之间，休闲和旅游发展的创新与成熟度水平依然存在一定的差距。

其二，创新与成熟度竞争力排名前十的城市，除了北京外，位于我国华东地区的较多；在华南和西南地区，各有两市；在华中地区也有一市。很显然，此结果是与这些城市的行政等级以及其经济发展水平密切相关的。

其三，从各维度比较看，9 个维度分值代表的发展水平同样也存在一定差距。总体来看，环境与资源的保护利用与休闲和旅游的辅导与公共教育两个维度分值的均值较高，分别为 0.73 分和 0.77 分；休闲和旅游公共服务的拓展与休闲和旅游服务业的拓展的分值均值处于中等偏上水平，分别为 0.61 分和 0.69 分；而地方经济持续发展、地方政府对休闲和旅游发展的重视、对弱势群体的关爱、推动休闲和旅游政策的落实、城市休闲和旅游服务质量与人员保障的分值均值则在 0.5 分与 0.6 分之间，较上面的两组维度均略差一些。以上结果表明，50 个样本城市对休闲和旅游产业发展环境以及服务的投入多有一定成效，但是一些地方政府对产业发展的重视程度还有待继续加强（见图 10）。

（2）创新与成熟度驱动竞争力的"10 强城市"

前面已经述及，位居创新与成熟度驱动竞争力前十的城市，依次是北京、上海、南京、广州、杭州、深圳、成都、青岛、武汉与重庆。

如果再进一步去分析它们为什么能够高居本板块 10 强，则可以发现，这些城市都在本板块的下属 9 个类项中取得了领先或极为靠前的可喜成绩（见表 31）。

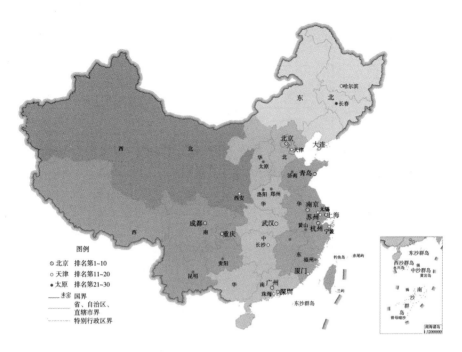

**图10　全国城市创新与成熟度驱动竞争力"30强城市"分布**

注：该图基于国家测绘地理信息局标准地图服务网站下载的审图号为GS（2019）1835号的标准地图制作，底图无修改。

区划说明：东北：黑吉辽＋内蒙古东部（呼伦贝尔市、通辽市、赤峰市、兴安盟、锡林郭勒盟）；华北：京津冀晋＋内蒙古中部（呼和浩特市、包头市、鄂尔多斯市、乌兰察布市）；西北：陕甘宁青新＋内蒙古西部（巴彦淖尔、乌海、阿拉善盟）；华东：沪苏浙皖鲁赣闽台；华中：豫鄂湘；西南：川渝云贵藏。华南：粤桂琼港澳。

**表31　创新与成熟度驱动竞争力板块9个维度竞争力之最佳**

| 创新与成熟度驱动竞争力指标名称 | 创新与成熟度驱动各类项指标"10佳城市" | | | | | | | | | |
|---|---|---|---|---|---|---|---|---|---|---|
| | 1 | 2 | 3 | 4 | 5 | 6 | 7 | 8 | 9 | 10 |
| 3.0 创新与成熟度驱动板块 | 北京 | 上海 | 南京 | 广州 | 杭州 | 深圳 | 成都 | 青岛 | 武汉 | 重庆 |
| 3.1 地方经济持续发展 | 广州 | 北京 | 深圳 | 上海 | 杭州 | 南京 | 长沙 | 珠海 | 武汉 | 青岛 |
| 3.2 地方政府对休闲和旅游发展的重视 | 北京 | 上海 | 杭州 | 大连 | 无锡 | 昆明 | 洛阳 | 南昌 | 贵阳 | 广州 |

续表

| 创新与成熟度驱动竞争力指标名称 | 创新与成熟度驱动各类项指标"10佳城市" | | | | | | | | | |
|---|---|---|---|---|---|---|---|---|---|---|
| | 1 | 2 | 3 | 4 | 5 | 6 | 7 | 8 | 9 | 10 |
| 3.3 环境与资源的保护利用 | 北京 | 广州 | 上海 | 南京 | 成都 | 杭州 | 青岛 | 深圳 | 武汉 | 厦门 |
| 3.4 对弱势群体的关爱 | 北京 | 广州 | 上海 | 杭州 | 深圳 | 天津 | 大连 | 苏州 | 长春 | 呼和浩特 |
| 3.5 休闲和旅游服务业的拓展 | 上海 | 北京 | 成都 | 青岛 | 广州 | 深圳 | 南京 | 重庆 | 杭州 | 天津 |
| 3.6 休闲和旅游公共服务的拓展 | 北京 | 南京 | 杭州 | 深圳 | 上海 | 厦门 | 重庆 | 西安 | 长沙 | 无锡 |
| 3.7 休闲和旅游的辅导与公共教育 | 西安 | 北京 | 上海 | 广州 | 成都 | 深圳 | 青岛 | 武汉 | 南京 | 杭州 |
| 3.8 推动休闲和旅游政策的落实 | 北京 | 南京 | 上海 | 杭州 | 重庆 | 大连 | 洛阳 | 无锡 | 郑州 | 苏州 |
| 3.9 城市休闲和旅游服务质量与人员保障 | 北京 | 上海 | 南京 | 成都 | 石家庄 | 广州 | 青岛 | 杭州 | 深圳 | 武汉 |

资料来源：本课题组资料库。

在表31中，全国共有30余座城市进入了创新与成熟度驱动板块不同类项竞争力的"10佳城市"名单。其中获得单个类项第一的，有北京（竟占有6个类项）、广州、上海、西安。获得单个类项第二的，有上海、北京、广州、南京，它们都各占有2个类项的第二。在各类项竞争力的前四名中，北京出现了9次，上海出现了8次，广州、南京、杭州都出现了4次，成都出现了2次，西安、大连、青岛各出现了1次。正是这样的趋于集中的表现，形成了创新与成熟度驱动板块的北京、上海、南京、广州、杭州、深圳、成都、青岛、武汉、重庆"10强城市"格局（见表32）。

表32　创新与成熟度驱动竞争力板块"10强城市"强在何处

| 本板块"10强城市"城市名称 | | 本板块"10强城市"类项指数排名的最佳表现 | | | | | | | | |
|---|---|---|---|---|---|---|---|---|---|---|
| | | 3.0 创新与成熟度驱动板块 | 3.1 地方经济持续发展 | 3.2 地方政府对休闲和旅游发展的重视 | 3.3 环境与资源的保护利用 | 3.4 对弱势群体的关爱 | 3.5 休闲和旅游服务业的拓展 | 3.6 休闲和旅游公共服务的拓展 | 3.7 休闲和旅游的辅导与公共教育 | 3.8 推动休闲和旅游政策的落实 | 3.9 城市休闲和旅游服务质量与人员保障 |
| 1 | 北京 | 1 | 2 | 1 | 1 | 1 | 2 | 1 | 2 | 1 | 1 |
| 2 | 上海 | 2 | 4 | 2 | 3 | 3 | 1 | 5 | 3 | 3 | 2 |
| 3 | 南京 | 3 | 6 | 11 | 4 | 11 | 7 | 2 | 9 | 2 | 3 |
| 4 | 广州 | 4 | 1 | 10 | 2 | 2 | 5 | 16 | 4 | 12 | 6 |
| 5 | 杭州 | 5 | 5 | 3 | 6 | 4 | 5 | 3 | 10 | 4 | 8 |
| 6 | 深圳 | 6 | 3 | 39 | 8 | 5 | 6 | 4 | 6 | 17 | 9 |
| 7 | 成都 | 7 | 11 | 13 | 5 | 12 | 3 | 20 | 5 | 14 | 4 |
| 8 | 青岛 | 8 | 10 | 15 | 7 | 13 | 9 | 21 | 7 | 15 | 7 |
| 9 | 武汉 | 9 | 9 | 16 | 9 | 14 | 14 | 17 | 8 | 18 | 10 |
| 10 | 重庆 | 10 | 18 | 40 | 11 | 16 | 8 | 7 | 11 | 5 | 12 |

资料来源：本课题组资料库。

创新与成熟度驱动的竞争力，与前面的基本要素驱动竞争力、效率增强驱动竞争力，作为休闲和旅游竞争力的三大驱动力，各自从不同的领域和层面反映着城市发展所需要的动力；虽然这三股动力的合力主要体现在对休闲发展和旅游发展的推动，但是它的各个基础层面的指标要素，或者中间分组层的指标组合等，常常也会是城市其他类型竞争力的重要组成。

如果从劳动力人口和人才的辛勤劳动与创造对城市未来发展的核心推动来考察，那么"居者爱，远者来"就是创造力积蓄和增强的关键，而培育城市休闲和旅游竞争力正是在这一关键领域上的努力。其实1935年胡焕庸提出我国人口分布的"胡焕庸线"的实质，就是说，越是适合于人类生存的环境，就越能够让人们在那里愉快地劳动与创造。现在我国分布在全国各地的城市，不仅可以利用"胡焕庸线"的优势，甚至也可以超越"胡焕庸线"，只要你充分发挥自己城市的区位和环境优势，不断地提高效率，积累经验，积极创新，努力用科学的发展方式去增强自己城市休闲和旅游的竞争力，就会让本地居民和外来人才越来越感觉到这个城市正在为他们的生活和发展创造着更好的条件，那么这座城市无论是在"胡焕庸线"的东南还是西北，都可以创建"居者爱，远者来"的条件。或者在"马太效应"下越来越好；或者奋力去开辟，进而让本地居民和外来人才一起去创造自己城市的未来。

## 四　探求：提升城市休闲和旅游竞争力的途径建议

本报告之所以要提出休闲和旅游竞争力来研究，就是为了推动全国城市的休闲竞争力和旅游竞争力的一步步提升，课题组把本次总报告命名为"寻找城市休闲和旅游竞争力的提升途径"，目的也是十分清楚的。

在本次全国城市休闲和旅游竞争力的研究中，北京、上海、杭州、南京、广州、深圳、重庆、苏州、厦门、成都等"名列前茅30城"的脱颖而出，当然基于它们不断地创造和积累，同时与其在保有自己城市竞争优势的基础上所付出的辛勤努力是分不开的。在本报告的"成果综述"部分，已经对这些"名列前茅30城"的优势做了一些分析解说，应该说，这些城市确实都有自己十分丰富的经验可以总结和发扬。好在本研究在总报告之后还有三份"分报告"和三份"专题报告"继续对此进行总结和细化地分析，所以本报告的"探求"部分便是在成功经验和不足基础上对有关建议的讨论。

促进城市休闲和旅游服务的全面优化，是本报告研究的主要目的。全国城市这些年的进步，显然已经为此奠定了可喜的基础，本报告在分析"名列前茅30城"的基本要素竞争力等三大驱动力板块时已经注意到，这些名列前茅城市原来就有"全国优秀旅游城市"等相当雄厚的基础。这些年来，在政府管理部门和业界、学界的奋发努力下，我国旅游服务确实取得了十分显著的成绩；在新的发展进程中，从旅游规划萌芽到政府主管部门的提倡，再到中央政府的重视，全域旅游的发展理念和模式正在成为全面提升旅游服务的重要部署。它的指导思想、基本原则、主要目标，还有有关发展的措施要求，在国务院办公厅印发的《关于促进全域旅游发展的指导意见》（国办发〔2018〕15 号）中已经阐述得十分明白，更加上旅游主管部门就此的相应阐释和具体安排（包括开发模式、需要实现九大转变等），应该说，促进城市旅游服务的全面优化是有可靠保障的，如果再加上旅游研究者和旅游规划部门的出谋划策，旅游行业和相关行业的具体措施和努力，其推动城市旅游服务的全面优化，无须本报告再作赘言。

故下面的建议，其重心放在了另一视角，即更多地从休闲发展的需求与供给的侧面来讨论，以期能够共同推动休闲和旅游竞争力的全面提升。

为了便于认识与思考，这里特提出四个有针对性的着力点来讨论。

## （一）从人居环境着手，增强竞争力的基本要素

前面"成果综述"在分析到基本要素驱动竞争力的时候，本报告已经充分地肯定，"名列前茅 30 城"之所以在全国城市休闲和旅游竞争力方面卓然而立，不仅因为大自然赋予了它们可人的自然环境，也不仅因为祖先留给了它们可贵的文化遗产，更在于它们在此基础上，为城市的建设做了许许多多的努力。课题组同时也指出，虽然"名列前茅 30 城"都是全国城市的佼佼者，而且在基本要素驱动力指数综合排名居前的 30 座城市中，100% 的城市是中国优秀旅游城市，93.33% 的城市是国家园林城市，70% 的城市是中国历史文化名城，10% 的城市是国家生态园林城市，可是，从第一组 Top 10 的后 5 座城市和第二组 11～20 名的 10 座城市、第三组 21～30 名的 10 座城市来看，在全国城市休闲和旅游竞争力的基本要素驱动板块的部分环节，都还有不太令人满意之处。其实，城市基本要素驱动板块所包含的主体内容，就是当地老百姓的居住和休息所需要的环境，也就是说，城市生态环境和生活环境的继续优化，城市景观资源和文化资源的科学培育，城市休闲和旅游空间的继续开拓，城市休闲和旅游安全保障的进一步提高，都还有待于城市的居民、企业事业单位、城市的主管部门下更大的力气去改善。本报告之所以这样说，确实是因为还存在着一些并不十分理想的现实。其实，能够发现差距是好事，因为只有找到了努力的方向，才能够创造出更加美好的未来。

如要提升城市的休闲和旅游竞争力，就需要有日益优化的人居环境。如中国社会科学院《中国城市竞争力报告》的"城市宜居环境指标体系"，就比此前他人的城市竞争力指标体系（诸如经济发达、社会文明、环境优美、生活方便等）提出了更加人性化和更加细化、更具操作性的指标。该指标体系的指标含义共有7项，即优质的教育环境、城市的医疗环境、安全的社会环境、绿色的生态环境、舒适的居住环境、便捷的基础设施、活跃的经济环境。很显然，它更关注人居环境的多个组成和多个侧面。如要提高自己城市的休闲和旅游竞争力，在人居环境的这些方面，的确需要城市的管理者付出更多的关注和努力。

虽然对城市休闲和旅游竞争力的研究目前全球还不多，但是对人居环境和宜居城市的研究还是很有成绩的。这对于城市休闲和旅游竞争力的研究来说，既是很好的启示，也是很好的基础。尤其是联合国2016年10月在厄瓜多尔首都基多召开的被简称为"人居Ⅲ"的"联合国第三次住房与城市可持续发展大会"的成果，还有我国的研究（如中国社会科学院财经战略研究院倪鹏飞主持的《中国城市竞争力报告》，中国科学院地理科学与资源研究所张文忠主持的《中国宜居城市研究报告》），都是卓有成绩的，他们对宜居城市的指标选择也是很具启发意义的（见表33）。

表33　联合国"人居Ⅲ"会议和我国研究者对"人居"环境的一级指标的认知

| 文件 | 联合国"人居Ⅲ"<br>会议分组议程 | 《中国城市竞争力报告》<br>之"宜居城市竞争力" | 《中国宜居城市<br>研究报告》 |
| --- | --- | --- | --- |
| 指标内容 | 社会融合与公平<br>城市制度<br>空间发展<br>城市经济<br>城市生态环境<br>城市住房与基本服务 | 优质的教育环境<br>健康的医疗环境<br>安全的社会环境<br>绿色的生活环境<br>舒适的居住环境<br>便捷的基础设施<br>活跃的经济环境 | 城市安全性<br>环境健康性<br>公共服务设施方便性<br>交通便捷性<br>自然环境宜人性<br>社会人文环境舒适性 |

资料来源：何永：《〈新城市议程〉中的生态与韧性——第三届联合国住房和可持续城市发展会议（人居Ⅲ）工作纪实》，《世界建筑》2017年第4期，第24～29页；倪鹏飞主编《中国城市竞争力报告No.17》，中国社会科学出版社，2018；张文忠等：《中国宜居城市研究报告》，科学出版社，2016。

如果能够细读上述会议纪实和倪鹏飞、张文忠的研究报告全文，那么不仅可以了解"宜居城市"的必需要素，而且对他们的要求细节也都可以充分领会。如果进一步了解了他们每一个项目下面的子项目，那么对他们提出的城市生态环境和人文环境，城市的教育与健康的服务，城市的安全与法制，城市的居住舒适、生活方便、人际和谐，以及经济发展和人民生活水平提升等的大同小异的要求，也就了然于心了。

关于宜居城市的建设，各经济体有着许多具化的主张和不同的细节安排。如日本森纪念财团的《世界城市实力指数（GPCI）报告》的全部指标体系有"6个分野"，居住仅仅是全部分野的1/6。在居住分野下，只含有城市全部竞争力指数组群5/24的内容（分别是就业环境、居住成本、安全、生活良好度、生活便捷度）；再下就是它的单项指标了。虽然在城市的居住这一分野下仅含有城市全部竞争力指数总量的15/68，但值得注意的是，其中就有2个指标分别指向了城市的小卖店和饮食店的多少（在68个指数中的编码，它们分别是50和51）。小卖店多，饮食店多，或者正是市民消费更为方便的前提，可见"小卖店铺数"和"饮食店数"对居民生活的重要，亦可见这些城市竞争力的研究者对居民生活方便的细节是何等的重视。这种对小零售店铺和社会餐馆的关注，是否也有可以借鉴之处呢？现在我们的一些城市，却过多地关注于零售业和餐饮业的集中或大型，诸如将零售店统统集中到商业中心或者名为广场的大厦里面去，尽管这样市容"好看了"，房地产商也赚钱了，但却不方便市民的购物消费；而且高楼大厦对店家收取的高昂"摊位"费，还大大地增加了零售店铺的商业成本，进而推高了城市的物价。

如联系到在宜居城市竞争力研究中对城市生活成本的关注，有的研究甚至把城市房租的高低，以及交通、食品、服装、居家用品和娱乐等的价格水平，乃至一公升汽油、一张电影票、一条牛仔裤、一杯咖啡、一个汉堡包等的价格都考量到了。那么物价水平高低也应该是城市宜居度的一部分。

上面提到了日本森纪念财团的标准，并不意味着商铺的广泛分布就是城市零售业的唯一形式。对于城市零售业的商业模式，是店铺会集于商厦，还

135

是广布城市，或者数个小区共享一个露天集市（如国人喜爱的"性价比高"的早市），或者马路市场，或者发展大小综合超市，或者推动网上购物等，都不妨进行积极的比较探索，乃至做出多样安排。最重要的是，如何以多元的形式去满足不同市民的不同需求。

这样一来，也许上面这些小问题，也都是城市管理者思考宜居城市建设时不得不认真思考和安排的了。再说，如果没有居民对宜居城市的认可，又从何谈起城市的休闲和旅游竞争力呢？

有旅游者反映，一些旅行社为了压低团费中的住宿开支，到了目的地城市便把参团游客拉到了市郊偏僻的宾馆去休息和住宿，附近既无景点，又无商店餐馆，千里迢迢赶来把时间荒废在那里，他们真是有苦无处诉。这问题可能既不归城市规划管，也不属于商业配置，与旅行社业务规范好像也没有多大关系。可是这个"三不管"问题，却是一个与城市旅游形象密切相关的问题，它能降低城市的旅游满意度，降低城市的休闲和旅游竞争力。

在本研究基本要素驱动板块指标下，课题组设置了 6 类类项指标，除了城市生态环境要素和城市生活环境要素是人居环境最直接的要素外，还有直接关系到休闲和旅游的城市景观资源要素、城市文化资源要素、城市休闲和旅游空间基础、城市休闲和旅游安全保障 4 个维度的类项指标。应该承认，后面这 4 个类项竞争力的高低，有的也是有客观条件的，如重庆景观资源要素的适宜休闲的园区的丰富度指数（分组指标）独占鳌头，就是因为这个直辖市的政区面积全国第一，使得它拥有了数量甚多的各种类型的适宜休闲的园区。又如历史文化独特资源（分组指标）得分最多的前五名城市（北京、杭州、苏州、南京、上海），就不只因为有远近历史留给它们的大量景观遗产，还有后人对这些遗存给予的恰当保护（拥有相当数量的文保单位、文化遗址得到妥善的保护和利用、文化部门登记在册的博物馆的居民拥有量等指标在全国居前）。其中，也许北京、杭州、南京、上海城市范围都很大，旅游者到了那里可能一时感觉不出这种文化氛围，但如果到了苏州，其对历史文化的妥善保护和展示利用，就会让你目不暇接：有拙政园、留园、网师园、耦园、退思园和沧浪亭、狮子林、艺圃等著名的古典园林，有平江路、山塘街等历史文化名街，有昆山周庄、昆山千灯、昆山锦溪、吴江同里、吴江震泽、吴江黎里，吴中角直、吴中木渎、吴中东山等中国历史文化名镇，有苏州博物馆、苏州城墙博物馆、苏州东吴博物馆、苏州革命博物馆、园林博物馆、苏州丝绸博物馆、中国苏绣博物馆、中国昆曲博物馆、苏州评弹博物馆、苏州中医药博物馆、江南茶文化博物馆、苏州工艺美术博物馆、中国苏作家具博物馆、苏州木雕博物馆、苏州砖雕博物馆、苏州御窑金砖博物馆、苏州民俗博物馆、苏州国宝钱币博物馆、苏州市名人馆、苏州状元博物馆、唐寅故居遗址等大大小小或公或私的博物馆，还有浸透了历史文化的吴门画派，以及苏绣、宋锦、丝绸服装、碧螺春茶、桃花坞木版年画等，所有这些，都会给你带来无限的震撼。

更应该看到，在基本要素竞争力板块中，本课题组不仅注意到了对资源的已有保护利用的实绩，而且注意了城市建设者和管理者对下一步努力的谋划。除了上面刚刚说到的历史文化独特资源分组指标下的三项单项指标，还把城市休闲和旅游规划的诸多努力设定为分组指标的城市休闲和旅游空间基础（其下的单项指标有规划中休闲和旅游空间有明确范围及空间结构、规划中明确规划出满足不同休闲和旅游需求的空间范围、规划中休闲和旅游空间的规模结构与城市的适宜性、编制了各类休闲和旅游空间规划、将城市最佳生态环境区域开辟为城市的公共休闲空间）。如果城市管理者此前对城市的公共空间关注不足的话，那么及时关注、积极编制开拓公共空间的规划，也就成为再"基础"不过的事了。只要有了这些努力，咱们的指标体系，也会给它们评分的。

也就是说，基本要素竞争力的高低，也不都是"天定"，而是更在"人为"。从人居环境着手，进一步增强城市基本要素竞争力，的确还需各个城市的继续努力。

## （二）努力开拓公共空间，紧抓城市持续发展要素

鉴于城市公共空间对城市居民和外来旅游者的重要性，本研究对城市空间的开拓与优化，也给予了实实在在的关注。不只在城市休闲与旅游竞争力

指标体系的第一板块基本要素驱动中有分组指标的"城市休闲和旅游空间基础"的基础性安排，而且在第二板块的效率增强驱动中，更在高一层级的类项指标的"休闲与旅游服务空间"下安排了城市竞争力中必须有的"休闲与旅游服务空间的结构及对其的开拓、保持与优化"。不仅如此，又在第三板块的创新与成熟度驱动竞争力里，把公共空间的服务优化纳入了环境与资源的保护利用、休闲和旅游服务业的拓展、旅游公共服务的拓展、对弱势群体的关爱等维度的类项指标之中。

之所以如此，也正是因为本报告对休闲和旅游竞争力与现代城市发展方向的契合的高度关注（见"进程"部分的已有阐述）。在联合国 2016 年"人居Ⅲ"会议上，在联合国文件《新城市议程》（2016）及此前联合国人居署文件《城市与区域规划国际准则》（2013）中，已经让我们清晰地了解到，在联合国大家庭的视野里，公共空间不只是当前人居规划的一个要素，更是城市可持续发展的核心要素。

就其范围而言，城市的公共空间，大体包括了城市水体、城市水岸、城市湿地、城市绿地、绿道与步行道、城市广场、城市公园、博物馆、图书馆、文化馆、文化营业场所、商业街区、历史地段与历史街区，还有城郊的郊野公园、风景名胜区、自然保护区等，以及城郊地域广袤的河流、湖泊、山地、旷野、峡谷、瀑布、海滨、草原、湿地、森林、果园、农家乐的田园和牧场等等，当然也包括了 20 世纪 70～80 年代国内城市发展时竞相开创的 CBD（Central Business District，中心商务区）和"CTD"（Central Tourist District，中心旅游区）的建设，以及随后提出的 RBD（Recreational Business District，休闲商业区）和 TBD（Tourism Business District，旅游商业区）等建设起来的建筑物的开放区域与街区。显然，对不少城市而言，这些空间都有待于进一步拓展和优化，它也是各个城市地方政府可以大有作为，从而获得城市居民衷心拥护的地方。

基于"为人民服务"思想的熏陶，也许还有《雅典宪章》等国际文件的启示，其实在 2016 年联合国"人居Ⅲ"之前，全国不少城市都在公共空间的规划和开拓上做了不少工作，不仅全国都有，成绩也大多让老百姓感到满意（见表34）。比如最为民众称道的杭州市的"还湖于民"，就是一个典型的实例。

表34　城市居民对公共空间的需求

| 类别 | 空间类型 | |
|------|----------|------|
| 城市环境空间 | 城市绿地(草地、林地)、城市水体、城市水岸、城市湿地等 | 一般日常生活休闲 |
| 传统设施空间 | 城市公园、城市广场、园林小品、步行道与绿道、运动自行车与跑步环道、健身场馆、博物馆、图书馆、文化馆、历史地段与历史街区、文化营业场所(影剧院、音乐厅、网吧)、商业街区、社区活动中心等 | |
| 现代综合设施空间 | 中心旅游区、旅游商业区、休闲商业区、中心商务区、餐饮聚落等 | |
| 公共环境与设施空间 | 郊野公园、风景名胜区、自然保护区等 | 假日旅游休闲 |
| 农家空间 | 农家乐的经营场地、乡村田园、牧场等 | |
| 郊野自然生态空间 | 河流、湖泊、旷野、山地、峡谷、瀑布、草原、湿地、森林、海滨等 | |

资料来源：本课题组资料库。

杭州的西湖，从远古的海湾，演变为天然湖泊，这是大自然的恩赐；又因后来运河交通的开辟，尤其是南宋开国的头几十年对湖体及周边河道的多次治理，更使得它从灌溉用水源、生活用水源，逐渐演化成了百姓的游览休闲之地，形成了杭州这座古城内抱清水的"三面云山一面城"的城市格局。可是这片百姓喜爱和文人咏赞的西湖，在历史的演变中却被官商权贵蚕食得不成样子，即使到了20世纪80年代初，在环湖公路圈内的280余公顷区域面积中，也有80多公顷为工厂、企业、部队、机关、疗养院等单位和居民占用。可喜的是，1983年杭州市领导班子达成了共识，下定决心"拆旧还绿，还湖于民"。1984年开始了大规模的拆迁，经过多届市领导和各方面的齐心协力、克服阻力，终于拓展了园区，打扮出了靓丽的西子。但是，杭州"还湖于民"的努力并未止步，2002年4月，杭州市第十届人民代表大会第一次会议上通过的《政府工作报告》又决定将西湖环湖南线景区整合工程列为 2002 年"为民办十件实事"之首。2002 年国庆时，西湖景区开始拆除自己的外围围栏，并以其崭新的面貌，迎来了第一批免费的游客。新华社当天就向国内外发出了杭州"还湖于民"新进展的大新闻。

西湖免费开放，得到了全国百姓的一致好评，也引来了国内不少城市的争相效仿。除了一些城市的城市公园陆续开始免费接待游客之外，2009 年 5 月，长沙橘子洲景区与岳麓山风景区等相继免费开放；2009 年 9 月，济南也将巨资建成的大明湖新区免费开放；2010 年 10 月和 11 月，南京的玄武湖景区和中山陵陵寝区又先后免费开放。在那几年，这种公共服务区域的竞相免费开放，甚至成为当时城市管理者你追我赶的潮流。

尽管有了如此成绩，西湖的"环湖于民"也仍然在继续前进，为了更进一步做到还湖于民、还景于民、还园于民，2014 年 1 月杭州市领导又召开会议，提出坚决全面关停西湖景区公园和历史文化建筑内的高档经营场所，在关停了西湖会、莲庄、听涛居、抱青会馆、柳莺玖号 5 家会所后，又关停了吴山会馆、井外天、新荣记、海陆会、嘉纳餐饮、静逸别墅、菩提精舍、涌金楼、御尊园、学士居，以及景区公园内所有名人故居和文化遗址内的高档经营场所，以向广大普通民众平等开放。

这不得不让人联想到联合国"人居Ⅲ"会议文件提出的"'公共空间引领'（public – space led approach）的概念：为了满足城市未来的发展，城市有规划地拓展其空间时，应该采用公共空间引领开发建设的方式"，"所谓的公共空间，根本属性并不是产权，而是在于主要功能，这些空间可能属于公共所有，也可能产权上属于私人业主，但是，只要它是为公众服务的，就应归入公共空间的范畴"①。很显然，杭州坚持公益性、大众化、可进入原则，用于各种公共服务的安排，是与国际进步理念完全接轨的。

联合国"人居Ⅲ"会议所说的"所谓的公共空间，根本属性并不是产权，而是在于主要功能"，是一个如何安排公共空间的极有价值的理念。就

---

① 石楠：《"人居三"、〈新城市议程〉及其对我国的启示》，《城市规划》2017 年第 1 期，第 9～21 页。

像微观经济学的公共品、私人品、俱乐部品的基础理论一样，它把使用权看得比产权更有价值。如果把过去官商权贵蚕食西湖看成是把公共品变成了私人品，高档会所的"闲人免进"是把公共品变成了俱乐部品，那么西湖空间的腾退和高档会所对民众的普遍开放，就是西湖完成了回归公共品的实质。

这种不拘泥于产权的对公共空间的开拓，或者把已有固定使用方向的空间适度地向公众开放，北京也有一些很好的实例。如北京市旅游委2012年公布的105个"旅游开放日开放单位名单"，既有一批包括中国航空博物馆在内的专业博物馆，也有一批包括北京大学在内的高等学府，还有一批研究机构和公用事业管理部门，以及许许多多公私企业，如北京金融资产交易所、北京轨道交通指挥中心、北京交通运行监测调度中心、北京市怀柔区污水处理厂、北京野生动物救护中心、北京宋庄画家村、中国戏曲学院、私立新东方学校、吉利大学、北京市私立汇佳学校、荣宝斋、珐琅厂、内联升、王致和腐乳科普馆，以及北京600多岁的老字号鹤年堂等等，这都是无论北京市民还是外来游客，一听名称就想去的地方。

如果再注意北京市科技委和北京市科技协公布的2013~2015年"北京市科普基地名单"，那些自动申报并经过研究批准的单位就更多了，包括了清华大学等在京的几乎所有著名高校，包括了中国科技馆等在京的几乎所有科技含量最强的博物馆，包括了北京动物园等在京的几乎所有传统学科的研究基地，包括了中国科学院高能物理研究所等在京的几乎所有的高精尖科技研究部门，这些教育基地、研发基地等足足有241家，它们的有时限有组织的对外开放，无疑成为老百姓喜爱的提高素养的公共空间。

其实，在中宣部、科技部、国家发改委、教育部、财政部、中国科协等七部门根据《全民科学素质行动计划纲要（2006—2010—2020年)》等文件于2006年颁发的《关于科研机构和大学向社会开放科普活动的若干意见》中，就明确规定了"各级政府举办的从事自然科学、工程科学与技术研究的单位和相关高等院校"下属的有关部门场所"坚持公益性原则，不以营利为目的，突出社会效益"适时向社会开放的要求是早已明确了的，而且对这种开放活动"体现实践性、体验性、参与性和时效性"的特征还给予了特别的强调。如果这一重要的指导意见能够得到贯彻，我国各个城市科技普及的公共空间，将是多么广阔啊！遗憾的是，或者是因为一些研究机构和高等学校的老负责人退休了，或者是因为新继任的负责人不知道国家还有这样一份重要文件，再加上一些地方政府的发改委、教育厅局、财政厅局、地方科协等的执行力也弱了一些，以致许多城市的这一指向国民素质提升的公共空间并没有得到很好地开放，科普活动也没有很好地开展起来。不过，如果从现在起就重视起来，也不算迟。

除了现成空间对大众的开放外，公共服务空间的新开辟也是非常重要的。仍以杭州为例，这座城市对公共空间的新拓展，也同样是令人鼓舞的。西溪、湘湖等的开拓，都是很有说服力的好事例。

回顾十多年前，在下定决心要将西湖"还湖于民"之后，2003年杭州市又开始对西溪湿地进行综合保护。2005年，西溪综合保护完成了它的一期工程并正式开园时，就被国家林业局批准为首个国家湿地公园。

这个位于杭州市区西部的公园，与西湖一样，原本是在古海湾河滩遗存的基础上，经上千年人类活动的影响，进而形成的城市边缘次生湿地。它和它的周边，也成了当地居民渔樵耕种的生活场所，而且多少年来它也在一定程度上承担着杭州地方的生态环境的调节功能。在历史上，它经过了汉晋肇始、唐宋勃兴、明清繁盛及至民国衰落的多个演变阶段。2003年，因为杭州市领导的关注而开始了它的综合保护工程；一期，2003年启动，2005年建成开园；二期，2006年启动，2007年有限开园；三期，2007年启动，2008年有限开园。到了2009年，经国际湿地公约秘书处批准，一跃进入国际重要湿地名录。这个分布着许多河道、河港、湖塘、沼泽等水域的湿地，加上杭州地区降水丰沛，故而带来了各种动物和植物的生息繁衍，不仅科学研究者喜欢这个人与自然和谐共处的好地方，普通居民也喜欢到此休闲。由于它离西湖和杭州城区只有五六公里的距离，自然也就成了杭州居民休闲和旅游的好去处。连续多年的努力，加上在对地貌生态和各种资源非耗损的利用中开辟出了许多景点和休闲处，如果暂且不提西湖的历史遗存，一些年轻人甚至感到西溪的引力绝不亚于西湖。2012年1月这座规划总面积11.5平方公里的西溪湿地公园，又以"西溪湿地旅游区"之名进入"国家5A级旅游景区"名录。

在城市公共空间的开拓方面，不仅有杭州的许多实例，全国的不少城市，如北京、天津、青岛、济南、南京、上海、福州、厦门、广州、深圳、成都、重庆、西安、长沙、武汉、桂林等地，对城市公共空间的开拓也都成效显著。不可否认，也有一些城市的工作成效目前还没有鲜明地显现出来。在继续前进的路上，各个城市不仅可以不断地总结自己的经验，也可以努力地相互借鉴学习。应该说，公共空间的开拓也可以是不拘一格的。如果回忆一下本报告"起点"里述及的《雅典宪章》第二章所明确指出的市民在三类长短不同时间内的休闲需要（包括旅游），复习一下《雅典宪章》从城市规划的层面用6个小节提出的城市建设要求，那么我们城市的公共空间的开拓与优化，仍然还是有许多工作可以继续做起来的。

这里还有一个公共空间的进入方便性问题需要补充讨论一下。既然是休闲，除了中长距离旅游离不开的长途跋涉外，近地休闲就不能不考虑交通通达问题。有研究者以城市绿地为例，提出了公共空间建设的"可达性"指标，"传统的城市绿化质量评价指标有着很大的局限性，为补充这一不足，本文提出，用景观可达性指标作为城市绿化质量的一个衡量指标"[①]。有的研究者更是提出了在公共空间的规划和管理中运用"地理信息系统"预先测度公共空间的距离问题，"无论是微观可达性还是宏观可达性，将特殊的计算方法和通用的 GIS（地理信息系统）功能相结合，可以产生直观、精确、丰富而又简练的信息，为规划、管理、投资等领域的各类决策服务"[②]，以期缩短公共空间与使用者间的隔离程度和费用距离。这些也都是城市在公共空间开拓时应该注意的。

---

① 俞孔坚、段铁武、李迪华、彭晋福：《景观可达性作为衡量城市绿地系统功能指标的评价方法与案例》，《城市规划》1999年第8期，第8~11页。

② 宋小冬等：《再论居民出行可达性的计算机辅助评价》，《城市规划汇刊》2000年第3期，第18~22页。

## （三）发展公共服务，坚持为民办实事

人们的休闲和旅游活动，除了休闲群体（或旅游群体）内部的互动和群体间的互动外，也离不开社会的供给。这些供给有的是通过市场从商家那里单独购买的稀有品；有的虽然也需要付费，但提供者提供的却是没有排他性的某种类型的公共服务；有的甚至是社会免费提供的。有时候，即使商家提供的是稀有品，也往往离不开对公共环境或政府服务的依存。

这就涉及公共服务的理念问题。公共服务的理念，来自公共品。在西方经济学中，有一组互不相同又互有联系的概念，那就是公共品和私人品。简单地说，公共品就是指那些并不因为任何人增加对该类物品的使用而减少的物品，它是具有非竞争性和非排他性特点的物品；而私人品则指那些物品数量将随人们增加对它的使用而相应减少，且具有竞争性和排他性特点的物品。

在对公共服务的认知中，目前的共识是：公共服务是在公共品的生产、供给和公共需求中，由政府以及公益性组织等所承担提供的那一部分；另外，它也不排除在政府主导下的市场供给。也正是因为如此，自 2007 年开始，我国国家领导人就十分明确地提出了有关加快我国公共服务体系建设的方针。[①] 2010 年，中央更明确地将不断建设和完善公共服务体系作为"十二五"的任务提了出来：要"着力保障和改善民生，必须逐步完善符合国情、比较完整、覆盖城乡、可持续的基本公共服务体系，提高政府保障能力，推进基本公共服务均等化"。同时又指出，"提高政府提供基本公共服务的能力，是贯彻落实科学发展观、推进经济发展方式转变的重要保障，是转变政府职能、建设服务型政府的内在要求，也是改善民生、促进社会公平正义、实现全面建设小康社会目标的重要着力点"[②]。

正是有了这样的认识和决心，我国及时编制了《国家基本公共服务体

---

① 《高举中国特色社会主义伟大旗帜　为夺取全面建设小康社会新胜利而奋斗》，中国共产党第十七次全国代表大会报告，2007 年 10 月 15 日至 21 日。

② 《中国共产党第十七届五中全会公报》，新华社，2010 年 10 月 18 日。

系"十二五"规划》，国务院在 2012 年 7 月以"国发〔2012〕29 号"通知的形式，将这个规划印发给了全国各省、自治区、直辖市人民政府，以及国务院各部委、各直属机构，以期推动全国公共服务建设工作的贯彻执行。也正是鉴于我国旅游公共服务供给与需求之间的差距，在中央的指示和全国"十二五"规划的指导下，为了进一步推动我国旅游休闲的健康发展，国家旅游局在《中国旅游业"十二五"发展规划纲要》制定完成后，又于 2011 年底补充发布了《中国旅游公共服务"十二五"专项规划》。

公共服务的属性，在于它的公共性、普惠性和公平性。但是在具体实施中，公共服务的范围又因国家或地区经济发展水平的高低和地方政府能力的大小而有所差异。总体上，它应该包括公共教育、公共卫生、公共文化等社会公共事业，包括公共交通、公共通信等公用设施建设，也包括社会就业、社会分配、社会保障、社会福利、社会秩序等公共制度建设，以期能够解决大众的生存、发展问题，改善生活条件，提高生活素质，以及维护社会稳定，推动社会进步需要。

旅游公共服务是公共服务的一部分。较为广义的旅游公共服务，是指在旅游公共服务政策下由政府行为或政府主导下的市场行为完成供给的旅游公共服务设施和旅游公共服务产品。其服务也同样具有公共性、普惠性和公平性。而狭义的旅游公共服务，则专指部分仅针对旅游者而设计与提供的旅游公共服务。此外，还有更为宽泛的旅游公共服务的概念，那就是把有关旅游的公共服务都包括了进来。三者之中，以第一种概念更能够获得多数人的共识。随着人们认识的拓宽，旅游公共服务现在已经发展成为休闲和旅游公共服务。

近年来，我国旅游管理方面的工作人员几乎都知道，北京市旅游公共服务的建设是走在全国前面的。在本课题对休闲和旅游竞争力进行评价的结果中，之所以北京市能够在创新与成熟度驱动力板块独占鳌头，原因也是北京市在该板块驱动力的旅游公共服务的拓展、休闲和旅游的辅导与公共教育、对弱势群体的关爱等多个维度的类项都是全国首屈一指的。如果继续追问北京旅游公共服务为什么能够名列前茅，那还在于它对国家加快公共服务体系建设的方针的领会和行动更早。比如在 2011 年 4 月北京旅游发展委员会成立时，其下面就首创了一个业务处室——旅游环境与公共服务处，用以推动北京全市的旅游公共服务建设。做出这样的决定，是因为在这之前，北京市旅游局在总结落实北京市"为民办实事"的"折子工程"的经验时，就意识到了这就是北京市推动旅游公共服务建设的重要组成；而这一总结又得到了北京市政府的充分肯定。

另外，2008 年北京市旅游局建设北京旅游综合信息服务系统，增加无线服务和视频服务，完善网上旅游地图，开辟旅游预订渠道，全方位提供饭店、旅游景点、旅行社和一日游等旅游服务信息查询；2009 年打造旅游安全屏障，加强重点景区安全管理，开展重点景区周边非开放山区的野外应急救援辅助定位系统建设，包括设立相对制高点的太阳能灯杆导向标志等应急救援设施；2010 年后对各级景区停车、购物、餐饮、公共电话、厕所、医疗急救、安全警示、服务质量投诉、游客服务中心等场所的标识系统进行改造和完善；新增和改造各类指引和提示标识牌，以及各类导示牌、导览牌、全景牌等的设置；为 A 级景区配送轮椅；在北京市二、三、四、五环路的主干道和支干道设置有北京主要旅游景区的指引牌；部署北京市城六区 4A 级以上的景区设置 5 种文字的景区全景图；根据北京市政府提出的建设"智慧旅游"城市的目标，实现"智慧北京便利旅游"；等等。这都体现出北京市旅游公共服务建设走在了全国前列。

更突出的是，在 2011 年 4 月北京旅游委设置的旅游环境与公共服务处一开门就抓了一件关键性的工作，那就是与原来在公共服务领域的合作伙伴——北京联合大学旅游学院签订了开展"北京旅游公共服务体系建设研究"的合作协议；而随着该课题的顺利结项，2011 年 12 月便完成了《北京市旅游环境与公共服务体系三年建设指导意见》，并从 2012 年起在全市实施。所以在 21 世纪的第二个十年，北京市旅游委员会才在旅游公共服务建设方面做出了那些优异的成绩。

本研究报告的第三大驱动力板块创新与成熟度竞争力所设置的休闲和旅游公共服务指标，目的也就是要肯定各地在旅游公共服务方面的努力，并进一步推动它的提升。为了更好地推动休闲与旅游公共服务的建设，有必要再对公共服务体系、基本公共服务体系、休闲和旅游公共服务体系这三个密切相关的概念进行必要的厘清。如果能够注意一下图 11 的示意，对于三者间的关系也许就会有较为清晰的认识。

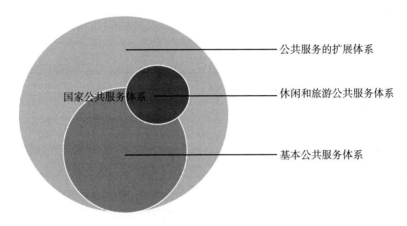

**图11　公共服务的扩展体系、基本公共服务体系及休闲和旅游公共服务体系关系**

资料来源：北京联合大学旅游学院北京旅游公共服务体系建设研究课题组：《北京旅游公共服务体系建设研究》，2011。

图 11 显示，国家公共服务体系包含着两大部分，一是国家的基本公共服务体系，二是基本公共服务体系之外的其他扩展体系。国家的基本公共服务体系不仅位于国家公共服务体系的核心位置，而且是国家公共服务体系的基础。

休闲和旅游公共服务体系是整个公共服务体系的一个重要组成部分，它的一部分是在国家基本公共服务基础上的拓展，另一部分属于基本公共服务体系的组成部分。所以，城市建设时必须充分注意休闲和旅游公共服务体系与国家基本公共服务体系的关联，注意其在国家公共服务体系中的位置，从而将城市的休闲和旅游公共服务体系很好地建设起来。

关于城市的休闲和旅游公共服务体系，在北京市旅游委 2012 年 1 月公布的《北京市旅游环境与公共服务体系三年建设指导意见》对 2012～2014 年三年的工作部署中，就已经有了相当详细的表述；北京将重点建设八大旅游公共服务体系，即公共信息服务体系、旅游安全保障体系、旅游交通便捷服务体系、旅游惠民便民志愿者服务体系、旅游知识普及与旅游责任教育体系、旅游环境保护和旅游好客环境体系、旅游环境与公共服务的监管与评价指数体系、旅游环境与公共服务建设规范及标准体系。① 这八大体系，明显是对此前"北京旅游公共服务体系建设研究"课题报告提出的八大体系的运用，同时也是尽量领会国家旅游局有关旅游公共服务的安排，向《中国旅游公共服务"十二五"专项规划》等的部署要求和其五大体系（公共信息服务体系、安全保障服务体系、交通便捷服务体系、惠民便民服务体系、旅游行政管理部门②）靠拢形成的。显然，这八个方面的工作如果能够安排好，那么外来旅游者也好，本地休闲者也好，他们的旅游休闲体验也一定能更上一层楼。③ 因此，北京旅游委的这一部署不仅受到了当时媒体的一致称道，也得到了上级的肯定，同时引来了兄弟省市的"取经"。从其内容来分析，这个系统也是完全适用于休闲和旅游公共服务的。

为了落实这些旅游公共服务的工作安排，北京市的这些项目每年都得到了地方财政的经费支持。毕竟政府是提供公共服务的主体。如果从广义的角度来看，休闲和旅游公共服务也不是每一件都必须由政府部门来直接提供。公共服务的提供者，既有政府，有民间非营利组织，也有相关企业。如果就典型的公共服务而言，政府从来都是公共服务供给的主导力量。作为休闲和旅游主管机关的政府部门，既是休闲和旅游公共服务的推动者和监管者，也是休闲和旅游公共服务的直接提供者和相关活动的组织者。许多公共服务的代理提供者，也是受托或受雇于政府，或者是政府完

---

① 北京市旅游发展委员会：《北京市旅游环境与公共服务体系三年建设指导意见》，2012 年 1 月 31 日。

② 国家旅游局：《关于印发中国旅游公共服务"十二五"专项规划的通知》（旅办发〔2011〕222 号），2011 年 12 月 30 日。

③ 北京市"北京旅游公共服务体系建设研究"课题的启动，比国家旅游局《中国旅游公共服务"十二五"专项规划》的制定略早一些；课题报告完成时，上面的《规划》还没有公布；在北京编制《北京市旅游环境与公共服务体系三年建设指导意见》时，得知国家旅游局"公共服务规划"编制的消息，于是北京市旅游委对自己正在编制的"三年建设指导意见"做了一些调整，以使之尽可能地与国家旅游局的规划保持一致。

成这一任务的合伙人。

很显然，政府在休闲和旅游公共服务中，除了可以提供资金、土地、物资、人力外，更重要的是，它是有关旅游公共服务政策、规划、规范、办法的制定者或制定工作的推动者，同时还是有关政策、规划、规范、办法实施者或者实施的监督者，它不仅担负直接提供公共服务的责任，而且以一种合作的方式带动民间非营利组织和相关企业一同推进旅游公共服务的建设，推动旅游公共服务的运行，在有关的建设和运行中，又被赋予了监管的责任。

关于休闲和旅游公共服务中政府的贡献作用和其运行方式如图12所示。

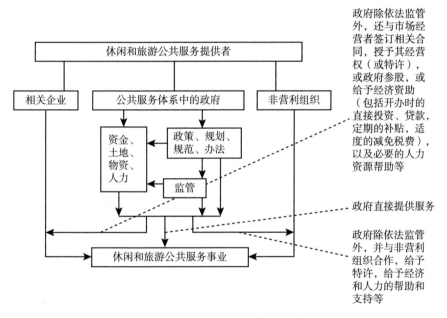

**图12　休闲和旅游公共服务中政府主导功能及其运行**

注：引自刘德谦《旅游规划七议》，中国建筑工业出版社，2018，第330页。征得该书作者同意，本图略有改动。

休闲和旅游公共服务体系如果要比此前的旅游公共服务体系更完善，那么最需要拓展的，应该是对本地居民休闲的关注，其中最为突出的应该是居民居住社区的休闲安排，如社区的休闲空间拓展、设施的建设；社区休闲生活的多元化安排与辅导、社区人际关系的改善；对短时段休闲方式的开拓性探索；等等。

在休闲和旅游公共服务建设方面，包括本报告"名列前茅 30 城"在内的全国许多城市都取得了很大的成绩；但是由于某些因素的制约（包括财政经费的划拨等），不少城市自己觉得本地有关公共服务的开拓并不令人满意。值得重视的是，几乎每个地方政府每年都要立项的"为民办实事"，可能都会与本地休闲和旅游公共服务的立项有关联，如本报告上面讨论开拓公共空间时，就已经找到了杭州广受全国超赞的"还湖于民"与杭州市政府"为民办实事"的密切关系，在本报告前面讨论发展公共服务时，我们又了解到北京拔得头筹的旅游公共服务与北京市政府"为民办实事"的密切关系。这些城市公共服务的重大发展得益于政府"为民办实事"折子工程的实践，证明了各个城市"为民办实事"的项目选择，确实是努力提升城市休闲和旅游竞争力的一个十分重要的途径。

全国各个地方政府自 20 世纪 80 年代中期开始的"为民办实事"工程，至今各个城市都在继续推进，而且一浪胜一浪，老百姓欢迎，政府也主动，既体现为人民服务的不忘初心，又有财政的经费保证。如果在地方政府每年征求"为民办实事"项目名单时，人民群众或地方旅游休闲主管部门，能够主动推荐几项休闲和旅游公共服务项目进去，只需不多的几年，城市的休闲和旅游公共服务建设就会有更大的改观。城市的管理者和经营者必须意识到，发展公共服务、增进民众的获得感，体现的就是地方政府实实在在地在坚持为民办实事。

### （四）增强休闲和旅游的供给，落实造福民众

本研究将休闲竞争力与旅游竞争力叠加在一起，称为"休闲和旅游竞争力"，这"竞争力"既然冠之以"休闲和旅游"，其覆盖面就不但包括本地居民的本地休闲，也包括外来旅游者的异地休闲（即旅游），从实质上来考量，它们的关系实在太密切了。

从人们的行为上去考量，这"竞争力"不仅有对外来旅游者与本地居

民休闲的适应，而且有着对旅游发展新变化的适应（譬如对本报告前面曾分析到的对慢旅游的深层体验的适应）。

从休闲发展的新趋势来看，近年来民众的运动健身休闲也与文化休闲一样，正在成为人们选择的热点。从学科的进展来看，人们休闲的日趋丰富，在海外的研究和教育体系的变化中，已经出现了旅游业学科、休闲学科及体育健身运动学科潮流的汇合。

不过，虽然已经有了这三者逐渐融合的趋势，但在我国现实生活中，目前这种融合并不十分强烈。虽然在老百姓选用和享受的各种传统休闲方式中，已经有着休闲、旅游、健身融合的内容，但是在涉及民众的休闲，尤其是节假日休闲和现代休闲时，社会舆论的关注、社会的公共服务、商家的服务供给，也都存在着一些不足。本报告前面已经分析到的节假日期间旅游交通和旅游景区出现的大拥堵现象，其中的原因之一，就是一部分老百姓并不熟悉多样化的休闲（尤其是现代休闲），同时社会的休闲服务供给还存在着旅游服务的单一性，也就是社会层面的多元化休闲供给还没有很好地成长起来。

在总报告前面论及本课题研究的"起点"时，我们已经分析了世界各国休闲发展共同受到的三个部分七个方面的制约，[①] 也分析了积极优化休闲供给在克服制约因素中的关键作用（即在积极引导居民努力克服周边人际关系等对自己休闲的制约，积极辅导居民熟悉更多休闲方式与技能的同时，推动公共休闲服务供给的优化，推动市场休闲供给的优化，推动各个城市休闲供给环境的优化）。这确实需要全社会来予以关注（见表35）。

---

① 制约因素的三个部分七个方面中，第一部分是基础性的制约（包括休闲时间的制约、居民可自由支配收入的制约）；第二部分是休闲供给的制约（包括公共服务供给的制约、市场供给的制约、供给相关环境的制约）；第三部分是居民自身的制约（包括居民人际关系制约、休闲者自我因素制约，而自我因素制约又包含了认知、喜好的局限和休闲技能的局限）。见《2011 年中国休闲发展报告》，社会科学文献出版社，2011，第48页。

表35　休闲的制约因素与克服动力

| 制约因素 | | 克服动力 | |
|---|---|---|---|
| 三个层面 | 七个侧面 | 动力来源 | 措施 |
| 基础性的制约 | ①休闲时间的制约 | 得益于国家的发展与政策的制定 | 适时调整工时制度和节假日放假办法 |
| | ②居民可自由支配收入的制约 | | 在劳动生产率提高的基础上继续提高工资 |
| 休闲供给的制约 | ③市场供给的制约 | 依赖于市场的发育和地方政府的安排 | 努力唤醒市场、培育市场 |
| | ④公共服务供给的制约 | | 地方政府加强公共服务建设 |
| | ⑤供给相关环境的制约 | | |
| 居民自身的制约 | ⑥居民人际关系制约 | 社会的辅导与自我的提高 | 全社会加强友善互助和包容的教育 |
| | ⑦休闲者自我因素制约 | | 社会各方面积极开展辅导与教育提高自我认识与努力学习休闲技能 |

资料来源：本课题组资料库。

### 1. 发挥"供给侧改革"的动能

在当前国家考虑如何纾解人民日益增长的美好生活需要和不平衡不充分的发展之间的矛盾的时候，关于城市居民的休闲要求与休闲供给不足的问题，也需要得到相应的重视。在本竞争力研究考量的休闲和旅游竞争力的三大驱动力中，都有着对城市休闲的安排与拓展的考量，尤其是在效率增强驱动力和创新与成熟度驱动力两大板块中，更是明确地设置了休闲和旅游服务空间、休闲和旅游接待运行和休闲和旅游服务业的拓展、城市休闲和旅游服务质量与人员保障来推动城市休闲供给配置的改善。

如果简单归纳起来，是否可以把我国休闲供求的现状概括为这样三种状态。第一种状态，表现在旅游休闲的供求方面。目前，我国居民休闲时选择外出旅游的最多，同时旅游服务供应量也相对较为充足，而且旅游形式也日趋多样；但是假日期间的消费却过于集中，从而出现了供不应求的一时紧张。第二种状态，表现在文化休闲的供求方面。目前，居民对文化休闲的需求正在不断增长，可是其潜能尚未得到充分释放，同时供给也不够充分；另外，居民的文化休闲方式还需要有更多的变化，除了中老年妇女的广场舞，现在人们文化休闲活动较多的还是偏于单一的文化欣赏。第三种状态，表现在健身体育休闲的供求方面。目前，居民的健身体育休闲需求正在开始实现，不过大多局限于传统项目，除了供给不平衡外，现代健身体育项目还未能真正成长起来。

因此，在当前有关供给需要增量响应的时候，还必须有更具针对性的策划与措施。在旅游供给上，应该更加注意它的多元化，注意提升其品位和内涵，并适度引导旅游者错峰消费和多样休闲选择的分流。

而对于文化休闲和运动体育健身休闲，则需要更多的"供给侧改革"的思路，以期能够用开创性理念逐渐开拓出更加多元化的项目和产品，从而唤醒更多消费者的消费愿望，用产品引导并创造出源源不断的需求，以产品的发明和优化创造市场。20 世纪后期和 21 世纪初，主题公园在世界的出现与发展，就是供给侧动力发挥的结果。或者就像无线通信的手机，现在全球的亿万用户，其实就是当初产品发明者所希望产生的消费人群。

因此，除了异地休闲旅游的发展外，在文化休闲项目和产品的供给方面，在运动体育健身休闲项目和产品的供给方面，也需要大力用"供给侧改革"去唤醒市场，以期能够逐渐发挥出它对市场应有的引领作用，引领资源的配置与市场的转型和升级。现在我国的社会主义市场经济制度，被西方经济学称为混合经济，但是，即使是熟悉市场经济的萨缪尔森，在其著作里也说"作为经济学家我们应该超脱党派纷争来考察政府的作用——政府在混合经济中的比较优势"[①]，进而发挥出政府应有的作用。下面两小节将要讨论的，就是对积极扩展文化休闲的供给力和大力培育体育健身休闲的供给力的建议。

2. 积极扩展文化休闲的供给力

我国文化事业和产业的发展，成绩是十分卓著的，如据文化和旅游部2019 年 5 月发布的上一年的数据，"截至 2018 年末，全国各类……艺术表

---

① 〔美〕保罗·萨缪尔森等：《微观经济学（第十七版）》，萧琛主译，人民邮电出版社，2004，第 260 页。

演团体 17123 个，比上年末增加 1381 个；全年演出 312.46 万场，比上年增长 6.4%；国内观众 13.76 亿人次，增长 10.3%。公共图书馆 3176 个，比上年末增加 10 个；图书总藏量 10.37 亿册，增长 7.0%；全年全国公共图书馆流通总人次 8.20 亿，增长 10.2%；全年共为读者举办各种活动 179043 次，增长 15.1%；参加人次 10648 万，增长 20.2%。群众文化机构 44464 个，比上年末减少 57 个；全年共组织开展各类文化活动 216.48 万场次，比上年增长 10.9%；服务人次 70553 万，增长 10.3%"①。如据 2020 年 2 月国家统计局发布的《2019 年国民经济和社会发展统计公报》的最新资料，截至 2019 年末，"全国文化和旅游系统共有艺术表演团体 2072 个，博物馆 3410 个。全国共有公共图书馆 3189 个，总流通 87774 万人次；文化馆 3325 个。有线电视实际用户 2.12 亿户，其中有线数字电视实际用户 1.98 亿户。年末广播节目综合人口覆盖率为 99.1%，电视节目综合人口覆盖率为 99.4%。全年生产电视剧 254 部 10646 集，电视动画片 94659 分钟。全年生产故事影片 850 部，科教、纪录、动画和特种影片 187 部。出版各类报纸 315 亿份，各类期刊 22 亿册，图书 102 亿册（张），人均图书拥有量 7.29 册（张）。年末全国共有档案馆 4136 个，已开放各类档案 14341 万卷（件）。全年全国规模以上文化及相关产业企业营业收入 86624 亿元，按可比口径计算，比上年增长 7.0%②"。无论是 2018 年的发展业绩，还是 2019 年的发展业绩，都已经为全国人民享受改革开放和国家建设的成果，奠定了很好的基础。美中不足的是，无论是艺术演出，还是图书借阅，或者群众文化活动的服务，全国平均每人一年所享有的服务却仅有一次，甚至不到一次，这与广大人民的需要显然还存在着距离，而且各个城市的发展也不平衡，城乡的发展也不平衡，更重要的是地方政府如何把这些已有的成果让普通百姓更充分地享受到，同时市场还应该为老百姓提供些什么相应的产品，

---

① 《文化和旅游部 2018 年文化和旅游发展统计公报发布》，中华人民共和国中央人民政府网，2019 年 5 月 30 日。

② 《中华人民共和国 2019 年国民经济和社会发展统计公报》，国家统计局网站，2020 年 2 月 28 日。

尤其是老百姓在自己的假日或闲暇中如何才能够把文化休闲融进自己的生活等问题，都需要进一步的思考与解决。

虽然经济学研究中关于"产品可以在流通、交易和服务的环节中创造财富溢价"的提法不一定为每个人所认可，但是产品可以在流通、交易和服务的环节中更好地彰显出它的使用价值，却的确是能够让多数人感觉到的。文化产品也一样，只有通过更广泛的推广、更周到的服务、更细致的关怀，才能够更好地体现出价值来，这也是本小节积极扩展文化休闲的供给力的目的所在。

比如居民的文化休闲生活，如果他爱读书消遣，当他自己感到需要时，最好能有人为他介绍他喜爱的新书，能有同好者与他一起交流，乃至能够听听作者亲口说说写作的体会，这样的阅读生活或者就比一个人闷头读书更有趣味和收获。

如果他爱画国画，当他自己感到需要时，最好能够有人根据他喜好的画家或画派为他提供丰富的资料，能够指点他技艺的提高，或者正好社会上又有多样化的开放性画展，有人与他一起去欣赏品评，乃至还能够提供一个他与同好者一起向公众展示自己创作的机会，这种画画的文化休闲，也许能够进一步拉近普通人与艺术天地的距离。

如果他喜欢看电影，而在赶时髦追热档之余还有更多的对影视艺术的爱好，那么如果公益性文化馆能够有经典影片的小型放映厅的研习型放映，有小众范围的欣赏与交流，那更是一种难得的享受。

如此等等，这就需要我们城市公共文化机构和商家能够有多元化的文化休闲供给，诸如图书馆新书名著的欣赏讲座，各家出版社本社书籍阅览室的对外开放；美术家协会和美术院校走进社会举办各种类型的美术讲习班，以及开放艺术展厅和沙龙，帮助美术家与民众沟通；民间爱好者办起非营利型影视资料馆，影视专业社团举办影视的学习与欣赏活动，邀请编导和演员与观众会面聊天。其目的，就是让老百姓不再是简单的观众，让文化艺术真正走进普通民众的休闲生活，融入百姓的生活。

对普通老百姓来说，从欣赏艺术家创作的作品，观看艺术家的演出，进而让文化艺术融入自己的生活，是他们文化休闲生活的一次飞跃。对此，文化工作者、政府、商家都有大量的工作要做。至于具体的安排，那就远远不止上面列举的这些了，我们的非营利组织、我们的商家，可以开办业余爱好讲习班和周末及假日进修班等去普及文化休闲，诸如国画、水彩、水粉、油画、版画等各种讲习班；木雕、石雕、铜雕、泥塑、篆刻等泛雕塑类的讲习班；表演类专业舞（古典舞、民族民间舞、现代舞、当代舞、芭蕾舞等）、国际交谊舞（伦巴、桑巴、恰恰等拉丁舞，华尔兹、探戈、快步、狐步等摩登舞）、当代国际流行舞（迪斯科、锐舞、街舞等），以及我国流行的广场舞的舞蹈讲习班；等等。具体见表36。

表36　文化休闲融入百姓生活第一步辅导例释

| 类别 | 熟悉与演进 | 质价关注 |
|---|---|---|
| 美术 | 国画、水彩、水粉、油画、版画等各种绘画讲习班 | |
| | 真、草、隶、篆各体各派各家书法讲习班 | |
| | 木雕、石雕、铜雕、泥塑、篆刻等泛雕塑类的讲习班 | |
| 音乐戏曲 | 高音、中音、低音，或独唱、齐唱、重唱、合唱等歌咏讲习班 | |
| | 昆曲、京剧及地方戏曲讲习班 | |
| | 二胡、古筝、琵琶、扬琴、竹笛、箫、唢呐等中国民族乐器演奏讲习班 | |
| | 钢琴、小提琴、大提琴、竖琴、萨克斯、单簧管、长笛、风琴、手风琴，以及架子鼓等西洋乐器演奏讲习班 | 合法经营，内行资质，班次多样，辅导认真，质价相符，线上线下，时间合适，距离方便 |
| 舞蹈 | 迪斯科、锐舞、街舞等当代国际流行舞讲习班，我国城市民间流行广场舞普及与提高班 | |
| | 伦巴、桑巴、恰恰等拉丁舞，华尔兹、探戈、快步、狐步等各类国际交谊舞讲习班 | |
| | 古典舞、民族民间舞、现代舞、当代舞、芭蕾舞等各类表演类专业舞讲习班 | |
| 棋类 | 围棋、中国象棋、国际象棋等棋类讲习班 | |
| 语言文学 | 诗词歌赋文学欣赏和研讨创作讲习班 | |
| | 英法德日西俄等外国语的初、中、高不同层级业余学习班 | |
| | 英法德日西俄等外国语的听、说、读、写的假日强化班 | |
| 家庭生活 | 电脑、手机、iPad等常用通信工具的多样使用与故障排除的实操学习班 | |
| | 家庭日用电器使用学习班 | |
| | 家庭生活的菜肴烹调和糕点制作培训班 | |
| | 其他 | |

资料来源：本课题组资料库。

其中，民众最关心的，应该是讲授者的资质，负责保质的制度，实操的真正辅导，时间与地点的方便，自然也还有质价相符的价格。

不过这种对休闲生活爱好的辅导，还应该有时间和地点的多样安排，包括线上线下的灵活选择（包括源于个人原因，以及在部分地区因意外自然灾害及疫情却又不妨碍多数人开展活动情况下）。有时，这种困境中的休闲往往会更有其存在的价值。

对于这些有待各个城市稳步开发的文化休闲服务，只要地方政府给予足够重视，拿出办法，可以相信，各个城市的有关部门（文旅、教育、工商，乃至消防、卫生等）都会积极地配合起来，加强对它们教学条件和资质的认证与管理，加强价格的管理，加强安全保障的管理。如果再能够不忘初心地一直坚持下去，并且有地方文化厅局等的鼓励（比如定期举办展览、会演或比赛，推动下属区县及社区的积极参与或组织，激励个人或讲习班的报名参与），一座座文化氛围更浓、民众休闲生活更加如意舒适的城市就会形成。

3. 大力培育体育健身休闲的供给力

我国体育事业和产业的发展，也是成绩卓著的，据 2020 年 2 月国家统计局发布的《2019 年国民经济和社会发展统计公报》，截至 2019 年末"全国共有体育场地 316.2 万个，体育场地面积 25.9 亿平方米，人均体育场地面积 1.86 平方米"[1]。如据《中国体育产业发展报告（2019）》的相关数据，"2015 年我国经常参与体育锻炼的人数为 3.99 亿人；2016 年较 2015 年增长1.75%，为 4.06 亿人；2017 年增长至 4.13 亿人，较 2016 年增长 1.72%"，"截至 2017 年底，我国体育场地已……拥有体育公园 697 个，户外体育营地85 个，社区运动场地 3363 个，健身步道 968 个，全国各市、县、街道（乡镇）、社区（行政村）已经普遍建有体育场地，配有体育健身设施，为民众广泛参与健身休闲活动创造了良好条件"[2]。目前，健身运动在我国正在逐

---

① 《中华人民共和国 2019 年国民经济和社会发展统计公报》，国家统计局网站，2020 年 2 月 28 日。

② 黄海燕、陈雯雯：《体育健身休闲业发展报告》，载《中国体育产业发展报告（2019）》，社会科学文献出版社，2019，第 22 页。

渐普及，足球、马拉松、自行车和羽毛球、网球等运动项目也都呈现了良好的发展态势，而且冰雪运动、水上运动、山地户外运动、航空运动、汽摩运动也都开始在我国兴起。

但是，对于我国这样发展中的人口大国，比起全球另一些国家来，现在的发展仍然是很不够的，诚如 2019 年《体育健身休闲业发展报告》所说，我国健身休闲业的发展还存在着这样一些主要问题：一是基础设施不完善；二是有效供给质量不高、数量不足；三是专项人才不足；四是体育消费不活跃。

在国家和民众越来越重视国民体质和健康的今天，居民的体育健身休闲更凸显了它的重要价值。其实无论在我国还是在全球其他国家，体育健身休闲的内容都是极为丰富多样的。从大致的情况来看，体育运动技能，一般可以分为三类：普通运动休闲类、户外运动类、竞技运动类。虽然它们之间也有交叉，但是其所涉及的肌肉动作的幅度大小，其动作是否需要连续、是否需要使用某种工具或装备，以及其运动锻炼的目的等，也是有所差异的。对于体育健身休闲的选择者和爱好者而言，他们之中的不少人并不太关注这三者之间的差异，而大多是根据自己的体质、爱好以及自己所能得到的环境条件来选择。

在居民健身休闲的生活中，除了几乎没有条件限制的散步、慢跑、徒手体操、练拳，以及自行车骑行之外，一般中青年居民习惯选择的多是乒乓球、篮球等。再加上球类运动的竞技性在体育赛事观赏中的引力，对球类运动熟悉也就成了民众体育健身休闲的较多选择。

当然球类运动也是多种多样的，如从其运动与场地的关系来大致归类，则有足球、排球、篮球、手球、橄榄球、水球、门球、沙滩排球、沙滩足球、曲棍球、冰球、乒乓球、网球、羽毛球、板羽球、毽球、保龄球、台球、克郎球、壁球、棒球、垒球、冰壶、地掷球和高尔夫等。它们大多已经为我国居民所熟悉，总体说来，除了所使用的"球"是消耗品外，如果不是正规的比赛，除了高尔夫之外，它们对场地的要求都不太高，危险性也低。如果有选择地在各地适度普及，应该是不太难的。

相对而言，户外运动的要求是比较高的。由于户外运动是在自然场地进行的体育运动，它与大自然的紧密结合与其具有的挑战自我的特性，使得它更得到年轻人的欢迎，甚至成为一些地区健身体育休闲的一种方向选择。

按照一般习惯的活动空间分类，户外运动又有水、陆、空之分。如果把休闲类的一般体育健身和竞技体育也加入其中，则大致有如表37所列项目。

表37　除球类运动外体育健身休闲可开拓空间项目

| 空间依托 | 项目名称 | 类型 |
|---|---|---|
| 水体运动 | 游泳、蹚水及有装备依托的蹼泳、滑水、冲浪、漂流、跳水、浮潜、潜泳、水下定向，以及由舟船乘坐依托的划艇、皮划艇、赛艇、舢板、龙舟、风帆、水上摩托、摩托艇、机动船操作，以及游艇休闲等 | 包括日常健身体育、户外运动体育、竞技体育 |
| 陆上平地、山地及速降运动 | 一般健身运动的散步、跑步、疾走、徒手操、练拳、跳高跳远，还有间或具有部分探险性质的溯溪、穿林、越野、定向越野、步行登山、攀爬登山、攀岩、攀冰、公路行军、山地穿越、沙漠穿行、自行车骑行、山地车越野、滑板、轮滑、滑雪、滑冰、雪车、雪橇、滑草、滑沙、蹦极、速降、岩跳、洞穴探险、地下河流船行，以及不具探险性的器械体操、举重、摔跤、柔道、跆拳道、拳击、击剑、投石、铅球、铁饼、标枪、射箭、匹特博射击等 | |
| 低空飞行运动 | 跳伞、滑翔伞、悬挂滑翔翼、滑翔机、动力伞、动力悬挂滑翔机、自转旋翼机、直升机、固定翼飞机、热气球、无动力航空模型，以及无人机操作等 | |

资料来源：本课题组资料库。

健身体育休闲的项目的确是极为丰富多彩的。虽然在全球，人们对球类和水、陆、空的户外运动的爱好表现得多种多样，水体、陆上和低空飞行的户外运动也开展得十分火热，不过，基于多种因素，其发展程度和普及程度有着较大差别。一是基于户外场地和用品供给的局限；二是参与者个体对技能把握并非轻而易举；三是因其某种探险性而受到社会的制约。加上时代不同、国别不同，发展情况也就不完全相同。比如英国，根据有关部门的调查，在2017～2018年的户外运动中，参与足球运动的英国青少年人数最多（34.7万人），在青少年的选择中，依次超过了自行车、徒步/登山、皮划艇运动和板球。这自然与英国政府的体育政策有关。为了使英国足球在国际赛场上立于不败之地，增强其国足的后备力量，他们还在"英足总"和"英超联盟"推动下成立了"青少年发展联盟"，并鼓励社会力量创办英超免费学校，同时政府出资修建了数量众多的足球场地，英国的中小学下午放学时间一般在 4 点钟左右，充足的闲暇时间和随处可得的足球场使足球运动成为青少年的首选。[①] 比起世纪之交时，英国百姓以自行车和徒步为主体的户外活动来，真是大不相同。[②]

与英国的发展相比，美国则显得更热烈。由于美国注重对户外教育的探险、生态、环保、挑战、体验的价值挖掘，人们认为户外教育是学校课程延伸，据美国户外基金会 2014 年的调查报告，2013 年美国 6 岁以上参与户外运动的人数为 1.426 亿人（2013 年美国人口约为 3.163 亿人）。全国平均每名参与者的参与次数为 87.4 次，参与总次数达到 124 亿次；其中，年轻人参与总次数达 50 亿次，所占比重为 40.3%，年轻人人均次数为 99 次。报告还显示，其中最受美国青少年喜欢的前五位的户外运动依次为跑步、露营、钓鱼、骑行、远足。这 5 项运动参与者的总次数为 2.12 亿人次，高于美国集体项目前 5 位（橄榄球、篮球、足球、棒球、排球）参与者总次数的 0.83 亿人次，低于室内项目前 5 位（室内跑步、负重练习、伸展练习、室内自行车、举重）参与者总次数的 2.64 亿人次。[③]

由此看来，中国体育健身休闲的发展，的确还有着十分广阔的发展空间。大力培育体育健身休闲的物质供给，必须有两个相关条件：一个是运动技能的培训和辅导；二个是安全制度和安全设施。这两个条件是缺一不可的。

户外运动是去一个陌生的环境，而且运动本身一直暗含着程度不同的探险性质，因此不仅需要参与者具有认识陌生环境、适应陌生环境的相关知识和技能，而且需要具有能够参与该项活动的多种准备和体魄，因此他应该是

① 别鹏、任塘珂：《英国青少年户外运动发展及启示》，《中国学校体育》（高等教育）2018 年第 8 期，第 13 页。

② 维德、布尔：《体育旅游》，戴光全、朱竑、郭淳凡合译，南开大学出版社，2006，第219 ~ 220 页。

③ 龙继军、曾亦斌、张少生：《美国青少年户外教育发展的现状、特征与启示》，《广州体育学院学报》2020 年第 2 期，第 38 ~ 43 页。

有充分准备地去战胜困难，而不是糊里糊涂地去冒险。一般而言，户外运动的风险可以归纳为以下四个方面：一是参与者自身因素（缺乏对该项运动的认识准备，缺乏相关的体能与技能）；二是设备与食物因素（缺少适应该项运动的合格必需品，缺少食物和饮用水）；三是环境因素（缺少对相关地貌、生态、水文和气象的深入了解，没有预防天气突变的准备安排）；四是组织管理因素（个人或少数人无准备的贸然行动；或者活动组织者及领队的活动预案不当，乃至缺乏有关资质、资历和能力）。

从上面英美等国的情况来看，户外运动的项目虽然有很大的吸引力，但也不可能毫无区别地对待，除了它们自身的引力引致人们喜爱的不同之外，相关环境条件的成熟度和风险性也是一种"负引力"。因此，对户外运动的安排及推动，不仅应该不同对待，还应该进一步完善有关举措，如户外运动的有关规章和标准的制定，资质制度和经营部门责任制度的推行，对参与者和组织者的严格化培训，还有强有力的安全监管，都是必不可少的。同时对于翼装飞行等风险过大的活动，以及参与者的单独行动，也应该给予及时的劝导或防范风险的有力安排，以免意外情况的发生。

基于户外运动是在大自然环境中对人的心智和体能的全面培养和锻炼，也是对团队精神的培育，所以在我国高校的自选体育课中已经开设户外拓展训练的课程。在他们对大学生的培训中，已经积累了一些有用的教材，一些成功的户外俱乐部也积累了相当有益的经验，这些教材和经验，还有对国外经验的借鉴，都为我们未来户外运动培训提供了十分有用的基础。

体育健身休闲的发展，在我国是有着雄厚的基础和强大的动力优势的。进入21世纪以来，由于第29届夏季奥林匹克运动会（2008年北京奥运会）在我国举办，人们对体育运动与"增强体质"关系的认识又有了新的提升，正是基于民间对此认识的良好基础，为了更有力地促进全民健身活动的开展，以保障公民在全民健身活动中的合法权益，提高公民身体素质，2009年国务院特地制定了我国面向全国民众的《全民健身条例》，在2009年8月19日经国务院第77次常务会议通过后，在当月30日以国务院第560号令向全国公布，自该年10月1日起开始施行。

《全民健身条例》明确规定："国家支持、鼓励、推动与人民群众生活水平相适应的体育消费以及体育产业的发展。""县级以上地方人民政府应当将全民健身事业纳入本级国民经济和社会发展规划，有计划地建设公共体育设施，加大对农村地区和城市社区等基层公共体育设施建设的投入，促进全民健身事业均衡协调发展。"同时还规定："国家推动基层文化体育组织建设，鼓励体育类社会团体、体育类民办非企业单位等群众性体育组织开展全民健身活动。"经过 2013 年 7 月第一次修订和 2016 年 2 月第二次修订后的这一行政法规，共有 6 章 40 条，从其 40 条的内容规定中不难发现，它的颁布与实施不仅对促进我国群众体育事业的发展具有指导性意义，而且为广大群众参与全民健身运动提供了坚实的法律保障。它是自《体育法》（1995）和《全民健身计划纲要》（1995）颁行以来，国家对全民体育与健身工作的更为具体化和细致的部署，因此也是对此前已有的《体育法》和《全民健身计划纲要》的一个恰如其分的支撑和补充。

作为把全民健身上升为国家战略后的首个顶层设计，2016 年 6 月，国务院正式印发了《全民健身计划（2016～2020 年）》，紧接着全国体育总局也印发了《关于认真贯彻落实〈全民健身计划（2016～2020 年）〉的通知》和《关于研制〈全民健身实施计划（2016～2020 年）〉有关事宜的通知》。

还有，国务院办公厅 2016 年 10 月下发了《国务院办公厅关于加快发展健身休闲产业的指导意见》。该文件明确指出，"健身休闲产业是体育产业的重要组成部分，是以体育运动为载体、以参与体验为主要形式、以促进身心健康为目的，向大众提供相关产品和服务的一系列经济活动"，它涵盖了"健身服务、设施建设、器材装备制造等业态"。"当前，我国已进入全面建成小康社会决胜阶段，人民群众多样化体育需求日益增长，消费方式逐渐从实物型消费向参与型消费转变，健身休闲产业面临重大发展机遇。但目前健身休闲产业总体规模不大、产业结构失衡，还存在有效供给不足、大众消费激发不够、基础设施建设滞后、器材装备制造落后、体制机制不活等问题。""加快发展健身休闲产业是推动体育产业向纵深发展的强劲引擎，是增强人民体质、实现全民健身和全民健康深度融合的必然要求，是建设

'健康中国'的重要内容"，"对挖掘和释放消费潜力、保障和改善民生、培育新的经济增长点、增强经济增长新动能具有重要意义"。所以，该文件一开始便以"总体要求"明确地阐述了它的指导思想、基本原则、发展目标。在接下来的完善健身休闲服务体系中，该文件更是明确提出了普及日常健身、发展户外运动、发展特色运动、促进产业互动融合、推动"互联网＋健身休闲"五大健身休闲体系，其中除第一体系普及日常健身对加快发展足球、篮球、排球、乒乓球、羽毛球、网球、游泳、徒步、路跑、骑行、棋牌、台球、钓鱼、体育舞蹈、广场舞等适合公众广泛参与的健身休闲项目的推广外，在第二体系的发展户外运动中，更对其下的冰雪运动、山地户外运动、汽车摩托车运动、航空运动做了明确的列举，而且对这些运动的项目和适宜开展的环境和地域给予了提示，以期能够通过以户外运动为重点、制定健身休闲重点运动项目目录，研究制定系列规划，支持具有消费引领性的健身休闲项目发展，等等。由此看来，有关各地居民体育健身休闲的开展，只要各地政府对本地区有足够的重视，同时认真落实国务院的《全民健身条例》和《国务院办公厅关于加快发展健身休闲产业的指导意见》，我们的体育健身休闲就一定会有一个让人民大众满意的发展新局面。

在当前我国大众休闲活动还比较单调的时候，增强对居民体育健身休闲的供给，增强对居民文化休闲的供给，利用供给侧原理努力拓展市场，同时给予居民多样休闲原理和方法的引导，积极发展公共服务，积极开拓公共空间，积极改善人居环境，那么我们城市居民的休闲生活就一定能够得到更多的增进，我们城市对老百姓的服务就会更充分更平衡，人民群众对美好生活的需要就会得到更好的满足，他们也就会更加满意。

## （五）总报告的简略结语和追记

在本研究总报告中，第三部分的"成果综述"是研究成果的核心，阐述了本研究提出休闲和旅游竞争力研究的目的，就是为了推动全国城市休闲竞争力和旅游竞争力的步步提升。在它的开头部分，课题组指出了城市休闲和旅游竞争力的总指数和总排名后，分析了"名列前茅30城"的总格局及其互有千秋的表现；紧接着，又在对基本要素驱动板块、效率增强驱动板块、创新与成熟度驱动板块三大动力分析的基础上，阐述了城市休闲和旅游竞争力是如何由这三大驱动力聚合而成的。在总报告第四部分"探求"里，首先在剖析各板块"30强城市"（"10强城市"）和各维度类项指数"30佳城市"（"10佳城市"）经验与不足的基础上，提出了提升城市休闲和旅游竞争力的四点主要建议，以期在推进我国的有关城市积极改善人居环境、积极开拓公共空间、积极发展公共服务，并努力增强休闲和旅游供给的努力中，寻找到城市休闲和旅游竞争力提升的途径。

令人高兴的是，北京、上海、杭州、南京、广州、深圳、重庆、苏州、厦门、成都、大连、青岛、天津、无锡、西安、武汉、长沙、宁波、洛阳、哈尔滨、黄山、珠海、福州、太原、昆明、沈阳、济南、长春、贵阳、泉州30座城市在所有样本城市里脱颖而出，成为全国城市休闲和旅游竞争力的"名列前茅30城"。本研究选为样本的50座城市，原本就大多是各个领域选出的具有代表性的城市，也是旅游业研究者此前习惯选用的旅游城市中最具代表性的城市。"名列前茅30城"作为优中之优，不仅在于它们每座城市原本就有着各种不同的优势，而更在于管理者、经营者、规划者、建设者与全体市民为它的成长不断付出的艰辛努力。

在总报告的"成果综述"里，我们探讨了"名列前茅30城"成功的区位原因，同时也认真分析了他们自身的努力。比如文中对有关我国人口分布"胡焕庸线"的讨论，则既看到了它作为客观规律的科学性一面，也看到了影响"名列前茅30城"分布的"胡焕庸线"其实也是可以有所突破的。这是因为不仅胡焕庸先生早年的论著就已经明确指出了存在的例外（如其所说甘肃宁夏的"东南人口向西特延之处"[1] 等），而且我国存在的地域性局部气候对休闲和旅游城市的培育也是有着成熟事例的；[2] 如果从气象学的角

① 胡焕庸：《中国人口之分布——附统计表与密度图》，《地理学报》1935年第2期，第33～74页。

② 为了更好地反映我国中小城市在提升"城市休闲和旅游竞争力"方面所做的努力和成就，本课题组拟在下一轮的研究中对"样本城市"的选择进行一些较大的变动。

度去观察，有一项以我国 1961 年到 2010 年逐日降水数据为基础的研究资料还显示，我国 400 毫米等降水量线就存在着由东向西移动的明显趋势，其对资源、环境、农业及城乡社会经济的影响也将愈发显著。① 这也为休闲和旅游城市在我国西北半壁的更多出现创造了天然的条件；如果再加上科技运用的因素，考虑到世界水资源缺乏地区建设生态城市的成功经验，那么环境与旅游休闲资源结合的休闲旅游强市的出现前景则更加令人鼓舞。

在"成果综述"的分析中，本研究在论及城市通过自身努力获得城市休闲和旅游竞争力的优势时，还分析到了其对地方经济发展实力的依托。这确实是一个很重要的基础性因素。可是，这不是唯一的因素。这里不妨以"名列前茅 30 城"的 Top 10 城市为例来做一说明。据《中国城市竞争力报告 No. 15》的资料，同是 2016 年的数据，这年"294 个城市综合经济竞争力"的内地城市前十名②分别是深圳、上海、广州、天津、北京、苏州、武汉、佛山、南京、无锡；如与本报告城市休闲和旅游竞争力 Top 10 城市的北京、上海、杭州、南京、广州、深圳、重庆、苏州、厦门、成都相对照，则既有相似，更有不同：比如天津、武汉、佛山、无锡四城市，就未能因其经济的强势而理所当然进入城市休闲和旅游竞争力的 Top 10；但在《中国城市竞争力报告》城市综合经济竞争力多年独占鳌头的深圳，在城市休闲和旅游竞争力中的位置也退居在了北京、上海、杭州、南京、广州之后，这都是让人比较遗憾的事情。原因就在于城市综合经济竞争力虽然对城市休闲和旅游竞争力有着一定的支持和推动的关系，但也不能决定一切。由此看来，城市休闲和旅游竞争力的高目标实现，还需要城市管理者等在城市发展定位上进行更周密的安排。

---

① 《全球变暖背景下　降水发生了哪些变化》，中国气象局网，原载《中国气象报》2020 年 3 月 23 日。

② 本研究选择的样本城市是暂不包括台、港、澳在内的城市，而《中国城市竞争力报告 No. 15》"294 个城市综合经济竞争力"的排名却是包括了台湾、香港、澳门在内的排名，为了便于同范畴的比较，故将已经进入"城市综合经济竞争力"前十名的香港、台北、澳门暂时略去，这里列举的"内地城市前十名"实际是该排行榜的第 1 名至第 13 名。

# 分  报  告

**Topical Reports**

# G.2
# 奠定竞争力的第一基础：
# 来自基本要素驱动力的分析

基本要素驱动竞争力研究组*

摘  要：　城市是人类赖以生存和发展的最重要空间。城市的生态环境、
　　　　生活环境、景观资源、文化资源、休闲和旅游的空间基础、
　　　　休闲和旅游的安全保障等要素，都成为驱动城市休闲和旅游
　　　　发展的竞争力。课题组经过对样本城市有关截面数据的采集
　　　　和分析，经过去量纲处理后的赋权计算，经过依本研究指标

---

＊　本报告主要执笔人：何滢、廖斌。《中国城市休闲和旅游竞争力报告（2020）》的三篇分报告
　均是本课题全部研究的有机组成，亦是前面总报告中"成果综述：城市休闲和旅游竞争力综
　合排名格局与总体分析"的基础研究。分报告的工作是在课题组组长石美玉统一组织下，由
　课题组成员反复研究协调并分工负责撰写完成的。分报告共分三部分：本部分是分报告的第
　一部分，主要集中于对"基本要素驱动力"研究成果的分析与阐述；"专题报告"中《享有
　天赋优势还要锦上添花——"基本要素驱动"名列前茅的黄山市》一文，是对本板块关注城
　市黄山市的分析。基本要素竞争力研究组的这两个部分工作，均由何滢、廖斌共同负责。

体系从 32 项三级指标→17 组二级指标→6 类一级指标，即城市的生态环境、生活环境、景观资源、文化资源、休闲和旅游的空间基础、休闲和旅游的安全保障 6 个维度的基本要素驱动力的分析，从而产生了"基本要素竞争力""30 强城市"的综合排名、类项指标排名和分项指标排名，并以此为依据——分析了样本城市各类基本要素竞争力方面表现的特征。

**关键词：** 基本要素驱动　休闲和旅游竞争力　城市排名　表现特征

城市是人类赖以生存和发展的最重要空间。作为物质存在，城市是人类社会经济、文化、政治的主要载体，它除了 1933 年《雅典宪章》所指出的服务于本地居民的居住、休闲[①]、工作与交通的四大功能外，也是外地居民利用城际交通实现异地休闲活动的重要场所。由于城市的自然环境、人文环境与人类休闲和旅游活动相互影响、相互作用，故而使得城市的生态环境、生活环境、景观资源、文化资源、休闲和旅游的空间基础、休闲和旅游的安全保障等要素，都成为驱动城市休闲和旅游发展的竞争力。

本文所要汇报的"基本要素驱动"的城市休闲和旅游竞争力的部分，共有三节内容。第一节为总述，主要论述"基本要素驱动"城市休闲和旅游竞争力的指数综合排名，从生态与人居生活环境的构成、当代人文生活环境及其相应空间的构成这两个方面的 6 个维度来评估考量"基本要素驱动"，它包括城市生态环境、生活环境、景观资源、文化资源、休闲和旅游空间基础、休闲和旅游安全保障。6 个维度分别形成 6 个一级指标，在 6 个一级指标下设立 17 个二级指标和 32 个三级指标，总分为 300 分。第二节为

---

① 《雅典宪章》中的"recreation"一词，在汉语的旧译本中，曾被译为"游息"或"游憩"等，如认真思考其英文词典释义和人类实际生活范畴，译为"休闲"更妥。

分述Ⅰ，主要论述"生态、生活环境和景观资源要素"竞争力指数排名，从自然环境方面包括的城市"生态环境、生活环境和景观资源"3个维度评估考量"要素驱动"的城市休闲和旅游竞争力具体排名；3个维度下设立8个二级指标和13个三级指标，共169分。第三节为分述Ⅱ，主要论述从人文环境方面包括的城市文化资源、休闲和旅游休闲空间基础、休闲和旅游安全保障3个维度评估考量基本要素驱动的城市休闲和旅游竞争力具体排名；3个维度下设立9个二级指标和19个三级指标，共131分。

本分支研究的数据来源，主要包括两个部分：一是全国各类统计年鉴、各市统计年鉴、城市国民经济和社会发展公报以及地方政府、地方统计部门公布的正式文件，以及地方政府、统计部门的官方网站和正式出版物等；二是相关网络资料。本课题组研究选择50个国内主要旅游城市作为样本城市，通过对相关网络的大量数据的综合分析，再采用专家共商赋权方法对上述评价体系中的指标进行量化，得出50个城市"基本要素驱动"的城市休闲和旅游竞争力指数综合排名和分项排名。

# 一 总述：基本要素驱动力的总体分析

城市休闲和旅游竞争力是一个城市在有效融合其自然资源、文化资源、基础设施资源和经济资源等多种资源要素的基础上，通过高效率的运行、持续创新，从而为当地居民和外来旅游者提供环境宜人、文化丰富、特色鲜明、宜居宜游、安全舒适的休闲空间，以提升民众生活质量和幸福感的一种综合能力。

城市休闲和旅游竞争力形成的第一基础，是城市的生态环境、生活环境、景观资源、文化资源、休闲和旅游空间以及休闲和旅游安全保障等资源。因此，这些基本要素就成为驱动城市休闲和旅游竞争力的第一驱动力的核心。

本课题组以城市休闲和旅游竞争力的驱动要素为出发点，选择50个国内主要旅游城市作为样本城市，研究其休闲和旅游竞争力综合排名情况，以期推动各个城市的休闲和旅游发展，互相借鉴学习，共同提升全国城市休闲和旅游竞争力，为落实民众追求美好幸福休闲和旅游生活助一臂之力。

## （一）城市休闲和旅游竞争力的基本要素驱动力指标体系

本课题组根据对城市休闲和旅游竞争力的基本要素驱动力的理解，将基本要素分为城市生态环境要素、城市生活环境要素、景观资源要素、文化资源要素、休闲和旅游空间基础要素、休闲和旅游安全保障要素6个一级指标，每个一级指标根据具体情况又包含不同的二级指标和三级指标，分别从各自所在的6个要素角度去反映基本要素驱动的城市休闲和旅游竞争力。[1] 其一级指标体系和二级指标体系各自权重如表1和表2所示。每一个一级指标包含的具体二级指标解释和具体三级指标体系详见表4、表6、表8、表10、表12和表14。

## （二）基本要素驱动力指数的指标体系的构成

有鉴于全国有关资料公布与获得的滞后性，故本课题组选择了2016年的数据进行比较，涉及数据主要来源于《中国统计年鉴》、《中国环境统计年鉴》、《中国城市统计年鉴》、《中国城市建设统计年鉴》以及各有关城市的统计年鉴、有关城市国民经济和社会发展公报以及各地方政府年度性政府工作报告及该市政府、统计部门的官方网站、地方政府的正式出版物等。

---

[1] 本课题研究的城市休闲和旅游竞争力由基本要素、效率增强、创新与成熟度三个板块的驱动力合成，所以从本文开始的三篇分报告就是以这三支驱动力（即基本要素驱动力、效率增强驱动力、创新与成熟度驱动力）来划分的。由于它们都是城市休闲和旅游竞争力的组成部分，所以又分别称之为基本要素竞争力、效率增强竞争力、创新与成熟度竞争力。为用语的统一起见，其下各级指标表现出的驱动力，亦均以竞争力命名。总报告的四个部分、分报告的三篇文章和专题报告的三个专题中的使用方法均与本报告相同。在本课题研究的成果里，对于其中竞争力居前的城市，在类项指标中，称为该项的"10佳城市"和"30佳城市"；在其上的三个重要板块的驱动力中，称为该板块的"10强城市"和"30强城市"；在最上的城市休闲和旅游竞争力综合排名中，则称为城市休闲和旅游竞争力的"名列前茅30城"和"名列前茅30城Top 10"。

表1　城市休闲和旅游竞争力的要素驱动力一级指标体系

| 一级指标（类项指标） | 指标解释 |
| --- | --- |
| 城市生态环境要素（60分） | 城市生态环境质量 |
| 城市生活环境要素（60分） | 城市生活环境质量 |
| 城市景观资源要素（49分） | 城市景观资源数量与质量 |
| 城市文化资源要素（65分） | 城市历史文化资源与现代文化生活资源 |
| 城市休闲和旅游空间基础（36分） | 城市休闲游憩空间与休闲设施 |
| 城市休闲和旅游安全保障（30分） | 城市休闲和旅游安全服务与保障 |

资料来源：本课题组资料库。

表2　城市休闲和旅游竞争力的要素驱动力一级与二级指标体系

| 一级指标（类项指标） | 二级指标（分组指标） |
| --- | --- |
| 城市生态环境要素（60分） | 建成区绿化覆盖率（%）（20分） |
| | 森林覆盖率（%）（20分） |
| | 人均公园绿地面积（平方米/人）（20分） |
| 城市生活环境要素（60分） | 空气质量达到及好于二级的天数（天）（20分） |
| | 污水集中处理率（%）（20分） |
| | 城市区域环境噪声等效声级（分贝）（20分） |
| 城市景观资源要素（49分） | 适宜休闲的园区丰富度（42分） |
| | 城市总体景观（7分） |
| 城市文化资源要素（65分） | 历史文化独特资源（46分） |
| | 现代文化生活资源（19分） |
| 城市休闲和旅游空间基础（36分） | 规划中休闲和旅游空间有明确范围及空间结构（6分） |
| | 规划中明确规划出满足不同休闲和旅游需求的空间范围（6分） |
| | 规划中休闲和旅游空间的规模结构与城市的适宜性（6分） |
| | 编制了各类休闲和旅游空间规划（12分） |
| | 将城市最佳生态环境区域开辟为城市的公共休闲空间（6分） |
| 城市休闲和旅游安全保障（30分） | 休闲和旅游安全保障措施（20分） |
| | 休闲和旅游安全保障体系（10分） |

资料来源：本课题组资料库。

## （三）城市基本要素驱动力位居前列的"30强城市"分析

本课题组的研究选择了50个国内主要旅游城市作为样本城市，在对其有关生态环境、生活环境、景观资源、文化资源、休闲和旅游空间基础与休闲和旅游安全保障要素等资料的采集和分析的基础上，对其竞争力指数进行了测定。经比照剖析，发现它们呈现着以下的特征。

其一，基本要素驱动的城市休闲和旅游竞争力指数综合排名前 10 名的城市依次是北京、杭州、苏州、重庆、上海、厦门、广州、南京、黄山和西安。这些城市多为国家森林城市和国家级历史文化名城，生态环境良好，历史悠久，自然资源、文化资源丰富，经济发展较好，适宜人居。基本要素驱动城市休闲和旅游竞争力指数总分 300 分，排前 10 名的城市基本要素驱动的城市休闲和旅游竞争力指数均值为 206.32 分，比 50 个样本城市的该指数均值 172.34 分高出 33.98 分。该指数排第 1 名的城市得分比排第 10 名的城市得分高 56.41 分。此项结果说明排前 10 名的城市基本要素驱动的城市休闲和旅游竞争力强且城市之间有较大差距。

其二，从总体上看，各城市基本要素驱动的城市休闲和旅游竞争力的差距比较大，竞争优势突出的城市，其资源丰富且具特色，经济发展也较快。在基本要素驱动力指数综合排名前 30 的城市中，100% 的城市是中国优秀旅游城市，93.33% 的城市是国家园林城市，70% 的城市是中国历史文化名城，10% 的城市是国家生态园林城市。基本要素驱动城市休闲和旅游竞争力指数总分 300 分，排前 30 名的城市基本要素驱动竞争力指数均值为 185.88 分，比 50 个样本城市的该指数均值 172.34 分高 13.54 分，该指数排前 21 名的城市得分均高于 50 个样本城市均值 172.34 分，该指数排第 1 名的城市得分比排第 21 名的城市得分高 74.01 分，该指数排第 1 名的城市得分比排第 30 名的城市得分高 81.62 分。此项结果说明各城市基本要素驱动的城市休闲和旅游竞争力差距较大。

其三，从区域分布上看，基本要素驱动的城市休闲和旅游竞争力优势突出的城市，集中在华东、华南、华北和西南地区。在基本要素驱动竞争力指数综合排名前 30 的城市中，华东地区占 36.67%，华南地区占 16.67%，华北地区占 13.33%，西南地区占 13.33%，华中地区占 10%，东北地区占 6.67%，西北地区占 3.33%。

关于全国 50 个样本中城市休闲和旅游竞争力的基本要素驱动力，其"30 强城市"的综合排名数据如表 3 表示。

**表 3  全国城市休闲和旅游竞争力基本要素驱动力"30 强城市"综合排名**

| 城市 | 基本要素驱动力 | | 基本要素驱动力下的一级指标(类项指标) | | | | | |
|---|---|---|---|---|---|---|---|---|
| | 总分<br>(300 分) | 排名 | 生态<br>环境<br>(60 分) | 生活<br>环境<br>(60 分) | 景观<br>资源<br>(49 分) | 文化<br>资源<br>(65 分) | 休闲和旅游<br>空间基础<br>(36 分) | 休闲和旅游<br>安全保障<br>(30 分) |
| 北京 | 246.51 | 1 | 42.73 | 46.49 | 32.29 | 62.00 | 34.00 | 29.00 |
| 杭州 | 222.47 | 2 | 41.62 | 49.79 | 10.06 | 60.00 | 35.00 | 26.00 |
| 苏州 | 212.18 | 3 | 33.68 | 48.12 | 13.88 | 59.50 | 33.00 | 24.00 |
| 重庆 | 207.28 | 4 | 39.97 | 52.84 | 32.97 | 41.50 | 21.00 | 19.00 |
| 上海 | 200.51 | 5 | 23.20 | 50.45 | 8.36 | 57.50 | 33.00 | 28.00 |
| 厦门 | 200.10 | 6 | 47.31 | 55.55 | 8.44 | 41.80 | 24.00 | 23.00 |
| 广州 | 197.72 | 7 | 38.18 | 52.93 | 7.61 | 51.00 | 27.00 | 21.00 |
| 南京 | 195.64 | 8 | 36.25 | 44.02 | 7.37 | 58.00 | 25.00 | 25.00 |
| 黄山 | 190.71 | 9 | 48.17 | 57.18 | 10.36 | 42.00 | 10.00 | 23.00 |
| 西安 | 190.10 | 10 | 34.68 | 45.85 | 14.57 | 49.00 | 25.00 | 21.00 |
| 洛阳 | 189.14 | 11 | 34.01 | 46.49 | 12.64 | 48.00 | 26.00 | 22.00 |
| 青岛 | 186.80 | 12 | 31.81 | 52.32 | 7.17 | 40.50 | 30.00 | 25.00 |
| 秦皇岛 | 186.19 | 13 | 42.03 | 51.68 | 6.48 | 31.00 | 29.00 | 26.00 |
| 大连 | 185.74 | 14 | 34.32 | 52.74 | 8.68 | 43.00 | 32.00 | 15.00 |
| 天津 | 184.67 | 15 | 21.16 | 48.40 | 8.61 | 55.50 | 28.00 | 23.00 |
| 成都 | 184.40 | 16 | 34.93 | 46.47 | 7.50 | 43.50 | 30.00 | 22.00 |
| 桂林 | 181.14 | 17 | 41.77 | 52.59 | 7.78 | 30.00 | 26.00 | 23.00 |
| 长沙 | 177.79 | 18 | 33.89 | 52.01 | 4.89 | 41.00 | 26.00 | 20.00 |
| 深圳 | 175.95 | 19 | 38.91 | 55.18 | 4.86 | 31.00 | 26.00 | 20.00 |
| 宁波 | 175.04 | 20 | 34.66 | 50.47 | 4.41 | 43.50 | 26.00 | 16.00 |
| 泉州 | 172.50 | 21 | 40.22 | 54.96 | 4.32 | 37.00 | 18.00 | 18.00 |
| 东莞 | 171.47 | 22 | 44.50 | 52.95 | 4.52 | 33.50 | 18.00 | 18.00 |
| 贵阳 | 171.04 | 23 | 36.89 | 53.67 | 7.98 | 31.00 | 18.00 | 23.00 |
| 无锡 | 170.85 | 24 | 35.49 | 47.97 | 8.89 | 33.50 | 26.00 | 19.00 |
| 珠海 | 169.09 | 25 | 40.33 | 56.19 | 2.07 | 22.50 | 26.00 | 22.00 |
| 昆明 | 167.15 | 26 | 34.01 | 55.99 | 10.15 | 32.00 | 18.00 | 17.00 |
| 哈尔滨 | 167.15 | 26 | 30.06 | 49.67 | 8.92 | 41.50 | 21.00 | 16.00 |
| 太原 | 166.24 | 28 | 29.07 | 48.79 | 4.88 | 45.50 | 22.00 | 16.00 |
| 福州 | 165.81 | 29 | 40.08 | 54.86 | 8.97 | 28.90 | 14.00 | 19.00 |
| 张家界 | 164.89 | 30 | 39.00 | 51.88 | 9.51 | 23.50 | 20.00 | 21.00 |

资料来源：本课题组资料库。

## 二 分述 I：城市自然环境和景观
资源要素竞争力分析

本节作为本文分述的第一部分，着重从自然资源要素角度对全国 50 个样本城市的生态环境、生活环境和景观资源要素进行分析评价，以期能够反映出城市自然资源禀赋对城市休闲和旅游竞争力的驱动情况，亦即讨论本文一开始所说的 6 个维度的前 3 个维度的竞争力的具体表现。

### （一）城市生态环境要素竞争力

1. 城市生态环境要素竞争力与指标体系

人们普遍认为，生态环境是关系着人类生存与发展的水资源、土地资源、生物资源以及气候资源的数量与质量的总称，它是关系到社会和经济持续发展的复合性的生态系统。它既与当地居民生活紧密相关，也与外来旅游者的旅游紧密相关，当然了，也与他们的休闲密不可分。

在已有研究基础上，本课题组根据对城市休闲和旅游及生态环境的理解，将城市生态环境要素分为城市建成区绿化覆盖率、城市森林覆盖率和人均公园绿地面积 3 个二级指标体系，从城市整体绿化和人均角度反映城市生态环境要素的竞争力。详细指标体系和各自权重如表 4 所示。

表 4　城市生态环境要素竞争力指标体系

| 一级指标（类项指标） | 二级指标（分组指标） | 指标解释 |
| --- | --- | --- |
| 城市生态环境要素<br>（60 分） | 建成区绿化覆盖率（%）（20 分） | 城市建成区的绿化覆盖面积所占百分比 |
| | 森林覆盖率（%）（20 分） | 森林面积占土地总面积的比率 |
| | 人均公园绿地面积（平方米/人）（20 分） | 城镇公园绿地面积的人均占有量 |

资料来源：本课题组资料库。

2. 数据来源与生态环境要素竞争力分析

由于全国数据来源汇总的滞后性，本课题组不得不选择 2016 年的数据进行比较。涉及数据主要来源于《中国统计年鉴》、《中国环境统计年鉴》、《中国城市统计年鉴》、《中国城市建设统计年鉴》、各市统计年鉴、城市国民经济和社会发展公报，以及城市政府、统计部门的官方网站。

根据前述方法，本研究选择了 50 个国内主要旅游城市作为样本城市，对其生态环境要素竞争力指数进行了测算，分析结果呈现以下的特征。

其一，生态环境要素竞争力指数排前 10 名的城市依次是黄山、厦门、东莞、北京、秦皇岛、宜昌、桂林、三亚、杭州和珠海。城市生态环境要素竞争力指数总分 60 分，排前 10 名的城市生态环境要素竞争力指数均值为 43. 21 分，比 50 个样本城市的该指数均值 34. 68 分高 8. 53 分。该指数排第 1 名的城市得分比排第 10 名的城市得分高 7. 84 分。此项结果说明排前 10 名的城市生态环境要素竞争力强劲且总体差异小。

其二，从总体上看，生态环境要素竞争力的强市，多属于国家森林城市及国家生态园林城市。生态环境要素竞争力指数排前 10 名的城市中的 80% 是国家森林城市，20% 是国家生态园林城市。城市生态环境要素竞争力指数总分 60 分，排前 30 名的城市生态环境要素竞争力指数均值为 38. 84 分，比 50 个样本城市的该指数均值 34. 68 分高出 4. 16 分。该指数排前 24 名的城市得分均高于 50 个样本城市该指数均值 34. 68 分。该指数排第 1 名的城市得分比排第 24 名的城市得分高 13. 24 分，该指数排第 1 名的城市得分比排第 30 名的城市得分高 14. 28 分。此项结果，说明了各城市生态环境要素竞争力仍有一定差异。

其三，从区域分布来看，城市生态环境资源禀赋具有优势的城市多集中在南方。生态环境要素竞争力指数排前 10 名的城市中 80% 是南方城市，排前 20 名的城市中 90% 是南方城市，排前 30 名的城市中 80% 是南方城市。应该说，虽然其中有 80% ~ 90% 的城市享受了自然气候带来的优势，同时也有 10% ~ 20% 的北方城市创造了不同一般的优异成绩。

3. 本维度"30佳城市"的综合排名

经过课题组对样本城市有关数据的采集与分析汇总，及无量纲化处理后的赋权计算，最后形成本维度城市生态环境要素竞争力的"30佳城市"的综合排名，具体见表5。

### 表5　全国城市生态环境要素竞争力"30佳城市"综合排名

| 城市 | 城市生态环境要素竞争力(类项指标)(60分) | | 城市生态环境要素下的二级指标(分组指标) | | | | | |
| --- | --- | --- | --- | --- | --- | --- | --- | --- |
| | | | 建成区绿化覆盖率(20分) | | 森林覆盖率(20分) | | 人均公园绿地面积(20分) | |
| | 总分 | 排名 | 分值 | 排名 | 分值 | 排名 | 分值 | 排名 |
| 黄山 | 48.17 | 1 | 15.16 | 4 | 20.00 | 1 | 13.01 | 15 |
| 厦门 | 47.31 | 2 | 13.93 | 14 | 15.91 | 5 | 17.47 | 3 |
| 东莞 | 44.50 | 3 | 15.48 | 3 | 9.02 | 27 | 20.00 | 1 |
| 北京 | 42.73 | 4 | 20.00 | 1 | 8.65 | 29 | 14.08 | 11 |
| 秦皇岛 | 42.03 | 5 | 13.11 | 31 | 11.28 | 16 | 17.64 | 2 |
| 宜昌 | 41.91 | 6 | 13.47 | 21 | 15.69 | 7 | 12.75 | 17 |
| 桂林 | 41.77 | 7 | 13.19 | 28 | 17.11 | 3 | 11.47 | 23 |
| 三亚 | 41.70 | 8 | 13.90 | 15 | 16.41 | 4 | 11.39 | 24 |
| 杭州 | 41.62 | 9 | 13.22 | 27 | 15.81 | 6 | 12.59 | 18 |
| 珠海 | 40.33 | 10 | 15.51 | 2 | 7.77 | 36 | 17.05 | 5 |
| 泉州 | 40.22 | 11 | 13.64 | 18 | 14.16 | 9 | 12.42 | 21 |
| 福州 | 40.08 | 12 | 14.27 | 9 | 13.51 | 10 | 12.30 | 22 |
| 重庆 | 39.97 | 13 | 13.24 | 25 | 10.96 | 19 | 15.77 | 7 |
| 温州 | 39.93 | 14 | 12.17 | 42 | 14.48 | 8 | 13.28 | 12 |
| 张家界 | 39.00 | 15 | 14.00 | 12 | 17.13 | 2 | 7.87 | 45 |
| 深圳 | 38.91 | 16 | 14.65 | 6 | 9.87 | 23 | 14.39 | 9 |
| 广州 | 38.18 | 17 | 13.58 | 19 | 10.17 | 21 | 14.43 | 8 |
| 贵阳 | 36.89 | 18 | 13.23 | 26 | 11.22 | 17 | 12.44 | 20 |
| 丽江 | 36.45 | 19 | 11.08 | 47 | 9.48 | 25 | 15.89 | 6 |
| 南京 | 36.25 | 20 | 14.53 | 8 | 8.45 | 34 | 13.27 | 13 |
| 南宁 | 35.69 | 21 | 13.70 | 16 | 11.50 | 14 | 10.49 | 26 |
| 呼和浩特 | 35.67 | 22 | 12.44 | 41 | 6.01 | 42 | 17.22 | 4 |
| 无锡 | 35.49 | 23 | 13.96 | 13 | 8.49 | 32 | 13.04 | 14 |
| 成都 | 34.93 | 24 | 13.45 | 22 | 8.90 | 28 | 12.58 | 19 |
| 西安 | 34.68 | 25 | 14.03 | 11 | 10.27 | 20 | 10.38 | 28 |
| 宁波 | 34.66 | 26 | 12.92 | 34 | 11.77 | 13 | 9.97 | 33 |
| 大连 | 34.32 | 27 | 14.60 | 7 | 10.01 | 22 | 9.71 | 37 |
| 洛阳 | 34.01 | 28 | 12.92 | 34 | 11.46 | 15 | 9.63 | 38 |
| 昆明 | 34.01 | 28 | 12.89 | 36 | 12.20 | 12 | 8.92 | 42 |
| 长沙 | 33.89 | 30 | 11.20 | 46 | 13.25 | 11 | 9.44 | 41 |

资料来源：本课题组资料库。

## （二）城市生活环境要素竞争力

### 1. 城市生活环境要素竞争力与指标体系

生活环境是与人类生活密切相关的各种自然条件和社会条件的总和，它由自然环境和社会环境中的物质环境组成。它的好坏直接影响当地居民与外来旅游者的生活质量与旅游活动质量。其所涉及的，包括生活环境质量的空气质量、声环境质量以及污水处理率等多个方面。

在已有研究基础上，本课题组根据对城市生活环境要素的理解，将城市生活环境要素划分为空气质量达标（二级）天数、污水集中处理率和城市区域环境噪声等效声级3个二级指标，从城市空气质量、污水处理效率和声环境三个不同角度来监测城市生活环境的优化情况。详细指标和各自权重如表6所示。

**表6 城市生活环境要素竞争力指标体系**

| 一级指标(类项指标) | 二级指标(分组指标) | 指标解释 |
| --- | --- | --- |
| 城市生活环境要素<br>（60分） | 空气质量达到及好于二级的天数（天）(20分) | 一个自然年度中空气质量达到及好于二级的天数 |
| | 污水集中处理率(%)(20分) | 污水处理量/污水排放总量 |
| | 城市区域环境噪声等效声级（分贝）(20分) | 工业噪声、交通噪声、施工噪声、社会生活噪声等平均等效声级 |

资料来源：本课题组资料库。

### 2. 数据来源与生活环境要素竞争力分析

本城市生活环境要素竞争力的数据来源与城市生态环境要素竞争力的数据来源保持一致，仍然采集于《中国统计年鉴》、《中国环境统计年鉴》、《中国城市统计年鉴》、《中国城市建设统计年鉴》、有关城市统计年鉴、城市国民经济和社会发展公报，以及有关市政府、统计部门的官方网站。选择的评定城市仍然是上面的50个样本城市。截面数据年份仍然是2016年。经课题组对这些城市有关生活环境要素数据的分析整理与测算，其城市生活环境要素指数呈现以下特征。

其一，城市生活环境要素竞争力指数排前 10 名的城市依次是黄山、丽江、珠海、昆明、海口、厦门、深圳、三亚、泉州和福州。城市生活要素竞争力指数总分为 60 分，排前 10 名的城市生活环境要素竞争力指数均值为 55.69 分，比 50 个样本城市的该指数均值 51.04 分高出 4.65 分。该指数排第 1 名的城市得分比排第 10 名的城市得分仅仅高出 2.32 分。此项结果说明，排前 10 名的城市生活环境要素竞争力都十分强劲，而且总体差距很小。

其二，从总体上看，城市生活环境竞争力强市，多是在媒体和民间得到好评的城市（如生活环境要素竞争力指数排前 10 名的城市中的 60%，就是民间评选的"中国十佳宜居城市"等）。城市生活要素竞争力指数总分为 60 分，排前 30 名城市的生态环境要素竞争力指数均值为 53.38 分，比 50 个样本城市的该指数均值 51.04 分高出 2.34 分。该指数排前 26 名的城市得分均高于 50 个样本城市的该指数均值 51.04 分。该指数排第 1 名的城市得分比排第 26 名的城市得分高 5.92 分。该指数排第 1 名的城市得分比排第 30 名的城市得分仅高 6.94 分。此项研究结果说明，城市的生活环境要素竞争力大多较强而且总体差距较小。

其三，从区域分布看，城市生活环境要素竞争力南方城市仍然强于北方城市。城市生活环境要素竞争力指数排前 10 名的城市中 100% 是南方城市，排前 20 名的城市中 95% 是南方城市，排前 30 名的城市中 80% 是南方城市。

3. 本维度"30 佳城市"的综合排名

经过本课题组对 50 个样本城市有关数据的采集和分析汇总，然后进行无量纲化处理后的赋权计算，最后形成本维度城市生活环境要素竞争力的"30 佳城市"的综合排名，具体见表 7。

表 7　全国城市生活环境要素竞争力"30 佳城市"综合排名

| 城市 | 城市生活环境要素竞争力（类项指标）（60 分） | | 城市生活环境要素下的二级指标（分组指标） | | | | | |
|------|------|------|------|------|------|------|------|------|
| | | | 空气质量达到及好于二级的天数（20 分） | | 污水集中处理率（20 分） | | 城市区域环境噪声等效声级（20 分） | |
| | 总分 | 排名 | 分值 | 排名 | 分值 | 排名 | 分值 | 排名 |
| 黄山 | 57.18 | 1 | 19.45 | 8 | 18.68 | 23 | 19.05 | 4 |
| 丽江 | 56.27 | 2 | 20.00 | 1 | 17.72 | 39 | 18.55 | 2 |

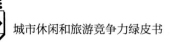

续表

| 城市 | 城市生活环境要素竞争力（类项指标）（60分） | | 城市生活环境要素下的二级指标（分组指标） | | | | | |
| --- | --- | --- | --- | --- | --- | --- | --- | --- |
| | | | 空气质量达到及好于二级的天数（20分） | | 污水集中处理率（20分） | | 城市区域环境噪声等效声级（20分） | |
| | 总分 | 排名 | 分值 | 排名 | 分值 | 排名 | 分值 | 排名 |
| 珠海 | 56.19 | 3 | 18.96 | 12 | 19.26 | 9 | 17.97 | 8 |
| 昆明 | 55.99 | 4 | 19.84 | 3 | 18.30 | 31 | 17.85 | 14 |
| 海口 | 55.72 | 5 | 19.78 | 4 | 19.00 | 16 | 16.94 | 36 |
| 厦门 | 55.55 | 6 | 19.73 | 6 | 18.80 | 22 | 17.02 | 33 |
| 深圳 | 55.18 | 7 | 19.40 | 9 | 19.34 | 6 | 16.44 | 45 |
| 三亚 | 54.97 | 8 | 19.89 | 2 | 17.48 | 40 | 17.60 | 18 |
| 泉州 | 54.96 | 9 | 19.73 | 7 | 17.88 | 36 | 17.35 | 28 |
| 福州 | 54.86 | 10 | 19.78 | 5 | 18.64 | 24 | 16.44 | 44 |
| 拉萨 | 54.43 | 11 | 17.15 | 16 | 17.28 | 41 | 20.00 | 1 |
| 温州 | 53.79 | 12 | 18.30 | 13 | 18.22 | 32 | 17.27 | 31 |
| 贵阳 | 53.67 | 13 | 19.18 | 10 | 18.92 | 19 | 15.57 | 50 |
| 南昌 | 53.04 | 14 | 17.43 | 15 | 17.80 | 38 | 17.81 | 15 |
| 东莞 | 52.95 | 15 | 17.48 | 14 | 19.24 | 10 | 16.23 | 48 |
| 广州 | 52.93 | 16 | 16.99 | 17 | 18.84 | 21 | 17.10 | 32 |
| 重庆 | 52.84 | 17 | 15.84 | 24 | 19.07 | 14 | 17.93 | 11 |
| 大连 | 52.74 | 18 | 16.39 | 21 | 19.00 | 17 | 17.35 | 29 |
| 桂林 | 52.59 | 19 | 16.77 | 20 | 17.85 | 37 | 17.97 | 9 |
| 青岛 | 52.32 | 20 | 16.06 | 22 | 19.82 | 4 | 16.44 | 46 |
| 南宁 | 52.29 | 21 | 19.07 | 11 | 15.66 | 48 | 17.56 | 22 |
| 呼和浩特 | 52.16 | 22 | 15.51 | 25 | 18.93 | 18 | 17.72 | 16 |
| 长沙 | 52.01 | 23 | 14.58 | 30 | 20.00 | 1 | 17.43 | 27 |
| 张家界 | 51.88 | 24 | 16.82 | 19 | 16.67 | 46 | 18.39 | 3 |
| 秦皇岛 | 51.68 | 25 | 15.34 | 27 | 19.32 | 7 | 17.02 | 34 |
| 长春 | 51.26 | 26 | 15.95 | 23 | 18.50 | 26 | 16.81 | 38 |
| 银川 | 50.90 | 27 | 13.81 | 33 | 19.04 | 15 | 18.05 | 6 |
| 宁波 | 50.47 | 28 | 16.99 | 17 | 16.88 | 44 | 16.60 | 43 |
| 上海 | 50.45 | 29 | 15.12 | 28 | 18.60 | 25 | 16.73 | 41 |
| 宜昌 | 50.24 | 30 | 13.54 | 36 | 19.93 | 3 | 16.77 | 40 |

资料来源：本课题组资料库。

## （三）城市景观资源要素竞争力

### 1. 景观资源要素竞争力与指标体系

城市景观资源是当地居民休闲活动和外来旅游者旅游活动的关键吸引物

和重要依托。

景观是一定区域呈现的景象的视觉效果，反映了土地及土地上的空间和物质所构成的综合体的整体状况，它们是复杂的自然过程和人类活动在大地上的烙印。其所包括的，一是自然景观，二是人文景观。其所涉及的不仅有资源丰度和质量，而且作为城市而言，还汇集了自然与人文的城市总体景观。

在已有研究基础上，本课题组根据对城市景观资源要素的理解，将城市景观资源要素划分为适宜休闲和旅游的园区的丰富度及城市总体景观 2 个二级指标和世界遗产、世界地质公园、国家级风景名胜区、国家级森林公园、国家级湿地公园、国家级自然保护区、5A 级景区、省级风景名胜区、省级森林公园、省级湿地公园、省级自然保护区、地标性景观或建筑物及特色景观和城市轴线景观或廊道等块状和线性景观 13 个三级指标，以期能够反映城市景观资源要素的竞争力情况。详细指标及权重如表 8 所示。

**表8 城市景观资源要素竞争力指标体系**

| 一级指标(类项指标) | 二级指标(分组指标) | 三级指标(单项指标) | 指标解释 |
|---|---|---|---|
| 城市景观资源要素（49分） | 适宜休闲和旅游的园区的丰富度（42分） | 世界遗产 | 世界遗产数量 |
| | | 世界地质公园 | 世界地质公园数量 |
| | | 国家级风景名胜区 | 国家级风景名胜区数量 |
| | | 国家级森林公园 | 国家级森林公园数量 |
| | | 国家级湿地公园 | 国家级湿地公园数量 |
| | | 国家级自然保护区 | 国家级自然保护区数量 |
| | | 5A级景区 | 5A级景区数量 |
| | | 省级风景名胜区 | 省级风景名胜区数量 |
| | | 省级森林公园 | 省级森林公园数量 |
| | | 省级湿地公园 | 省级湿地公园数量 |
| | | 省级自然保护区 | 省级自然保护区数量 |
| | 城市总体景观(7分) | 地标性景观或建筑物及特色景观 | 地标性景观或建筑物及特色景观数量 |
| | | 城市轴线景观或廊道等线性景观 | 城市轴线景观或廊道等线性景观数量 |

资料来源：本课题组资料库。

2. 数据来源与景观资源要素竞争力分析

城市景观资源要素竞争力数据来源，除了相关城市各自的统计年鉴、地方政府的工作报告外，主要采集自有关各市各类景观资源状况的官方名录（如联合国教科文组织的世界遗产名录、国家级风景名胜区名单、中国国家森林公园名单、全国自然保护区名录、国家 A 级景区名单、国家地质公园资格名单、全国及各地湿地保护名录等），以及城市总体规划以及相关部门的官方出版物和官方网站。

根据对采集的资料数据的汇总分析，发现各城市景观资源要素竞争力呈现以下三个特征。

其一，城市景观资源要素竞争力指数排前 10 名的城市依次是重庆、北京、西安、苏州、洛阳、黄山、昆明、杭州、济南和张家界。城市景观资源要素竞争力指数总分 49 分，排前 10 名的城市景观资源要素竞争力指数均值为 15.60 分，比 50 个样本城市的该指数均值 8.01 分高 7.59 分。该指数排第 1 名的城市得分比排第 10 名的城市得分高 23.46 分。此项研究结果说明，排前 10 名的城市的景观资源要素竞争力较强，但彼此之间差距也较大。在一定程度上，它与城市行政区面积的大小有着一定的关系。

其二，总体上看，本部分讨论的"适宜休闲和旅游的园区的丰富度"下的单项指标，似乎都是自然景观，其实并非如此。除了自然生态环境外，"世界遗产"也包括有文化遗产和自然文化双遗产；"风景名胜区"和"5A 级景区"中不少都是名胜古迹，所以在本节评价中的城市景观资源要素中的竞争力强市，不少都是国家历史文化名城（景观资源要素竞争力指数排前 10 名的城市中，80% 就是国家历史文化名城，历史悠久，又集优美的自然景观与丰富的历史文化景观于一身）。城市景观资源要素竞争力指数总分为 49 分，排前 30 名的城市景观资源要素竞争力指数均值为 10.40 分，比 50 个样本城市的该指数均值 8.01 分高 2.39 分。该指数排前 18 名的城市得分均高于 50 个样本城市该指数均值 8.01 分。该指数排第 1 名的城市得分比排第 18 名的城市得分高 24.69 分。该指数排第 1 名的城市得分比排第 30 名的城市得分高 27.03 分。此项分析结果说明，各城市在景观资源类型、质量和数量方面多存在着较大的不同，反映了我国各城市之间在休闲和旅游竞争力领域仍然存在着巨大的差异。

其三，从区域分布的角度看，城市景观资源要素竞争力南方城市略胜北方城市，但城市之间差别较大。城市景观资源要素竞争力指数排前10名的城市中60%是南方城市，排前20名的城市中55%是南方城市，排前30名的城市中60%是南方城市。

其四，从自然资源禀赋角度看，在城市休闲和旅游竞争力方面，各城市之间生态环境和生活环境要素驱动力的总体差异都较小，而景观资源要素驱动力则在总体上差异较大，除了历史原因外，还与各城市在这些方面的规划与建设有较大关系。

3. 本维度"30佳城市"的综合排名

经过课题组对有关数据的采集和分析汇总，及接着进行的无量纲化处理后的赋权计算，最后形成本维度城市景观资源要素竞争力的"30佳城市"的综合排名，具体见表9。

**表9　全国城市景观资源要素竞争力"30佳城市"综合排名**

| 城市 | 城市景观资源要素竞争力（类项指标）（49分） | | 城市景观资源要素竞争力下的二级指标(分组指标) | | | |
| --- | --- | --- | --- | --- | --- | --- |
| | | | 适宜休闲和旅游的园区的丰富度(42分) | | 城市总体景观(7分) | |
| | 总分 | 排名 | 分值 | 排名 | 分值 | 排名 |
| 重庆 | 32.97 | 1 | 30.10 | 1 | 2.87 | 13 |
| 北京 | 32.29 | 2 | 26.79 | 2 | 5.50 | 1 |
| 西安 | 14.57 | 3 | 12.59 | 3 | 1.98 | 31 |
| 苏州 | 13.88 | 4 | 10.00 | 4 | 3.88 | 6 |
| 洛阳 | 12.64 | 5 | 9.49 | 6 | 3.15 | 9 |
| 黄山 | 10.36 | 6 | 9.66 | 5 | 0.70 | 49 |
| 昆明 | 10.15 | 7 | 7.24 | 11 | 2.91 | 12 |
| 杭州 | 10.06 | 8 | 7.38 | 9 | 2.68 | 17 |
| 济南 | 9.60 | 9 | 7.28 | 10 | 2.32 | 22 |
| 张家界 | 9.51 | 10 | 8.25 | 7 | 1.26 | 45 |
| 福州 | 8.97 | 11 | 6.02 | 16 | 2.95 | 11 |

| 城市 | 城市景观资源要素竞争力（类项指标）（49分） | | 城市景观资源要素竞争力下的二级指标(分组指标) | | | |
| --- | --- | --- | --- | --- | --- | --- |
| | | | 适宜休闲和旅游的园区的丰富度(42分) | | 城市总体景观(7分) | |
| | 总分 | 排名 | 分值 | 排名 | 分值 | 排名 |
| 哈尔滨 | 8.92 | 12 | 6.94 | 12 | 1.98 | 32 |
| 无锡 | 8.89 | 13 | 4.12 | 26 | 4.77 | 2 |
| 大连 | 8.68 | 14 | 6.11 | 15 | 2.57 | 20 |
| 天津 | 8.61 | 15 | 7.41 | 8 | 1.20 | 47 |
| 厦门 | 8.44 | 16 | 3.89 | 28 | 4.55 | 4 |
| 上海 | 8.36 | 17 | 5.64 | 17 | 2.72 | 15 |
| 石家庄 | 8.28 | 18 | 6.61 | 13 | 1.67 | 36 |
| 贵阳 | 7.98 | 19 | 5.62 | 18 | 2.36 | 21 |
| 沈阳 | 7.93 | 20 | 3.31 | 32 | 4.62 | 3 |
| 丽江 | 7.79 | 21 | 5.52 | 20 | 2.27 | 24 |
| 桂林 | 7.78 | 22 | 6.52 | 14 | 1.26 | 46 |
| 广州 | 7.61 | 23 | 5.59 | 19 | 2.02 | 30 |
| 成都 | 7.50 | 24 | 5.18 | 23 | 2.32 | 23 |
| 武汉 | 7.39 | 25 | 4.17 | 25 | 3.22 | 7 |
| 南京 | 7.37 | 26 | 5.33 | 22 | 2.04 | 29 |
| 青岛 | 7.17 | 27 | 4.43 | 24 | 2.74 | 14 |
| 秦皇岛 | 6.48 | 28 | 3.85 | 29 | 2.63 | 19 |
| 长春 | 6.01 | 29 | 4.06 | 27 | 1.95 | 33 |
| 兰州 | 5.94 | 30 | 5.48 | 21 | 0.46 | 50 |

资料来源：本课题组资料库。

# 三 分述Ⅱ：城市文化资源、空间基础及安全保障竞争力分析

本文前已述及驱动城市休闲和旅游竞争力的城市基本要素可以从自然资源要素和文化资源要素两个方面进行衡量与评价。本节内容拟从文化资源要素角度对全国50个样本城市的文化资源、休闲和旅游空间基础及安全保障要素进行分析评价，以期反映出城市文化资源等对城市休闲和旅游竞争力的驱动。

## （一）城市文化资源要素竞争力

### 1. 城市文化资源要素竞争力与指标体系

文化资源是人类在自身发展过程中创造的物质财富和精神财富，除现实的文化现象和文化活动外，还包括历史遗留的物质文化遗产、非物质文化遗产等。人们已经知道，文化资源是城市休闲和旅游发展的依托资源，是城市休闲和旅游吸引力和竞争力的重要基础所在，因而依托本地文化资源，有助于打造高品质的休闲和旅游产品，有利于满足本地居民和外地游客的休闲旅游需求。当前，城市休闲和旅游的发展越来越依托广泛存在的文化资源，其在提升城市休闲氛围及其品质和吸引力方面，也正在发挥着越来越关键的作用。

在依托文化资源促进城市休闲和旅游竞争力提升的过程中，涉及两个方面的思考。第一，考虑城市在其历史发展过程中形成的独特的历史文化资源禀赋，既包括有形的文化资源，比如文物保护单位、文物博物馆、城市的历史建筑和格局等，也包括城市独特的语言、风俗和非物质文化遗产等。第二，城市居民的现代文化生活，以及它们在现代休闲和旅游生活中的体现，包括了当地文化生活的活跃度、普及度和休闲度，以及是否形成丰富的文化休闲旅游活动，比如城市的各类文化生活展览、戏剧和舞台演出、节庆活动、影视制作、广播电视出版及居民的参与和阅读，还有居民的休闲旅游氛围和态度等，这些都是一个城市的休闲和旅游发展的基础和表现。

为不陷入理论研究者对城市文化的诸多歧义的讨论，本课题组根据对城市休闲和旅游及文化资源的理解，将城市文化资源要素分为历史文化独特资源和现代文化生活资源两个二级指标，并在二级指标体系下梳理出了 14 个三级指标和 23 个四级指标，以期能够反映城市文化资源要素的竞争力。其详细指标和各自权重如表 10 所示。

### 表10 城市文化资源要素竞争力指标体系

| 一级指标<br>（类项指标） | 二级指标<br>（分组指标） | 三级指标<br>（单项指标） | 指标解释 |
|---|---|---|---|
| 城市文化<br>资源要素 | 历史文化独特<br>资源（46分） | 文物保护与博物馆<br>建设（25分） | 本市已经取得名城或古都称号 |
| | | | 拥有相当数量的文保单位 |
| | | | 文化遗址得到妥善的保护和利用 |
| | | | 文化部门登记在册的博物馆的十万人<br>拥有量 |
| | | 城市独特格局（3分） | 城市总体空间格局和特色功能片区 |
| | | 民居建筑风格（3分） | 民间建筑风格特色 |
| | | 名人故里（3分） | 名人故里的保护 |
| | | 语言与民风（3分） | 地方语言特色与敬语 |
| | | 非物质文化遗产（9<br>分） | 非物质文化遗产得到国家级或省级的<br>认可 |
| | | | 非物质文化遗产已部分开发利用为相<br>应产品 |
| | | | 拥有商务部门认定的中华老字号 |
| | 现代文化生活<br>资源（19分） | 居民对休闲和旅游的<br>喜好程度（5分） | 居民出游 |
| | | | 群众文化馆、艺术馆和文化站每年组织<br>活动 |
| | | | 图书购买 |
| | | | 影剧观看 |
| | | | 参观博物馆 |
| | | 文化和生活类<br>展览（2分） | 近三年每年举办市级展会 |
| | | 影视制作与<br>演播（2分） | 地方每年参与影视制剧作 |
| | | 戏剧与舞台<br>演出（2分） | 戏剧音乐舞台活跃程度 |
| | | 传统节日在<br>现代（2分） | 在现代生活的响应 |
| | | 节事活动在<br>民间（2分） | 节事活动的举办 |
| | | 广播、电视（2分） | 广播和电视节目套数 |
| | | 出版与阅读（2分） | 地方出版社与图书馆 |

资料来源：本课题组资料库。

2. 数据来源与文化资源要素竞争力分析

基于前文已说明的因素，本课题组选择 2016 年的数据作为截面年代数据，2016 年数据缺失的个别指标选择其他相近年份代替。数据除了各种年鉴外，主要源于各城市政府、统计部门的官方网站，各城市政府、统计部门的出版物。部分客观数据直接从城市相关统计年鉴或者官方统计数据获得，部分数据则为课题组根据网络搜索所获大量资料分析整理得出。

根据对样本城市文化资源要素竞争力数据进行的分析，其竞争力特征主要有以下五个方面。

其一，文化资源要素竞争力指数排名前十的城市依次是北京、杭州、苏州、南京、上海、天津、广州、西安、洛阳、太原。

其二，总体上看，文化资源要素竞争力大多来自历史文化独特资源的赋存，但是文化资源要素竞争力指数排名前十的城市不仅与该城市的历史赋存有关，而且在于这些城市对历史文化的发掘，在于这些城市对现代文化生活的适应性开拓。

其三，从区域分布来看，城市文化资源禀赋好的城市东中西部都有，既有北京、上海、杭州等东部沿海城市，也有西安、洛阳、太原等中西部城市。

其四，城市现代文化生活资源竞争力靠前的城市，以东部城市为主。一方面，东部城市经济发展水平较高，有着更完善更丰富的创新现代文化生活的基础。另一方面，经济发展水平高，对于历史文化资源的保护和开发利用程度往往也更高一些，这就使得文化资源能够更多地在休闲和旅游中得到体现。比如厦门，虽然历史文化独特资源指数并不特别靠前，但是现代文化生活资源指数却排名第一。又比如长沙，虽然其地处中部，缺乏东部区域的经济优势，但因其现代文化和休闲生活发展十分活跃，故而也走在了中西部地区的前列，高居全国各大城市的第 6 名。

其五，一些中西部城市历史文化资源底蕴深厚，但出现了现代文化生活指数相对略低的状况。原因是那些中西部城市，虽然有丰富的历史文化资源，可是挖掘不够，故而使其良好的资源优势没有更好地转化为城市休闲和旅游的竞争力。比如西安、洛阳、太原三地的文化资源要素指数排名前十，但是现代文化生活资源指数则都在 18 名之后。

### 3. 本维度"30佳城市"的综合排名

课题组经过对有关数据的采集分析与汇总，及无量纲化处理后的赋权计算，形成本维度城市文化资源要素竞争力的"30佳城市"的综合排名，具体见表11。

**表11 全国城市文化资源要素竞争力"30佳城市"综合排名**

| 城市 | 城市文化资源要素竞争力 （类项指标） （65分） | | 城市文化资源要素竞争力下的二级指标(分组指标) | | | |
|---|---|---|---|---|---|---|
| | | | 历史文化独特资源竞争力 （46分） | | 现代文化生活资源竞争力 （19分） | |
| | 总分 | 排名 | 分值 | 排名 | 分值 | 排名 |
| 北京 | 62.00 | 1 | 44.00 | 1 | 18.00 | 2 |
| 杭州 | 60.00 | 2 | 43.00 | 2 | 17.00 | 6 |
| 苏州 | 59.50 | 3 | 43.00 | 2 | 16.50 | 9 |
| 南京 | 58.00 | 4 | 40.00 | 4 | 18.00 | 2 |
| 上海 | 57.50 | 5 | 40.00 | 4 | 17.50 | 4 |
| 天津 | 55.50 | 6 | 38.00 | 6 | 17.50 | 4 |
| 广州 | 51.00 | 7 | 34.00 | 10 | 17.00 | 6 |
| 西安 | 49.00 | 8 | 38.00 | 6 | 11.00 | 18 |
| 洛阳 | 48.00 | 9 | 37.00 | 8 | 11.00 | 18 |
| 太原 | 45.50 | 10 | 36.00 | 9 | 9.50 | 28 |
| 宁波 | 43.50 | 11 | 32.00 | 11 | 11.50 | 16 |
| 成都 | 43.50 | 11 | 29.00 | 14 | 14.50 | 11 |
| 大连 | 43.00 | 13 | 27.00 | 17 | 16.00 | 10 |
| 黄山 | 42.00 | 14 | 31.00 | 13 | 11.00 | 18 |
| 厦门 | 41.80 | 15 | 22.80 | 33 | 19.00 | 1 |
| 哈尔滨 | 41.50 | 16 | 32.00 | 11 | 9.50 | 28 |
| 重庆 | 41.50 | 16 | 29.00 | 15 | 12.50 | 15 |
| 长沙 | 41.00 | 18 | 24.00 | 26 | 17.00 | 6 |
| 青岛 | 40.50 | 19 | 26.00 | 20 | 14.50 | 11 |
| 武汉 | 39.00 | 20 | 26.00 | 20 | 13.00 | 13 |
| 沈阳 | 38.50 | 21 | 28.00 | 16 | 10.50 | 21 |
| 泉州 | 37.00 | 22 | 27.00 | 18 | 10.00 | 23 |
| 长春 | 36.50 | 23 | 26.50 | 19 | 10.00 | 23 |
| 合肥 | 36.20 | 24 | 24.70 | 25 | 11.50 | 16 |
| 石家庄 | 35.00 | 25 | 25.00 | 23 | 10.00 | 23 |
| 呼和浩特 | 34.50 | 26 | 26.00 | 20 | 8.50 | 35 |
| 无锡 | 33.50 | 27 | 25.00 | 23 | 8.50 | 35 |
| 东莞 | 33.50 | 27 | 23.00 | 29 | 10.50 | 21 |
| 南宁 | 32.00 | 29 | 23.00 | 29 | 9.00 | 32 |
| 昆明 | 32.00 | 29 | 24.00 | 26 | 8.00 | 39 |

资料来源：本课题组资料库。

## （二）城市休闲和旅游空间基础竞争力

1. 城市休闲和旅游空间基础竞争力与指标体系

充足的国民休闲和旅游空间、完善的休闲和旅游设施，是城市休闲和旅游竞争力的重要内容和发展基础。一个城市是否具有良好的休闲和旅游空间为本地居民和外来游客开展休闲和旅游提供活动场地，实际也是这个城市休闲和旅游竞争力的重要内容。

一般而言，城市休闲和旅游空间主要包括城市公园、城市广场、休闲街区、文化体育活动空间、城市绿道、骑行公园、慢行系统、环城休闲带等休闲设施。如果广而言之，则包括了城市的水体、湿地、绿地，城市的文化和体育健身场所、历史地段、历史街区及商业街区，以及郊野的可供休闲及旅游使用的田野、森林、山川湖泊等自然环境。随着城市经济社会发展，越来越多的城市开展城市休闲空间规划、建设和改造，以满足本地居民休闲需求，也能够吸引游客，提升旅游吸引力。

考虑一个城市休闲和旅游空间发展基础要素，重点在于考虑其城市休闲和旅游空间规划和空间设施功能。第一，城市空间发展规划中是否明确休闲和旅游空间的规划，是否明确规划了满足休闲和旅游需求的空间范围。第二，城市休闲和旅游空间的数量、规模和适宜性程度，是否能够满足居民和游客需求。第三，城市是否有专门的休闲和旅游空间规划，比如城市公园、郊野公园、城市其他绿地等城市自然休闲活动空间及城市广场、市民文化活动中心等城市文体活动公共空间，以及兼有商业开发价值的健身运动、传统民俗活动和城市经营性休闲空间等。第四，城市是否将最佳生态环境区域开辟为城市的公共休闲空间，城市是否注重了自然生态环境的营造。

在已有研究基础上，本课题组根据对城市休闲和旅游空间的理解，将城市休闲和旅游空间基础要素划分成为 5 个二级指标，以反映城市休闲和旅游空间的发展情况。详细指标和各自权重如表 12 所示。

2. 数据来源与空间基础要素竞争力分析

基于本篇第一部分已经说明的同样原因，本课题组选择了 2016 年的截面年份数据，2016年缺失的个别数据则选择其他相近年份代替。涉及数据主要来源于各城市政府、统计部门的官方网站，各城市政府、统计部门的出版物。部分客观数据直接从城市相关统计年鉴或者官方统计数据获得；部分数据则由课题组根据网络搜索获得，由课题组组织专家进行评估。

表12　城市休闲和旅游空间基础要素竞争力指标体系

| 一级指标(类项指标) | 二级指标(分组指标) | 指标解释 |
|---|---|---|
| 城市休闲和旅游空间基础（36分） | 规划中休闲和旅游空间有明确范围及空间结构 | 有或无 |
| | 规划中明确规划出满足不同休闲和旅游需求的空间范围 | 与城市各功能区的配合情况 |
| | 规划中休闲和旅游空间的规模结构与城市的适宜性 | 大小与数量 |
| | 编制了各类休闲和旅游空间规划 | 是否编制了包含有城市公园、郊野公园、城市其他绿地等城市自然休闲活动空间及城市广场、市民文化活动中心等城市文体活动公共空间，以及兼有商业服务的健身运动、传统民俗活动，休闲和旅游购物、美食酒吧、主题度假、文化创意、自然亲水等城市经营性休闲空间在内的休闲旅游总体规划 |
| | 将城市最佳生态环境区域开辟为城市的公共休闲空间 | 是否与多少 |

资料来源：本课题组资料库。

根据对样本城市休闲和旅游空间基础要素数据所做的分析，这些城市的休闲和旅游空间竞争力特征主要体现在以下四个方面。

其一，城市休闲和旅游空间要素竞争力指数排名前十的城市依次是杭州、北京、上海、苏州、大连、青岛、成都、秦皇岛、天津、广州。

其二，从区域分布看，东部地区城市休闲和旅游空间的开拓与建设仍然领先于中西部地区。从城市休闲和旅游空间竞争力指数看，排在前列的基本都是东部地区城市，前十名中仅有成都来自西部地区。这主要与城市经济发展水平有关，随着城市经济发展水平的提高，城市建设、城市环境、城市空间等都会更加呈现出有利于休闲化的特点。

其三，总体上看，城市休闲和旅游空间要素指数得分较高，也和该城市发展的定位选择有关。这一点，从位处前列城市此前的政府工作报告或其四套班子对旅游的定位讲话中得到证实，越来越多的城市都正在努力打造着宜居宜游城市，加大对生态环境的保护力度，不断地推动城市公共空间的拓展，开辟公共绿地，净化城市水体，从空间上解决城市居民对人居环境的切实需求；另外，城市公共文化活动空间、经营性休闲空间也正在日益丰富起来，为满足居民和游客的休闲和旅游需求提供了基础。

其四，主客共享向前推进。这些位居前列的城市，在其公共设施建设、正在拟定实施的城市规划中，也越来越多地考虑到了休闲和旅游的功能。而且，其为本地居民服务的休闲空间与为游客服务的旅游设施越来越多地相互融合，正在形成一个主客共享的新空间。

3. 本维度"30佳城市"的综合排名

经过本课题组对有关数据的采集与分析汇总，及无量纲化处理后的赋权计算，最后形成本维度城市休闲和旅游空间要素竞争力的"30佳城市"的综合排名，详见表13。

表13　全国城市休闲和旅游空间要素竞争力指数"30佳城市"排名

| 城市 | 城市休闲和旅游空间基础<br>（类项指标）（36分） | 排名 |
|---|---|---|
| 杭州 | 35.00 | 1 |
| 北京 | 34.00 | 2 |
| 上海 | 33.00 | 3 |
| 苏州 | 33.00 | 3 |
| 大连 | 32.00 | 5 |
| 青岛 | 30.00 | 6 |
| 成都 | 30.00 | 6 |
| 秦皇岛 | 29.00 | 8 |
| 天津 | 28.00 | 9 |
| 广州 | 27.00 | 10 |
| 无锡 | 26.00 | 11 |
| 宁波 | 26.00 | 11 |
| 洛阳 | 26.00 | 11 |

| 城市 | 城市休闲和旅游空间基础<br>（类项指标）（36分） | 排名 |
|------|------|------|
| 长沙 | 26.00 | 11 |
| 深圳 | 26.00 | 11 |
| 珠海 | 26.00 | 11 |
| 桂林 | 26.00 | 11 |
| 沈阳 | 25.00 | 18 |
| 长春 | 25.00 | 18 |
| 南京 | 25.00 | 18 |
| 西安 | 25.00 | 18 |
| 石家庄 | 24.00 | 22 |
| 厦门 | 24.00 | 22 |
| 太原 | 22.00 | 24 |
| 呼和浩特 | 22.00 | 24 |
| 哈尔滨 | 21.00 | 26 |
| 温州 | 21.00 | 26 |
| 重庆 | 21.00 | 26 |
| 兰州 | 21.00 | 26 |
| 济南 | 20.00 | 30 |
| 郑州 | 20.00 | 30 |
| 武汉 | 20.00 | 30 |
| 张家界 | 20.00 | 30 |
| 南宁 | 20.00 | 30 |
| 丽江 | 20.00 | 30 |

资料来源：本课题组资料库。

## （三）城市休闲和旅游安全保障竞争力

### 1. 城市休闲和旅游安全保障要素竞争力与指标体系

业内人士经常会说"没有安全就没有旅游"，其实没有安全也就没有休闲。人们大多知道，公共服务是城市休闲和旅游活动不可或缺的基本要素。特别是当前我国休闲和旅游市场急速扩展，海量的市场需求、海量的消费者人流，也都呼唤着更多更好的公共服务，其中首要的便是休闲和旅游的安全保障。

人们的休闲和旅游活动，是一项涉及人们食、住、行、游、购、娱等诸多要素的综合性活动，因此它的每一环节都需要对安全的关注。旅游安全不仅关系到游客的健康与生命，也影响着社会的情绪和城市的旅游形象，所以它是头等重要的大事。

在城市休闲和旅游发展过程中，它的安全保障主要应该体现在以下四个方面。

第一，城市是否有完善的休闲和旅游安全管理制度，是否建立有针对各种突发公共事件的应急预案。第二，城市是否有完善的安全风险提示制度，能否通过广播、新媒体等多种信息预警渠道及时向游客传递准确、全面的安全信息，进而营造安全、放心的休闲和旅游环境。第三，城市是否有相关部门参加的安全联合监管机制，能否不断地强化休闲和旅游活动各环节和全过程的安全监管，以有针对性地维护有关设施设备、高风险项目、节庆活动等的安全。第四，城市是否建立了有效的休闲和旅游的安全保障指挥和应急体系，是否有集安全预警、安全控制、应急救援以及保险于一体的安全保障机制，是否有完善的紧急救援体系。

依据已有研究，本课题组对城市休闲和旅游安全保障指数作了以下划分，即在一级指标之下，设立了2个二级指标和5个三级指标，以期能够较为准确地反映出城市休闲和旅游安全保障要素的竞争力。详细情况如表14所示。

**表14　城市休闲和旅游安全保障要素竞争力指标体系**

| 一级指标<br>（类项指标） | 二级指标<br>（分组指标） | 三级指标<br>（单项指标） | 指标解释 |
|---|---|---|---|
| 城市休闲和旅游安全保障(30分) | 休闲和旅游安全保障措施(20分) | 通过多种渠道向游客及市民宣传旅游安全意识 | 多种渠道确有向游客及市民宣传旅游安全意识的举措 |
| | | 目的地或经行地危险处所的"危险"标识设立与语言提醒 | 目的地或经行地危险处所确有"危险"标识设立与语言提醒 |
| | | 网络、广播、短信、微博、微信等多平台的休闲和旅游安全警示与提示的发布 | 多平台确有休闲和旅游安全警示与提示的发布 |
| | | 应急预案的制定与响应实施 | 预案的制定与响应实施明确与可行 |
| | 休闲和旅游安全保障体系(10分) | 建立了有效的休闲和旅游安全保障指挥和应急体系 | 建立了有效的指挥和应急体系 |

资料来源：本课题组资料库。

2. 数据来源与安全保障要素竞争力分析

考虑到数据来源问题，本课题组选择 2016 年的数据进行比较，2016 年数据缺失的个别指标选择其他相近年份代替。部分客观数据直接从城市相关统计年鉴或者官方统计数据获得，部分数据则由课题组根据网络搜索获得的相应数据，交由有关专家进行研究评估。

根据对样本城市休闲和旅游安全保障要素数据所做的分析，这些城市的休闲和旅游的安全保障的竞争力特征，主要表现在以下五个方面。

其一，城市休闲和旅游安全保障要素竞争力指数排名前十的城市依次是北京、上海、秦皇岛、杭州、南京、青岛、苏州、天津、黄山、厦门。

其二，从区域分布来看，休闲和旅游安全保障要素竞争力排名靠前的城市主要集中在东部沿海地区。这主要是它们较高的经济发展水平能够为城市休闲和旅游安全保障提供更多的经费和人力投入。相对来说，中西部地区城市休闲和旅游安全保障体系有待进一步的投入，以实现它们的完善和提升。

其三，从城市类型上看，休闲和旅游安全保障要素竞争力排名靠前的城市也基本上是休闲和旅游较为发达的城市。比如，秦皇岛、黄山等城市虽然不是一线的经济发达城市，但是它们早年的旅游定位使得其有关工作起步较早，所以其休闲和旅游安全保障措施就比较成熟；而北京、上海、杭州等，则是近些年的工作力度所致。

其四，从发展水平上看，总体上，近年来随着休闲和旅游产业的发展，无论是东部还是中西部地区，各个城市休闲和旅游安全保障要素竞争力指数均处在较高水平，原因在于地方政府和旅游主管部门此前确实均将旅游安全作为一个重要的工作和服务内容来建设，应该说，这也确实是当前我国城市休闲和旅游发展进入了新阶段的一个表现。特别是城市休闲和旅游安全保障要素竞争力指数排名居前的城市，大都建设了综合性的城市旅游安全保障体系，建设了智慧旅游安全监控体系，从而取得了休闲和旅游安全服务水平的不断提升。

其五，休闲和旅游安全保障措施，现在已经成为许多城市建设的重点内容，但少数旅游型城市这项指标得分却更为靠前。从数据上看，休闲和旅游安全保障措施竞争力指数排名靠前的都是东部城市，但桂林、贵阳、洛阳等旅游者专注型城市的休闲和旅游安全保障措施竞争力指数得分都相对较高（进入了本类项指标的"10佳城市"之列）。很突出的一点是，随着旅游业的发展，一些非一线经济发达城市，由于地方政府对产业政策的选择，从而对旅游安全保障措施的重视程度越来越高，投入日益增加，这就使得休闲和旅游安全保障成为该城市休闲和旅游发展的一个强项。

3. 本维度"30佳城市"的综合排名

经过本课题组对有关数据的采集与分析汇总，及无量纲化处理后的赋权计算，形成本维度城市休闲和旅游安全保障要素竞争力的"30佳城市"的综合排名，详见表15。

**表15　城市休闲和旅游安全保障要素竞争力"30佳城市"综合排名**

| 城市 | 城市休闲和旅游安全保障要素竞争力（类项指标）（30分） | | 城市休闲和旅游安全保障要素下的二级指标（分组指标） | | | |
| --- | --- | --- | --- | --- | --- | --- |
| | | | 休闲和旅游安全保障措施竞争力（20分） | | 休闲和旅游安全保障体系竞争力（10分） | |
| | 分值 | 排名 | 分值 | 排名 | 分值 | 排名 |
| 北京 | 29.00 | 1 | 19.00 | 1 | 10.00 | 1 |
| 上海 | 28.00 | 2 | 18.00 | 2 | 10.00 | 1 |
| 秦皇岛 | 26.00 | 3 | 16.00 | 3 | 10.00 | 1 |
| 杭州 | 26.00 | 3 | 16.00 | 3 | 10.00 | 1 |
| 南京 | 25.00 | 5 | 15.00 | 5 | 10.00 | 1 |
| 青岛 | 25.00 | 5 | 15.00 | 5 | 10.00 | 1 |
| 苏州 | 24.00 | 7 | 14.00 | 9 | 10.00 | 1 |
| 天津 | 23.00 | 8 | 13.00 | 13 | 10.00 | 1 |
| 黄山 | 23.00 | 8 | 13.00 | 13 | 10.00 | 1 |
| 厦门 | 23.00 | 8 | 13.00 | 13 | 10.00 | 1 |
| 桂林 | 23.00 | 8 | 15.00 | 5 | 8.00 | 13 |
| 贵阳 | 23.00 | 8 | 15.00 | 5 | 8.00 | 13 |
| 洛阳 | 22.00 | 13 | 14.00 | 9 | 8.00 | 13 |
| 珠海 | 22.00 | 13 | 14.00 | 9 | 8.00 | 13 |
| 成都 | 22.00 | 13 | 14.00 | 9 | 8.00 | 13 |
| 石家庄 | 21.00 | 16 | 11.00 | 27 | 10.00 | 1 |
| 张家界 | 21.00 | 16 | 13.00 | 13 | 8.00 | 13 |
| 广州 | 21.00 | 16 | 13.00 | 13 | 8.00 | 13 |
| 西安 | 21.00 | 16 | 13.00 | 13 | 8.00 | 13 |
| 武汉 | 20.00 | 20 | 12.00 | 19 | 8.00 | 13 |
| 长沙 | 20.00 | 20 | 12.00 | 19 | 8.00 | 13 |

| 城市 | 城市休闲和旅游安全保障要素竞争力（类项指标）（30分） | | 城市休闲和旅游安全保障要素下的二级指标（分组指标） | | | |
| --- | --- | --- | --- | --- | --- | --- |
| | | | 休闲和旅游安全保障措施竞争力（20分） | | 休闲和旅游安全保障体系竞争力（10分） | |
| | 分值 | 排名 | 分值 | 排名 | 分值 | 排名 |
| 深圳 | 20.00 | 20 | 12.00 | 19 | 8.00 | 13 |
| 无锡 | 19.00 | 23 | 9.00 | 43 | 10.00 | 1 |
| 福州 | 19.00 | 23 | 12.00 | 19 | 7.00 | 24 |
| 宜昌 | 19.00 | 23 | 12.00 | 19 | 7.00 | 24 |
| 重庆 | 19.00 | 23 | 12.00 | 19 | 7.00 | 24 |
| 泉州 | 18.00 | 27 | 12.00 | 19 | 6.00 | 30 |
| 东莞 | 18.00 | 27 | 11.00 | 27 | 7.00 | 24 |
| 南宁 | 18.00 | 27 | 11.00 | 27 | 7.00 | 24 |
| 丽江 | 18.00 | 27 | 11.00 | 27 | 7.00 | 24 |
| 兰州 | 18.00 | 27 | 12.00 | 19 | 6.00 | 30 |

资料来源：本课题组资料库。

# 四　基本要素驱动板块的简要结语

基本要素驱动是本课题研究的城市休闲和旅游竞争力的第一个重要组成，因此本研究特地从城市的生态与人居生活环境，从当代人文生活环境及其相应空间的构成两个方面的6个维度来评估考量它。

这6个维度是城市生态环境、生活环境、景观资源、文化资源、休闲和旅游空间基础、休闲和旅游安全保障，形成了6个类项指标（一级指标）；在它们下面，一共设立了17个分组指标（二级指标）和32个单项指标（三级指标）。

基本要素驱动能作为休闲和旅游竞争力的第一部分，原因就在于它是基本要素，因为只有具备了基本要素，休闲和旅游才有可能实现。这也是本报告中多次提到城市休闲和旅游竞争力与宜居城市有着许多共同指标的原因。

虽然目前全球性的城市休闲和旅游竞争力的研究还很少，但是对宜居城市的研究还是很有成绩的。据英语网络上一种可以自定义的《自由辞典》（*The Free Dictionary by FARLEX*）称，现在人们所说的全球最宜居城市其实是人们根据某项生活条件调查排名的对城市的非正式称呼，为了说明这一现象，该网络词典还列举了国际上最为著名的3家对此调查的评价实例，一个是《单片眼镜》杂志的"最宜居城市指数"，一个是经济学人集团旗下"经济学人智库"（EIU）的"最宜居城市排名"，一个是世界性人力资源管理咨询机构"美世咨询"（Mercer）的"城市生活质量排名"。因为它们三家的视野和关注点等方面有差异，所以其选取的标准也有很多不同，如果把它们一一列在下面并在总体上进行分析和比照，则可以发现，它们对"宜居"的认识其实在总体上也是基本相同的。详见表16。

表16　*Monocle*，EIU，Mercer 有关"宜居城市"的一级指标的设置

| 文件 | 《单片眼镜》（*Monocle*）"最宜居城市指数" | "经济学人智库"（EIU）"最宜居城市排名" | "美世咨询"（Mercer）"城市生活质量排名" |
|---|---|---|---|
| 指标内容 | 安全/犯罪<br>国际连通性<br>气候/晴天<br>建筑质量<br>公共交通<br>城市包容性<br>环境与自然<br>城市规划<br>商业条件<br>主动的政策发展<br>医疗保健 | 社会稳定<br>医疗保健<br>文化和自然环境<br>教育<br>基础设施 | （选要）<br>安全<br>教育<br>卫生<br>保健<br>文化<br>环境<br>娱乐<br>政治经济稳定<br>公共交通与货物和服务的获得 |

资料来源："World's Most Livable Cities," 选自网络《自由词典》（*The Free Dictionary by FARLEX*）。

这对城市休闲和旅游竞争力的研究来说，既是很好的启示，也是很好的基础。另外，还有总报告中已经分析到的被简称为"人居Ⅲ"的联合国第三次住房与城市可持续发展大会的成果，还有我国的相关研究（中国社会科学院财经战略研究院倪鹏飞主持的《中国城市竞争力报告》，中国科学院地理科学与资源研究所张文忠主持的《中国宜居城市研究报告》），他们的成果在我国影响深远。

基于总报告中"探求：提升城市休闲和旅游竞争力的途径建议"已经

对"人居Ⅲ"会议纪实和倪鹏飞、张文忠的研究报告做过分析，故这里不再赘述。如回顾前面已有的分析，不仅可以了解"宜居城市"的必需要素，而且对它们提出的城市生态环境和人文环境，城市的教育与健康的服务，城市的安全与法制，城市的居住舒适、生活方便、人际和谐，以及经济发展和人民生活水平提升等大同小异的要求，也就十分清楚了。

其实，宜居城市的这些要素，也是提升城市休闲和旅游竞争力的需要。所以本研究才在总报告的"探求"部分论及提升竞争力的途径建议时，提出了"从人居环境着手，增强竞争力的基本要素""努力开拓公共空间，紧抓城市持续发展要素"等主张，其目的也就是为了加强基本要素的驱动力，以实现城市休闲和旅游竞争力的尽快提升。

基于本报告探究的不是宜居城市竞争力而是城市休闲和旅游竞争力，所以本文在研究基本要素的驱动时，就不是对城市宜居环境的面面俱到的关注，而是着重选取与百姓生活密切相关的城市生态环境、生活环境，与民众休闲和旅游密切相关的景观资源、文化资源，并选取了发展休闲和旅游所必需的休闲和旅游空间基础、休闲和旅游安全保障6个维度，进而形成了6个一级指标（类项指标）。

本研究经过对50个样本城市的32项单项指标、17组分组指标、6类类项指标的层层测算与汇总，最后评出了全国城市休闲和旅游竞争力基本要素驱动力指数6个维度的"30佳城市"及其汇总的基本要素驱动力的"30强城市"。

基本要素驱动力的"30强城市"，依次是北京、杭州、苏州、重庆、上海、厦门、广州、南京、黄山、西安、洛阳、青岛、秦皇岛、大连、天津、成都、桂林、长沙、深圳、宁波、泉州、东莞、贵阳、无锡、珠海、昆明、哈尔滨、太原、福州、张家界。

其中，每个维度的"10佳城市"如下。

生态环境要素"10佳城市"：黄山、厦门、东莞、北京、秦皇岛、宜昌、桂林、三亚、杭州、珠海。

生活环境要素"10佳城市"：黄山、丽江、珠海、昆明、海口、厦门、深圳、三亚、泉州、福州。

景观资源要素"10 佳城市"：重庆、北京、西安、苏州、洛阳、黄山、昆明、杭州、济南、张家界。

文化资源要素"10 佳城市"：北京、杭州、苏州、南京、上海、天津、广州、西安、洛阳、太原。

休闲和旅游空间基础"10 佳城市"：杭州、北京、上海、苏州、大连、青岛、成都、秦皇岛、天津、广州。

休闲和旅游安全保障"10 佳城市"：北京、上海、秦皇岛、杭州、南京、青岛、苏州、天津、黄山、厦门。

其中，北京以 246.51 分的总分，获得了 6 个维度的 2 个第一、2 个第二、1 个第四，荣居基本要素驱动力"30 强城市"的第一名；杭州以 222.47 分的总分，获得了 6 各维度的 1 个第一、1 个第二、1 个第三、1 个第八，荣居基本要素驱动力"30 强城市"的第二名；苏州以 212.18 分的总分，获得了 6 各维度的 1 个第三、2 个第四、1 个第七，荣居基本要素驱动力"30 强城市"的第三名。关于基本要素驱动竞争力前 10 名的"10 强城市"的情况，请见表 17。

表 17 基本要素驱动力"10 强城市"与"10 佳城市"

单位：分

| 城市 | 总分 | 排名 | 强势举例(获得 6 个维度"10 佳城市"前 10 名的次数) |
|---|---|---|---|
| 北京 | 246.51 | 1 | 2 个第一、2 个第二、1 个第四 |
| 杭州 | 222.47 | 2 | 1 个第一、1 个第二、1 个第三、1 个第八、1 个第九 |
| 苏州 | 212.18 | 3 | 1 个第三、2 个第四、1 个第七 |
| 重庆 | 207.28 | 4 | 1 个第一 |
| 上海 | 200.51 | 5 | 1 个第二、1 个第三、1 个第五 |
| 厦门 | 200.10 | 6 | 1 个第二、1 个第六、1 个第八 |
| 广州 | 197.72 | 7 | 1 个第六、1 个第十 |
| 南京 | 195.64 | 8 | 1 个第四、1 个第五 |
| 黄山 | 190.71 | 9 | 2 个第一、1 个第六、1 个第八 |
| 西安 | 190.10 | 10 | 1 个第三、1 个第八 |

资料来源：本课题组资料库。

从表 17 中可以看出，"10 强城市"成为 10 强都是令人信服的；北京、杭州等城市的排名也是很有依据的。但是，细心的读者也可能会对此表产生一些疑问，那就是只获得"1 个第六、1 个第十"的广州，为什么能够名列本板块"10 强城市"的第七？而获得了"2 个第一、1 个第六、1 个第八"的黄山，在本板块的"10 强城市"中却排名第九？因为表 17 右栏所列的"获得 6 个维度'10 佳城市'前 10 名的次数"，只是作为其强势的举例；而"10 强城市"却是以总得分的分值来排的。如果说得更细致一些，那就是广州在各个维度（类项指标）的排名虽然都不特别靠前，但是它的各类项竞争力的发展都比较好，而且比较平衡；而有的类项居前的城市，却被较为滞后的类项拉低了总分，其中黄山就是特别令人惋惜的。但是，指标和权重都是公正的，课题组不能够擅自予以改变。对此，本课题组甚至研究了下一轮需不需要改变有关指标和权重。课题组一致对黄山竞争力给予肯定，故而本分报告特地把黄山选为这一轮的"本板块关注城市"给予特别推荐。

# G.3
# 确保竞争力提升的永动功能：
# 来自效率增强驱动力的分析

效率增强驱动竞争力研究组 *

**摘　要：** 本报告从效率增强驱动的视角，构建了包括城市此前已有竞
争力评价、休闲和旅游服务空间、休闲和旅游接待运行、交
通、餐饮、住宿、购物和文化消费、旅行社、休闲和旅游服
务满意度9个评估维度，以及其下25组分组指标的城市休闲
和旅游竞争力评价指标体系，进而结合50个样本城市的统计
数据，对城市休闲和旅游竞争力进行评价和分析，除了产生
出效率增强驱动"30强城市"及其下9个维度"30佳城市"
的排名外，研究还发现：①虽然不少城市休闲和旅游竞争力
都相当强劲，但有待继续提升，而城市主管部门的重视是十
分关键的；②各城市发展不平衡的现象是相当明显的，即使
是休闲和旅游效率增强驱动竞争力排名居前的城市，其差距
也仍然较大；③全国城市休闲和旅游效率增强驱动竞争力大
致呈现了东强西弱、北高南低的分布格局。

---

\* 本报告主要执笔人：王雅丽、郝志成。《中国城市休闲和旅游竞争力报告（2020）》的三篇分
报告均是本课题全部研究的有机组成，亦是总报告中"成果综述：城市休闲和旅游竞争力综
合排名格局与总体分析"的基础研究。分报告的工作是在课题组组长石美玉统一组织下，由
课题组成员反复研究协调并分工负责撰写完成的。分报告共分三部分，本部分是分报告的第
二部分，主要集中于对效率增强驱动力研究成果的分析与阐述；"专题报告"中《把握效率
优势的展翅翱翔——效率增强驱动名列前茅的深圳市》一文，是对本板块关注城市深圳市的
分析。效率增强竞争力研究组的这两个部分工作，均由郝志成、王雅丽共同负责。

**关键词：** 效率增强驱动　休闲和旅游　指标体系与测评结果

在对休闲和旅游的城市竞争力的测量和评估中，课题组决定以效率增强驱动（简称"效率驱动"）作为三大驱动力第二部分内容的名称。它的得名，一定程度上受了《2016～2017 年全球竞争力报告》的启发。

世界经济论坛（WEF）为综合评估全球 100 余个国家和经济体的经济持续增长动力，在 2004 年建立了全球竞争力指数体系（GCI），并在其继续研究的基础上开始了连年发布"全球竞争力报告"。不过，其指标体系却不是一成不变的，它也经历了不断优化与调整的过程。在《2016～2017 年全球竞争力报告》的 3.0 版指数体系中，全球竞争力指标体系的第二大板块，就被命名为了"效率增强分指数"。① 这个指数系列的确立与命名，不仅有着它的创新意义，而且有着它便于集群观察每个国家（或经济体）经济增长的动力因素的实际价值。

在科技的用语中，效率常常是指有用功率对驱动功率的比值。但是在管理学等的广泛使用中，效率的内涵却更为丰富。它不仅指单位时间里实际完成的工作量，还更多地指在特定时间内，组织的各种投入与产出之间的比率，指以有限的资源实现目标的最佳分配，以及固定投入量下，制程的实际产出与最大产出两者间的比率等。

如从《2016～2017 年全球竞争力报告》一级指数的第二板块"efficiency enhancers subindex"下面所列的第二级指数（高等教育与培训、

---

① 上面已经论及本研究三大驱动力中的效率增强驱动，是受世界经济论坛《2016～2017 年全球竞争力报告》所使用的 3.0 版全球竞争力指数启发命名的，该指数共有三级。其一级指数有三个板块，分别是"Basic requirements subindex"（基本要素分指数）、"Efficiency enhancers subindex"（效率增强分指数），"Innovation and sophistication factors subindex"（创新与成熟度分指数）；其下是 12 个二级指标（称"Pillar"，即"支柱"）；再下是 114 个三级指标。世界经济论坛"全球竞争力指数"的统计数据，主要来自国际货币基金组织（IMF）、世界银行（World Bank）和联合国专门机构，包括国际电信联盟（ITU）、联合国教科文组织（UNESCO）、世界卫生组织（WHO），以及世界经济论坛举办的年度"高管意见调查"（EOS）问卷中反映竞争力的定性指标等。

商品市场效率、劳动力市场效率、金融市场发展、技术准备、市场规模）及其下面的 52 个三级专项指数来看，第二板块"efficiency enhancers"实际所指，既有"效率增强"也有"效能增强"的含义，这也正好与英语中的"efficiency"在汉语中的既指"效率"也指"效能"一致。

"效能"所包含的内容，又比狭义的"效率"宽泛了很多。支撑旅游行为的旅游业，支撑休闲行为的休闲业，其所生产的产品主体是服务与环境，其具有的即时性、不可储存性、难于搬运性，以及其承载空间和设施的微消耗的闲置性等，又与物质产品的常年匀速生产状态，以及其设施不断运转以实现效率的最大化等有着诸多差异，因此也就很难以科技术语的"效率"来看待休闲和旅游的生产程序，也难以准确衡量效能在多方面产生的竞争力。这也正是本研究在效率增强分指数板块下要设立那些既与全球竞争力指标在原则上相似又与之有着诸多不同的第二级指标的考虑因素。

改革开放以来，我国旅游业快速发展，为充分发挥旅游业在保增长、扩内需、调结构等方面的积极作用，为适应人民群众消费升级和产业结构调整的必然要求，也为更好地发挥旅游发展对于提高人民生活质量、培育和践行社会主义核心价值观，继 2009 年 12 月国务院以国发〔2009〕41 号文件印发了《关于加快发展旅游业的意见》后，2014 年 8 月国务院又以国发〔2014〕31 号文件印发了《关于促进旅游业改革发展的若干意见》。而在此前的一年，2013 年 2 月国务院就已经批准发布了以落实职工带薪年休假制度为核心的《国民旅游休闲纲要（2013～2020 年)》（国办发〔2013〕10 号），首次从国家层面对全民的健康休闲做出指导和规划。本研究休闲和旅游竞争力的提出，正是为了推动各个城市很好地行动起来，而本部分有关效率增强的研究，正好就是对文件提出的"以转型升级、提质增效为主线""加快转变发展方式""增强旅游发展动力"的响应。

本文对城市休闲和旅游竞争力效率增强驱动的分析，共有总述、分述Ⅰ、分述Ⅱ三个部分。

# 一 总述：效率增强驱动力的总体分析

在我国经济发展的重要战略关键期，提高资源配置的效率效能，对我国休闲和旅游的发展也同样具有十分重要的意义。城市休闲和旅游作为民生改善的重要指标，当前也在不同城市演绎着不同的优化进程，因此，本课题组在城市休闲和旅游竞争力中设立效率增强驱动板块，对国内50个样本城市效率增强驱动的休闲和旅游竞争力进行评估，以期能够为推动我国休闲和旅游服务的高效率发展，为各城市提升其休闲和旅游城市竞争力提供相应参考。

## （一）效率增强驱动指标体系的分类与数据来源

在休闲和旅游产业发展过程中，由于要素禀赋的不同、市场规模的不同、所处环境的不同，以及有关资源配置的不同，地区间发展必然存在一定的差异。因此，分析休闲和旅游竞争力在效率增强驱动方面的差异，也就是提升总体竞争力不可或缺的一环。效率增强驱动作为休闲和旅游竞争力的板块之一，本课题组设立了城市此前已有竞争力评价、休闲和旅游服务空间、休闲和旅游接待运行、交通、餐饮、住宿、购物和文化消费、旅行社、休闲和旅游服务满意度9个评估维度，总分为300分。其结构详见表1。

表1 效率增强驱动板块下的一级与二级指标体系结构

| 一级指标（类项指标） | 指标解释 | 其所包含的二级指标（分组指标） |
|---|---|---|
| 城市此前已有竞争力评价 | 此前已有的对该市竞争力评价基础 | 宜居城市竞争力、和谐城市竞争力、生态城市竞争力、文化城市竞争力、信息城市竞争力等，共6组 |
| 休闲和旅游服务空间 | 休闲和旅游服务空间的结构及对其的开拓、保持与优化 | 对成功开拓的保持与优化 |
| | | 城市经营性休闲空间结构 |
| 休闲和旅游接待运行 | 休闲和旅游接待运行规模与效率效能 | 规模 |
| | | 效率 |

| 一级指标（类项指标） | 指标解释 | 其所包含的二级指标（分组指标） |
|---|---|---|
| 交通 | 内外交通的通达度与其效能效率 | 对外交通 |
| | | 本市交通 |
| 餐饮 | 餐饮对休闲和旅游的适应力 | 本市居民消费 |
| | | 游客消费 |
| | | 餐饮适应力 |
| 住宿 | 住宿对休闲和旅游的适应力 | 价格适应力 |
| | | 选择适应力 |
| | | 满意度 |
| 购物和文化消费 | 购物和文化消费对休闲和旅游的适应力 | 购物 |
| | | 文化消费 |
| 旅行社 | 旅行社服务的效能效率 | 服务覆盖 |
| | | 服务效率 |
| | | 活力评价 |
| 休闲和旅游服务满意度 | 消费者满意度的提升 | 原有基础 |
| | | 推进力度 |

资料来源：本课题组资料库。

本报告中列入数据采集范围的样本城市共有50个，参照我国人口大致分布分别采样自京津冀地区、长三角和珠三角地区，东北地区以及长江流域、黄河流域、珠江流域，部分内陆省会城市及海南，多为各行业代表性城市和典型的旅游城市。

本部分的数据来源主要包括三个方面：一是数据采集截面年份的《中国统计年鉴》《中国城市统计年鉴》《中国城市建设统计年鉴》《中国交通运输统计年鉴》《中国文化年鉴》《中国文化及相关产业统计年鉴》《中国商品市场统计年鉴》《中国旅游统计年鉴》《中国旅游统计年鉴（副本）》《旅游抽样调查资料》《中国旅游财务信息年鉴》《中国餐饮年鉴》《中国饭店业务统计》《中国旅行社行业发展报告》等全国统计年鉴和专项统计年鉴，以及官方发布的资料性文件，如联合国教科文组织的世界遗产名录、全国重点文物保护单位名单、国家级风景名胜区名单、中国国家森林公园名单、国家级自然保护区名录、国家 A 级景区名单、国家级博物馆名单、国家地质公园资格名单；二是相关城市各自的地方性统计年鉴、各地国民经济和社会发展公报、地方政府的年度性工作报告，以及地方网站资料等；三是借鉴他人研究成果，如《中国城市竞争力报告》、《中国旅游发展分析与预测》、《中国休闲发展报告》、《全国游客满意度调查报告》、《消费者满意度调查报告》，以及相关产业网络大数据，包括美团大众点评、途牛、携程、驴妈妈、同程等旅游度假的在线信息等。

　　数据分析结果主要分为两部分内容：一是作为效率增强驱动部分的总体竞争力分析；二是针对上述各维度进行单项的竞争力分析。两部分的分析都是全国城市休闲和旅游竞争力指数排名的重要依据。

### （二）效率增强驱动竞争力排名与分析

#### 1. 效率增强驱动竞争力综合排名

　　经过对 50 个样本城市效率增强驱动的 48 项单项指标、25 组分组指标、9 个维度类项指标的层层测算与汇总，最终得出了全国城市休闲和旅游效率增强驱动竞争力"30 强城市"的综合排名。详见表 2。

表 2　城市休闲和旅游效率增强驱动竞争力"30 强城市"综合排名

单位：分

| 城市 | 效率增强驱动力 | | 效率增强驱动力下的一级指标（类项指标） | | | | | | | | |
| | 合计（300 分） | 排名 | 城市此前已有竞争力评价（30 分） | 休闲和旅游服务空间（36 分） | 休闲和旅游接待运行（34 分） | 交通（40 分） | 餐饮（30 分） | 住宿（30 分） | 购物和文化消费（30 分） | 旅行社（20 分） | 休闲和旅游服务满意度（50 分） |
| --- | --- | --- | --- | --- | --- | --- | --- | --- | --- | --- | --- |
| 北京 | 245.62 | 1 | 25.10 | 32.40 | 34.00 | 32.74 | 26.71 | 12.3 | 23.47 | 19.0 | 39.90 |
| 上海 | 232.40 | 2 | 24.18 | 26.33 | 33.37 | 30.24 | 27.15 | 12.6 | 21.39 | 17.3 | 39.84 |
| 深圳 | 230.67 | 3 | 24.15 | 30.70 | 28.36 | 35.78 | 25.49 | 15.9 | 20.12 | 12.8 | 37.37 |
| 南京 | 228.07 | 4 | 24.43 | 28.23 | 24.92 | 29.02 | 24.39 | 18.6 | 24.81 | 14.2 | 39.47 |
| 无锡 | 224.96 | 5 | 26.06 | 28.47 | 22.34 | 27.24 | 23.24 | 20.4 | 22.96 | 14.1 | 40.16 |

续表

| 城市 | 效率增强驱动力 | | | 效率增强驱动力下的一级指标（类项指标） | | | | | | | |
| | 合计（300分） | 排名 | 城市此前已有竞争力评价（30分） | 休闲和旅游服务空间（36分） | 休闲和旅游接待运行（34分） | 交通（40分） | 餐饮（30分） | 住宿（30分） | 购物和文化消费（30分） | 旅行社（20分） | 休闲和旅游服务满意度（50分） |
|---|---|---|---|---|---|---|---|---|---|---|---|
| 苏州 | 223.97 | 6 | 24.64 | 30.00 | 21.83 | 32.22 | 22.91 | 19.5 | 21.64 | 12.1 | 39.13 |
| 杭州 | 222.87 | 7 | 24.95 | 25.70 | 23.13 | 31.85 | 25.10 | 17.7 | 22.11 | 13.5 | 38.83 |
| 广州 | 220.59 | 8 | 23.80 | 21.40 | 28.36 | 34.66 | 26.26 | 16.5 | 18.98 | 12.9 | 37.73 |
| 大连 | 220.28 | 9 | 25.48 | 29.47 | 21.48 | 29.28 | 23.30 | 22.5 | 17.02 | 14.3 | 37.46 |
| 沈阳 | 216.52 | 10 | 22.83 | 22.73 | 22.58 | 26.14 | 19.86 | 24.3 | 21.01 | 17.5 | 39.58 |
| 重庆 | 215.12 | 11 | 22.45 | 25.37 | 25.73 | 29.20 | 22.17 | 20.4 | 15.57 | 13.1 | 41.14 |
| 宁波 | 213.33 | 12 | 24.46 | 27.60 | 20.59 | 24.94 | 26.42 | 18.6 | 19.64 | 12.5 | 38.58 |
| 天津 | 212.63 | 13 | 23.08 | 27.80 | 21.62 | 26.30 | 22.01 | 20.1 | 18.48 | 16.9 | 39.34 |
| 东莞 | 211.42 | 14 | 21.82 | 20.50 | 22.40 | 29.39 | 26.77 | 21.9 | 19.65 | 12.9 | 36.10 |
| 武汉 | 208.20 | 15 | 23.04 | 24.60 | 21.31 | 29.91 | 22.28 | 21.0 | 17.46 | 11.5 | 37.10 |
| 厦门 | 208.14 | 16 | 24.41 | 20.00 | 24.19 | 29.79 | 24.06 | 17.4 | 17.60 | 12.8 | 37.88 |
| 福州 | 206.79 | 17 | 23.50 | 23.90 | 24.28 | 24.76 | 22.82 | 18.3 | 17.50 | 14.8 | 36.92 |
| 温州 | 206.53 | 18 | 21.63 | 25.30 | 20.15 | 26.05 | 24.62 | 19.2 | 17.73 | 13.9 | 37.95 |
| 青岛 | 206.31 | 19 | 24.79 | 24.80 | 24.82 | 23.36 | 20.55 | 19.2 | 16.11 | 13.7 | 38.99 |
| 泉州 | 206.30 | 20 | 21.64 | 24.40 | 23.51 | 22.95 | 22.89 | 21.6 | 18.86 | 13.2 | 37.25 |
| 西安 | 205.92 | 21 | 22.86 | 27.90 | 21.76 | 26.64 | 20.24 | 21.6 | 14.56 | 11.4 | 38.96 |
| 哈尔 | 205.76 | 22 | 23.05 | 29.23 | 21.69 | 26.60 | 18.08 | 19.8 | 16.66 | 14.0 | 36.65 |
| 成都 | 205.72 | 23 | 23.51 | 26.60 | 24.30 | 26.64 | 20.11 | 19.5 | 15.91 | 11.6 | 37.56 |
| 太原 | 204.98 | 24 | 20.40 | 27.70 | 23.39 | 22.34 | 18.79 | 21.0 | 17.88 | 14.4 | 39.08 |
| 呼和 | 203.30 | 25 | 22.92 | 21.33 | 20.26 | 22.45 | 21.23 | 24.0 | 19.79 | 13.7 | 37.61 |
| 长沙 | 202.07 | 26 | 22.13 | 23.83 | 23.70 | 23.86 | 19.27 | 21.9 | 16.66 | 13.0 | 37.72 |
| 南昌 | 201.96 | 27 | 25.27 | 23.53 | 23.31 | 24.11 | 19.31 | 22.5 | 14.32 | 12.7 | 36.91 |
| 济南 | 200.42 | 28 | 24.43 | 20.30 | 24.24 | 25.72 | 20.40 | 18.0 | 16.58 | 12.1 | 38.66 |
| 郑州 | 200.40 | 29 | 24.39 | 23.30 | 23.51 | 23.47 | 18.91 | 20.4 | 15.34 | 12.6 | 38.49 |
| 长春 | 199.83 | 30 | 23.72 | 23.27 | 19.17 | 23.82 | 17.56 | 22.2 | 18.89 | 13.3 | 37.90 |

资料来源：本课题组资料库。

2. 效率增强驱动竞争力总体特征

从本次研究休闲和旅游效率增强驱动竞争力的得分结果来看，50 个样本城市得分的均值为 202.66 分，中位数城市得分为 205.35 分，标准差为 16.34，其中有半数的城市休闲和旅游效率增强驱动竞争力水平高于平均值，显示出样本城市整体的休闲和旅游效率增强驱动竞争力水平较高（见表 3）。数据显示，休闲和旅游效率增强驱动竞争力得分高的城市数量较少，230 分以上的城市仅有 3 个，并且排第一名的北京得分远远超过排在第二名的上海。同时，50 个样本城市效率增强驱动竞争力得分标准差为 16.34，也呈现出严重分化的特点。因此，各城市有关休闲和旅游竞争力的提升，还需得到更多的重视。

表 3　城市休闲和旅游效率增强驱动竞争力情况

单位：分

| 年份 | 城市数 | 平均值 | 最高分 | 最低分 | 标准差 |
|---|---|---|---|---|---|
| 2016 | 50 | 202.66 | 245.62 | 168.58 | 16.34 |

资料来源：本课题组资料库。

3. "10 强城市"分布

中国 50 个样本城市的休闲和旅游效率增强驱动竞争力排名，在数据截面年份的 2016 年，北京、上海、深圳、南京、无锡、苏州、杭州、广州、大连、沈阳位居前十。从具体的效率增强驱动竞争力得分来看，效率增强驱动前三名的竞争力均较强；不过在 "10 强城市" 之间，其竞争力水平也存在不均衡的现象，差距也相对较大，北京得 245.62 分，尤为突出，比排在第十名的沈阳高出 29.1 分。

4. 区域格局

从区域分布来看，城市休闲和旅游效率增强驱动竞争力呈现东强西弱、北高南低的分布格局。2016 年，华东、东北、华北、华南、华中、西南、西北七大地区城市休闲和旅游效率增强驱动竞争力得分均值分别为 211.50 分、210.60 分、209.88 分、199.39 分、198.59 分、192.52 分、183.42 分，空间上大致呈现从东向西、从北向南递减的趋势。

从标准差反映的区域内部效率增强驱动竞争力差异程度来看，东北地区和华中地区相对比较均衡，华南和华北地区区域内部城市间差异较大，尤其是华南地区城市间差别比较突出，标准差达到了18.05（见表4）。

**表4　城市效率增强驱动竞争力的区域描述**

| 地区 | 城市数量 | 均值 | 最大值 | 最小值 | 标准差 |
|------|------|------|------|------|------|
| 华北地区 | 6 | 209.88 | 245.62 | 194.52 | 16.95 |
| 东北地区 | 4 | 210.60 | 220.28 | 199.83 | 8.19 |
| 华东地区 | 15 | 211.50 | 232.39 | 192.57 | 11.69 |
| 华中地区 | 6 | 198.59 | 208.20 | 188.84 | 6.00 |
| 华南地区 | 8 | 199.39 | 220.59 | 180.26 | 18.05 |
| 西南地区 | 6 | 192.52 | 215.12 | 168.58 | 15.18 |
| 西北地区 | 5 | 183.42 | 205.92 | 170.89 | 11.90 |

资料来源：本课题组资料库。

# 二　分述Ⅰ：此前已有竞争力评价与服务空间聚合的效率效能

本节作为本文分述的第一部分，主要从城市此前已有竞争力评价、休闲和旅游服务空间、休闲和旅游接待运行3个维度来对全国50个样本城市的效率增强水平进行分析，并以设定的指标与权重，计算出相关城市有关指数的分值与排名，并对其进行分析和讨论。

## （一）城市此前已有竞争力评价

1. 休闲和旅游框架下城市此前已有竞争力评价维度

从20世纪70年代起，国外就开始了城市竞争力的研究，但当时并未引起广泛关注，因为当时的竞争力研究关注的焦点仍集中于企业和国家两个层面。直到20世纪90年代末，城市竞争力研究才明显增多。目前，城市竞争力受到各界研究者的广泛关注，已有丰富的研究成果。城市竞争力是一个相对概念，倪鹏飞将城市竞争力表述为，一个城市在竞争发展过程中与其他城市相比较所具有的多快好省地创造财富和价值收益的能力。

本报告主要研究城市休闲和旅游竞争力的强弱，报告选取了与城市休闲和旅游竞争力关联性较强的内容作为本研究的指标，以衡量和评估城市休闲和旅游的竞争力。其中，效率增强驱动拟先选取此前研究者对有关城市的已有评价，以观察它们在效率增强驱动方面影响力的大小。

2. 城市此前已有竞争力评价的指标体系

结合他人此前公布的城市竞争力评价的相关数据，课题组在城市已有竞争力评价这一维度下共设宜居城市竞争力、和谐城市竞争力、生态城市竞争力、文化城市竞争力、信息城市竞争力、中国最安全城市排行6个二级指标（分组指标），详细指标与权重分配见表5。

表5　城市此前已有竞争力评价的指标体系

| 一级指标<br>（类项指标） | 二级指标<br>（分组指标） | 指标解释 |
|---|---|---|
| 城市已有<br>竞争力评价<br>（30分） | 宜居城市竞争力<br>（5分） | 宜居城市决定了市民的安居满意情况，也决定了城市对人才的吸引力，包括人口素质、社会环境、生态环境、居住环境和市政设施等6个方面 |
| | 和谐城市竞争力<br>（5分） | 指城市系统中的各个组成部分、各种要素处于相互协调的状态，整个城市处在良性运行与协调发展中 |
| | 生态城市竞争力<br>（5分） | 城市在生态和水源保护、"零碳"的发展体系以及多方参与共建的生态建设体制等方面的水平 |
| | 文化城市竞争力<br>（5分） | 城市在历史文化、现代文化、文化多样性以及文化产业等方面的综合水平 |
| | 信息城市竞争力<br>（5分） | 城市在信息基础设施、信息交流能力以及信息技术创新应用等方面的发展水平 |
| | 中国最安全城市排行<br>（5分） | 社会治安良好，投资环境优越，无特重大安全事故，生产事故少，消费品安全，生态可持续发展，能为市民、企业、政府提供良好的资讯网络环境和强有力的资讯安全保障。包括社会安全、经济安全、生态安全、信息安全4个指标 |

资料来源：本课题组资料库。

3. 对城市此前已有竞争力评价的分析和城市排名

根据课题组确定的方法，本研究对 50 个国内主要城市已有竞争力评价进行了再评估，发现其在总体上呈现出以下三个特征。

其一，城市已有竞争力评价得分排名前十的城市，依次是无锡、大连、南昌、北京、杭州、青岛、苏州、合肥、宁波、南京。从城市此前已经获得的竞争力评价的得分情况来看，无锡、大连和南昌位居前三；城市已获得评价的竞争力排名前十的城市得分均值为 24.98 分，可见前十名城市已有评价的水平均较高。但从效率增强驱动板块的排名情况来看，"10 强城市"在本维度的得分均值为 24.56 分，其中低于这个均值的上海、深圳、广州、沈阳在城市已有评价的竞争力上，还需提升。

其二，从城市已有竞争力评价排名前十的城市与具体指标的得分情况来看，城市已有竞争力评价受多种因素的影响。其中，宜居城市、和谐城市、生态城市、文化城市、信息城市、中国最安全城市这六个指标在 50 个城市的得分均值依次为 3.54 分、3.39 分、3.87 分、4.12 分、3.93 分、3.81 分。数据显示，我国城市的宜居城市以及和谐城市的竞争力整体水平相对较低，因此，提升宜居城市、和谐城市竞争力，应该是促进城市休闲和旅游高质量发展的第一保证。

其三，从区域分布来看，七大区域之间在城市已有竞争力评价方面相差不大，其分值大致分布在 20~25 分之间。华东地区和东北地区均值超过了 23 分，这两个区域城市的已有竞争力评价水平较高，且区域内的城市间发展相对均衡。西南地区城市已有竞争力评价的标准差达到了 3.49，相对其他六个大区而言，西南地区的各城市之间存在着较大的差异（见表 6）。

表 6　对城市此前已有竞争力评价的区域描述

单位：个，分

| 地区 | 城市数量 | 均值 | 最大值 | 最小值 | 标准差 |
|------|----------|------|--------|--------|--------|
| 华北地区 | 6 | 22.28 | 25.10 | 19.35 | 1.89 |
| 东北地区 | 4 | 23.77 | 25.48 | 22.83 | 1.04 |
| 华东地区 | 15 | 24.19 | 26.06 | 21.63 | 1.15 |

| 地区 | 城市数量 | 均值 | 最大值 | 最小值 | 标准差 |
|------|---------|------|--------|--------|--------|
| 华中地区 | 6 | 22.39 | 24.39 | 19.20 | 1.60 |
| 华南地区 | 8 | 22.32 | 24.15 | 20.30 | 1.17 |
| 西南地区 | 6 | 20.36 | 23.51 | 13.00 | 3.49 |
| 西北地区 | 5 | 21.33 | 22.86 | 19.39 | 1.20 |

资料来源：本课题组资料库。

表7是城市此前已有竞争力评价的"30佳城市"的综合排名。

## （二）休闲和旅游服务空间

1. 休闲和旅游框架下休闲和旅游服务空间维度

城市休闲和旅游服务空间包括服务环境空间和具体服务空间，服务环境空间是休闲和旅游运行的依托，而具体服务空间则是产业运行的所在。休闲和旅游服务空间外在表现形式主要是城市休闲和旅游资源和服务的空间布局。休闲和旅游资源的组合优化是休闲和旅游运行的基础条件，因而也就成了对城市休闲和旅游竞争力的主要影响因素。

随着我国城市化进程的加快，部分城市进入后工业化时代，城市中人口迅速膨胀和多元文化交流共同造就了大众休闲文化，而城市休闲空间则为城市大众休闲文化的交流与扩散提供了有效载体，休闲经济的快速发展也使城市休闲空间拥有了更多的内容和形式，从而形成了一个多层次开放式的城市休闲空间体系。这个空间体系既能为本地居民休闲所享用，也为外来旅游者所喜爱，所以这个本地居民和外来游客共享的休闲和旅游服务空间也就成为城市休闲和旅游竞争力的组成部分。

2. 休闲和旅游服务空间竞争力的指标体系

在已有研究的基础上，课题组将城市休闲和旅游服务空间维度分为2个二级指标（分组指标），包括对成功开拓的保持与优化，以及城市经营性休闲空间的结构；其下又包括12个三级指标。详细的指标与分值分配见表8。

3. 休闲和旅游服务空间竞争力分析与综合排名

根据对50个国内主要城市休闲和旅游服务空间竞争力进行的评估和测

**表7 城市此前已有竞争力评价的"30佳城市"综合排名**

单位：分

| 城市 | 城市已有竞争力评价(类项指标)(30分) | | 城市已有竞争力评价下的二级指标(分组指标) | | | | | | | | | | |
| | 总分 | 排名 | 宜居城市(5分) | | 和谐城市(5分) | | 生态城市(5分) | | 文化城市(5分) | | 信息城市(5分) | | 中国最安全城市(5分) | |
| | | | 得分 | 排名 | 得分 | 排名 | 得分 | 排名 | 得分 | 排名 | 得分 | 排名 | 得分 | 排名 |
|---|---|---|---|---|---|---|---|---|---|---|---|---|---|---|
| 无锡 | 26.06 | 1 | 4.24 | 1 | 4.41 | 3 | 4.23 | 19 | 4.42 | 7 | 4.15 | 27 | 4.62 | 5 |
| 大连 | 25.48 | 2 | 3.77 | 17 | 4.45 | 1 | 4.49 | 1 | 3.89 | 42 | 4.29 | 15 | 4.59 | 6 |
| 南昌 | 25.27 | 3 | 3.81 | 15 | 4.41 | 2 | 4.27 | 17 | 4.30 | 21 | 3.99 | 30 | 4.49 | 8 |
| 北京 | 25.10 | 4 | 3.85 | 10 | 4.02 | 13 | 4.36 | 11 | 4.49 | 1 | 4.47 | 2 | 3.90 | 19 |
| 杭州 | 24.95 | 5 | 4.01 | 4 | 4.35 | 4 | 3.93 | 29 | 4.47 | 2 | 4.39 | 9 | 3.81 | 24 |
| 青岛 | 24.79 | 6 | 3.77 | 18 | 4.06 | 11 | 4.47 | 2 | 4.33 | 18 | 4.31 | 13 | 3.86 | 22 |
| 苏州 | 24.64 | 7 | 3.82 | 14 | 4.11 | 9 | 4.00 | 27 | 4.12 | 31 | 4.25 | 19 | 4.34 | 9 |
| 合肥 | 24.61 | 8 | 3.84 | 12 | 3.79 | 18 | 4.30 | 14 | 4.02 | 38 | 3.92 | 32 | 4.74 | 4 |
| 宁波 | 24.46 | 9 | 3.89 | 8 | 4.34 | 5 | 3.73 | 37 | 4.44 | 6 | 4.40 | 8 | 3.67 | 27 |
| 南京 | 24.43 | 10 | 3.95 | 6 | 3.41 | 27 | 4.29 | 15 | 4.45 | 5 | 4.24 | 20 | 4.10 | 14 |
| 济南 | 24.43 | 10 | 3.72 | 19 | 3.82 | 17 | 3.96 | 28 | 4.41 | 10 | 4.01 | 29 | 4.51 | 7 |
| 厦门 | 24.41 | 12 | 4.01 | 3 | 4.02 | 14 | 4.42 | 7 | 4.01 | 39 | 4.44 | 5 | 3.52 | 32 |
| 郑州 | 24.39 | 13 | 3.49 | 30 | 4.24 | 7 | 3.20 | 43 | 4.35 | 16 | 4.24 | 21 | 4.88 | 2 |
| 上海 | 24.18 | 14 | 3.92 | 7 | 3.46 | 25 | 4.45 | 4 | 4.42 | 7 | 4.48 | 1 | 3.44 | 35 |
| 深圳 | 24.15 | 15 | 3.99 | 5 | 3.85 | 15 | 4.44 | 5 | 4.13 | 30 | 4.45 | 4 | 3.29 | 42 |
| 黄山 | 23.90 | 16 | 3.47 | 31 | 3.50 | 24 | 4.46 | 3 | 4.04 | 36 | 3.51 | 41 | 4.93 | 1 |

续表

| 城市 | 城市已有竞争力评价（类项指标）(30分) | | 城市已有竞争力评价下的二级指标（分组指标） | | | | | | | | | | | |
| | | | 宜居城市（5分） | | 和谐城市（5分） | | 生态城市（5分） | | 文化城市（5分） | | 信息城市（5分） | | 中国最安全城市（5分） | |
| | 总分 | 排名 | 得分 | 排名 | 得分 | 排名 | 得分 | 排名 | 得分 | 排名 | 得分 | 排名 | 得分 | 排名 |
| 广州 | 23.80 | 17 | 4.08 | 2 | 3.11 | 31 | 4.43 | 6 | 4.40 | 11 | 4.46 | 3 | 3.33 | 40 |
| 长春 | 23.72 | 18 | 3.64 | 24 | 3.62 | 21 | 4.31 | 12 | 4.03 | 37 | 3.96 | 31 | 4.15 | 13 |
| 成都 | 23.51 | 19 | 3.79 | 16 | 2.97 | 35 | 4.28 | 16 | 4.32 | 19 | 4.43 | 6 | 3.72 | 26 |
| 福州 | 23.50 | 20 | 3.85 | 11 | 3.63 | 20 | 3.83 | 32 | 4.37 | 13 | 4.19 | 24 | 3.63 | 28 |
| 宜昌 | 23.23 | 21 | 3.31 | 40 | 4.25 | 6 | 4.08 | 22 | 4.07 | 34 | 3.22 | 45 | 4.29 | 11 |
| 天津 | 23.08 | 22 | 3.64 | 24 | 3.04 | 32 | 3.78 | 33 | 4.46 | 3 | 4.28 | 16 | 3.89 | 20 |
| 哈尔滨 | 23.05 | 23 | 3.43 | 33 | 4.07 | 10 | 3.73 | 36 | 4.41 | 9 | 3.36 | 44 | 4.04 | 16 |
| 武汉 | 23.04 | 24 | 3.38 | 36 | 3.69 | 19 | 3.86 | 30 | 4.26 | 24 | 4.30 | 14 | 3.55 | 30 |
| 呼和浩特 | 22.92 | 25 | 3.64 | 23 | 3.57 | 22 | 4.37 | 10 | 4.14 | 29 | 3.11 | 46 | 4.09 | 15 |
| 西安 | 22.86 | 26 | 3.87 | 9 | 2.78 | 36 | 4.01 | 26 | 4.46 | 3 | 4.28 | 16 | 3.46 | 34 |
| 秦皇岛 | 22.83 | 27 | 3.11 | 45 | 4.03 | 12 | 3.65 | 39 | 4.17 | 27 | 3.87 | 34 | 4.00 | 17 |
| 沈阳 | 22.83 | 27 | 3.62 | 27 | 3.39 | 28 | 4.04 | 24 | 4.38 | 12 | 3.83 | 35 | 3.58 | 29 |
| 珠海 | 22.61 | 29 | 3.64 | 26 | 2.53 | 45 | 4.39 | 9 | 4.36 | 15 | 4.42 | 7 | 3.28 | 43 |
| 昆明 | 22.50 | 30 | 3.53 | 29 | 3.02 | 33 | 4.02 | 25 | 4.24 | 25 | 4.32 | 12 | 3.36 | 38 |

资料来源：《中国城市竞争力报告 No.15》。

算，发现其在总体上呈现出以下四个特征。

其一，城市休闲和旅游服务空间竞争力排名前十的城市，依次是北京、深圳、苏州、大连、哈尔滨、无锡、南京、西安、太原、宁波。前十名平均得分为29.17分，其中北京和深圳得分超过了30分。这两个城市休闲和旅游服务空间竞争力具有明显优势。从效率增强驱动板块的总体排名来看，广州和沈阳在效率增强驱动板块的排名分别高居第8名和第10名，但休闲和旅游服务空间这一指标的排名却分别为36名和31名，看来，广州、沈阳等发展得相当不错的城市，在今后的发展过程中对休闲和旅游服务空间还有继续加大开拓力度的必要。

**表8　休闲与旅游服务空间竞争力的指标体系**

| 一级指标<br>（类项指标） | 二级指标<br>（分组指标） | 三级指标<br>（单项指标） | 指标解释 |
|---|---|---|---|
| 休闲与旅游服务空间<br>（36分） | 对成功开拓的<br>保持与优化<br>（24） | 国家风景名胜区(3分) | 近3年保持与优化态势<br>（品质与增量） |
| | | 国家森林公园(3分) | 近3年保持与优化态势<br>（品质与增量） |
| | | 国家地质公园(3分) | 近3年保持与优化态势<br>（品质与增量） |
| | | 3A及以上景区(3分) | 近3年保持与优化态势<br>（品质与增量） |
| | | 全国重点文保单位(3分) | 近3年保持与优化态势<br>（品质与增量） |
| | | 省级博物馆(3分) | 近3年保持与优化态势<br>（品质与增量） |
| | | 大中型体育场馆(3分) | 近3年保持与优化态势<br>（品质与增量） |
| | | 公共图书馆(3分) | 近3年保持与优化态势<br>（品质与增量） |

213

续表

| 一级指标<br>（类项指标） | 二级指标<br>（分组指标） | 三级指标<br>（单项指标） | 指标解释 |
| --- | --- | --- | --- |
| 休闲与旅游服务空间<br>（36分） | 城市经营性休闲<br>空间结构<br>（12） | 文化消费空间格局（3分） | 档次与集散合理，便于不同消费者使用 |
| | | 文化创意空间格局（3分） | 档次与集散合理，便于不同消费者使用 |
| | | 购物空间格局（3分） | 档次与集散合理，便于不同消费者使用 |
| | | 餐饮空间格局（3分） | 档次与集散合理，便于不同消费者使用 |

资料来源：本课题组资料库。

其二，从总体得分情况来看，城市休闲和旅游服务空间竞争力首尾差距较大，50个样本城市中，排前十名的城市平均得分比排后十名的城市平均得分高出了10.2分，显示出各城市间休闲和旅游服务空间的发展并不均衡。从对成功开拓的保持与优化以及城市经营性休闲空间结构来看，得分最高的城市分别是北京和天津，原因在于，北京对成功开拓的保持和优化成绩突出，而天津的经营性休闲空间结构更合理。

其三，横向维度数据显示，各城市在对成功开拓的保持与优化和经营性休闲空间结构两个维度上的得分存在较大差异，如西安、石家庄、成都、洛阳、秦皇岛、重庆等，说明了各城市休闲和旅游服务空间的内部结构发展仍不均衡。因此，补齐短板、均衡发展就是它们今后提升休闲和旅游服务空间竞争力时应有的工作关注。

其四，如将50个样本城市划分为七大区，根据各区域内部城市休闲和旅游服务空间竞争力均值进行排序，从高到低依次是华北地区、东北地区、华东地区、华中地区、西南地区、华南地区、西北地区。可以发现，一方面，北部和东部城市休闲和旅游服务空间竞争力相对较强；另一方面，区域内部城市的休闲和旅游服务空间竞争力出现了一定程度的差距。从标准差所反映的各区域内部城市之间休闲和旅游服务空间竞争力差异程度来看，华中地区城市休闲和旅游服务空间竞争力发展均衡程度高，整体处于全国居中的水平（见表9）。

**表9　城市休闲和旅游服务空间竞争力的区域描述**

单位：个，分

| 地区 | 样本数量 | 均值 | 最大值 | 最小值 | 标准差 |
|------|---------|------|--------|--------|--------|
| 华北地区 | 6 | 26.37 | 32.40 | 21.33 | 3.34 |
| 东北地区 | 4 | 26.18 | 29.47 | 22.73 | 3.18 |
| 华东地区 | 15 | 25.19 | 30.00 | 20.30 | 2.68 |
| 华中地区 | 6 | 24.09 | 26.47 | 21.60 | 1.48 |
| 华南地区 | 8 | 21.51 | 30.70 | 18.77 | 3.66 |
| 西南地区 | 6 | 21.74 | 26.60 | 17.60 | 3.27 |
| 西北地区 | 5 | 21.29 | 27.90 | 17.87 | 3.69 |

资料来源：本课题组资料库。

表10是城市休闲和旅游服务空间竞争力"30佳城市"的综合排名。

**表10　城市休闲和旅游服务空间竞争力"30佳城市"综合排名**

| 城市 | 城市休闲和旅游服务空间（类项指标）（36分） | | 城市休闲和旅游服务空间下的二级指标(分组指标) | | | |
|------|------|------|------|------|------|------|
| | | | 对成功开拓的保持与优化（24分） | | 城市经营性休闲空间结构（12分） | |
| | 总分 | 排名 | 得分 | 排名 | 得分 | 排名 |
| 北京 | 32.40 | 1 | 21.6 | 1 | 10.80 | 2 |
| 深圳 | 30.70 | 2 | 20.4 | 2 | 10.30 | 7 |
| 苏州 | 30.00 | 3 | 19.2 | 9 | 10.80 | 2 |
| 大连 | 29.47 | 4 | 19.9 | 6 | 9.57 | 10 |
| 哈尔滨 | 29.23 | 5 | 20.0 | 4 | 9.23 | 12 |
| 无锡 | 28.47 | 6 | 18.3 | 11 | 10.17 | 9 |
| 南京 | 28.23 | 7 | 19.3 | 8 | 8.93 | 15 |
| 西安 | 27.90 | 8 | 20.2 | 3 | 7.70 | 29 |
| 太原 | 27.70 | 9 | 17.2 | 16 | 10.50 | 5 |
| 宁波 | 27.60 | 10 | 17.4 | 14 | 10.20 | 8 |

| 城市 | 城市休闲和旅游服务空间（类项指标）（36分） | | 城市休闲和旅游服务空间下的二级指标（分组指标） | | | |
| | | | 对成功开拓的保持与优化（24分） | | 城市经营性休闲空间结构（12分） | |
| | 总分 | 排名 | 得分 | 排名 | 得分 | 排名 |
| 石家庄 | 26.60 | 10 | 15.8 | 24 | 10.80 | 2 |
| 成都 | 26.60 | 12 | 19.5 | 7 | 7.10 | 38 |
| 洛阳 | 26.47 | 13 | 20.0 | 4 | 6.47 | 45 |
| 上海 | 26.33 | 14 | 17.4 | 13 | 8.93 | 15 |
| 杭州 | 25.70 | 15 | 17.4 | 13 | 8.30 | 21 |
| 秦皇岛 | 25.40 | 16 | 14.9 | 28 | 10.50 | 5 |
| 重庆 | 25.37 | 17 | 18.9 | 10 | 6.47 | 45 |
| 温州 | 25.30 | 18 | 16.7 | 19 | 8.60 | 20 |
| 合肥 | 24.97 | 19 | 18.2 | 12 | 6.77 | 42 |
| 天津 | 24.80 | 20 | 13.7 | 36 | 11.10 | 1 |
| 青岛 | 24.80 | 21 | 17.1 | 17 | 7.70 | 29 |
| 宜昌 | 24.73 | 22 | 16.7 | 19 | 8.03 | 25 |
| 武汉 | 24.60 | 23 | 16.9 | 18 | 7.70 | 29 |
| 泉州 | 24.40 | 24 | 16.4 | 21 | 8.00 | 26 |
| 黄山 | 24.30 | 25 | 16.0 | 22 | 8.30 | 21 |
| 福州 | 23.90 | 26 | 15.0 | 25 | 8.90 | 19 |
| 长沙 | 23.83 | 27 | 14.9 | 27 | 8.93 | 15 |
| 南昌 | 23.53 | 28 | 14.6 | 30 | 8.93 | 14 |
| 郑州 | 23.30 | 29 | 15.0 | 26 | 8.30 | 21 |
| 长春 | 23.27 | 30 | 13.7 | 37 | 9.57 | 10 |
| 沈阳 | 22.73 | 30 | 13.5 | 38 | 9.23 | 12 |

资料来源：第一至第七批全国重点文物保护单位；第一至第八批国家名胜风景区名单；第一至第七批国家地质公园资质名单；第一至第二批国家二、三级博物馆名单；第一至第三批国家一级博物馆名单；各省市统计年鉴；美团点评相关分类店家的数量；等等。

## （三）休闲和旅游接待运行

### 1. 休闲和旅游框架下休闲和旅游接待运行维度

休闲和旅游服务接待的规模大小和效率高低，反映了城市休闲和旅游服务适应市场需求的能力。一方面，从接待服务供给方面分析，休闲和旅游企业以及从事休闲和旅游接待工作的员工是休闲和旅游服务接待的主要供给方，企业和从业员工的规模越大，城市休闲和旅游接待运行能力越强；另一方面，休闲和旅游服务接待利润越高，全员生产劳动率越高，说明城市休闲和旅游接待运行效率越高。

本报告提出从休闲和旅游接待规模以及效率的角度对城市休闲和旅游接待运行能力进行考察，旨在将城市诸多服务能力通过上述两个指标来聚焦，以期反映出城市的休闲和旅游接待运行方面的竞争能力。

2. 休闲和旅游服务接待运行竞争力指标体系

结合已有研究与现有数据，课题组将城市休闲和旅游接待运行维度分为2个二级指标（分组指标），即规模和效率，其下共有5个三级指标，详细指标与权重见表11。

**表11　休闲和旅游接待运行竞争力指标体系**

| 一级指标<br>（类项指标） | 二级指标<br>（分组指标） | 三级指标<br>（单项指标） | 指标解释 |
| --- | --- | --- | --- |
| 休闲和旅游<br>接待运行<br>（34分） | 规模<br>（14分） | 企业数（6分） | 全市旅游景区、星级饭店与旅行社企业之和 |
| | | 员工数（8分） | 全市旅游景区、星级饭店与旅行社企业员工之和 |
| | 效率<br>（20分） | 总收入（6分） | 全市旅游景区、星级饭店与旅行社企业收入之和 |
| | | 全员劳动生产率（8分） | 全市旅游景区、星级饭店与旅行社企业全员劳动生产率 |
| | | 总利润（6分） | 全市旅游景区、星级饭店与旅行社企业利润之和 |

资料来源：本课题组资料库。

3. 休闲和旅游接待运行竞争力分析与综合排名

根据对50个样本城市接待运行竞争力进行的测算和评估，发现其在总体上有着以下三方面的特征。

其一，休闲和旅游接待运行竞争力排名前十的城市，依次是北京、上海、深圳、广州、重庆、南京、青岛、成都、福州、济南。排名前十的城市主要是一线城市和重要的旅游城市，北京、上海、深圳、广州四个一线城市包揽了休闲和旅游接待运行竞争力前四名。这些城市的休闲和旅游资源吸引力相对较强，游客数量多，休闲和旅游企业多，员工规模也大。从效率增强驱动的视角分析，这些城市有关企业的全员劳动生产率以及收入都更高，这也就意味着在一定程度上这些城市休闲和旅游的接待是高效率的。

其二，从休闲和旅游接待运行总体得分来看，50 个样本城市中排名前十的城市平均得分比排最后十名的城市平均得分高出 8.95 分，首尾差距较大。从横向指标分析，休闲和旅游接待运行竞争力与其二级指标效率关联性更强，上下两组数据排名前十的城市基本相同，只是排序上有所差别。休闲和旅游接待运行排名前十的城市中，福州、济南这两个城市休闲和旅游接待运行规模排名分别为 43 名和 30 名，说明这两个城市的休闲和旅游接待运行规模相对较小，其旅游景区、星级饭店与旅行社等企业数量和员工数量均不占优势。

其三，从区域分布来看，华北地区、东北地区、华东地区、华中地区、华南地区以及西南地区均值相差在 2 分左右，这六个地区休闲和旅游接待运行能力基本相同。而西北地区均值最低，为 18.82 分，相对其他区域，西北地区休闲和旅游接待运行能力还有待提升（见表 12）。

表 12　城市休闲和旅游接待运行竞争力的区域描述

单位：个，分

| 地区 | 样本数量 | 均值 | 最大值 | 最小值 | 标准差 |
|---|---|---|---|---|---|
| 华北地区 | 6 | 23.66 | 34.00 | 20.26 | 4.72 |
| 东北地区 | 4 | 21.23 | 22.58 | 19.17 | 1.26 |
| 华东地区 | 15 | 23.57 | 33.37 | 20.15 | 3.02 |
| 华中地区 | 6 | 21.62 | 23.70 | 19.04 | 1.83 |
| 华南地区 | 8 | 22.88 | 28.36 | 19.61 | 3.29 |
| 西南地区 | 6 | 22.21 | 25.73 | 18.11 | 2.39 |
| 西北地区 | 5 | 18.82 | 21.76 | 16.55 | 1.73 |

资料来源：本课题组资料库。

表 13 是休闲和旅游接待运行竞争力"30 佳城市"的综合排名。

**表 13　休闲和旅游接待运行竞争力"30 佳城市"综合排名**

单位：分

| 城市 | 城市休闲和旅游接待运行（类项指标）（34 分） | | 城市休闲和旅游接待运行下的二级指标（分组指标） | | | |
|---|---|---|---|---|---|---|
| | | | 规模（14 分） | | 效率（20 分） | |
| | 总分 | 排名 | 得分 | 排名 | 得分 | 排名 |
| 北京 | 34.00 | 1 | 14.00 | 1 | 20.00 | 1 |
| 上海 | 33.37 | 2 | 13.37 | 2 | 20.00 | 1 |
| 深圳 | 28.36 | 3 | 9.56 | 3 | 18.80 | 4 |
| 广州 | 28.36 | 3 | 9.39 | 5 | 18.96 | 3 |
| 重庆 | 25.73 | 5 | 9.52 | 4 | 16.20 | 11 |
| 南京 | 24.92 | 6 | 8.58 | 7 | 16.34 | 9 |
| 青岛 | 24.82 | 7 | 8.32 | 10 | 16.50 | 8 |
| 成都 | 24.30 | 8 | 8.01 | 15 | 16.28 | 10 |
| 福州 | 24.28 | 9 | 7.02 | 43 | 17.26 | 5 |
| 济南 | 24.24 | 10 | 7.40 | 30 | 16.84 | 6 |
| 厦门 | 24.19 | 11 | 7.58 | 25 | 16.61 | 7 |
| 长沙 | 23.70 | 12 | 8.44 | 8 | 15.26 | 16 |
| 泉州 | 23.51 | 13 | 8.35 | 9 | 15.16 | 18 |
| 郑州 | 23.51 | 13 | 7.78 | 22 | 15.73 | 12 |
| 太原 | 23.39 | 15 | 8.04 | 14 | 15.35 | 15 |
| 南昌 | 23.31 | 16 | 7.80 | 21 | 15.51 | 13 |
| 杭州 | 23.13 | 17 | 9.37 | 6 | 13.76 | 32 |
| 张家界 | 22.64 | 18 | 7.58 | 26 | 15.06 | 19 |
| 沈阳 | 22.58 | 19 | 7.10 | 42 | 15.48 | 14 |
| 东莞 | 22.40 | 20 | 8.17 | 13 | 14.23 | 27 |
| 无锡 | 22.34 | 21 | 7.11 | 41 | 15.23 | 17 |
| 合肥 | 22.15 | 22 | 7.67 | 24 | 14.48 | 22 |
| 三亚 | 22.01 | 23 | 7.17 | 35 | 14.84 | 20 |
| 苏州 | 21.83 | 24 | 8.19 | 12 | 13.64 | 34 |
| 昆明 | 21.81 | 25 | 7.86 | 19 | 13.95 | 30 |
| 西安 | 21.76 | 26 | 8.31 | 11 | 13.45 | 36 |
| 丽江 | 21.69 | 27 | 7.17 | 35 | 14.52 | 21 |
| 哈尔滨 | 21.69 | 27 | 7.41 | 29 | 14.28 | 26 |
| 贵阳 | 21.63 | 29 | 7.17 | 35 | 14.46 | 23 |
| 天津 | 21.62 | 30 | 7.91 | 17 | 13.71 | 33 |

资料来源：《中国旅游统计年鉴 2017》、《中国旅游统计年鉴（副本）2017》、《2017 中国旅游财务信息年鉴》、《中国城市统计年鉴 2017》及各城市地方统计年鉴等。

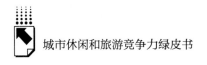

# 三 分述Ⅱ：主体产业门类的效率增强指数

本节作为本文分述的第二部分，主要从城市交通、餐饮、住宿、旅行社、购物和文化消费、休闲和旅游服务的社会评价满意度6个维度来对全国50个样本城市的效率效能水平进行对比，并基于设定的指标与权重，计算出相关城市有关指数的分值与排名，并对其进行分析和讨论。

## （一）城市交通

### 1. 休闲和旅游框架下城市交通竞争力维度

目前，学者们对旅游的基本概念的研究大多强调闲暇时间和异地性，旅游者需要在可自由支配的时间内实现空间位置的移动，在异地获得休闲和旅游体验。我国幅员辽阔，旅游资源丰富，地域风情差异性大，旅游者更倾向于前往有一定距离差异的目的地获得不同的旅游体验，但受休假时间的限制，必须缩短两地之间的往返时间和目的地的市内交通时间，以最大限度地减少时间的空耗。因此，通达、高效、便捷的交通运输体系就成为提高旅游效率的必需。

与旅游相比，当地居民的本地休闲虽不需要借助城际交通，但便捷、通畅的市内交通网络，以及休闲化的交通绿道、慢行道、步行道等，仍然是本地居民短途出行休闲的需求。

### 2. 交通竞争力指标体系

通过对交通与城市休闲和旅游之间的关系，以及交通对休闲和旅游决策的影响力进行综合分析，本课题组将交通这一维度分为了对外交通和本市交通2个二级指标（分组指标），及其下的9个三级指标（单项指标），具体指标与权重见表14。

### 3. 交通竞争力分析与城市排名

根据对50个样本城市交通竞争力的评估和测算，发现其在三个方面呈现出以下特征。

其一，交通竞争力排名前十的城市，依次是深圳、广州、北京、苏州、杭州、上海、武汉、厦门、东莞、大连。从得分情况来看，得分在34分以上的城市有两个，分别是深圳和广州，这两个城市的对外交通和本市交通得分均排在前三名，不仅城市的可进入性强，而且市内交通也相当便捷。

**表14　城市交通竞争力指标体系**

| 一级指标<br>（类项指标） | 二级指标<br>（分组指标） | 三级指标<br>（单项指标） | 指标解释 |
| --- | --- | --- | --- |
| 交通<br>（40分） | 对外交通<br>（20分） | 机场与航线（5分） | 民用机场客运量（万人） |
| | | 高铁、动车、普通客车（5分） | 铁路客运量（万人） |
| | | 国道与省道（5分） | 公路客运量（万人） |
| | | 港口与客运（5分） | 港口旅客吞吐量（万人） |
| | 本市交通<br>（20分） | 轨道交通运营路线长度（4分） | 市民万人平均拥有轨道交通长度（里） |
| | | 公共汽电车总量（4分） | 市民万人平均拥有标准运营车数（标台） |
| | | 公共汽电车普及率（4分） | 市民人均年乘车次数 |
| | | 公共汽电车服务效率（4分） | 市民人平均年乘车里程（公里） |
| | | 出租汽车车辆数（4分） | 市民万人平均拥有出租车车辆数（辆） |

资料来源：本课题组资料库。

其二，从总体来看，50个样本城市交通指标的平均得分为25.60分，整体处于中等以上水平。从对外交通和本市交通两个指标横向关系分析，这些分组指标的城市对外交通与类项指标的总交通维度的关联更强，交通维度排名前十的城市与对外交通排名前十的城市基本相同。从总交通维度的首尾得分分析，排在前十名的城市比排在后十名的城市平均得分高10.33分。由此可见，排名靠后的城市在改善交通基础设施、提高交通运输水平上仍然有较大的改善空间。

其三，从区域格局上看，交通指标得分从高到低的排序，依次是华南地区、华东地区、东北地区、西南地区、华北地区、华中地区和西北地区。华南地区领先于其他六个地区。华南地区广州、深圳、珠海这三个城市交通竞争力位居前十，反映出这些城市交通顺畅、便捷，为休闲和旅游的发展提供了便利条件。但从标准差反映的情况来看，华南地区整体水平较高，但城市间差距仍较明显，这是因为广东省内三个城市特别突出拉高了华南地区的整体水平（见表15）。

表15　城市交通竞争力的区域描述

单位：个，分

| 地区 | 样本数量 | 均值 | 最大值 | 最小值 | 标准差 |
|---|---|---|---|---|---|
| 华北地区 | 6 | 24.63 | 32.74 | 21.94 | 3.93 |
| 东北地区 | 4 | 26.46 | 29.28 | 23.82 | 1.94 |
| 华东地区 | 15 | 26.52 | 31.85 | 22.19 | 3.22 |
| 华中地区 | 6 | 23.93 | 29.91 | 20.91 | 2.93 |
| 华南地区 | 8 | 27.68 | 35.78 | 20.27 | 5.28 |
| 西南地区 | 6 | 25.06 | 29.20 | 20.99 | 2.62 |
| 西北地区 | 5 | 22.67 | 26.64 | 20.45 | 2.29 |

资料来源：本课题组资料库。

表16是城市交通竞争力"30佳城市"的综合排名。

表16　城市交通竞争力"30佳城市"综合排名

单位：分

| 城市 | 城市交通竞争力（类项指标）(40分) | | 城市交通竞争力下的二级指标（分组指标） | | | |
|---|---|---|---|---|---|---|
| | | | 对外交通(20分) | | 本市交通(20分) | |
| | 总分 | 排名 | 得分 | 排名 | 得分 | 排名 |
| 深圳 | 35.78 | 1 | 17.28 | 2 | 18.50 | 1 |
| 广州 | 34.66 | 2 | 17.00 | 3 | 17.66 | 2 |
| 北京 | 32.74 | 3 | 16.00 | 6 | 16.74 | 5 |
| 苏州 | 32.22 | 4 | 16.56 | 4 | 15.66 | 10 |
| 杭州 | 31.85 | 5 | 16.04 | 5 | 15.81 | 9 |
| 上海 | 30.24 | 6 | 16.00 | 6 | 14.24 | 14 |

续表

| 城市 | 城市交通竞争力 (类项指标)(40分) | | 城市交通竞争力下的二级指标(分组指标) | | | |
|------|------|------|------|------|------|------|
| | | | 对外交通(20分) | | 本市交通(20分) | |
| | 总分 | 排名 | 得分 | 排名 | 得分 | 排名 |
| 武汉 | 29.91 | 7 | 14.83 | 9 | 15.08 | 12 |
| 厦门 | 29.79 | 8 | 14.45 | 10 | 15.34 | 11 |
| 东莞 | 29.39 | 9 | 12.39 | 20 | 17.00 | 3 |
| 大连 | 29.28 | 10 | 12.49 | 17 | 16.78 | 4 |
| 重庆 | 29.20 | 11 | 17.37 | 1 | 11.83 | 45 |
| 南京 | 29.02 | 12 | 12.43 | 19 | 16.59 | 6 |
| 珠海 | 28.56 | 13 | 12.50 | 16 | 16.06 | 7 |
| 海口 | 27.28 | 14 | 14.84 | 8 | 12.44 | 40 |
| 无锡 | 27.24 | 15 | 12.35 | 21 | 14.88 | 13 |
| 成都 | 26.64 | 16 | 13.46 | 11 | 13.19 | 31 |
| 西安 | 26.64 | 16 | 13.36 | 12 | 13.28 | 30 |
| 哈尔滨 | 26.60 | 18 | 12.52 | 15 | 14.07 | 17 |
| 天津 | 26.30 | 19 | 12.55 | 14 | 13.75 | 23 |
| 沈阳 | 26.14 | 20 | 11.93 | 24 | 14.21 | 16 |
| 温州 | 26.05 | 21 | 12.28 | 22 | 13.77 | 22 |
| 昆明 | 25.74 | 22 | 12.68 | 13 | 13.06 | 32 |
| 济南 | 25.72 | 23 | 11.91 | 25 | 13.81 | 21 |
| 宁波 | 24.94 | 24 | 11.00 | 28 | 13.95 | 18 |
| 贵阳 | 24.84 | 25 | 12.46 | 18 | 12.38 | 41 |
| 福州 | 24.76 | 26 | 12.24 | 23 | 12.52 | 39 |
| 南昌 | 24.11 | 27 | 10.50 | 31 | 13.61 | 24 |
| 张家界 | 24.03 | 28 | 10.50 | 32 | 13.53 | 25 |
| 长沙 | 23.86 | 29 | 10.01 | 37 | 13.85 | 20 |
| 长春 | 23.82 | 30 | 10.30 | 34 | 13.52 | 27 |

资料来源：《2017 中国交通运输统计年鉴》《中国城市统计年鉴 2017》等。

## （二）城市餐饮

### 1. 休闲和旅游框架下城市餐饮竞争力维度

餐饮是休闲和旅游者的基本需求，是能够保证休闲、旅游持续进行的基础性支撑要素。由于各地物产、气候、习俗、传统不同，不同地方的口味有很大差异，形成了各自的特色，特色的魅力在于民族、地域、风味。随着需求的不断升级，人们在旅游过程中不仅仅满足于吃饱、吃好，更想要的是品尝当地特色美食，了解当地的饮食文化。

餐饮包括提供的餐饮产品、服务以及就餐空间环境等。游客在旅游目的地的饮食状况直接影响其旅游满意度。

2. 餐饮竞争力指标体系

根据以上分析，将餐饮这一维度分为3个二级指标：本市居民消费、入境游客消费以及餐饮适应力。其下一共包含4个三级指标。具体的指标和权重见表17。

表17　餐饮竞争力指标体系

| 一级指标<br>（类项指标） | 二级指标<br>（分组指标） | 三级指标<br>（单项指标） | 指标解释 |
|---|---|---|---|
| 餐饮<br>（30分） | 本市居民消费(12分) | 餐饮供给Ⅰ | 对限额以上餐饮企业的统计（万人平均） |
| | | 餐饮供给Ⅱ | 对大中型餐饮企业的统计（万人平均） |
| | 入境游客消费(6分) | 入境旅游者选择 | 入境旅游者总花费中的餐饮消费比重 |
| | 餐饮适应力(12分) | 消费者满意度 | 餐饮布局、价格、口味、吃得放心（对大数据的搜集整理） |

资料来源：本课题组资料库。

3. 餐饮竞争力分析与城市排名

根据对50个样本城市餐饮竞争力的评估和测算，可以发现以下三个方面的特征。

其一，在餐饮维度的竞争力指标上，排名前十的城市分别是：上海、东莞、北京、宁波、广州、深圳、杭州、温州、南京、厦门。从总体结果数据来看，上海位居第一，东莞和北京以微弱的差距紧随其后。从省域范围看，广东和浙江两省均有三个城市进入前十名，这与当地居民和游客餐饮消费水平是密不可分的。东莞和宁波分别排在第二位和第四位，超过了一线城市广州和深圳。

其二，50 个样本城市餐饮竞争力平均得分为 19.88 分，中位数城市得分为 19.52 分。样本城市餐饮竞争力的总体得分处于中等水平，其中有 26 个城市的餐饮竞争力得分低于平均值。从首尾得分比较来看，前十名城市均值为 25.70 分，最后十名的得分均值仅为 13.72 分，后者比前者低了将近 12 分，这表明不同城市餐饮竞争力的差异较大，出现了两极分化的现象。在餐饮单项指标排名前十的城市中，东莞、宁波和广州的餐饮适应力得分略低一些，反映出其餐饮布局、价格、口味等方面尚有不足之处。

其三，从区域格局来看，餐饮竞争力维度指数的排序依次是：华东、华北、华南、东北、华中、西南、西北。其中，华东地区领先于其他六个区域；华北和华南地区的餐饮竞争力水平大致相当（得分均值分别为 20.29 分和 20.25 分）；西北地区得分仅为 16.59 分，低于其他区域。如果从三级指标数据的情况来看，主要原因是西北地区入境游客相对较少，消费水平较低，这也反映出西北地区有进一步开拓国际市场的前景（见表 18）。

### 表 18　城市餐饮竞争力的区域描述

单位：个，分

| 地区 | 样本数量 | 均值 | 最大值 | 最小值 | 标准差 |
|---|---|---|---|---|---|
| 华北地区 | 6 | 20.29 | 26.71 | 15.76 | 3.59 |
| 东北地区 | 4 | 19.70 | 23.30 | 17.56 | 2.25 |
| 华东地区 | 15 | 22.28 | 27.15 | 12.86 | 3.56 |
| 华中地区 | 6 | 18.18 | 22.28 | 12.09 | 3.05 |
| 华南地区 | 8 | 20.25 | 26.77 | 13.52 | 4.87 |
| 西南地区 | 6 | 17.55 | 22.17 | 12.76 | 3.34 |
| 西北地区 | 5 | 16.59 | 20.24 | 12.41 | 3.69 |

资料来源：本课题组资料库。

表 19 是城市餐饮竞争力"30 佳城市"的综合排名。

### 表 19  城市餐饮竞争力"30 佳城市"综合排名

单位：分

| 城市 | 城市餐饮竞争力（类项指标）（30 分） | | 城市餐饮竞争力下的二级指标（分组指标） | | | | | |
| --- | --- | --- | --- | --- | --- | --- | --- | --- |
| | | | 本市居民餐饮消费（12 分） | | 入境旅游者餐饮消费（6 分） | | 餐饮适应力（12 分） | |
| | 得分 | 排名 | 得分 | 排名 | 得分 | 排名 | 得分 | 排名 |
| 上海 | 27.14 | 1 | 12.00 | 1 | 3.48 | 21 | 11.66 | 2 |
| 东莞 | 26.77 | 2 | 10.00 | 5 | 5.81 | 3 | 10.96 | 20 |
| 北京 | 26.71 | 3 | 12.00 | 1 | 3.00 | 33 | 11.71 | 1 |
| 宁波 | 26.42 | 4 | 9.50 | 8 | 5.90 | 2 | 11.02 | 16 |
| 广州 | 26.25 | 5 | 11.00 | 3 | 4.16 | 10 | 11.09 | 15 |
| 深圳 | 25.49 | 6 | 10.00 | 5 | 3.92 | 12 | 11.57 | 3 |
| 杭州 | 25.10 | 7 | 10.50 | 4 | 3.39 | 23 | 11.21 | 6 |
| 温州 | 24.62 | 8 | 9.50 | 8 | 3.92 | 12 | 11.20 | 7 |
| 南京 | 24.39 | 9 | 9.00 | 10 | 3.87 | 14 | 11.52 | 5 |
| 厦门 | 24.06 | 10 | 8.00 | 13 | 4.50 | 5 | 11.56 | 4 |
| 大连 | 23.30 | 11 | 6.50 | 22 | 5.61 | 4 | 11.19 | 8 |
| 无锡 | 23.24 | 12 | 8.50 | 11 | 3.63 | 17 | 11.11 | 13 |
| 苏州 | 22.91 | 13 | 8.50 | 11 | 3.73 | 16 | 10.68 | 27 |
| 泉州 | 22.89 | 14 | 8.00 | 13 | 4.21 | 8 | 10.68 | 27 |
| 福州 | 22.82 | 15 | 8.00 | 13 | 4.21 | 8 | 10.61 | 30 |
| 武汉 | 22.28 | 16 | 8.00 | 13 | 3.15 | 29 | 11.13 | 10 |
| 重庆 | 22.17 | 17 | 8.00 | 13 | 3.87 | 14 | 10.30 | 36 |
| 天津 | 22.01 | 18 | 7.50 | 18 | 3.63 | 17 | 10.88 | 24 |
| 呼和浩特 | 21.23 | 19 | 6.00 | 27 | 4.26 | 7 | 10.97 | 19 |
| 青岛 | 20.55 | 20 | 6.50 | 22 | 3.05 | 32 | 11.00 | 17 |
| 济南 | 20.39 | 21 | 6.50 | 22 | 2.95 | 36 | 10.94 | 21 |
| 西安 | 20.24 | 22 | 6.50 | 22 | 2.95 | 36 | 10.79 | 25 |
| 成都 | 20.11 | 23 | 6.00 | 27 | 3.00 | 33 | 11.11 | 13 |
| 沈阳 | 19.87 | 24 | 6.50 | 22 | 2.23 | 43 | 11.14 | 9 |
| 兰州 | 19.73 | 25 | 5.00 | 35 | 4.35 | 6 | 10.38 | 34 |
| 南昌 | 19.31 | 26 | 5.00 | 35 | 3.39 | 23 | 10.92 | 22 |
| 长沙 | 19.27 | 27 | 5.50 | 29 | 2.66 | 39 | 11.11 | 12 |
| 珠海 | 19.05 | 28 | 10.00 | 5 | 3.53 | 20 | 5.52 | 41 |
| 郑州 | 18.91 | 29 | 5.50 | 29 | 2.71 | 38 | 10.70 | 26 |
| 太原 | 18.79 | 30 | 5.00 | 35 | 2.66 | 39 | 11.12 | 11 |

资料来源：《中国统计年鉴（2017）》、《中国餐饮年鉴（2017）》及各城市地方统计年鉴等。

### （三）城市住宿业

1. 休闲和旅游框架下城市住宿业竞争力维度

住宿业是旅游产业中的重要环节，城市中住宿业代表着基于休闲产品和旅游产品具有的特殊性（包括人们多有共识的即时性、不可储存性、难于搬运性，以及产品对环境的依赖，乃至在有形与无形间的不确定性等），所以对其生产中的效率和效能的判定和衡量，与物质产品的生产不尽相同。正是因为休闲产品和旅游产品的供给，与消费者共处一个环境（公共环境），再加上多数休闲产品和旅游产品的生产也是与消费同步的，所以考察它的效能和效率，也就需要考察者的视角和方法与之相适应。从本课题所探索的休闲和旅游竞争力角度去考察住宿业，自然会与从商业经营角度去考察有所不同。

譬如，人们平常在考察某一地方的住宿业时，常常会把该地住宿业的规模、客房出租率、价格、利润等作为衡量的标准，并从商业经营者的角度认为，如果客房出租率高、平均每间可供出租客房收入高、饭店利润总额率高、本地饭店利润总额高等，该地住宿业就成功。可是，如果从休闲和旅游的竞争力角度来测度，情况却并非完全如此。

因为，就住宿业而言，一个地方饭店的总体规模与客房出租率是密切相关的，在住店客人变化不大时，饭店越多，客房出租率就越低，客房价格也可能会更低一些。客房价格、客房出租率与平均每间可供出租客房收入密切相关，房价高，出租率高，每间可供出租房收入也就越高。显然，这样的地区、这样的城市，对投资者和经营者都是极富引力的，如果从这个角度来看城市的竞争力，它的竞争力无疑是十分强劲的。

但是，当地居民和旅游者的考虑却不都是这样的。在旅游地吸引力相似的情况下，房价低一些的地方往往更受消费者的欢迎；客满的饭店越少，客人就越有选择的余地。如果目的地饭店过多，在服务质量并不降低的情况下，四、五星级饭店只卖三星级价钱，三星级饭店只卖二星级价钱，这是商家所不愿意看到的；可是，这往往是不少旅游者乐意见到的。而且也只有消费者乐意接受和愿意选择，城市的休闲和旅游的竞争力才能够得到保持和提升；客人的不断增多，发展下去，又是商家所乐意的了。因此，本报告不得不反复斟酌这些类似的问题，从而对效率增强驱动板块有关住宿业的第二级及第三级的各个指数项目的确定和赋值做出多次调整。

2. 住宿业适应度竞争力指标体系

根据以上分析，本研究将住宿这一维度分为 3 个二级指标（类项指标）：价格适应力、选择适应力以及满意度。其下又包括 5 个三级指标。具体指标体系见表20。

**表20　城市住宿业适应度竞争力指标体系**

| 一级指标<br>（类项指标） | 二级指标<br>（分组指标） | 三级指标<br>（单项指标） | 指标解释 |
|---|---|---|---|
| 住宿<br>（30 分） | 价格适应力（18 分） | 平均房价高低（6 分） | 房价偏高，则降低了对住客的适应力 |
| | | 平均利润率高低（6 分） | 利润偏高则性价比降低 |
| | | 客房平均收入高低（6 分） | 平均每间可供出租客房收入与服务质量的关系 |
| | 选择适应力（6 分） | 入住饱和度高低（6 分） | 入住率普遍过高，则缩小了客人的选择空间 |
| | 满意度（6 分） | 投诉率高低（6 分） | 投诉率低反映出住客比较满意 |

资料来源：本课题组资料库。

3. 住宿业适应度竞争力分析与城市排名

根据本研究就住宿业与休闲和旅游者的适应度关系的分析，本报告对50 个样本城市住宿业竞争力进行了不同于商家经济效益的评估和测算，总结了以下三个方面的特征。

其一，在住宿维度的总指标上，排在前十位的城市，依次是沈阳、呼和浩特、张家界、拉萨、海口、银川、南昌、西宁、大连和贵阳。其中海口和银川并列第五，南昌、西宁和大连并列第七。从前十名的分布情况来看，东北、西南和西北三个地区分别有两个城市入围，其余四个地区各有一个城市入围。从具体得分看，前十名的差距不大，第一名只比第十名高出 2.1 分。

其二，分析结果显示，全国 50 个样本城市平均得分为 20.41 分，有 24 个城市得分超过平均分，说明这 50 个城市住宿业竞争力整体处于中等水平。从效率增强驱动这一板块的排名来看，效率增强驱动排前十名的城市中，只有大连和沈阳在住宿中仍排在前十，有七个城市住宿业竞争力排名集中在 30～50 名。数据表明，住宿维度这一指标是不少城市效率增强驱动指标体系中的低分项，效率增强驱动的"10 强城市"北京、上海、深圳、南京、苏州、杭州、广州等，住宿业在对消费者适应力上的竞争力也都较弱。

其三，从区域分布上来看，住宿维度竞争力指标排名从高到低依次是东北、西北、华中、西南、华北、华南和华东地区。根据各区域得分情况，大致可以分为三个梯度，东北、西北、华中和西南地区属于第一梯度，华北地区属于第二梯度，华南和华东地区属于第三梯度，从第一梯度到第三梯度各地区住宿业竞争力逐级递减。从标准差来看，有关数据反映了区域内部住宿业竞争力的差异水平，其中华中、西南、西北地区区域内各城市住宿业竞争力相对均衡（见表 21）。

表 21　城市住宿业适应度竞争力的区域描述

单位：个，分

| 地区 | 样本数量 | 均值 | 最大值 | 最小值 | 标准差 |
|---|---|---|---|---|---|
| 华北地区 | 6 | 20.20 | 24.00 | 12.30 | 3.73 |
| 东北地区 | 4 | 22.20 | 24.30 | 19.80 | 1.60 |
| 华东地区 | 15 | 19.00 | 22.50 | 17.70 | 2.23 |
| 华中地区 | 6 | 21.80 | 23.70 | 20.40 | 1.03 |
| 华南地区 | 8 | 19.58 | 22.80 | 15.90 | 2.47 |
| 西南地区 | 6 | 21.45 | 23.10 | 19.50 | 1.18 |
| 西北地区 | 5 | 21.84 | 22.80 | 20.40 | 0.84 |

资料来源：本课题组资料库。

表 22 是城市住宿业适应度竞争力"30 佳城市"的综合排名。

**表 22 城市住宿业适应度竞争力"30 佳城市"综合排名**

| 城市 | 城市住宿业适应度竞争力(类项指标)(30分) | | 城市住宿业适应度竞争力下的二级指标(分组指标) | | | | | |
|------|------|------|------|------|------|------|------|------|
| | | | 价格适应力(18分) | | 选择适应力(6分) | | 满意度(6分) | |
| | 得分 | 排名 | 得分 | 排名 | 得分 | 排名 | 得分 | 排名 |
| 沈阳 | 24.30 | 1 | 15.00 | 2 | 5.40 | 2 | 3.90 | 19 |
| 呼和浩特 | 24.00 | 2 | 15.60 | 1 | 4.80 | 6 | 3.60 | 24 |
| 张家界 | 23.70 | 3 | 14.70 | 3 | 4.80 | 6 | 4.20 | 5 |
| 拉萨 | 23.10 | 4 | 13.50 | 8 | 5.40 | 2 | 4.20 | 5 |
| 海口 | 22.80 | 5 | 13.80 | 4 | 4.80 | 6 | 4.20 | 5 |
| 银川 | 22.80 | 5 | 13.80 | 4 | 4.80 | 6 | 4.20 | 5 |
| 南昌 | 22.50 | 7 | 13.80 | 4 | 4.80 | 6 | 3.90 | 19 |
| 西宁 | 22.50 | 7 | 13.50 | 8 | 4.80 | 6 | 4.20 | 5 |
| 大连 | 22.50 | 7 | 13.20 | 11 | 5.40 | 2 | 3.90 | 19 |
| 贵阳 | 22.20 | 10 | 13.80 | 4 | 4.80 | 6 | 3.60 | 24 |
| 长春 | 22.20 | 10 | 13.50 | 8 | 4.80 | 6 | 3.90 | 19 |
| 宜昌 | 22.20 | 10 | 13.20 | 11 | 4.80 | 6 | 4.20 | 5 |
| 南宁 | 22.20 | 10 | 13.20 | 11 | 4.80 | 6 | 4.20 | 5 |
| 秦皇岛 | 22.20 | 10 | 12.60 | 24 | 6.00 | 1 | 3.60 | 24 |
| 长沙 | 21.90 | 15 | 13.20 | 11 | 4.50 | 21 | 4.20 | 5 |
| 东莞 | 21.90 | 15 | 13.20 | 11 | 4.50 | 21 | 4.20 | 5 |
| 昆明 | 21.90 | 15 | 12.60 | 24 | 4.80 | 6 | 4.50 | 4 |
| 乌鲁木齐 | 21.90 | 15 | 13.20 | 11 | 4.50 | 21 | 4.20 | 5 |
| 洛阳 | 21.60 | 19 | 13.20 | 11 | 4.80 | 6 | 3.60 | 24 |
| 石家庄 | 21.60 | 19 | 13.20 | 11 | 5.40 | 2 | 3.00 | 47 |
| 泉州 | 21.60 | 19 | 12.90 | 21 | 4.80 | 6 | 3.90 | 19 |
| 丽江 | 21.60 | 19 | 12.60 | 24 | 4.80 | 6 | 4.20 | 5 |
| 西安 | 21.60 | 19 | 12.90 | 21 | 4.50 | 21 | 4.20 | 5 |
| 太原 | 21.00 | 24 | 13.20 | 11 | 4.20 | 27 | 3.60 | 24 |
| 黄山 | 21.00 | 24 | 13.20 | 11 | 4.20 | 27 | 3.60 | 24 |
| 武汉 | 21.00 | 24 | 12.90 | 21 | 4.50 | 21 | 3.60 | 24 |
| 无锡 | 20.40 | 27 | 12.60 | 24 | 4.20 | 27 | 3.60 | 24 |
| 合肥 | 20.40 | 27 | 12.60 | 24 | 4.20 | 27 | 3.60 | 24 |
| 郑州 | 20.40 | 27 | 12.60 | 24 | 4.20 | 27 | 3.60 | 24 |
| 桂林 | 20.40 | 27 | 12.00 | 32 | 4.20 | 27 | 4.20 | 5 |
| 重庆 | 20.40 | 27 | 12.60 | 24 | 4.20 | 27 | 3.60 | 24 |
| 兰州 | 20.40 | 27 | 11.70 | 34 | 4.50 | 21 | 4.20 | 5 |

资料来源:本文作者赵焕焱所集我国旅游住宿业运行资料。

### （四）城市购物和文化消费

1. 休闲和旅游框架下的城市购物和文化消费维度

在"食、住、行、游、购、娱"六大传统旅游要素中，购物是旅游过程中重要的旅游活动之一。旅游购物不仅包括人们在出行前和出行中对食物和旅游必需品的购买，还指旅游者在旅游目的地和经行地对当地名品、土特产品和旅游纪念品的购买。进入 21 世纪以来，我国休闲和旅游业进入了快速发展的黄金时期，不仅休闲和旅游框架下购物和文化消费日益扩张，而且旅游商品开发在旅游业发展中的作用也日益凸显，随着市场需求的变化、购物与休闲旅游的不断融合，在购物中心、步行商业街、具有地方特色的一些繁华街区，也配置相应的休闲和娱乐设施，将购物与休闲文娱结合了起来。与某些粗览型观光旅游相比，人们旅游时的休闲文化消费增加了体验的深度。

如果从休闲的角度来认识文化消费，那么除了旅游活动中的文化消费外，还有居民自己生活中的文化休闲消费和健身休闲的文化消费。其中既有居民休闲时对美术、音乐、舞蹈、戏剧、曲艺等欣赏的消费，对体育赛事的消费，更有为适应自己文化休闲而对书籍报刊、乐器、用品及服装的采购（以及对电视机、音响等间接介质用品的购买），为适应自己健身休闲而对体育用品的选购等。

基于文化消费行为在其休闲娱乐、欣赏艺术活动中对增长知识、接受艺术熏陶、获得精神享受的需要，文化休闲的服务和物质的供应应该在高质量的前提下增加供给的品种和数量。

2. 购物和文化消费指标体系

休闲和旅游的购物和文化消费是丰富多样的，为了相关数据的采集，本课题组特地结合人们此前已有研究与可采集的数据，将这一消费维度简化合并成 2 个二级指标（分组指标）：购物、文化消费。其下共设置了 5 个三级指标（单项指标）。具体的指标与权重见表 23。

3.购物和文化消费竞争力分析与城市排名

根据对50个样本城市的评估和测算，课题组总结出了城市购物和文化消费竞争力在三个方面的明显特征。

其一，在购物和文化消费竞争力这一维度中，排名前十的城市依次是：南京、北京、无锡、杭州、苏州、上海、沈阳、深圳、呼和浩特、东莞。其中，南京和北京在购物和文化消费类项指标中的得分均超过了23分。从前十名的区域分布来看，长三角地区有五个城市入围，分别是南京、无锡、杭州、苏州、上海；珠三角地区，深圳和东莞两个城市入围。

表23　城市购物和文化消费指标体系

| 一级指标<br>（类项指标） | 二级指标<br>（分组指标） | 三级指标<br>（单项指标） | 指标解释 |
|---|---|---|---|
| 购物和<br>文化消费<br>（30分） | 购物<br>（12分） | 本市零售绩效(6分) | 本市零售实销水平（万人平均） |
| | | 入境旅游者购物(6分) | 入境旅游者总花费中的购物比重 |
| | 文化消费<br>（18分） | 本市文化产品销售（6分） | 本市文化产品实销水平（万人平均） |
| | | 本市人均文娱消费（6分） | 本市人均文化娱乐消费支出 |
| | | 入境旅游者文娱消费（6分） | 入境旅游者总花费中的文娱消费比重 |

资料来源：本课题组资料库。

其二，从总体来看，50个样本城市在购物和文化消费类项指标中的平均得分为17.12分，中位数为16.84分，有24个城市得分超过平均分，另外26个城市得分在平均分以下，表明购物和文化消费的平均水平处于中等。从横向指标分析，三级指标（单项指标）的文化消费与二级指标购物与文化消费基本一致，这一特征在购物和文化消费单项指标排名前十的城市中表现尤为明显，只是个别城市的排序稍有不同。

其三，从区域视角来看，相关城市购物和文化消费竞争力，存在东强西弱的格局。华北、华东、东北、华中、华南、西南、西北七大区域购物和文化消费竞争力得分平均水平分别为 18.70 分、18.68 分、18.39 分、16.81 分、16.12 分、15.36 分、13.56 分。其中华北、华东和东北三个区域得分相对靠前且基本相等，处于第一梯队；华中、华南处于第二梯队；西南和西北地区位列第三梯队（见表24）。在购物和文化消费这一指标下，华东地区整体水平较高，有7个城市进入了前十五名。

表24 城市购物和文化消费竞争力的区域描述

单位：个，分

| 地区 | 样本数量 | 均值 | 最大值 | 最小值 | 标准差 |
|---|---|---|---|---|---|
| 华北地区 | 6 | 18.70 | 23.47 | 14.71 | 2.62 |
| 东北地区 | 4 | 18.39 | 21.01 | 16.66 | 1.73 |
| 华东地区 | 15 | 18.68 | 24.81 | 14.32 | 3.21 |
| 华中地区 | 6 | 16.81 | 17.79 | 15.34 | 0.85 |
| 华南地区 | 8 | 16.12 | 20.12 | 11.65 | 3.47 |
| 西南地区 | 6 | 15.36 | 15.91 | 14.75 | 0.47 |
| 西北地区 | 5 | 13.64 | 14.56 | 12.69 | 0.61 |

资料来源：本课题组资料库。

表25是城市购物和文化消费竞争力"30佳城市"的综合排名。

表25 城市购物和文化消费竞争力"30佳城市"综合排名

单位：分

| 城市 | 城市购物和文化消费（类项指标）（30分） | | 城市购物和文化消费下的二级指标（分组指标） | | | |
|---|---|---|---|---|---|---|
| | | | 购物（12分） | | 文化消费（18分） | |
| | 总分 | 排名 | 得分 | 排名 | 得分 | 排名 |
| 南京 | 24.81 | 1 | 9.51 | 4 | 15.30 | 1 |
| 北京 | 23.47 | 2 | 9.62 | 3 | 13.85 | 3 |
| 无锡 | 22.96 | 3 | 8.46 | 11 | 14.50 | 2 |
| 杭州 | 22.11 | 4 | 9.76 | 2 | 12.35 | 9 |
| 苏州 | 21.64 | 5 | 8.78 | 7 | 12.86 | 7 |
| 上海 | 21.39 | 6 | 7.56 | 17 | 13.83 | 4 |
| 沈阳 | 21.01 | 7 | 8.12 | 14 | 12.88 | 6 |
| 深圳 | 20.12 | 8 | 8.84 | 6 | 11.29 | 15 |
| 呼和浩特 | 19.79 | 9 | 7.24 | 22 | 12.55 | 8 |

续表

| 城市 | 城市购物和文化消费（类项指标）（30分） | | 城市购物和文化消费下的二级指标（分组指标） | | | |
| --- | --- | --- | --- | --- | --- | --- |
| | | | 购物（12分） | | 文化消费（18分） | |
| | 总分 | 排名 | 得分 | 排名 | 得分 | 排名 |
| 东莞 | 19.65 | 10 | 7.46 | 20 | 12.19 | 10 |
| 宁波 | 19.64 | 11 | 6.73 | 31 | 12.91 | 5 |
| 珠海 | 19.35 | 12 | 8.61 | 8 | 10.74 | 18 |
| 广州 | 18.98 | 13 | 7.01 | 25 | 11.97 | 12 |
| 长春 | 18.89 | 14 | 8.51 | 9 | 10.38 | 22 |
| 泉州 | 18.86 | 15 | 7.64 | 16 | 11.22 | 17 |
| 天津 | 18.48 | 16 | 6.47 | 34 | 12.01 | 11 |
| 石家庄 | 17.89 | 17 | 6.38 | 37 | 11.51 | 14 |
| 太原 | 17.88 | 18 | 6.61 | 33 | 11.27 | 16 |
| 宜昌 | 17.79 | 19 | 9.99 | 1 | 7.81 | 42 |
| 温州 | 17.73 | 20 | 7.08 | 23 | 10.65 | 20 |
| 厦门 | 17.60 | 21 | 7.39 | 21 | 10.21 | 24 |
| 福州 | 17.50 | 22 | 7.06 | 24 | 10.44 | 21 |
| 武汉 | 17.46 | 23 | 8.50 | 10 | 8.96 | 30 |
| 张家界 | 17.45 | 24 | 9.00 | 5 | 8.45 | 34 |
| 大连 | 17.02 | 25 | 5.40 | 45 | 11.62 | 13 |
| 哈尔滨 | 16.66 | 26 | 6.38 | 37 | 10.27 | 23 |
| 长沙 | 16.66 | 26 | 6.88 | 27 | 9.77 | 25 |
| 济南 | 16.58 | 28 | 7.49 | 19 | 9.08 | 29 |
| 洛阳 | 16.18 | 29 | 8.29 | 13 | 7.88 | 41 |
| 青岛 | 16.11 | 30 | 6.79 | 29 | 9.32 | 27 |

资料来源：《中国城市统计年鉴（2017）》、《中国文化年鉴（2017）》、《旅游抽样调查资料（2017）》、《中国文化及相关产业统计年鉴（2017）》及各城市地方统计年鉴等。

## （五）旅行社

### 1. 休闲和旅游框架下的旅行社维度

旅行社是开展旅游活动以及提供旅游服务的重要平台，连接了旅游者和旅游目的地，休闲和旅游城市中旅行社行业的发展现状以及旅行社的效能效率直接影响着对旅游者的服务，也关系到该城市旅游业的发展，因此必然是城市休闲和旅游竞争力的重要组成。

目前，随着移动互联网和在线支付平台的广泛应用，在线旅游的迅猛发展，旅行社的外延不断被扩大，旅游服务的内涵也不断丰富，中国的旅行社行业已经进入传统旅行社和在线旅行社并存的时期。在大众旅游时代，我国旅行社行业正在不断适应着旅游需求的多样化，开发多元化的旅游产品，增强经营产品的适应性，完善综合监管机制，规范市场环境，提升旅行社的综合实力，有效地提升城市在旅行社方面的竞争力水平。

从效率增强驱动的角度来说，一个城市旅行社服务的覆盖能力、服务效率等，都是城市休闲和旅游竞争力的重要反映。除此之外，旅行社产品的适应力和口碑效应，也是评价旅行社的重要因素，在互联网时代，人们更愿意在互联网上对产品和服务进行评价，发表自己的看法，因此对旅行社的活力，也可以通过对大数据搜集整理的新技术来进行科学的评价。

2. 旅行社指标体系

课题组根据有关研究和以上分析，把旅行社这一维度分成了 3 个二级指标（分组指标）——服务覆盖、服务效率、活力评价，以期借助其分布、全员劳动生产率和网络评价来对其进行综合考量。具体指标体系见表 26。

**表 26　城市旅行社指标体系**

| 一级指标<br>（类项指标） | 二级指标<br>（分组指标） | 三级指标<br>（单项指标） | 指标解释 |
|---|---|---|---|
| 旅行社<br>（20 分） | 服务覆盖（8 分） | 旅行社平均分布情况 | 本市居民万人平均旅行社拥有量 |
| | 服务效率（8 分） | 全员劳动生产率 | 旅行社企业中平均每个员工创造的产值 |
| | 活力评价（4 分） | 网络反映的活跃程度 | 产品的适应力及口碑（对大数据的搜集整理） |

资料来源：本课题组资料库。

3. 城市旅行社竞争力分析与城市排名

基于对有关样本城市评估和测算，发现这些城市旅行社竞争力的这三方面特征是比较鲜明的。

其一，在50个样本城市中，旅行社竞争力排名前十的城市依次是：北京、沈阳、上海、天津、石家庄、福州、太原、大连、南京、无锡。北京得分19.00分，位居第一，说明北京旅行社竞争力水平较高。从"10佳城市"的区域分布来看，它们主要集中在长三角和环渤海地区，其原因除了这些城市的旅行社经营有方外，一定程度上还因为这些地区的城市既是旅游客源地又是旅游目的地或集散地。

其二，从总体来看，在服务覆盖这一指标上，各城市的平均得分为5.3分；服务效率平均得分5.2分。数据表明，50个样本城市总体的服务覆盖率和服务效率，大体处在同一个水平。旅行社竞争力排名前十的城市平均得分15.8分，最后十名平均得分11.1分，差异也不太悬殊。从效率增强驱动的整体来观察，这一板块排名前十的城市在旅行社竞争力排名上的表现均较好，其中只有3个城市排在10名之后（但是也不过于滞后，分别为第11名、12名和17名）。

其三，从区域分布来分析，七大区域的平均得分大致可以分为三个阶梯。其中，华北和东北地区城市旅行社竞争力较强，处于第一阶梯。从数据反映出的情况来看，华东、华中和华南地区旅行社竞争力处于第二阶梯，西南和西北地区处于第三阶梯，整体上基本呈现出东强西弱、北高南低的趋势。50个样本城市在旅行社竞争力这一指标上的平均得分为13.00分，也就是说，华北、东北和华东三个地区旅行社竞争力水平较高，处于平均水平之上（见表27）。

**表27　城市旅行社竞争力的区域描述**

单位：个，分

| 地区 | 样本数量 | 均值 | 最大值 | 最小值 | 标准差 |
|---|---|---|---|---|---|
| 华北地区 | 6 | 15.60 | 19.0 | 13.7 | 1.88 |
| 东北地区 | 4 | 14.78 | 17.5 | 13.3 | 1.61 |
| 华东地区 | 15 | 13.47 | 17.3 | 12.1 | 1.29 |
| 华中地区 | 6 | 12.25 | 13.0 | 11.5 | 0.50 |
| 华南地区 | 8 | 12.19 | 12.9 | 11.2 | 0.62 |
| 西南地区 | 6 | 11.82 | 13.1 | 10.5 | 0.77 |
| 西北地区 | 5 | 10.84 | 11.4 | 10.4 | 0.41 |

资料来源：本课题组资料库。

表 28 是城市旅行社竞争力"30 佳城市"的综合排名。

**表 28　城市旅行社竞争力"30 佳城市"综合排名**

单位：分

| 城市 | 旅行社（类项指标）（20分） | | 城市旅行社竞争力下的二级指标（分组指标） | | | | | |
|---|---|---|---|---|---|---|---|---|
| | | | 服务覆盖（8分） | | 服务效率（8分） | | 活力评价（4分） | |
| | 得分 | 排名 | 得分 | 排名 | 得分 | 排名 | 得分 | 排名 |
| 北京 | 19.0 | 1 | 8.0 | 1 | 7.0 | 3 | 4.0 | 1 |
| 沈阳 | 17.5 | 2 | 6.5 | 7 | 7.5 | 2 | 3.5 | 4 |
| 上海 | 17.3 | 3 | 5.8 | 11 | 8.0 | 1 | 3.5 | 4 |
| 天津 | 16.9 | 4 | 7.9 | 2 | 5.0 | 18 | 4.0 | 1 |
| 石家庄 | 15.7 | 5 | 7.2 | 3 | 4.5 | 31 | 4.0 | 1 |
| 福州 | 14.8 | 6 | 5.3 | 19 | 7.0 | 3 | 2.5 | 15 |
| 太原 | 14.4 | 7 | 6.9 | 4 | 5.0 | 18 | 2.5 | 15 |
| 大连 | 14.3 | 8 | 6.3 | 8 | 4.5 | 31 | 3.5 | 4 |
| 南京 | 14.2 | 9 | 5.7 | 12 | 6.0 | 7 | 2.5 | 15 |
| 无锡 | 14.1 | 10 | 5.6 | 13 | 6.5 | 5 | 2.0 | 29 |
| 哈尔滨 | 14.0 | 11 | 6.0 | 10 | 4.5 | 31 | 3.5 | 4 |
| 秦皇岛 | 13.9 | 12 | 6.9 | 4 | 4.0 | 45 | 3.0 | 9 |
| 温州 | 13.9 | 12 | 5.4 | 17 | 6.0 | 7 | 2.5 | 15 |
| 呼和浩特 | 13.7 | 14 | 6.7 | 6 | 4.0 | 45 | 3.0 | 9 |
| 青岛 | 13.7 | 14 | 5.2 | 22 | 5.5 | 12 | 3.0 | 9 |
| 杭州 | 13.5 | 16 | 5.5 | 15 | 4.5 | 31 | 3.5 | 4 |
| 长春 | 13.3 | 17 | 6.3 | 8 | 4.0 | 45 | 3.0 | 9 |
| 泉州 | 13.2 | 18 | 5.2 | 22 | 5.5 | 12 | 2.5 | 15 |
| 重庆 | 13.1 | 19 | 4.6 | 38 | 6.5 | 5 | 2.0 | 29 |
| 长沙 | 13.0 | 20 | 5.0 | 27 | 5.5 | 12 | 2.5 | 15 |
| 广州 | 12.9 | 21 | 4.9 | 31 | 6.0 | 7 | 2.0 | 29 |
| 东莞 | 12.9 | 21 | 4.9 | 31 | 6.0 | 7 | 2.0 | 29 |
| 黄山 | 12.8 | 23 | 5.3 | 19 | 5.0 | 18 | 2.0 | 15 |
| 厦门 | 12.8 | 23 | 5.3 | 19 | 5.5 | 12 | 2.0 | 29 |
| 深圳 | 12.8 | 23 | 4.8 | 34 | 6.0 | 7 | 2.0 | 29 |
| 南昌 | 12.7 | 26 | 5.2 | 22 | 5.0 | 18 | 2.5 | 15 |
| 郑州 | 12.6 | 27 | 5.1 | 25 | 5.0 | 18 | 2.5 | 15 |
| 宁波 | 12.5 | 28 | 5.5 | 15 | 4.5 | 31 | 2.5 | 15 |
| 洛阳 | 12.5 | 29 | 5.0 | 27 | 4.5 | 31 | 3.0 | 9 |
| 合肥 | 12.4 | 30 | 5.4 | 17 | 5.0 | 18 | 2.0 | 29 |

资料来源：《中国旅游统计年鉴 2017》、《中国旅游统计年鉴（副本）2017》及各城市地方统计年鉴等。

## （六）城市休闲和旅游服务满意度

### 1. 休闲和旅游框架下的服务满意度维度

休闲和旅游服务的社会评价满意度（简称"服务满意度"），作为社会评价，它的确是对城市休闲和旅游发展现状的很有分量的考察和评估。2015年以来，国家旅游行政主管部门和相关部门加大对旅游的监管力度，出台了整治欺客宰客"三年行动"计划，发布文明旅游提示，发布价格信得过景区名单，出台了景区流量管理标准，并对一批A级景区、旅行社、星级饭店给予了摘牌和警告等处分。这些工作既是推动旅游发展的有力保障，也是提升游客满意度的有力措施。

休闲和旅游服务满意度的得分越高，说明城市休闲和旅游业的竞争力越强；相反，则说明城市休闲和旅游的竞争力较弱。一般来说，那些面向各类市场既推动多元多样休闲和旅游产品精准供给，又推动旅游公共服务提升的城市，游客的满意度相对就高一些；同时，城市有关企业的诚信度越高，游客的满意度也就越高。在消费者满意度调查方面，除了中国消费者协会和各地消费者协会做了许多有益的工作外，中国旅游研究院的全国游客满意度调查报告是最有名和最权威的，在2016年以前的许多年，它们都用当面问卷和网络调查等做了许许多多的工作。本竞争力研究的截面数据年份，正好赶在它们的调查报告还在继续的时候，故而可以借用它们公布的现成数据。

### 2. 休闲和旅游服务满意度指标体系

为了较好地反映相关城市休闲和旅游服务的满意度，也为了符合本专题"效率增强"的主旨，本课题借用了中国旅游研究院两个年度的全国游客满意度调查报告数据，将休闲和旅游服务满意度这一维度分为2个二级指标（分组指标）——将第一年的满意度数据作为"原有基础"，将第二年的满意度数据作为"推进力度"，以期反映出该城市消费者满意度的增强和增进。具体指标体系见表29。

表 29　休闲与旅游服务社会评价满意度指标体系

| 一级指标<br>（类项指标） | 二级指标<br>（分组指标） | 三级指标<br>（单项指标） | 指标解释 |
|---|---|---|---|
| 休闲与旅游服务<br>社会评价满意度<br>（50 分） | 原有基础(25 分) | 上年满意度 | 现场抽样调查,网上<br>调查 |
| | 推进力度(25 分) | 本年满意度的增进 | 现场抽样调查,网上<br>调查 |

资料来源：本课题组资料库。

3. 服务的社会评价满意度分析与城市排名

根据对 50 个样本城市两个年度的旅游满意度数据的借用，通过对本板块研究中满意度的分配权重的简单换算，得出休闲和旅游满意度竞争力的初步结果。根据对其结果数据的再分析，休闲和旅游服务竞争力也表现出了三个方面的特征。

其一，休闲和旅游满意度排名前十的城市，依次是重庆、无锡、黄山、北京、上海、沈阳、南京、天津、苏州、太原。重庆得分 41.14 分，排在第一位。位居满意度前十的城市的平均得分为 39.76 分，标准差为 0.57。数据表明，排在前十名城市的休闲和旅游服务满意度水平相差不大。从前十名的区域分布情况来看，休闲和旅游服务满意度"10 佳城市"中，华东地区有 4 个城市；华北地区有 3 个；西南、华东和东北三地各有 1 个。

其二，从整体来看，50 个样本城市休闲和旅游服务满意度平均得分为 37.66 分，处在"基本满意"的水平。从二级指标的排名变化情况来分析，相比 2015 年城市休闲和旅游服务满意度，2016 年有 11 个城市排名提升了 10 个名次以上，分别是无锡、西安、郑州、洛阳、海口、乌鲁木齐、呼和浩特、大连、南昌、秦皇岛、兰州。同样，与 2015 年相比，也有不少城市休闲和旅游服务满意度排名下降了，排名下降超过 10 个名次的城市有 11 个，因为满意度是一个动态的标准（虽然各城市的服务都在进步，可是，随着时代的前进，消费者对满意度期望值也更高了），因而各城市要与时俱进，不断提升服务满意度。

其三，从区域分布情况来看，城市休闲和旅游服务满意度的七大区域平均得分都在36～39分之间，这也表明各个区域消费者的满意度差别并不是很明显；相比之下，自然也有一些差异，华东地区以微弱的优势排名第一，华北地区紧随其后（见表30）。

表30　城市休闲与旅游服务社会评价满意度竞争力的区域描述

单位：分

| 地区 | 均值 | 最大值 | 最小值 | 标准差 |
|---|---|---|---|---|
| 华北地区 | 38.15 | 39.90 | 36.45 | 1.37 |
| 东北地区 | 37.90 | 39.58 | 36.65 | 1.07 |
| 华东地区 | 38.59 | 40.16 | 36.91 | 1.01 |
| 华中地区 | 37.52 | 38.49 | 36.24 | 0.78 |
| 华南地区 | 36.87 | 38.28 | 34.78 | 1.07 |
| 西南地区 | 36.98 | 41.14 | 35.03 | 2.06 |
| 西北地区 | 36.40 | 38.96 | 34.66 | 1.76 |

资料来源：本课题组资料库。

表31是本板块城市休闲和旅游服务社会评价满意度"10佳城市"综合排名。

表31　城市休闲和旅游服务社会评价满意度"10佳城市"综合排名

单位：分

| 城市 | 城市休闲和旅游服务社会评价满意度（类项指标）(50分) | | 城市休闲和旅游服务社会评价满意度下的二级指标（分组指标） | | | | | |
|---|---|---|---|---|---|---|---|---|
| | | | 原有基础(25分) | | | 推进力度(25分) | | |
| | 总分 | 排名 | 上年满意度 | 得分 | 排名 | 本年的推进 | 得分 | 排名 |
| 重庆 | 41.14 | 1 | 83.96 | 20.99 | 1 | 80.61 | 20.15 | 2 |
| 无锡 | 40.16 | 2 | 77.58 | 19.40 | 15 | 83.04 | 20.76 | 1 |
| 黄山 | 39.92 | 3 | 80.94 | 20.24 | 2 | 78.75 | 19.69 | 10 |
| 北京 | 39.90 | 4 | 79.19 | 19.80 | 4 | 80.42 | 20.11 | 4 |
| 上海 | 39.84 | 5 | 78.87 | 19.72 | 6 | 80.5 | 20.13 | 3 |
| 沈阳 | 39.58 | 6 | 78.69 | 19.67 | 7 | 79.61 | 19.90 | 5 |
| 南京 | 39.47 | 7 | 78.92 | 19.73 | 5 | 78.95 | 19.74 | 7 |
| 天津 | 39.34 | 8 | 78.53 | 19.63 | 8 | 78.84 | 19.71 | 8 |
| 苏州 | 39.13 | 9 | 78.19 | 19.55 | 11 | 78.34 | 19.59 | 11 |

续表

| 城市 | 城市休闲和旅游服务社会评价满意度（类项指标）（50分） | | 城市休闲和旅游服务社会评价满意度下的二级指标（分组指标） | | | | | |
| | | | 原有基础（25分） | | | 推进力度（25分） | | |
| | 总分 | 排名 | 上年满意度 | 得分 | 排名 | 本年的推进 | 得分 | 排名 |
| 太原 | 39.08 | 10 | 78.23 | 19.56 | 10 | 78.07 | 19.52 | 12 |
| 青岛 | 38.99 | 11 | 79.36 | 19.84 | 3 | 76.58 | 19.15 | 22 |
| 西安 | 38.96 | 12 | 76.55 | 19.14 | 19 | 79.28 | 19.82 | 6 |
| 杭州 | 38.83 | 13 | 78.14 | 19.54 | 12 | 77.18 | 19.30 | 17 |
| 济南 | 38.66 | 14 | 77.73 | 19.43 | 13 | 76.92 | 19.23 | 19 |
| 宁波 | 38.58 | 15 | 76.87 | 19.22 | 17 | 77.44 | 19.36 | 16 |
| 郑州 | 38.49 | 16 | 75.95 | 18.99 | 25 | 77.99 | 19.50 | 13 |
| 合肥 | 38.40 | 17 | 77.67 | 19.42 | 14 | 75.91 | 18.98 | 24 |
| 洛阳 | 38.38 | 18 | 74.69 | 18.67 | 30 | 78.81 | 19.70 | 9 |
| 海口 | 38.28 | 19 | 75.56 | 18.89 | 26 | 77.55 | 19.39 | 15 |
| 乌鲁木齐 | 38.01 | 20 | 74.23 | 18.56 | 32 | 77.81 | 19.45 | 14 |
| 温州 | 37.95 | 21 | 76.01 | 19.00 | 24 | 75.78 | 18.95 | 25 |
| 长春 | 37.90 | 22 | 74.94 | 18.74 | 29 | 76.64 | 19.16 | 20 |
| 厦门 | 37.88 | 23 | 76.43 | 19.11 | 20 | 75.07 | 18.77 | 28 |
| 广州 | 37.73 | 24 | 76.41 | 19.10 | 21 | 74.52 | 18.63 | 30 |
| 长沙 | 37.72 | 25 | 76.79 | 19.20 | 18 | 74.1 | 18.53 | 32 |
| 桂林 | 37.62 | 26 | 77.51 | 19.38 | 16 | 72.98 | 18.25 | 35 |
| 呼和浩特 | 37.61 | 27 | 73.52 | 18.38 | 37 | 76.93 | 19.23 | 18 |
| 成都 | 37.56 | 28 | 78.48 | 19.62 | 9 | 71.77 | 17.94 | 42 |
| 大连 | 37.46 | 29 | 73.5 | 18.38 | 38 | 76.35 | 19.09 | 23 |
| 深圳 | 37.37 | 30 | 73.72 | 18.43 | 35 | 75.77 | 18.94 | 26 |

资料来源：《2015年全国游客满意度调查报告研究成果》《2016年第一季度全国游客满意度调查报告研究成果》。

# 四　效率增强驱动板块的简要结语

效率增强驱动是本课题研究城市休闲和旅游竞争力的第二个重要组成，鉴于效率对休闲和旅游服务的优化、效率提高对资源和人力的节约和对财富的更多增加，故本分报告集中于对效率和效能增强的评估研究，以期实现城市休闲和旅游竞争力的不断提升。

为此，本课题组为效率增强驱动设立了9个评估维度，它们分别是：城市此前已有竞争力评价、休闲和旅游服务空间、休闲和旅游接待运行、交通、餐饮、住宿、购物和文化消费、旅行社、休闲和旅游服务满意度。9个维度分别形成9个独立的类项指标（一级指标），并在9个类项指标下又设立了25个分组指标（二级指标）和48个单项指标（三级指标）。

效率增强驱动的部分指标，与此前他人提出的有关旅游竞争力的指标以及优秀旅游城市、最佳旅游城市的指标有部分相同（如交通、餐饮、住宿、购物、旅行社、服务满意度），也有部分不同。相同是共识，也是很好的基础，正是此前全国性的优秀旅游城市、最佳旅游城市的申报与评定，带动了全国城市对旅游服务供给的重视，进而带动了城市相关产业的发展，带动了城市休闲和旅游公共服务的改善，带来了城市知名度的提高。本研究效率增强驱动指标对这一部分的继续重视与重申，就是认识到了这些指标的重要价值，就是要坚持这些要素，强调这些要素，并推动这些要素水平更上一层楼。

效率增强驱动与此前他人提出的一些指标也有不同，如把购物的指标扩大成了购物和文化消费，原因就在于近年来居民消费转型的潮流，旅游外出的购买与花费怎是一个"物"字所能够包含得了的，更重要的是，在居民的日常生活、休闲生活中，尤其是年轻人，文化消费已经成为休闲和旅游消费中最为显著的大宗。

效率增强驱动与他人提出指标不同的，还有城市此前已有竞争力评价、休闲和旅游服务空间、休闲和旅游接待运行三个维度指标的设置。

其中的城市此前已有竞争力评价所关注的，是此前有关部门在推动这些城市在全面发展中所取得的成绩，诸如有关城市在此前获得的有关部门的国家卫生城市、国家园林城市（升级版的国家生态园林城市）、国家森林城市、全国绿化模范城市、中国优秀旅游城市、全国文明城市等的称号，及其在城市竞争力评价中相应的宜居城市竞争力、生态城市竞争力、文化城市竞争力、信息城市竞争力、和谐城市竞争力的较好成绩的取得。这些成绩和基础，正是这些城市休闲和旅游服务效能发挥的依托，也正是效率不断增强的动力。

其中的休闲和旅游服务空间，是现代城市发展理念所特别重视的，它曾为影响力甚大的《雅典宪章》所强调，更是联合国"人居Ⅲ"会议所重申的城市可持续发展的必需。城市对公共空间开拓的重视，既包括对城市已成功开拓空间的保持和优化，又包括休闲和旅游空间结构的互相契合和改善，只有这样，城市休闲和旅游服务的效能效率才能够真正得到有效的发挥。效率增强驱动把它作为指标的一个维度提出来，就是为了弥补此前我国某些城市发展中的不足。

其中的休闲和旅游接待运行，是为了加深对交通、餐饮、住宿、购物、旅行社等相关业态的总体聚合力的考量，以免发生分项研究时容易出现的"只见树木不见森林"的问题。本研究在效率增强驱动中加入休闲和旅游接待运行维度，意在根据全行业的企业数、员工数、总收入、全员劳动生产率、总利润等，从规模和效率两大分组指标去了解有关城市休闲和旅游接待运行状况，以期能够增加从全产业链的宏观考量中去总体认识效率增强驱动的权重。

经过对50个样本城市的48项单项指标、25组分组指标、9类类项指标的层层测算与汇总，本分支的研究最后得出了全国城市休闲和旅游竞争力效率增强驱动力指数的6个维度的"30佳城市"，及其汇总的效率增强驱动力的"30强城市"的最后排名。

效率增强驱动力指数的"30强城市"，依次是北京、上海、深圳、南京、无锡、苏州、杭州、广州、大连、沈阳、重庆、宁波、天津、东莞、武汉、厦门、福州、温州、青岛、泉州、西安、哈尔滨、成都、太原、呼和浩特、长沙、南昌、济南、郑州、长春。

其中，每个维度的"10佳城市"如下。

城市已有评价基础"10佳城市"：无锡、大连、南昌、北京、杭州、青岛、苏州、合肥、宁波、南京。

休闲和旅游服务空间"10佳城市"：北京、深圳、苏州、大连、哈尔滨、无锡、南京、西安、太原、宁波。

休闲和旅游接待运行"10佳城市"：北京、上海、深圳、广州、重庆、南京、青岛、成都、福州、济南。

城市交通"10佳城市":深圳、广州、北京、苏州、杭州、上海、武汉、厦门、东莞、大连。

城市餐饮"10佳城市":上海、东莞、北京、宁波、广州、深圳、杭州、温州、南京、厦门。

城市住宿"10佳城市":沈阳、呼和浩特、张家界、拉萨、海口、银川、南昌、西宁、大连、贵阳。

城市购物和文化消费"10佳城市":南京、北京、无锡、杭州、苏州、上海、沈阳、深圳、呼和浩特、东莞。

旅行社"10佳城市":北京、沈阳、上海、天津、石家庄、福州、太原、大连、南京、无锡。

休闲和旅游服务满意度"10佳城市":重庆、无锡、黄山、北京、上海、沈阳、南京、天津、苏州、太原。

其中,北京以245.62分的总分,获得了9个维度的3个第一、1个第二、2个第三、2个第四,从而荣居效率增强驱动竞争力"30强城市"的第一名。上海以232.39分的总分,获得了9个维度的1个第一、1个第二、1个第三、1个第五、2个第六,从而荣居效率增强驱动竞争力"30强城市"的第二名。深圳以230.68分的总分,获得了9个维度的1个第一、1个第二、1个第三、1个第六、1个第八,从而荣居效率增强驱动竞争力"30强城市"的第三名。

效率增强驱动竞争力的"10强城市"见表32。

表32 城市休闲和旅游效率增强驱动竞争力"30强城市"综合排名

| 效率增强驱动竞争力"10强城市" | 总分 | 排名 | 强势举例(获得9个维度"10佳城市"前10名的次数) |
|---|---|---|---|
| 北京 | 245.62 | 1 | 3个第一,1个第二,2个第三,2个第四 |
| 上海 | 232.39 | 2 | 1个第一,1个第二,1个第三,1个第五,2个第六 |
| 深圳 | 230.68 | 3 | 1个第一,1个第二,1个第三,1个第六,1个第八 |
| 南京 | 228.08 | 4 | 1个第一,1个第六,2个第七,2个第九 |

| 效率增强驱动竞争力"10 强城市" | 总分 | 排名 | 强势举例(获得 9 个维度"10 佳城市"前 10 名的次数) |
|---|---|---|---|
| 无锡 | 224.96 | 5 | 1 个第一,1 个第二,1 个第三,1 个第六 |
| 苏州 | 223.97 | 6 | 1 个第三,1 个第四,1 个第五,1 个第七,1 个第九 |
| 杭州 | 222.87 | 7 | 1 个第四,2 个第五,1 个第七 |
| 广州 | 220.59 | 8 | 1 个第二,1 个第四,1 个第五 |
| 大连 | 220.28 | 9 | 1 个第二,1 个第四,1 个第八,1 个第九 |
| 沈阳 | 216.52 | 10 | 1 个第一,1 个第二,1 个第六,1 个第七 |

资料来源：本课题组资料库。

从表 32 可以看出，本文效率增强驱动板块的"10 强城市"之所以能够成为 10 强，那是它们的实绩铸成的，既是多个维度综合得分的汇总，又在各个维度类项的"10 佳城市"中取得了令人信服的靠前位次。北京、上海、深圳、南京、无锡、苏州、杭州、广州、大连等城市，大多位居本板块某个维度类项指标前三名，甚至不止一个类项或两个类项的前三名；再加上它们在本研究基本要素驱动板块和创新与成熟度驱动板块几乎同样强劲的竞争力，促使它们全都进入了全国城市休闲和旅游竞争力的"名列前茅 30 城"，而且成功地包揽了"名列前茅 30 城"前 6 名的位置，以及第八、第十一、第十四等的名次。

# G.4

# 时代需要与走向未来的大步：
# 来自创新与成熟度驱动力的分析

创新与成熟度驱动竞争力研究组*

**摘　要：** 本报告结合既有研究与专家意见，探索性地构建了休闲和旅游框架下的创新与成熟度驱动竞争力指标体系，包括 9 个一级指标、24 个二级指标和 83 个三级指标；并基于此指标体系，对全国 50 个城市的竞争力水平进行了评估，从而产生了创新与成熟度驱动的"30 强城市"和其下 9 个维度的"30 佳城市"。研究还发现：①各样本城市间的创新与成熟度总体竞争力水平差距较大，排名居前的基本为北上广深等一线城市和大城市，居后的多为内陆的一些较小城市；②同一城市9 个一级指标所代表方面的发展水平具有明显的不均衡性；③部分城市在创新与成熟度不同指标上的发展业绩，显然是城市管理者对城市定位和发展优先度选择的结果。

**关键词：** 创新与成熟度驱动　竞争力指标体系　休闲和旅游

---

* 本报告主要执笔人：季少军。《中国城市休闲和旅游竞争力报告（2020）》的三篇分报告，均是本课题全部研究的有机组成，亦是前面总报告中"成果综述：城市休闲和旅游竞争力综合排名格局与总体分析"的基础研究。分报告的工作是在课题组组长石美玉统一组织下，由课题组成员反复研究协调并分工负责撰写完成的。分报告共分三部分，本部分是分报告的第三部分，主要集中于对创新与成熟度驱动力研究成果的分析与阐述；专题报告中《从"西湖旅游"盛名走向"休闲杭州"的实践——"创新与成熟度驱动"名列前茅的杭州市》一文，是对本板块关注城市杭州市的分析。创新与成熟度竞争力研究组的这两个部分工作，均由季少军负责。

当前，我国经济正由高速增长阶段向高质量发展阶段过渡，在此转型升级的关键时期，创新与成熟度水平高低，对于提升我国城市休闲和旅游竞争力的重要作用是不言而喻的。的确，一个城市的休闲和旅游竞争力水平的提升，是会受到多种因素的影响和制约的。这些因素不仅包括与环境、资源相关的基础要素，以及与产业密切相关的效率要素，还涉及能够体现城市在产品与服务供给方面的创新与成熟度的水平。创新步伐大和产业成熟度高的城市，往往会吸引更多可移动的资源和人才，打造出更多适合市场需求的休闲和旅游产品，创造更多的社会财富。因此，对国内 50 个样本城市的创新与成熟度水平进行评估，不仅能够推动我国休闲和旅游产业的高质量发展，而且能够为我国城市经济的转型升级以及经济结构优化提供有用的参考数据。

正是基于以上认识，本文在休闲和旅游的总体框架下对我国城市的创新与成熟度驱动竞争力水平进行了评估考量。[①] 在综合并讨论了专家们既有研究的基础上，课题组将创新与成熟度驱动竞争力分为 9 个评价维度，即地方经济持续发展、地方政府对休闲和旅游发展的重视、环境与资源的保护利用、对弱势群体的关爱、休闲和旅游服务业的拓展、休闲和旅游公共服务的拓展、休闲和旅游的辅导与公共教育、推动休闲和旅游的落实以及城市休闲和旅游服务质量与人员保障。在 9 个维度下共设立了 24 个二级指标和 83 个三级指标，总分为 300 分。

本文共分三节。第一节，总述，是对我国城市创新与成熟度驱动力的总体分析。主要包含四个内容：创新与成熟度驱动一级指标的指标解释、一级指标与二级指标的对应关系、创新与成熟度驱动部分的数据来源、对创新与成熟度排名前 30 城市基本特征的综合分析。第二节，分述 I，主要分析推动创新与成熟度提升的社会环境。针对地方经济持续发展、地方政府对休闲和旅游发展的重视、环境与资源的保护利用以及对弱势群体关爱 4 个维度的

---

① 作为城市休闲和旅游竞争力三大驱动力之一的创新与成熟度驱动的名称，得益于世界经济论坛的全球竞争力指数的 3.0 版。世界经济论坛在它的《2016 - 2017 年全球竞争力报告》中，其全球竞争力的指数就是使用的 3.0 版，即其全球竞争力指数下的一级指数的三个板块，分别是基本要素分指数、效率增强分指数、创新与成熟度分指数。

指标和指数排名进行比较分析。第三节，分述Ⅱ，针对休闲和旅游服务业的拓展、休闲和旅游公共服务的拓展、休闲和旅游的辅导与公共教育、推动休闲和旅游的落实以及城市休闲和旅游服务质量与人员保障5个维度的指标和指数排名进行比较分析。第四节为本文小结，基于对我国50个样本城市在创新与成熟度方面呈现出的特征与总体表现，提出未来发展建议。

# 一 总述：创新与成熟度驱动力的总体分析

自2009年始，国务院先后出台《关于加快发展旅游业的意见》《国民旅游休闲纲要》《关于促进旅游业改革发展的若干意见》等文件，将休闲作为加快旅游业发展的重要内容，明确提出建立具有中国特色的国民旅游休闲体系的发展目标。这一目标的实现，不仅需要休闲和旅游产品的持续创新，还需要不断提高城市的宜居性，不断优化休闲和旅游发展的大环境，通过政策与实施举措的推动，为城市的休闲旅游产业发展开拓广阔的空间。

## （一）城市休闲和旅游竞争力的创新与成熟度驱动指标体系

根据本课题组对创新与成熟度驱动的城市休闲和旅游竞争力的理解，本部分将其分为9个一级指标（类项指标），每个一级指标根据具体情况包含数量不等的二级指标（分组指标）和三级指标（单项指标）。一、二级指标和权重如表1和表2所示，二、三级指标体系请见本文的分述Ⅰ和分述Ⅱ。

**表1 城市休闲和旅游竞争力的创新与成熟度驱动的一级指标（类项指标）体系**

| 一级指标（类项指标） | 指标解释 |
| --- | --- |
| 地方经济持续发展（50分） | 城市经济发展水平与地方居民生活水平 |
| 地方政府对休闲和旅游发展的重视（20分） | 地方政府对休闲和旅游发展的推动政策与落实措施 |
| 环境与资源的保护利用（45分） | 在生态资源、文化遗产方面实施的保护利用措施与成效 |
| 对弱势群体的关爱（15分） | 针对老年人、残障人士等特殊群体的设施与服务建设 |
| 休闲和旅游服务业的拓展（80分） | 在文化场所、交通以及新业态方面的拓展成效 |

续表

| 一级指标（类项指标） | 指标解释 |
|---|---|
| 休闲和旅游公共服务的拓展（20分） | 休闲和旅游公共服务的建设成效 |
| 休闲和旅游的辅导与公共教育（20分） | 对市民、青少年的辅导工作以及对文明社会风气形成的推动 |
| 推动休闲和旅游政策的落实（30分） | 带薪休假的推动政策与措施 |
| 休闲和旅游服务质量与人员保障（20分） | 休闲和旅游服务质量的保障措施 |

资料来源：本课题组资料库。

**表2　城市休闲和旅游竞争力的创新与成熟度驱动的一级与二级指标体系**

| 一级指标（类项指标） | 二级指标（分组指标） |
|---|---|
| 地方经济持续发展<br>（50分） | 地方经济发展水平（30分） |
|  | 本地居民生活水平（20分） |
| 地方政府对休闲和旅游发展的重视<br>（20分） | 建设目标（8分） |
|  | 工作部署（4分） |
|  | 旅游管理机构的转型升级（4分） |
|  | 专项经费支持（4分） |
| 环境与资源的保护利用<br>（45分） | 生态与景观的保育利用（15分） |
|  | 文化与遗产的保护利用（30分） |
| 对弱势群体的关爱<br>（15分） | 针对老年人的服务（5分） |
|  | 休闲和旅游无障碍设施建设水平（5分） |
|  | 其他针对特殊人群的服务（5分） |
| 休闲和旅游服务业的拓展<br>（80分） | 休闲和旅游的文化拓展（10分） |
|  | 城市旅游交通（10分） |
|  | 休闲和旅游新业态的拓展（60分） |
| 休闲和旅游公共服务的拓展<br>（20分） | 智慧旅游运用的拓展（10分） |
|  | 公益活动的开展（5分） |
|  | 志愿者服务（5分） |
| 休闲和旅游的辅导与公共教育<br>（20分） | 对市民的辅导与公共教育（6分） |
|  | 对青少年的辅导与学校教育（6分） |
|  | 文明休闲和文明旅游形成的社会风气（8分） |
| 推动休闲和旅游政策的落实<br>（30分） | 有推动带薪年假的政策与办法（10分） |
|  | 相关规划与安排（20分） |
| 休闲和旅游服务质量与人员保障<br>（20分） | 休闲和旅游服务质量保障（10分） |
|  | 休闲和旅游教育与从业人员培训（10分） |

资料来源：本课题组资料库。

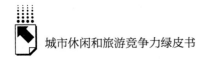

## （二）数据来源与评价方法

本报告研究的数据来自三个方面：一是各城市政府、统计部门的出版物和官方网站发布的数据，包括涉及 2016 年数据的城市统计年鉴、旅游年鉴、旅游业统计公报等；二是对当地人的调查问卷；三是来自网络等其他资料。课题组通过专家研究讨论以及用德尔菲法的通信交换意见等赋权方法确定评价体系中的指标权重。

根据所收集的数据以及预设的指标权重，本文对 50 个样本城市创新与成熟度 9 个维度的指标指数竞争力进行数据搜集与测定，并在此基础上将得分进行归一化处理，得到分值为 0 到 1 之间的小数，再根据该结果对 50 个城市进行排名。归一化处理的目的是使数据之间的可比性更明显，同时方便做图，进行城市之间的对比。

## （三）创新与成熟度驱动的指数特征与城市排名

### 1.整体特征分析

如表 3 所示，50 个样本城市 2016 年的创新与成熟度总体竞争力指标指数的均值为 0.66，在其下 9 个维度中，只有休闲和旅游的辅导与公共教育、环境与资源的保护利用以及休闲和旅游服务业的拓展 3 个维度的指标指数超过这一数值。此项结果说明，50 个样本城市在这 3 个维度总体表现较好，对城市创新与成熟度驱动竞争力总体水平的推动作用相对明显。其他 6 个维度，休闲和旅游公共服务的拓展、地方经济持续发展、地方政府对休闲和旅游发展的重视、城市休闲和旅游服务质量与人员保障、推动休闲和旅游政策的落实以及对弱势群体的关爱的均值均低于创新与成熟度总体竞争力指标指数的均值，说明 50 个样本城市在这 6 个方面的发展相对滞后，在不同程度上拉低了城市创新与成熟度的总体竞争力水平。此外，表 4 数据显示，北上广深等一线城市、大中城市在 50 个样本城市的创新与成熟度总体竞争力水平上排名居于前列，排名居后的多为内陆中小城市和三、四线城市，反映出休闲和旅游竞争力的创新与成熟度发展水平与城市的规模、经济体量之间存在密切联系。

**表3 全国 50 样本城市创新与成熟度驱动竞争力与其下 9 个维度竞争力均值**

| 创新与成熟度驱动竞争力 | 创新与成熟度驱动竞争力板块下的一级指标（类项指标） | | | | | | | | |
|---|---|---|---|---|---|---|---|---|---|
| | 地方经济持续发展 | 地方政府对休闲和旅游发展的重视 | 环境与资源的保护利用 | 对弱势群体的关爱 | 休闲和旅游服务业的拓展 | 休闲和旅游公共服务的拓展 | 休闲和旅游的辅导与公共教育 | 推动休闲和旅游政策的落实 | 休闲和旅游服务质量与人员保障 |
| 0.66 | 0.59* | 0.59* | 0.73 | 0.52 | 0.69 | 0.61 | 0.77 | 0.53 | 0.58 |

注：＊排名根据小数点后四位分值确定，表中只显示小数点后两位。

资料来源：本课题组资料库。

### 2. 竞争力排名与分析

表 4 是城市休闲和旅游竞争力的创新与成熟度驱动力 "30 强城市" 的综合指数和排名，以及其 9 个维度的竞争力指数和排名。

创新与成熟度总体竞争力排名前十的城市，包括北京、上海、南京、广州、杭州、深圳、成都、青岛、武汉与重庆。

从竞争力力度大小的比较看，前 7 名城市总体业绩较为突出，均值皆超过 0.8；同时，除北京外，其余 6 个城市分值相差不大，但位居第一的北京与第十的重庆之间存在较大落差，反映出在整体排名居于前列的城市之间，其休闲和旅游发展的创新与成熟度水平依然存在着一定的差距。

从 "10 强城市" 的分布看，创新与成熟度总体竞争力排名前十的城市大多位于东部地区，少数位于中南部地区，此结果与这些城市的行政等级以及经济发展水平密切相关。

从各维度的比较看，9 个维度分值代表的发展水平同样存在一定差距，环境与资源的保护利用与休闲和旅游的辅导与公共教育两个维度分值的均值较高，分别为 0.73 和 0.77；休闲和旅游公共服务的拓展与休闲和旅游服务业的拓展的分值均值处于中等水平，分别为 0.61 和 0.69；而地方经济持续发展、地方政府对休闲和旅游发展的重视、对弱势群体的关爱、推动休闲和旅游政策的落实以及休闲和旅游服务质量与人员保障的分值均值较低，在 0.5

表4 全国城市创新与成熟度驱动竞争力指数 "30强城市" 综合排名

| 城市 | 创新与成熟度 | 排名 | 地区经济持续发展 | 地方政府对休闲和旅游发展的重视 | 环境与资源的保护利用 | 对弱势群体的关爱 | 休闲和旅游服务业的拓展 | 休闲和旅游公共服务的拓展 | 休闲和旅游的辅导与公共教育 | 推动休闲和旅游政策的落实 | 休闲和旅游服务质量与人员保障 |
|---|---|---|---|---|---|---|---|---|---|---|---|
| 北京 | 1.00 | 1 | 1.00 | 1.00 | 1.00 | 1.00 | 1.00* | 1.00 | 1.00 | 1.00 | 1.00 |
| 上海 | 0.92 | 2 | 0.89 | 0.97 | 0.93* | 0.93 | 1.00* | 0.88 | 0.93 | 0.78 | 0.93* |
| 南京 | 0.88 | 3 | 0.81 | 0.70 | 0.93* | 0.62 | 0.93 | 0.93 | 0.88* | 0.93 | 0.93* |
| 广州 | 0.87 | 4 | 1.02 | 0.71 | 0.95 | 0.95 | 0.95* | 0.71 | 0.95 | 0.63 | 0.71 |
| 杭州 | 0.86 | 5 | 0.87 | 0.90 | 0.90 | 0.90 | 0.90* | 0.90 | 0.86* | 0.75 | 0.66* |
| 深圳 | 0.83 | 6 | 0.95 | 0.44 | 0.88* | 0.88 | 0.94 | 0.88* | 0.88* | 0.59* | 0.66* |
| 成都 | 0.81 | 7 | 0.70* | 0.68 | 0.90* | 0.60* | 0.96 | 0.68 | 0.90 | 0.60* | 0.90 |
| 青岛 | 0.79 | 8 | 0.74 | 0.67 | 0.89 | 0.60* | 0.95* | 0.67 | 0.89 | 0.60* | 0.67 |
| 武汉 | 0.77 | 9 | 0.77* | 0.66 | 0.88* | 0.59 | 0.82 | 0.88* | 0.88* | 0.59* | 0.66* |
| 重庆 | 0.76 | 10 | 0.64* | 0.43 | 0.85 | 0.57 | 0.91 | 0.85 | 0.86* | 0.71 | 0.64 |
| 厦门 | 0.75* | 11 | 0.70* | 0.65 | 0.87 | 0.58 | 0.87 | 0.87 | 0.87* | 0.44 | 0.65 |
| 大连 | 0.75* | 11 | 0.65 | 0.82 | 0.65 | 0.84* | 0.89 | 0.63 | 0.87 | 0.70 | 0.63* |
| 天津 | 0.74 | 13 | 0.69 | 0.59* | 0.84 | 0.84* | 0.90* | 0.42 | 0.84 | 0.56* | 0.63* |
| 无锡 | 0.73 | 14 | 0.63* | 0.81 | 0.81 | 0.27 | 0.81 | 0.81 | 0.81 | 0.68* | 0.61 |
| 苏州 | 0.71 | 15 | 0.67* | 0.59* | 0.78 | 0.78 | 0.78 | 0.59* | 0.82* | 0.65 | 0.59* |
| 西安 | 0.70 | 16 | 0.64* | 0.41* | 0.83 | 0.55* | 0.77* | 0.83 | 1.10 | 0.41* | 0.62 |

续表

| 城市 | 创新与成熟度 | 排名 | 地区经济持续发展 | 地方政府对休闲和旅游发展的重视 | 环境与资源的保护利用 | 对弱势群体的关爱 | 休闲和旅游服务业的拓展 | 休闲和旅游公共服务的拓展 | 休闲和旅游的辅导与公共教育 | 推动休闲和旅游政策的落实 | 休闲和旅游服务质量与人员保障 |
|---|---|---|---|---|---|---|---|---|---|---|---|
| 长沙 | 0.69* | 17 | 0.78 | 0.41* | 0.82 | 0.55* | 0.76* | 0.82 | 0.82* | 0.41* | 0.61* |
| 珠海 | 0.69* | 17 | 0.77* | 0.58* | 0.77 | 0.51 | 0.77* | 0.58 | 0.77 | 0.51* | 0.58* |
| 哈尔滨 | 0.68 | 19 | 0.55 | 0.63* | 0.79* | 0.53* | 0.84 | 0.59* | 0.79* | 0.40 | 0.59* |
| 宁波 | 0.66* | 20 | 0.67* | 0.60 | 0.79* | 0.53* | 0.69 | 0.60* | 0.79* | 0.53 | 0.60 |
| 昆明 | 0.66* | 20 | 0.62* | 0.78 | 0.78* | 0.26 | 0.73* | 0.59* | 0.78* | 0.52 | 0.59* |
| 济南 | 0.66* | 20 | 0.63* | 0.63* | 0.84 | 0.56 | 0.62 | 0.63 | 0.84 | 0.56* | 0.63* |
| 洛阳 | 0.66* | 20 | 0.42* | 0.77 | 0.77* | 0.51 | 0.67* | 0.77* | 0.77 | 0.68* | 0.58* |
| 郑州 | 0.65* | 24 | 0.62* | 0.42 | 0.78* | 0.53* | 0.69* | 0.60* | 0.80 | 0.66 | 0.47 |
| 福州 | 0.65* | 24 | 0.64* | 0.38 | 0.76 | 0.50 | 0.76* | 0.57 | 0.76 | 0.50 | 0.57 |
| 太原 | 0.64* | 26 | 0.49 | 0.39 | 0.78* | 0.52 | 0.73* | 0.78 | 0.78* | 0.52 | 0.59* |
| 黄山 | 0.64* | 26 | 0.42* | 0.58* | 0.77* | 0.51* | 0.72 | 0.77* | 0.77* | 0.51* | 0.58* |
| 南昌 | 0.63 | 28 | 0.56* | 0.74 | 0.74 | 0.49 | 0.69* | 0.56 | 0.74* | 0.49 | 0.56 |
| 长春 | 0.62* | 29 | 0.50 | 0.58* | 0.57 | 0.74 | 0.77* | 0.37 | 0.74* | 0.64 | 0.55 |
| 贵阳 | 0.62* | 29 | 0.56* | 0.72 | 0.72 | 0.24 | 0.67* | 0.72 | 0.72 | 0.48 | 0.54 |

注：* 排名根据小数点后四位分值确定，表中只显示小数点后两位。

资料来源：本课题组资料库。

与 0.6 之间。以上结果表明，所调研城市对休闲和旅游产业发展环境以及服务的投入已有一定成效，但是政府对产业发展的重视还远远不够。

# 二 分述Ⅰ：促进创新与成熟度提升的
## 社会环境

本节作为本文分述的第一部分，主要从地方经济持续发展、地方政府对休闲和旅游发展的重视、环境与资源的保护利用以及对弱势群体的关爱 4 个维度对全国 50 个样本城市的创新与成熟度水平进行对比。基于设定的指标权重，计算出所调研城市的分值与排名，并进行分析讨论。

## （一）地方经济持续发展竞争力

### 1. 休闲和旅游竞争力框架下地方经济持续发展维度

一般而言，经济发展应该是休闲和旅游产业发展的前提与基础。从需求层面看，休闲和旅游活动是人们在满足自身生存需要之后开展的较高层级自我实现的追求，是在具备一定经济基础的前提下才有可能进行的。从供给层面看，经济发展水平高的地区比经济发展水平低的地区更有条件建设和提升其基础设施，发展文化教育等事业，而这些都是发展休闲和旅游产业必不可少的前提。

经济发展涉及国民经济规模的扩大以及经济结构的调整和优化。一个地区经济的发展，不仅代表着财富量的增加与居民收入的提升，还体现在经济和社会生活素质的提高，包括经济的稳定程度以及产业结构、消费结构、收入分配结构等的更加合理化。

对于城市休闲和旅游产业的发展而言，地方经济发展起到的推动作用主要涉及两个方面：一是地方经济规模持续上升的程度；二是本地居民生活水平的提升程度。前者需要考量一个城市的经济规模是否持续扩大，第三产业比重以及劳动生产率是否持续增长，以及城市空气质量状况等环境质量等；后者则通过本市居民收入与支出的不同方面考察其生活水平所达到的层次。

2. 地方经济持续发展竞争力指标体系

结合已有研究与现有数据，本课题组将地方经济持续发展维度分为地方经济发展水平和本地居民生活水平 2 个二级指标，下设 10 个三级指标，详细的指标与分值如表 5 所示。

表5　地方经济持续发展竞争力指标体系

| 一级指标<br>（类项指标） | 二级指标<br>（分组指标） | 三级指标<br>（单项指标） | 指标解释 |
|---|---|---|---|
| 地方经济持续发展<br>（50 分） | 地方经济发展<br>水平（30） | 本地 GDP（5 分） | 依照统计部门的解释 |
| | | 人均 GDP（5 分） | 依照统计部门的解释 |
| | | 三产的比重（5 分） | 依照统计部门的解释 |
| | | 近 5 年 GDP 增长率（5 分） | 依照统计部门的解释 |
| 地方经济持续发展<br>（50 分） | 地方经济发展<br>水平（30） | 全员劳动生产率的提升（5 分） | 依照统计部门的解释 |
| | | 空气质量的提高（5 分） | 空气质量达到及好于二级的天数（天）同比增长率 |
| | 本地居民生活<br>水平（20） | 城乡人均可支配收入（6 分） | 依照统计部门的解释 |
| | | 城乡居民消费价格指数（4 分） | 依照统计部门的解释 |
| | | 城乡人均消费支出（6 分） | 依照统计部门的解释 |
| | | 社会消费品零售额增长率（4 分） | 依照统计部门的解释 |

资料来源：本课题组资料库。

3. 地方经济持续发展竞争力排名与指数特征

表 6 是城市地方经济持续发展竞争力的"30 佳城市"的综合指数和排名，以及其下两个分组指数和排名。

**表6 全国城市地方经济持续发展竞争力指数"30佳城市"排名**

| 城市 | 地方经济持续发展（类项指标） | | 地方经济持续发展下的二级指标（分组指标） | | | |
| | | | 地方经济发展水平 | | 本地居民生活水平 | |
| | 指数 | 排名 | 指数 | 排名 | 指数 | 排名 |
|---|---|---|---|---|---|---|
| 广州 | 1.00 | 1 | 1.00 | 1 | 0.89 | 2 |
| 北京 | 0.98 | 2 | 0.90 | 3 | 1.00 | 1 |
| 深圳 | 0.93 | 3 | 0.93 | 2 | 0.83 | 4 |
| 上海 | 0.87 | 4 | 0.84 | 4 | 0.82* | 5 |
| 杭州 | 0.86 | 5 | 0.81 | 5 | 0.84 | 3 |
| 南京 | 0.80 | 6 | 0.77 | 6 | 0.75 | 8 |
| 长沙 | 0.76* | 7 | 0.74 | 8 | 0.72 | 10 |
| 珠海 | 0.76* | 7 | 0.67 | 12 | 0.82* | 5 |
| 武汉 | 0.76* | 7 | 0.76 | 7 | 0.66* | 14 |
| 青岛 | 0.73 | 10 | 0.71 | 9 | 0.67* | 12 |
| 成都 | 0.69 | 11 | 0.68 | 11 | 0.62 | 20 |
| 厦门 | 0.68* | 12 | 0.59 | 18 | 0.76 | 7 |
| 天津 | 0.68* | 12 | 0.70 | 10 | 0.58* | 23 |
| 宁波 | 0.66 | 14 | 0.63* | 15 | 0.65 | 16 |
| 苏州 | 0.65 | 15 | 0.62 | 16 | 0.64 | 17 |
| 大连 | 0.64 | 16 | 0.57* | 21 | 0.68 | 11 |
| 福州 | 0.63* | 17 | 0.66 | 13 | 0.52 | 28 |
| 重庆 | 0.63* | 17 | 0.61 | 17 | 0.59 | 22 |
| 西安 | 0.63* | 17 | 0.53 | 27 | 0.72 | 9 |
| 无锡 | 0.62* | 20 | 0.55 | 24 | 0.66* | 14 |
| 济南 | 0.62* | 20 | 0.57* | 20 | 0.63* | 18 |
| 昆明 | 0.61* | 22 | 0.56* | 22 | 0.63* | 18 |
| 郑州 | 0.61* | 22 | 0.63* | 14 | 0.50 | 29 |
| 泉州 | 0.56 | 24 | 0.51 | 28 | 0.58* | 23 |
| 呼和浩特 | 0.55* | 25 | 0.50 | 31 | 0.57* | 25 |
| 贵阳 | 0.55* | 25 | 0.57* | 19 | 0.45 | 38 |

| 城市 | 地方经济持续发展（类项指标） | | 地方经济持续发展下的二级指标（分组指标） | | | |
| --- | --- | --- | --- | --- | --- | --- |
| | | | 地方经济发展水平 | | 本地居民生活水平 | |
| | 指数 | 排名 | 指数 | 排名 | 指数 | 排名 |
| 南昌 | 0.55* | 25 | 0.56* | 23 | 0.46 | 35 |
| 哈尔滨 | 0.54* | 28 | 0.54 | 26 | 0.35 | 50 |
| 沈阳 | 0.54* | 28 | 0.43 | 40 | 0.67* | 12 |
| 东莞 | 0.53 | 30 | 0.47 | 36 | 0.57* | 25 |

注：＊排名根据小数点后四位分值确定，表中只显示小数点后两位。
资料来源：本课题组资料库。

根据分析，可以概括出其地方经济持续发展竞争力方面的以下三个特征。

其一，地方经济发展竞争力指数排名前十的城市，依次是广州、北京、深圳、上海、杭州、南京、长沙、珠海、武汉与青岛。从得分情况看，排名前十的城市竞争力指数均超过0.7，总体表现较好。但从50个样本城市的得分总体情况看，前10名城市的均值是后10名均值的2倍，说明我国城市间经济发展水平仍然存在着较大的差距。

其二，从各维度之间的相关性看，地方经济持续发展竞争力指数（类项指数）与其下二级指数（分组指数）的地方经济发展水平指数的关联度更高，两组排名前10的城市大多一致，只是排名顺序上有些许差别。如就其排名做一比较，其中差别较大的珠海，它在地方经济发展水平的指标上就没有进入前10。此外，如将地方经济持续发展竞争力指数（类项指数）与本地居民的生活水平指数（分组指数）相比，在经济发展水平进入前10的武汉与青岛两市，其本地居民的生活水平就没有进入前10名。就两个二级指标指数（地方经济发展水平、本地居民生活水平）的总体表现而言，这50个样本城市的均值是非常接近的，分别为0.56与0.58，表明这50个城市在这两方面的总体平均水平还是较为接近的。

其三，从区域分布情况看，地方经济持续发展竞争力排名的分布呈现出东南沿海地区强，内陆地区以及东北、西南地区较弱的基本态势。从分值上看，排名前 10 的城市中，前 8 名都位于东部沿海地区，第 9、第 10 名位于中部地区。具体的指数得分也同样表明，位于东部地区的城市超过中部城市，且分值相差较大。此外，50 个样本城市分值差距非常大，显示出城市之间经济发展水平的极大不平衡。这种发展态势跟各城市的资源条件、经济发展积累、国家政策指向以及城市自身的改革力度、发展策略、管理水平等都有密切的关系。

### （二）地方政府对休闲和旅游发展的重视竞争力

1. 休闲和旅游竞争力框架下地方政府的重视维度

休闲和旅游产业的发展实践表明，政府的主导和导向作用是必不可少的。首先，地方政府出台的与休闲和旅游相关的地方性法规、政策对资源分配与整合、产业发展布局与规划、财政支持、外来投资等都会产生重要影响。其次，政府能够协调本地各行业之间的发展冲突与矛盾，协调与旅游相关的行政职能部门之间的关系，加强沟通，促进休闲旅游与其他产业的融合发展。再次，政府能够通过宏观调控和管理，合理调整资源配置，引导休闲和旅游产业的经营与发展思路，维护市场秩序，避免恶性竞争。最后，政府还肩负着本地城市形象传播的责任，通过媒体扩大地方的知名度，进行了本地休闲和旅游产品的营销推广，树立品牌。由此可见，政府对于地方休闲和旅游业的发展确实责任重大。因此，只有在政府重视的前提下，当地的休闲和旅游业才能有良好的发展环境与空间，休闲和旅游才能够有计划、可持续地得以拓展与提升。

对于城市休闲和旅游产业的发展而言，政府重视起到的积极推动作用主要反映在以下方面：一是确立城市休闲和旅游产业发展的近、远期目标，做好工作部署，确保计划的落地和实施；二是推动相关机构的转型升级，提升管理部门的地位与管理水平；三是为产业发展提供有力的财政支持，包括对当地休闲和旅游发展的财政支持以及为旅游企业提供奖励基金等。

2. 地方政府对休闲和旅游发展的重视竞争力指标体系

结合已有研究与现有数据，本课题组将地方政府对休闲和旅游发展的重视维度分为 4 个二级指标，包括确定建设目标、进行工作部署、促进旅游管理机构的转型升级以及提供专项经费支持，详细的指标与分值分配见表 7。

表 7　地方政府对休闲和旅游发展的重视竞争力指标体系

| 一级指标（类项指标） | 二级指标（分组指标） | 指标注释 |
|---|---|---|
| 地方政府对休闲和旅游发展的重视（20 分） | 建设目标（8 分） | 有目标口号，加入了"休闲和旅游示范城市"的创建 |
| | 工作部署（4 分） | 政府工作报告中有部署旅游发展的专有段落 |
| | 旅游管理机构的转型升级（4 分） | 成立了旅游委 |
| | 专项经费支持（4 分） | 政府报告或相关文件中有支持休闲和旅游发展的专项经费的列支 |

资料来源：本课题组资料库。

3. 地方政府对休闲和旅游发展的重视竞争力排名与指数特征

表 8 是城市地方经济持续发展竞争力的"30 佳城市"的综合指数和排名。

表 8　全国城市地方政府对休闲和旅游发展的重视竞争力指数"30 佳城市"排名

| 城市 | 政府对休闲和旅游发展的重视指数 | 排名 |
|---|---|---|
| 北京 | 1.00 | 1 |
| 上海 | 0.97 | 2 |
| 杭州 | 0.90 | 3 |
| 大连 | 0.82 | 4 |
| 无锡 | 0.81 | 5 |
| 昆明 | 0.78 | 6 |
| 洛阳 | 0.77 | 7 |
| 南昌 | 0.74 | 8 |
| 贵阳 | 0.72 | 9 |
| 广州 | 0.71 | 10 |
| 南京 | 0.70 | 11 |
| 三亚 | 0.69 | 12 |

| 城市 | 政府对休闲和旅游发展的重视指数 | 排名 |
|------|--------|------|
| 成都 | 0.68 * | 13 |
| 西宁 | 0.68 * | 13 |
| 青岛 | 0.67 | 15 |
| 武汉 | 0.66 | 16 |
| 厦门 | 0.65 | 17 |
| 济南 | 0.63 * | 18 |
| 哈尔滨 | 0.63 * | 18 |
| 宁波 | 0.60 | 20 |
| 天津 | 0.59 * | 21 |
| 苏州 | 0.59 * | 21 |
| 长春 | 0.58 * | 23 |
| 珠海 | 0.58 * | 23 |
| 黄山 | 0.58 * | 23 |
| 合肥 | 0.56 * | 26 |
| 宜昌 | 0.56 * | 26 |
| 沈阳 | 0.55 * | 28 |
| 银川 | 0.55 * | 28 |
| 石家庄 | 0.54 | 30 |

注：＊排名根据小数点后四位分值确定，表中只显示小数点后两位。

资料来源：本课题组资料库。

根据本研究就政府对休闲和旅游发展的重视竞争力指数进行的测算和分析，发现有关城市对休闲和旅游发展的重视有着以下的特征。

其一，地方政府对休闲和旅游发展的重视竞争力指数排名前 10 的城市，依次是北京、上海、杭州、大连、无锡、昆明、洛阳、南昌、贵阳与广州。从得分情况看，排名前 10 的城市竞争力指数均超过 0.7，总体表现较好。

其二，从总体情况看，在 50 个样本城市地方政府对休闲和旅游发展的重视竞争力排名的第 1 名和第 50 名的分值差别较大，两城市分值差为 0.68。同时，前 10 名的城市的均值是最后 10 名均值的 2.18 倍，显示出不同城市间政府在对休闲和旅游发展的重视程度方面存在巨大的认知与行动差距。当然，这种结果不排除个别拥有较少旅游资源的小城市，对休闲和旅游的重视程度低是其城市的一种战略选择。而对于拥有丰富休闲和旅游资源但对该产业重视程度较低的城市而言，则需要在未来发展中加强对休闲和旅游产业的关注与定位的思考。

其三，从区域分布情况看，排名前 10 的城市中除大连和广州外，其他均属内陆城市，且区域范围分散。其中，昆明、洛阳、南昌、贵阳四市的经济发展水平在 50 个城市中居于中游或下游。对这些城市而言，政府对休闲和旅游发展的重视程度高，很大程度上是希望通过休闲和旅游业来拉动整个城市经济的发展，中部地区的洛阳、贵阳尤其如此。

此外，50 个样本城市的排名在分布上没有明显的地域特征，原因在于该指标内容体现的是政府部门的主观能动选择，即地方政府是否愿意将休闲和旅游业作为当地经济发展的重点，或者说是否认为休闲和旅游产业适合作为当地经济发展的重点产业。

## （三）环境与资源的保护利用竞争力

### 1. 休闲和旅游竞争力框架下环境与资源的保护利用维度

环境与资源是休闲和旅游产业发展的基础条件，是构成旅游产品的重要组成部分。然而，环境是脆弱的，资源是有限的，很容易因人类的活动而遭到破坏。因此，要保持旅游目的地的吸引力和竞争力，就需要在保护前提下有限利用，统筹考虑资源环境的承载能力和发展潜力，做到有序开发、合理布局，避免急功近利和过度开发的做法。换句话说，保护环境和资源就是保护休闲和旅游产业的发展根基。

休闲和旅游产业所依赖的环境，包括自然环境和社会环境。自然环境指旅游目的地的各种自然因素的总和，包括大气、水、生物、土壤、岩石等所组成的自然环境综合体。社会环境指旅游目的地的社会物质、精神条件的总和，包括社会政治环境、经济环境、法制环境、科技环境、文化环境等宏观因素。与休闲和旅游产业相关的资源范围十分广泛，包括自然资源和人文资源。前者是生态环境的重要组成因素，如土地、矿藏、陆上水体、生物、气候以及海洋等资源；后者则是重要的文化遗产，如文化传统、历史遗存、语言文字以及当代人的文化生活等。

从休闲和旅游产业的发展视角来看，一个城市的环境与资源的保护成果如何，主要体现在以下两个方面：对生态与景观等自然资源进行可持续的保育利用，以及对文化遗产资源的保护利用。这就需要考量一个城市是否有针对性地制定相关的地方性法律、法规、政策，是否有专职机构、人员负责资源的保护利用，是否有相关机构和队伍进行政策、法规的执行和落实，以及这些机构在环境和资源的保护利用工作中是否取得了一定的业绩。

2. 环境与资源的保护利用竞争力指标体系

结合已有研究与现有数据，课题组将环境与资源的保护利用维度分为2个二级指标（分组指标），包括生态与景观的保育利用、文化与遗产的保护利用，详细的指标与分值分配见表9。

表9　环境与资源的保护利用竞争力指标体系

| 一级指标<br>（类项指标） | 二级指标<br>（分组指标） | 三级指标<br>（单项指标） | 指标解释 |
|---|---|---|---|
| 环境与资源的<br>保护利用<br>（45分） | 生态与景观的<br>保育利用<br>（15分） | 政策法规（5分） | 采取有力措施严格执行国家有关生态保护的法律法规和指导意见，包括地方的补充立法或相关政策和实施方案的制定 |
|  |  | 专职机构、队伍（5分） | 有相关保护生态资源与环境的专职机构、人员 |
|  |  | 业绩与成果<br>（5分） | 有相关机构、人员积极开展生态资源保护工作，取得了显著成绩或获得了相关奖励 |
|  | 文化与遗产的<br>保护利用<br>（30分） | 文化遗产政策法规<br>（5分） | 采取有力措施严格执行国家有关历史街区、历史建筑、古迹遗址等古都历史遗存的文物资源保护的法律法规和指导意见，包括地方的补充立法或相关政策和实施方案的制定 |

续表

| 一级指标<br>（类项指标） | 二级指标<br>（分组指标） | 三级指标<br>（单项指标） | 指标解释 |
|---|---|---|---|
| 环境与资源的<br>保护利用<br>（45 分） | 文化与遗产的<br>保护利用<br>（30 分） | 文化遗产保护利用<br>专职机构与人员（5 分） | 有相关的保护历史文化遗产的专职机构、人员 |
| | | 文化遗产保护业绩与成果（5 分） | 有相关机构、人员积极开展文化遗产保护工作，取得了显著成绩或获得了相关奖励 |
| | | 非遗政策法规（5 分） | 采取有力措施严格执行国家有关非遗保护的法律法规或指导意见，包括地方的补充立法或相关政策和实施方案的制定 |
| | | 非遗保护利用专职机构与人员（5 分） | 有相关保护非遗的专职机构、人员 |
| | | 非遗保护业绩与成果（5 分） | 有相关机构、人员积极开展非遗保护工作，取得了显著成绩或获得了相关奖励 |

资料来源：本课题组资料库。

### 3. 环境与资源保护利用竞争力排名与指数特征

表 10 是城市环境与资源的保护利用竞争力的"30 佳城市"的综合指数和排名。

**表 10　全国城市环境与资源的保护利用竞争力指数"30 佳城市"综合排名**

| 城市 | 环境与资源的保护利用<br>（类项指标） | | 环境与资源的保护利用下的二级指标（分组指标） | | | |
|---|---|---|---|---|---|---|
| | | | 生态与景观的保育利用 | | 文化与遗产的保护利用 | |
| | 指数 | 排名 | 指数 | 排名 | 指数 | 排名 |
| 北京 | 1.00 | 1 | 1.00 | 1 | 1.00 | 1 |
| 广州 | 0.95 | 2 | 0.95 | 2 | 0.95 | 2 |
| 上海 | 0.93 * | 3 | 0.93 * | 3 | 0.93 * | 3 |
| 南京 | 0.93 * | 3 | 0.93 * | 3 | 0.93 * | 3 |
| 成都 | 0.90 * | 5 | 0.90 * | 5 | 0.90 * | 5 |
| 杭州 | 0.90 * | 5 | 0.90 * | 6 | 0.90 * | 6 |
| 青岛 | 0.89 | 7 | 0.89 | 7 | 0.89 | 7 |

| 城市 | 环境与资源的保护利用（类项指标） | | 环境与资源的保护利用下的二级指标（分组指标） | | | |
|---|---|---|---|---|---|---|
| | | | 生态与景观的保育利用 | | 文化与遗产的保护利用 | |
| | 指数 | 排名 | 指数 | 排名 | 指数 | 排名 |
| 深圳 | 0.88* | 8 | 0.88* | 8 | 0.88* | 8 |
| 武汉 | 0.88* | 8 | 0.88* | 8 | 0.88* | 8 |
| 厦门 | 0.87 | 10 | 0.87 | 10 | 0.87 | 10 |
| 重庆 | 0.85 | 11 | 0.85 | 11 | 0.85 | 11 |
| 天津 | 0.84* | 12 | 0.84* | 12 | 0.84* | 12 |
| 济南 | 0.84* | 12 | 0.84* | 12 | 0.84* | 12 |
| 西安 | 0.83 | 14 | 0.83 | 15 | 0.83 | 14 |
| 长沙 | 0.82 | 15 | 0.82 | 17 | 0.82 | 15 |
| 无锡 | 0.81 | 16 | 0.81 | 18 | 0.81 | 16 |
| 郑州 | 0.80 | 17 | 0.80 | 19 | 0.80 | 17 |
| 宁波 | 0.79* | 18 | 0.79* | 20 | 0.79* | 18 |
| 哈尔滨 | 0.79* | 18 | 0.79* | 20 | 0.79* | 18 |
| 苏州 | 0.78* | 20 | 0.78* | 22 | 0.78* | 20 |
| 太原 | 0.78* | 20 | 0.78* | 22 | 0.78* | 20 |
| 昆明 | 0.78* | 20 | 0.78* | 22 | 0.78* | 20 |
| 合肥 | 0.77* | 23 | 0.77* | 25 | 0.77* | 23 |
| 珠海 | 0.77* | 23 | 0.77* | 25 | 0.77* | 23 |
| 黄山 | 0.77* | 23 | 0.77* | 25 | 0.77* | 23 |
| 洛阳 | 0.77* | 23 | 0.77* | 25 | 0.77* | 23 |
| 福州 | 0.76 | 27 | 0.76 | 29 | 0.76 | 27 |
| 南昌 | 0.74* | 28 | 0.74* | 31 | 0.74* | 28 |
| 宜昌 | 0.74* | 28 | 0.74* | 31 | 0.74* | 28 |
| 银川 | 0.73 | 30 | 0.73 | 34 | 0.73 | 30 |

注：* 排名根据小数点后四位分值确定，表中只显示小数点后两位。

资料来源：本课题组资料库。

根据本研究对样本城市环境与资源的保护利用竞争力指数进行的测算和分析，最后梳理出了它们的三个表现特征。

其一，环境与资源的保护利用竞争力指数排名前十的城市，依次是北京、广州、上海、南京、成都、杭州、青岛、深圳、武汉与厦门。从得分情况看，排名前17的城市竞争力指数分值均超过0.8，总体表现相当突出。

其二，从总体情况看，环境与资源的保护利用竞争力排名的首尾城市分值差距较大，前者分值近乎后者的2倍，且排名前10城市的均值是最后10名均值的 1.53 倍。这种差距一方面可能来自对资源保护重视程度的认识差距，另一方面则可能是地方经济发展程度不同所导致的经费投入不足的结果。

其三，基于环境与资源的保护利用竞争力指数下属的两个二级指标指数（生态与景观的保育利用、文化与遗产的保护利用）的相关性，本类项"10佳城市"各自的三组竞争力的分值完全一致，说明这些城市在环境与资源的保护利用工作中，对于生态与景观的保育利用和文化与遗产的保护利用的重视程度和工作力度都较为一致。

其四，从区域分布来看，环境与资源的保护利用竞争力指数分值高的城市有 8 个都集中在东部沿海地区，包括北京、广州、上海、南京、杭州、青岛、深圳与厦门，其他两个城市成都和武汉尽管地处中部，但其经济发展水平在全国排名也较为靠前。此外，从分值上看，第 1 名和第 10 名之间差距也较小。综合以上分析可以看出，经济发展水平较高的城市，对环境与资源的保护利用都十分重视，为这些城市休闲和旅游产业的发展提供了十分有力的支撑。

## （四）对弱势群体的关爱竞争力

### 1. 休闲和旅游竞争力框架下对弱势群体的关爱维度

关爱弱势群体（老年人、残障人士、孕妇、儿童等）是全社会的责任，也是休闲和旅游公共服务事业的一项重要工作内容。这项工作的意义不仅在于推动老年人、残障人士等的出行便利，保障他们的休闲和旅游权利，更在于健全相应的社会机制，包括政府政策保障体系、社会公益资助机制、企业服务常规化机制等，以推动城市休闲和旅游产业以及公共福利事业的可持续发展，推动覆盖社会所有群体的和谐、平等、公平的社会保障服务体系的形成。

对于休闲和旅游产业的发展而言，一个城市对弱势群体的关爱工作取得的成绩主要表现在以下方面：一是是否能够提供专门针对老年人的服务，如成立老年旅游专业旅行社，为老年人提供各种便利产品（包括食、住、行、游、购、娱各个环节针对老年休闲和旅游的产品）和服务；二是要看一个城市的无障碍设施的建设水平，主要景点、繁华地段及酒店能否提供方便的无障碍设施（包括是否设有服务弱势群体的出入通道、停车位，能否为老弱婴幼提供轮椅、儿童车等）；三是要看城市所提供的无障碍服务内容的全面性（包括主要景区、繁华地段及酒店等是否能够提供无障碍信息服务，旅游景区是否有针对残障人的解说服务，以及是否有专门机构提供针对特殊人群服务的技能培训等）。

2. 对弱势群体的关爱竞争力指标体系

结合已有研究与现有数据，本课题组将对弱势群体的关爱这一维度分为针对老年人的服务、休闲和旅游无障碍设施建设水平以及其他针对特殊人群的服务 3 个二级指标，下设 9 个三级指标，详细的指标与分值分配见表 11。

**表 11　对弱势群体的关爱竞争力指标体系**

| 一级指标<br>（类项指标） | 二级指标<br>（分组指标） | 三级指标<br>（单项指标） | 指标解释 |
| --- | --- | --- | --- |
| 对弱势群体的关爱<br>（15 分） | 针对老年人的服务<br>（5 分） | 老年旅游专业旅行社<br>（2 分） | 有老年旅游专业旅行社 |
| | | 旅游行业对老年人的需要的关注（2 分） | 旅游相关产业有针对老年人的产品和服务 |
| | | 老年旅游服务的系统建设（1 分） | 在食住行游购娱等环节对老年旅游的配套安排 |
| | 休闲和旅游<br>无障碍设施<br>建设水平<br>（5 分） | 无障碍设施的建设范围<br>（2 分） | 主要景点、繁华地段及酒店提供无障碍设施 |
| | | 残疾人停车位建设（1 分） | 主要景点、繁华地段及酒店设有残疾人车位 |
| | | 特殊群体辅助用具的提供（2 分） | 主要景点、繁华地段及酒店提供残疾人轮椅、老年人使用的拐杖、婴幼儿使用的童车等 |
| | 其他针对特殊<br>人群的服务<br>（5 分） | 无障碍信息服务的提供<br>（2 分） | 主要景点、繁华地段及酒店有无障碍信息服务 |
| | | 景区对特殊人群提供解说等服务（1 分） | 景区有针对残疾人的解说服务 |
| | | 针对特殊人群服务的技能培训（2 分） | 城市有针对旅游服务人员和志愿者的无障碍服务技能培训 |

资料来源：本课题组资料库。

3. 对弱势群体的关爱竞争力排名与指数特征

表 12 是城市对弱势群体的关爱竞争力"30 佳城市"的综合指数和排名。

表 12　全国城市对弱势群体的关爱竞争力指数"30 佳城市"的排名

| 城市 | 对弱势群体的关爱（类项指标） | | 对弱势群体的关爱下的二级指标（分组指标） | | | | | |
|---|---|---|---|---|---|---|---|---|
| | | | 针对老年人的服务 | | 休闲和旅游无障碍设施建设水平 | | 其他针对特殊人群的服务 | |
| | 指数 | 排名 | 指数 | 排名 | 指数 | 排名 | 指数 | 排名 |
| 北京 | 1.00 | 1 | 1.00 | 1 | 1.00 | 1 | 1.00 | 1 |
| 广州 | 0.95 | 2 | 0.95 | 2 | 0.95 | 2 | 0.95 | 2 |
| 上海 | 0.93 | 3 | 0.93* | 3 | 0.93* | 3 | 0.93 | 3 |
| 杭州 | 0.90 | 4 | 0.90* | 6 | 0.90* | 6 | 0.90 | 4 |
| 深圳 | 0.88 | 5 | 0.88* | 8 | 0.88* | 8 | 0.88 | 5 |
| 天津 | 0.84* | 6 | 0.84* | 12 | 0.84* | 12 | 0.84* | 6 |
| 大连 | 0.84* | 6 | 0.84* | 12 | 0.84* | 12 | 0.84* | 6 |
| 苏州 | 0.78 | 8 | 0.78* | 21 | 0.78 | 22 | 0.78 | 8 |
| 长春 | 0.74 | 9 | 0.74 | 28 | 0.74 | 31 | 0.74 | 10 |
| 呼和浩特 | 0.70 | 10 | 0.70 | 35 | 0.70 | 38 | 0.70 | 11 |
| 南京 | 0.62 | 11 | 0.93* | 4 | 0.93* | 4 | 0.46 | 12 |
| 成都 | 0.60* | 12 | 0.90* | 5 | 0.90* | 5 | 0.46 | 12 |
| 青岛 | 0.60* | 12 | 0.89 | 7 | 0.89 | 7 | 0.46 | 12 |
| 武汉 | 0.59 | 14 | 0.88* | 9 | 0.88* | 9 | 0.46 | 12 |
| 厦门 | 0.58 | 15 | 0.87 | 10 | 0.87 | 10 | 0.46 | 12 |
| 重庆 | 0.57 | 16 | 0.85 | 11 | 0.85 | 11 | 0.46 | 12 |
| 济南 | 0.56 | 17 | 0.84 | 13 | 0.84* | 13 | 0.46 | 12 |
| 西安 | 0.55* | 18 | 0.83 | 15 | 0.83 | 15 | 0.46 | 12 |
| 沈阳 | 0.55* | 18 | 0.82* | 16 | 0.82* | 16 | 0.46 | 12 |
| 长沙 | 0.55* | 18 | 0.82* | 16 | 0.82* | 16 | 0.46 | 12 |
| 郑州 | 0.53 | 21 | 0.80 | 18 | 0.80 | 19 | 0.46 | 12 |
| 宁波 | 0.53* | 21 | 0.79* | 19 | 0.79* | 20 | 0.46 | 12 |
| 哈尔滨 | 0.53* | 21 | 0.79* | 19 | 0.79* | 20 | 0.46 | 12 |
| 太原 | 0.52 | 24 | 0.78* | 22 | 0.78 | 23 | 0.46 | 12 |
| 黄山 | 0.51* | 25 | 0.70 | 35 | 0.77* | 25 | 0.77 | 9 |
| 珠海 | 0.51* | 25 | 0.77* | 23 | 0.77* | 25 | 0.46 | 12 |
| 合肥 | 0.51* | 25 | 0.77* | 23 | 0.77* | 25 | 0.46 | 12 |

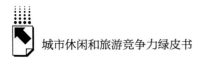

| 城市 | 对弱势群体的关爱（类项指标） | | 对弱势群体的关爱下的二级指标（分组指标） | | | | | |
|------|------|------|------|------|------|------|------|------|
| | | | 针对老年人的服务 | | 休闲和旅游无障碍设施建设水平 | | 其他针对特殊人群的服务 | |
| | 指数 | 排名 | 指数 | 排名 | 指数 | 排名 | 指数 | 排名 |
| 洛阳 | 0.51 * | 25 | 0.77 * | 25 | 0.77 * | 28 | 0.46 | 12 |
| 福州 | 0.50 | 29 | 0.76 | 26 | 0.76 | 29 | 0.46 | 12 |
| 兰州 | 0.49 | 30 | 0.74 | 27 | 0.74 | 30 | 0.46 | 12 |

注：＊排名根据小数点后四位分值确定，表中只显示小数点后两位。
资料来源：本课题组资料库。

根据对有关城市弱势群体的关爱竞争力指数的测算和分析，发现这些城市在对弱势群体的关爱方面显现出以下三个特征。

其一，对弱势群体的关爱竞争力指数排名前十的城市，依次是北京、广州、上海、杭州、深圳、天津、大连、苏州、长春与呼和浩特。从其得分情况看，前10名城市的竞争力指数分值都超过0.7，其中7个城市的分值超过0.8，表现较为突出。这些城市大多为一线或经济较发达城市，因此在社会保障体系和社会力量支持方面显出了它们的较强优势；其中，呼和浩特经济实力在全国并不居前（即使在内蒙古自治区也不处在数一数二的位置），却能够取得对弱势群体关爱的前10位置，故而特别引人注目。

其二，从总体得分看，50个样本城市对弱势群体的关爱竞争力水平差距非常大，第1名和第50名分值相差0.79，显示出城市之间在关爱弱势群体方面的重视程度以及工作成绩上的差别的确比较大。出现这种结果的主要原因，是在对其下的二级指标（分组指标）"其他针对特殊人群的服务"进行测算评估时，发现有30余个城市的相关工作业绩不是十分明显（或者是因为该组指数设定内容较偏，在正式的文件中查寻资料的难度较大，而可以用作依据的仅仅是地方报刊和企业网站的片段内容，加上各个城市间的可比性较弱，量化也困难，故只能选取几个条件颇为相似的城市的数据作为参照数）。以上结果表明，关爱弱势群体工作在中小城市或者经济不够发达城市开展的力度不足。要改变这种状态，需要包括政府、企业、个人在内的社会各界的广泛关注与行动支持。当然，部分出现分值缺项的城市也不能完全排除由于问卷数据代表性偏差导致的结果，指标的选取也是出现这种结果的另一个可能性诱因。

其三，从区域分布情况看，城市对弱势群体的关爱竞争力水平由东部向中部再向西部、西南部逐渐降低。这一分布趋势与我国东、中、西三大经济带的经济发展水平较为契合。从长远看，加强对弱势群体的关爱的相关工作是关键所在，它包括经济发展以及社会进步所带来的理念的转变。

## 三 分述 II：推动创新与成熟度提升的措施与成效

### （一）休闲和旅游服务业的拓展竞争力

1. 休闲和旅游竞争力框架下服务业的拓展维度

当今时代，产品供给极为丰富，这在为消费者提供多样化选择的同时，也加剧了日益激烈的市场竞争。在这种大环境下，一个城市的休闲和旅游产业想要获得竞争优势，就需要在服务上下功夫，在优化大众化产品的同时，通过提供精细化、个性化服务，满足消费者的多元需求，增进休闲和旅游产品的市场满意度，使产品获得更多消费者的认可，从而形成良好的口碑与品牌效应。因此，进行休闲和旅游服务的拓展，对于城市旅游目的地实施差异化产品的打造和营销，进而提升其竞争力，都具有重要意义。

休闲和旅游服务可以拓展的领域十分广泛，不仅包括满足游客在休闲和旅游活动过程中产生的有关生理和心理正当需要的各种服务，还包括对不同年龄、体质、职业、民族等个性需求的多样产品的设计和布局，也包括地方在推进全域旅游时落实八个方面重点任务、实现九个转变时所做的各项努力。

对于目前我国尚不能全面实施全域旅游的现状而言，休闲和旅游服务的拓展起到的推动作用，在 2016 年主要表现在以下方面：一是休闲和旅游设施与场所的建设与改造是否有持续进展；二是城市旅游交通的通达性是否有所改善；三是休闲和旅游新业态的开发与拓展是否有新的成果。

2. 休闲和旅游服务业拓展的竞争力指标体系

结合已有研究与现有数据，课题组将休闲和旅游服务业的拓展维度分为 3 个二级指标（分组指标），包括休闲和旅游的文化拓展、城市旅游交通和旅游新业态的拓展，其下设 16 个三级指标（单项指标），详细的指标与分值见表 13。

表 13　休闲和旅游服务业的拓展竞争力指标体系

| 一级指标<br>（类项指标） | 二级指标<br>（分组指标） | 三级指标<br>（单项指标） | 指标解释 |
|---|---|---|---|
| 休闲和旅游<br>服务业的拓展<br>（80分） | 休闲和旅游的<br>文化拓展（10分） | 设施建设（6分） | 新建、改造城市休闲和旅游设施 |
| | | 文化休闲场所开辟（4分） | 建有市民文化活动中心 |
| | 城市旅游交通<br>（10分） | 旅游专线（4分） | 新辟了旅游专线公交 |
| | | 原城市交通问题的解决<br>（6分） | 采取缓解交通拥堵其他策略 |
| | 休闲和旅游<br>新业态的拓展（60分） | 乡村旅游（5分） | 有不同类型的乡村旅游与民宿产品 |
| | | 工业旅游（5分） | 有不同类型的工业旅游工业遗产旅游产品 |
| | | 商务旅游（5分） | 有商务旅游产品 |
| | | 会奖旅游（5分） | 有会奖旅游产品 |
| | | 科教旅游（5分） | 有科教旅游产品 |
| | | 研学旅游与夏（冬）令营（5分） | 有研学旅游与夏（冬）令营产品 |
| | | 亲子旅游与伴老旅游<br>（5分） | 有亲子旅游产品 |
| | | 养生旅游与医疗旅游<br>（5分） | 有养生旅游与医疗旅游产品 |
| | | 体育赛事观赏与运动旅游<br>（5分） | 有体育赛事观赏与运动旅游产品 |
| | | 邮轮游艇（5分） | 有邮轮游艇产品 |
| | | 房车与露营旅游（5分） | 有房车与露营旅游产品 |
| | | 游乐旅游（嘉年华等）<br>及其他（5分） | 有游乐旅游产品，如嘉年华 |

资料来源：本课题组资料库。

3. 休闲和旅游服务业的拓展竞争力排名与指数特征

表 14 是城市休闲和旅游服务业的拓展竞争力"30 佳城市"的综合指数和排名。

表 14　全国城市休闲和旅游服务业的拓展竞争力指数"30 佳城市"排名

| 城市 | 休闲和旅游服务业的拓展（类项指标） | | 休闲和旅游服务业拓展下的二级指标（分组指标） | | | | | |
| | | | 休闲和旅游的文化拓展 | | 城市旅游交通 | | 休闲和旅游新业态的拓展 | |
| | 指数 | 排名 | 指数 | 排名 | 指数 | 排名 | 指数 | 排名 |
|---|---|---|---|---|---|---|---|---|
| 上海 | 1.00 | 1 | 1.00 | 3 | 1.00 | 3 | 1.00 | 1 |
| 北京 | 0.98 | 2 | 1.06 | 1 | 1.06 | 1 | 0.85 | 2 |
| 成都 | 0.94 | 3 | 0.96 * | 5 | 0.96 * | 5 | 0.84 | 3 |
| 青岛 | 0.93 * | 4 | 0.96 * | 5 | 0.96 * | 5 | 0.83 | 4 |
| 广州 | 0.93 * | 4 | 1.01 | 2 | 1.01 | 2 | 0.81 * | 5 |
| 深圳 | 0.92 | 6 | 0.94 * | 8 | 0.94 * | 8 | 0.81 * | 5 |
| 南京 | 0.91 | 7 | 0.99 | 4 | 0.99 | 4 | 0.79 * | 7 |
| 重庆 | 0.89 | 8 | 0.91 | 11 | 0.91 | 11 | 0.79 * | 7 |
| 杭州 | 0.88 * | 9 | 0.96 * | 6 | 0.96 * | 6 | 0.76 | 11 |
| 天津 | 0.88 * | 9 | 0.89 * | 12 | 0.89 * | 12 | 0.78 | 9 |
| 大连 | 0.87 | 11 | 0.89 * | 12 | 0.89 * | 12 | 0.77 | 10 |
| 厦门 | 0.85 | 12 | 0.93 | 10 | 0.93 | 10 | 0.74 | 12 |
| 哈尔滨 | 0.82 | 13 | 0.84 | 20 | 0.84 * | 20 | 0.73 | 13 |
| 武汉 | 0.80 | 14 | 0.94 * | 8 | 0.94 * | 9 | 0.68 | 15 |
| 无锡 | 0.79 | 15 | 0.86 | 18 | 0.86 | 18 | 0.69 | 14 |
| 苏州 | 0.76 | 16 | 0.83 * | 22 | 0.83 | 22 | 0.66 | 16 |
| 珠海 | 0.75 * | 17 | 0.82 * | 25 | 0.82 * | 25 | 0.65 | 17 |
| 西安 | 0.75 * | 17 | 0.88 | 15 | 0.88 | 15 | 0.64 * | 18 |
| 长春 | 0.75 * | 17 | 0.87 * | 16 | 0.87 * | 16 | 0.64 * | 18 |
| 长沙 | 0.75 * | 17 | 0.87 * | 16 | 0.87 * | 16 | 0.63 * | 21 |
| 福州 | 0.75 * | 17 | 0.81 | 29 | 0.81 | 29 | 0.64 * | 18 |
| 宜昌 | 0.73 | 22 | 0.79 * | 31 | 0.79 * | 31 | 0.63 * | 22 |
| 太原 | 0.72 * | 23 | 0.83 * | 22 | 0.83 * | 23 | 0.60 * | 24 |
| 昆明 | 0.72 * | 23 | 0.83 * | 22 | 0.83 * | 23 | 0.60 * | 24 |
| 黄山 | 0.71 | 25 | 0.82 * | 25 | 0.82 * | 27 | 0.59 * | 26 |
| 桂林 | 0.69 * | 26 | 0.70 | 46 | 0.70 | 46 | 0.61 | 23 |
| 海口 | 0.69 * | 26 | 0.74 | 40 | 0.74 | 40 | 0.59 * | 26 |
| 南昌 | 0.68 * | 28 | 0.79 * | 32 | 0.79 * | 31 | 0.57 | 28 |
| 郑州 | 0.68 * | 28 | 0.84 * | 19 | 0.85 | 19 | 0.55 * | 30 |
| 宁波 | 0.68 * | 28 | 0.84 * | 19 | 0.84 * | 20 | 0.55 * | 30 |

注：＊排名根据小数点后四位分值确定，表中只显示小数点后两位。

资料来源：本课题组资料库。

通过对样本城市休闲和旅游服务业的拓展竞争力指数进行的测算和分析，发现这些城市在服务的拓展方面有着以下四个特征。

其一，休闲和旅游服务业的拓展竞争力指数排名前十的城市，依次是上海、北京、成都、青岛、广州、深圳、南京、重庆、杭州与天津。从得分情况看，排名前14的城市竞争力指数均超过0.8，超过0.9的城市有7个，总体表现较好。但从50个样本城市的得分情况看，前10名城市的均值是后10名均值的1.79倍，显示出城市间在休闲和旅游服务的拓展方面依然存在不小的差距。

其二，根据休闲和旅游服务业拓展竞争力的总体排名，首尾城市分值差别较大。排名落后的城市主要是三、四线城市或者位于中西部区域经济发展水平相对较低的省会（首府）城市，这些城市在休闲和旅游发展阶段上本身就与东部地区存在一定差距，管理水平、管理意识、管理人才以及基础设施都略有逊色是不足为奇的，因此，在具有创新特征的休闲和旅游服务的拓展方面也就较难超越东部发展水平高的城市了。

其三，休闲和旅游服务业的拓展竞争力指数的高低，主要依赖于其下二级指标（分组指标）休闲和旅游的文化拓展、城市旅游交通、休闲和旅游新业态的拓展的组合，所以本类项的"10佳城市"也基本上都是休闲和旅游的文化拓展、城市旅游交通两组竞争力中的前10名，只是排序有些变化而已；而且本类项的"10佳城市"的排名，更与其下休闲和旅游新业态的拓展排名几乎完全一致。由此可见，在休闲和旅游服务的拓展竞争力与其下休闲和旅游新业态的拓展的领域中，许多城市的认知都是一致的。

其四，从区域分布情况看，在休闲和旅游服务业的拓展竞争力水平上，东部沿海城市较高，西部及内陆三、四线城市较低。排名前10的城市中有8个位于东部沿海地区，另外两个城市成都和重庆虽位于内陆地区，但其经济发展水平及休闲和旅游业发展水平在全国排名都较为靠前。可以看出，经济发展水平较高的城市，其对开拓休闲和旅游服务的重视程度和投入也相对较高。休闲和旅游服务的拓展竞争力水平较低的城市，很大程度上受到该城市产业结构选择的影响，其经济实力较弱也是重要原因。

## （二）休闲和旅游公共服务的拓展竞争力

### 1. 休闲和旅游竞争力框架下休闲和旅游公共服务的拓展维度

人们此前已经意识到的旅游公共服务，这些年来，已经成为地方旅游业发展水平的重要标志，同时也成为提升游客满意度的一个重要内容。旅游公共服务体系的建设关乎游客公共需求的满足，因此，对旅游公共服务范围的有效拓展，不仅能够推动服务供需的有效对接，有利于游客多样化、个性化、特色化、精致化需求的满足，而且能不断提高服务的供给效率，促进旅游产业形成健全完善的运行机制。此外，休闲和旅游公共服务的拓展还有利于提升旅游信息化的水平和质量，从而推动旅游目的地的智能化建设水平，加快智慧城市的建设步伐。

旅游公共服务的拓展在于实现旅游服务普惠于民的现实需要，其目标是最大限度地扩大旅游产品和服务的范围，提高渗透率，彻底解决旅游基础设施和服务制约旅游发展的一些问题，如旅游高峰期出行难、停车难、入园难、赏景难、如厕难等。

旅游公共服务，实际上是与休闲公共服务密切相关的。要加强旅游公共服务的拓展，进而使其成为休闲和旅游的公共服务。它对城市休闲和旅游竞争力的助力作用，除了人们已知的出行交通等之外，还在以下几个方面体现得最为明显：一是城市在智慧旅游方面的发展水平，包括主要景区、休闲和旅游街区等游客涉足区域内的无线网络覆盖率如何，景区为手机移动端所提供的服务种类的范围大小，休闲和旅游主管部门网站所提供信息的全面性程度，景区是否设有电子客票和客流监控系统；二是城市有关休闲和旅游的公益活动的开展，如是否为居民和游客提供了多种形式的公益服务，景区门票价格是否保持稳定，景区、博物馆等的门票减免政策的覆盖范围大小，是否针对老年人、残障人士等特殊群体实行优惠等；三是城市休闲和旅游志愿者服务建设水平的高低，包括城市是否建立了志愿者服务机制，是否已实现志愿者服务的常态化，以及志愿者在休闲和旅游产业发展中的作用和影响程度的大小。

2. 休闲和旅游公共服务的拓展竞争力指标体系

结合已有研究与现有数据，本课题组将休闲和旅游公共服务的拓展维度分为智慧旅游运用的拓展、公益活动的开展和志愿者服务 3 个二级指标（分组指标），下设 11 个三级指标（单项指标）。其详细的指标与分值见表 15。

**表 15 休闲和旅游公共服务的拓展竞争力指标体系**

| 一级指标（类项指标） | 二级指标（分组指标） | 三级指标（单项指标） | 指标解释 |
|---|---|---|---|
| 休闲和旅游公共服务的拓展（20 分） | 智慧旅游运用的拓展（10 分） | 无线网络覆盖（3 分） | 主要景区、旅游街区、游客服务中心、交通站场覆盖有无线宽带网络 |
| | | 手机移动端服务（2 分） | 可提供手机（移动）自助查询、预定、导游等服务 |
| | | 旅游主管部门网站信息（1 分） | 网站应包含景区基本信息浏览、景区信息查询、旅游线路推荐、行程规划、景区推介、交通导航等内容 |
| | | 景区电子客票（2 分） | 主要景区设有电子客票系统 |
| | | 景区客流监控（2 分） | 主要景区实现游客流监控 |
| | 公益活动的开展（5 分） | 公益活动的多样化（2 分） | 提供常态化的多种形式的公益活动 |
| | | 门票价格的体现与门票减免（2 分） | 实行政府定价的公园等国有资源景区门票价格的稳定性；公共博物馆、科普基地、纪念馆和爱国主义教育示范基地、城市休闲公园等免费或限时免费开放 |
| | | 特殊人群门票优惠（1 分） | 旅游休闲景区景点对特殊群体实行减免门票等优惠政策 |

| 一级指标<br>（类项指标） | 二级指标<br>（分组指标） | 三级指标<br>（单项指标） | 指标解释 |
|---|---|---|---|
| 休闲和旅游<br>公共服务的拓展<br>（20分） | 志愿者服务<br>（5分） | 志愿者服务机制(2分) | 建立有志愿者服务的组织机构 |
| | | 景区等志愿者的常态化<br>（1分） | 景区志愿者服务工作的常态化开展 |
| | | 志愿者作用的发挥(2分) | 志愿者对休闲和旅游公益性景区的服务安排起着积极的支撑作用 |

资料来源：本课题组资料库。

3. 休闲和旅游公共服务的拓展竞争力排名与指数特征

表16是城市休闲和旅游公共服务的拓展竞争力的"30佳城市"综合指数和排名。

**表16　全国城市休闲和旅游公共服务的拓展竞争力的"30佳城市"排名**

| 城市 | 休闲和旅游<br>公共服务的拓展<br>（类项指标） | | 休闲和旅游公共服务拓展下的二级指标(分组指标) | | | | | |
|---|---|---|---|---|---|---|---|---|
| | | | 智慧旅游运用的拓展 | | 公益活动的开展 | | 志愿者服务 | |
| | 指数 | 排名 | 指数 | 排名 | 指数 | 排名 | 指数 | 排名 |
| 北京 | 1.00 | 1 | 1.00 | 1 | 1.00 | 1 | 1.00 | 1 |
| 南京 | 0.93 | 2 | 0.93* | 3 | 0.93 | 2 | 0.93* | 3 |
| 杭州 | 0.90 | 3 | 0.90* | 5 | 0.90* | 3 | 0.90 | 5 |
| 深圳 | 0.88* | 4 | 0.88* | 7 | 0.88* | 6 | 0.88* | 7 |
| 上海 | 0.88* | 4 | 0.88* | 7 | 0.88* | 6 | 0.88* | 7 |
| 厦门 | 0.87 | 6 | 0.87 | 9 | 0.87 | 8 | 0.87 | 9 |
| 重庆 | 0.85 | 7 | 0.86 | 10 | 0.85 | 9 | 0.85 | 10 |
| 西安 | 0.83 | 8 | 0.83 | 11 | 0.83 | 13 | 0.83 | 13 |
| 长沙 | 0.82 | 9 | 0.82 | 12 | 0.82* | 14 | 0.82* | 14 |
| 无锡 | 0.81 | 10 | 0.81 | 13 | 0.81 | 16 | 0.81 | 16 |
| 太原 | 0.78 | 11 | 0.78* | 14 | 0.78 | 20 | 0.78* | 20 |
| 黄山 | 0.77* | 12 | 0.77* | 18 | 0.77* | 22 | 0.77* | 22 |
| 洛阳 | 0.77* | 12 | 0.77* | 18 | 0.77* | 22 | 0.77* | 22 |
| 银川 | 0.73 | 14 | 0.73 | 23 | 0.73 | 29 | 0.73 | 26 |

| 城市 | 休闲和旅游公共服务的拓展（类项指标） | | 休闲和旅游公共服务拓展下的二级指标（分组指标） | | | | | |
|---|---|---|---|---|---|---|---|---|
| | | | 智慧旅游运用的拓展 | | 公益活动的开展 | | 志愿者服务 | |
| | 指数 | 排名 | 指数 | 排名 | 指数 | 排名 | 指数 | 排名 |
| 贵阳 | 0.72 | 15 | 0.72 | 24 | 0.72 | 30 | 0.72 | 27 |
| 广州 | 0.71 | 16 | 0.95 | 2 | 0.38 | 43 | 0.95 | 2 |
| 武汉 | 0.70* | 17 | 0.93* | 3 | 0.38 | 43 | 0.93* | 3 |
| 南宁 | 0.70* | 17 | 0.70 | 27 | 0.70 | 35 | 0.70 | 30 |
| 三亚 | 0.69 | 19 | 0.69 | 28 | 0.69 | 37 | 0.69 | 31 |
| 成都 | 0.68 | 20 | 0.90* | 5 | 0.90* | 3 | 0.38 | 37 |
| 青岛 | 0.67 | 21 | 0.45 | 33 | 0.89 | 5 | 0.89 | 6 |
| 济南 | 0.63* | 22 | 0.42* | 34 | 0.84* | 10 | 0.84 | 11 |
| 张家界 | 0.63* | 22 | 0.63 | 31 | 0.63 | 41 | 0.63 | 35 |
| 大连 | 0.63* | 22 | 0.42* | 34 | 0.84* | 10 | 0.84 | 11 |
| 丽江 | 0.62 | 25 | 0.62 | 32 | 0.62 | 42 | 0.62 | 36 |
| 沈阳 | 0.62* | 25 | 0.41 | 37 | 0.82* | 14 | 0.82* | 14 |
| 郑州 | 0.60* | 27 | 0.40* | 38 | 0.80 | 17 | 0.80 | 17 |
| 宁波 | 0.60* | 28 | 0.40* | 39 | 0.79* | 18 | 0.79* | 18 |
| 哈尔滨 | 0.59* | 29 | 0.40* | 39 | 0.79* | 18 | 0.79* | 18 |
| 苏州 | 0.59* | 29 | 0.78* | 14 | 0.38 | 43 | 0.78* | 20 |

注：＊排名根据小数点后四位分值确定，表中只显示小数点后两位。

资料来源：本课题组资料库。

据本研究对有关城市休闲和旅游公共服务的拓展竞争力指数进行的测算和分析，发现有关城市在公共服务拓展方面有着以下三个特征。

其一，休闲和旅游公共服务的拓展竞争力指数排名前十的城市，依次是北京、南京、杭州、深圳、上海、厦门、重庆、西安、长沙与无锡。从得分情况看，排前10位的城市竞争力指数均超过0.8，表现较为突出，说明这些城市在其休闲和旅游业发展进程中已经充分认识到公共服务所起的重要作用，并进行了大量的投入建设。

其二，从得分总体情况看，这些样本城市在休闲和旅游公共服务的拓展竞争力方面的差距主要表现在两个方面：一是排名首尾城市分值差距达到0.82，显示出被调研城市在休闲和旅游公共服务建设方面的业绩两极化现象严重。二是前 10 名城市均值是后 10 名的 2.58 倍，两组之间的平均建设水平同样存在明显差距。出现这种结果的原因，主要是一些城市在二级指标上得分太低，反映出这些城市对休闲和旅游公共服务这项工作的重视程度不够或者工作取得的成效不足。尤其是广州，由于公益活动的相对不足，在其他两项二级指标指数皆排名第二的情况下，总排名仍然直接被排除在前 10 之外，非常令人遗憾，这也说明休闲和旅游公共服务的建设需要更多角度的考虑，也需要覆盖更多群体的利益。

其三，从区域分布情况看，东部和中部城市休闲和旅游公共服务的拓展竞争力水平相对较高，西部、内陆以及东北部分城市的水平较低。就排前 10 位的城市而言，东部和中部地区的城市平分秋色，且 10 个城市的指标分值差别较小。分值排名落后的城市，大多源于其休闲和旅游管理机构为旅游公共服务的投入不足，原因可能是这些城市的经济实力较弱因而无法投入更多的资金支持。众所周知，休闲和旅游公共服务的投入与回报难以成正比，拓展公共服务意味着将大量的人力、财力、物力投入惠民设施、项目与服务，因此，一个城市的经济实力十分有助于休闲和旅游公共服务水平的提升。

这里，我们先讨论一下城市综合经济竞争力与休闲和旅游竞争力的关系。的确，经济实力强的城市可以用较多的经济支付来优化提升休闲和旅游竞争力的物质力量，这也确实是一个很重要的基础性因素。可是，它却不是唯一因素。比如中国社科院《中国城市竞争力报告》城市综合经济竞争力中几乎年年独占鳌头的深圳，在本报告中的位置却是"名列前茅 30 城"的前 5 名之后，原因就是它在城市休闲和旅游竞争力下的基本要素竞争力板块只争取到了第 19 名的位置。如继续就深圳来讨论，在《中国城市竞争力报告 No.15》的城市宜居竞争力中，深圳同样也只争取到了第 7 的位置；如再接着追寻原因，则可以发现那是基于它在该城市宜居竞争力指标含义的三个组别（安全的社会环境、舒适的居住环境、便捷的基础设施）中均处在 289 个城市中的第 200 名之后。虽然它也在另外的三个指标含义中争取到了前 10 名（甚至还是活跃的经济环境的第 1 名）的位置，但是在城市宜居竞争力中仍然没有能够争到第 1 名。① 也许这与它此前城市定位偏注于经济特区和全国经济中心城市有些关系；不过，随着 2019 年开始的建设"中国特色社会主义先行示范区"目标的确立，随着其中有关宜居城市的相关部署的落实，深圳在城市休闲和旅游竞争力的位置则可望靠前提升。

### （三）休闲和旅游的辅导与公共教育竞争力

许多年来，人们都在为"旅游黄金周"时各地交通堵塞、景区人满为患发愁。除了大家共议的优化假日制度和改善旅游供给之外，也有少数研究者提出了加强休闲多元引导的分流思维。本课题组也是加强休闲多元引导主张的赞同者。

有研究者从理论上指出，目前在我国，对休闲的制约因素大致可分为三个部分七个方面：一是基础性的制约（包括休闲时间的制约、居民可自由支配收入的制约）；二是休闲供给的制约（包括公共服务供给的制约、市场供给的制约、供给的相关环境的制约）；三是居民自身的制约（包括居民人际关系制约、休闲者自我因素制约，而自我因素制约，又包含了认知、喜好和休闲技能等的制约）。

本课题中创新与成熟度驱动板块的休闲和旅游的辅导与公共教育指数，就是为推动解决休闲者自我因素制约而特设的，目的是对部分居民（尤其是缺乏休闲意识和理念的居民）和青少年给予相应的休闲和旅游的辅导或教育，以期进一步在广大居民中普及健康向上的多元休闲理念，使居民逐渐习惯于多样兴趣与爱好，进而能够在对休闲和旅游的选择中更多地受益，舒缓工作和学习的压力，感受愉悦，陶冶情操，增进知识和健康，友善交流，培育更加和谐的人际关系，在生活中焕发出更多的朝气与活力。

1. 休闲和旅游竞争力框架下的辅导与公共教育维度

与休闲和旅游相关的辅导与公共教育是大众休闲和旅游实践不可或缺的部分，也是大众教育的有机组成部分，对于提高大众整体素质、推动文明风

---

① 倪鹏飞主编《中国城市竞争力报告 No. 15》，中国社会科学出版社，2017，第 13 页。

气的形成具有不可忽视的作用。城市居民的休闲和旅游行为与当地休闲和旅游经营者的服务行为所展现出的文明程度，是增强地方文化吸引力和感染力的助力因素，对于实现城市休闲和旅游产业的可持续发展以及提升地方竞争力水平具有重要意义。从长远的发展看，加强休闲和旅游的辅导与公共教育确实是目的地管理不可松懈的任务。

休闲和旅游的辅导和公共教育涉及学校层面有针对性的研学旅游教育以及大众层面的文明行为的宣传和培育。衡量一个城市休闲和旅游的辅导和公共教育水平，可以从以下方面着手：一是看城市是否为市民提供了休闲和旅游方面的辅导和公共教育，如是否建立休闲和旅游的知识普及措施，是否采用多种形式进行知识普及，知识普及措施是否取得成效；二是是否通过科普教育基地，爱国主义教育基地，公共图书馆、博物馆等的展陈或讲座，以及研学旅游的开展，对中小学生进行专门的休闲与旅游辅导或教育；三是是否不断推进休闲和旅游企业以及全社会文明风气的形成，包括具体的实施措施的制定以及奖惩制度的制定与落实等。

2. 休闲和旅游的辅导与公共教育竞争力指标体系

结合已有研究与现有数据，本课题组将休闲和旅游的辅导与公共教育这一维度分为对市民的辅导与公共教育、对青少年的辅导与学校教育、文明休闲和文明旅游形成的社会风气 3 个二级指标，下设 8 个三级指标，详细的指标与分值见表 17。

**表 17　休闲和旅游的辅导与公共教育指标体系**

| 一级指标<br>（类项指标） | 二级指标<br>（分组指标） | 三级指标<br>（单项指标） | 指标解释 |
|---|---|---|---|
| 休闲和旅游的<br>辅导与公共教育<br>（20分） | 对市民的辅导<br>与公共教育<br>（6分） | 知识普及措施<br>（2分） | 有针对全社会休闲和旅游的<br>知识普及计划与具体安排 |
| | | 多形式的知识普及<br>（2分） | 开展不同形式的国民休闲<br>和旅游的宣讲活动,引导休<br>闲文化和休闲消费观念 |
| | | 知识普及成效<br>（2分） | 能够以休闲和旅游知识的<br>辅导提升游客旅游满意度,<br>并减少消费纠纷 |

| 一级指标<br>（类项指标） | 二级指标<br>（分组指标） | 三级指标<br>（单项指标） | 指标解释 |
|---|---|---|---|
| 休闲和旅游的<br>辅导与公共教育<br>（20分） | 对青少年的辅导<br>与学校教育（6分） | 教育基地建设（3分） | 建有爱国主义教育示范基地、科普教育基地、公共博物馆等设立有面向中小学生的专门服务项目 |
| | | 研学旅游<br>（3分） | 本地教育部门积极推动落实国家关于中小学生研学旅游的相关政策 |
| | 文明休闲和文明<br>旅游形成的社会风气<br>（8分） | 全社会的文明倡导<br>（3分） | 全社会十分注意休闲和旅游文明的倡导<br>在生态旅游的发展中进行生态文明教育 |
| | | 企业的文明倡导（3分） | 休闲和旅游服务企业对文明的提倡与推进 |
| | | 奖励措施（2分） | 对休闲和旅游的文明行为，有具体的鼓励和奖励办法 |

资料来源：本课题组资料库。

3. 休闲和旅游的辅导与公共教育竞争力排名与指数特征

表18是休闲和旅游的辅导和公共教育竞争力"30佳城市"的综合指数和排名。

表18　全国城市休闲和旅游的辅导和公共教育竞争力指数"30佳城市"排名

| 城市 | 休闲和旅游的辅导<br>与公共教育<br>（类项指标） | | 休闲和旅游的辅导与公共教育下的二级指标（分组指标） | | | | | |
|---|---|---|---|---|---|---|---|---|
| | | | 对市民的辅导与<br>公共教育 | | 对青少年的辅导与<br>学校教育 | | 文明休闲和文明旅游<br>形成的社会风气 | |
| | 指数 | 排名 | 指数 | 排名 | 指数 | 排名 | 指数 | 排名 |
| 西安 | 1.00 | 1 | 1.00 | 1 | 1.00 | 1 | 1.00 | 15 |
| 北京 | 0.98 | 2 | 0.70 | 2 | 0.95 | 2 | 1.30 | 1 |
| 上海 | 0.97 | 3 | 0.69 | 3 | 0.94 | 3 | 1.29 * | 2 |
| 广州 | 0.96 | 4 | 0.67 | 5 | 0.93 | 4 | 1.29 * | 2 |
| 成都 | 0.95 | 5 | 0.66 * | 6 | 0.92 | 5 | 1.26 | 5 |
| 深圳 | 0.91 | 6 | 0.63 | 9 | 0.86 | 8 | 1.24 * | 7 |

| 城市 | 休闲和旅游的辅导与公共教育（类项指标） | | 休闲和旅游的辅导与公共教育下的二级指标（分组指标） | | | | | |
|---|---|---|---|---|---|---|---|---|
| | | | 对市民的辅导与公共教育 | | 对青少年的辅导与学校教育 | | 文明休闲和文明旅游形成的社会风气 | |
| | 指数 | 排名 | 指数 | 排名 | 指数 | 排名 | 指数 | 排名 |
| 青岛 | 0.90 | 7 | 0.65 | 8 | 0.80 | 14 | 1.24 * | 7 |
| 武汉 | 0.89 | 8 | 0.61 | 10 | 0.84 | 10 | 1.21 | 9 |
| 南京 | 0.88 | 9 | 0.47 | 21 | 0.91 | 6 | 1.27 | 4 |
| 杭州 | 0.86 | 10 | 0.48 * | 18 | 0.85 | 9 | 1.25 | 6 |
| 重庆 | 0.85 | 11 | 0.56 | 13 | 0.82 * | 11 | 1.18 | 11 |
| 天津 | 0.84 | 12 | 0.55 | 14 | 0.81 | 13 | 1.17 | 12 |
| 厦门 | 0.83 | 13 | 0.48 * | 19 | 0.82 * | 11 | 1.20 | 10 |
| 大连 | 0.82 * | 14 | 0.49 | 17 | 0.87 | 7 | 1.10 | 14 |
| 济南 | 0.82 * | 14 | 0.54 | 15 | 0.77 | 16 | 1.14 | 13 |
| 无锡 | 0.81 | 16 | 0.68 | 4 | 0.75 | 17 | 0.99 * | 16 |
| 苏州 | 0.80 | 17 | 0.66 * | 7 | 0.79 | 15 | 0.95 * | 22 |
| 长沙 | 0.77 | 18 | 0.58 | 12 | 0.73 | 19 | 0.99 * | 16 |
| 哈尔滨 | 0.74 | 19 | 0.59 | 11 | 0.67 | 23 | 0.96 | 20 |
| 沈阳 | 0.73 | 20 | 0.50 | 16 | 0.70 | 22 | 0.99 * | 16 |
| 郑州 | 0.72 | 21 | 0.48 * | 20 | 0.72 | 20 | 0.97 | 19 |
| 宁波 | 0.71 | 22 | 0.47 * | 22 | 0.71 | 21 | 0.96 | 20 |
| 洛阳 | 0.70 | 23 | 0.46 * | 28 | 0.74 | 18 | 0.91 | 29 |
| 昆明 | 0.69 | 24 | 0.47 * | 22 | 0.66 | 24 | 0.95 * | 22 |
| 珠海 | 0.68 | 25 | 0.47 * | 22 | 0.64 | 25 | 0.93 | 26 |
| 太原 | 0.67 | 26 | 0.47 * | 22 | 0.58 | 29 | 0.95 * | 22 |
| 福州 | 0.66 | 27 | 0.46 * | 28 | 0.59 | 28 | 0.92 | 28 |
| 贵阳 | 0.64 | 28 | 0.44 | 32 | 0.63 | 26 | 0.86 | 36 |
| 合肥 | 0.63 | 29 | 0.47 * | 26 | 0.60 | 27 | 0.83 | 43 |
| 兰州 | 0.62 | 30 | 0.42 | 37 | 0.57 | 30 | 0.88 | 34 |

注：＊排名根据小数点后四位分值确定，表中只显示小数点后两位。

资料来源：本课题组资料库。

通过对国内 50 个样本城市休闲和旅游的辅导与公共教育竞争力指数进行的测算分析，发现了其有以下四个特征。

其一，休闲和旅游的辅导与公共教育竞争力指数排名前十的城市，依次是西安、北京、上海、广州、成都、深圳、青岛、武汉、南京与杭州。从得分情况看，排前 7 位的城市竞争力指数分值均超过了 0.9，成绩十分突出。排名前 10 的依然是经济较为发达的城市，且位于东部沿海地区的更多一些。

其二，从总体情况看，排名前 10 的城市之所以多为经济发展水平较高的城市，也是这些城市往往更愿意并且更有能力（资金、人才等）对教育进行投入，包括公共教育以及与旅游产业发展相关的各种培训与辅导。需要注意的是，西安在该类项指标的得分跃居榜首，分值高于北上广等一线城市，如果排除调研存在的数据偏颇性，此结果在一定程度上反映出具有良好文化素养和旅游产业发展基础的西安，对休闲和旅游的教育培训及科普工作有着更多的重视与投入。

其三，从休闲和旅游的辅导与公共教育竞争力维度的两个级别指标指数的排名的相关性看，西安虽然在类项总指数上排名第一，但是在二级指标（分组指标）的文明休闲和文明旅游形成的社会风气的排名中退到了第15名；处于同样情况的还有南京，类项总指数分值排名第9，而二级指标（分组指标）对市民的辅导与公共教育排名却跌落至21位，落差的确大了一些。以上结果表明，两市在休闲和旅游辅导与公共教育方面的重视程度不够均衡，个别方面的工作尚有不足。此外，就二级指标（分类指标）对市民的辅导与公共教育的分值而言，其他城市与第1名西安差距较大，说明此项工作较为普遍地存在着重视不足的问题。

其四，从区域分布情况看，休闲和旅游的辅导与公共教育竞争力排名分布呈现出东部和中部较强，西部、西南较弱的基本态势。相较于中部、西部地区，东部地区的优势在于人力、财力、物力方面，或者更在于教育理念与教育创新能力。

## （四）推动休闲和旅游的政策落实竞争力

1. 休闲和旅游竞争力框架下推动休闲和旅游的政策落实的维度

本研究讨论推动休闲和旅游的政策落实竞争力的类项指标，主要聚焦于对国家休闲政策的落实。近年来，随着《国民旅游休闲纲要（2013～2020年）》《全民健身计划（2016～2020年）》等政策的颁布，国家层面明确了保障国民休闲时间、改善休闲环境、落实带薪年假、提高休闲质量等的发展目标，对提供更优越的休闲旅游活动的条件，引导国民休闲需求，激发休闲旅游市场的消费潜力，提升全民休闲共识给予了政策支持。然而，需要注意的是，这些政策并不具有强制性，如果没有良好的落实和推进机制，将很难收到理想的成效。尤其是带薪年假制度的落实，对于缓解长久以来"黄金周"集中出游的市场接待压力，解决休闲旅游产品结构与度假时间安排的矛盾，满足日益旺盛的休闲度假需求，将会起到开创性的变革作用。因此，作为地方政府，出台推动休闲和旅游政策落实的相关举措，是其义不容辞的责任。只有如此，才能真正促进全社会积极健康休闲风气的形成，才能提振休闲和旅游消费，从而提升休闲和旅游产业的竞争力。

衡量一个城市在推动休闲政策落实方面是否到位，主要通过以下两方面实现：一是地方政府是否出台了推动国家休闲政策落实的措施，是否制定有保障职工休闲权益的相关政策或文件；二是地方政府是否制定了推动休闲政策落实的相关规划和安排等。

2. 推动休闲和旅游的政策落实竞争力的指标体系

结合已有研究与现有数据，本课题组将推动休闲和旅游的政策落实这一维度分为有推动带薪年假的政策与办法和相关规划与安排2个二级指标（分组指标），下设6个三级指标（单项指标），详细的指标内容见表19。

**表19 推动休闲和旅游政策的落实竞争力指标体系**

| 一级指标<br>（类项指标） | 二级指标<br>（分组指标） | 三级指标<br>（单项指标） | 指标解释 |
| --- | --- | --- | --- |
| 推动休闲和旅游<br>的政策落实<br>（30分） | 有推动带薪年假的<br>政策与办法（10分） | 相关政策的落实（5分） | 出台有推动国家休闲政策落实的措施 |
| | | 职工休息权益的<br>推动（5分） | 城市出台有落实职工休息权益的政策或文件 |
| | 相关规划与安排<br>（20分） | 发展定位（6分） | 有休闲和旅游发展定位与规划 |
| | | 规划设计（6分） | 将休闲和旅游纳入国民经济和社会发展规划 |
| | | 机构保障（4分） | 城市设有旅游发展委员会（指当年） |
| | | 发展理念（4分） | 在城乡规划或旅游规划中提出市民休闲或关注本市居民休闲的相关理念及相应措施 |

资料来源：本课题组资料库。

3. 推动休闲和旅游的政策落实竞争力排名与指数特征

表 20 是推动休闲和旅游的政策落实竞争力"30 佳城市"的综合指数和排名。

表 20　全国城市推动休闲和旅游的政策落实竞争力指数"30 佳城市"排名

| 城市 | 推动休闲和旅游的政策落实（类项指标） | | 推动休闲和旅游的政策落实下的二级指标（分组指标） | | | |
| | | | 有推动带薪年假的政策与办法 | | 相关规划与安排 | |
| | 指数 | 排名 | 指数 | 排名 | 指数 | 排名 |
|---|---|---|---|---|---|---|
| 北京 | 1.00 | 1 | 1.00 | 1 | 1.00 | 1 |
| 南京 | 0.93 | 2 | 0.93 * | 3 | 0.93 | 2 |
| 上海 | 0.78 | 3 | 0.93 * | 2 | 0.70 | 14 |
| 杭州 | 0.75 | 4 | 0.45 | 10 | 0.90 * | 3 |
| 重庆 | 0.71 | 5 | 0.86 | 4 | 0.64 | 22 |
| 大连 | 0.70 | 6 | 0.84 | 5 | 0.63 * | 25 |
| 洛阳 | 0.68 * | 7 | 0.41 * | 16 | 0.82 | 5 |
| 无锡 | 0.68 * | 8 | 0.41 * | 17 | 0.81 | 6 |
| 郑州 | 0.66 | 9 | 0.40 * | 20 | 0.79 | 7 |
| 苏州 | 0.65 | 10 | 0.78 | 6 | 0.59 * | 29 |
| 长春 | 0.64 | 11 | 0.38 * | 24 | 0.77 | 9 |
| 广州 | 0.63 | 12 | 0.47 | 9 | 0.71 * | 13 |
| 宜昌 | 0.62 | 13 | 0.37 | 26 | 0.74 | 10 |
| 成都 | 0.60 * | 14 | 0.50 | 8 | 0.68 | 18 |
| 青岛 | 0.60 * | 14 | 0.35 | 32 | 0.90 * | 4 |
| 石家庄 | 0.60 * | 14 | 0.36 | 31 | 0.71 * | 12 |
| 深圳 | 0.59 * | 17 | 0.44 * | 11 | 0.66 * | 19 |
| 武汉 | 0.59 * | 17 | 0.44 * | 11 | 0.66 * | 19 |
| 天津 | 0.56 * | 19 | 0.42 * | 14 | 0.63 * | 23 |
| 济南 | 0.56 * | 19 | 0.42 * | 15 | 0.63 * | 23 |
| 宁波 | 0.53 | 21 | 0.40 * | 19 | 0.60 | 28 |
| 昆明 | 0.52 * | 22 | 0.39 * | 21 | 0.59 * | 30 |
| 太原 | 0.52 * | 22 | 0.34 | 33 | 0.78 | 8 |
| 珠海 | 0.51 * | 24 | 0.39 * | 21 | 0.58 * | 31 |
| 黄山 | 0.51 * | 24 | 0.39 * | 21 | 0.58 * | 31 |

| 城市 | 推动休闲和旅游的政策落实（类项指标） | | 推动休闲和旅游的政策落实下的二级指标(分组指标) | | | |
|---|---|---|---|---|---|---|
| | | | 有推动带薪年假的政策与办法 | | 相关规划与安排 | |
| | 指数 | 排名 | 指数 | 排名 | 指数 | 排名 |
| 福州 | 0.50 | 26 | 0.38* | 25 | 0.57 | 33 |
| 兰州 | 0.49* | 27 | 0.74 | 7 | 0.37 | 49 |
| 南昌 | 0.49* | 27 | 0.37* | 27 | 0.56 | 34 |
| 沈阳 | 0.49* | 27 | 0.37* | 27 | 0.55* | 35 |
| 银川 | 0.49* | 27 | 0.37* | 27 | 0.55* | 35 |

注：＊排名根据小数点后四位分值确定，表中只显示小数点后两位。

资料来源：本课题组资料库。

通过对国内50个样本城市休闲和旅游的政策落实竞争力指数进行的测算分析，发现了它有以下三个特征。

其一，推动休闲和旅游的政策落实竞争力排名前十的城市，依次是北京、南京、上海、杭州、重庆、大连、洛阳、无锡、郑州与苏州。从得分情况看，仅排名前两位的北京和南京的竞争力指数分值超过0.8，包括上海在内的其他48个城市此项指标的得分与前两名都存在较大差距，说明国内城市在推动休闲和旅游的政策落实方面工作成效普遍不足，对这一工作的重视程度相对不够。

其二，从总体情况看，50个样本城市在推动休闲和旅游的政策落实竞争力表现上的差别，很明显地表现为首尾城市竞争力指数得分相差0.77，两极分化严重。这种结果主要是因为二级指标（分组指标）的有推动带薪年假的政策与办法的排名中，除北京、上海、南京、重庆、大连、苏州、兰州等少数城市外，其他半数以上城市的分值都处于较低水平，说明带薪年假制度尚未受到国内城市的高度重视，以致很多城市没有相应的地方政策出台。在缺少政策支持的环境下，带薪年假制度的推进力度必然会受到影响。

其三，从区域分布情况看，推动休闲和旅游政策的落实竞争力水平由东部、东北部、中部向中南部、南部、西部逐渐降低。尤其是位于南部的深圳、珠海、厦门、三亚等城市，经济发展水平在全国范围内并不处于劣势，但这些城市在休闲和旅游的政策落实方面的业绩却相对滞后。这固然与国内大环境普遍缺乏对带薪年假制度的重视有关，但也可能是受到这些城市经济结构里小企业和个体经济占有相当比重的影响。

### （五）服务质量和人员保障的竞争力

1. 休闲和旅游竞争力框架下服务质量和人员保障维度

具有竞争优势的旅游目的地离不开高质量的旅游产品和服务，更离不开拥有良好职业素质的从业人员。拥有质量保证的产品和服务是提升游客满意度、建立目的地品牌的关键，而充足的专业化从业人员则是休闲和旅游企业顺畅运行的基础，是保障产品和服务质量的根本。特别是在市场供给不断丰富的当今时代，目的地之间的竞争已经从硬件设施的建设竞赛发展到产业软服务的细节比拼，人员因素所发挥的作用就愈加明显。因此，加强服务的质量管理，重视人才教育与培训，提升产业从业者素质，增加人才储备，是目的地实现可持续发展的不可忽略的方面。

对城市本地市民来说，他们虽然不像旅游者（外来休闲者）那样需要进行地理上的更多位移，但是他们对休闲服务质量的要求与旅游者并没有太多差异。从这个角度看，旅游竞争力也就转化成了城市对本市居民休闲服务的竞争力。衡量一个城市休闲和旅游业的服务质量和人员保障水平，可以从以下两方面入手：一是看休闲和旅游服务的质量保障成效如何，包括休闲和旅游企业是否依法经营，休闲和旅游市场的秩序如何，是否建有统一的旅游投诉受理机构，投诉是否能够得到及时、有效的处理，是否建有城市旅游预警机制，景区旺季或高峰期是否有预约制度等；二是看旅游专业相关院校等的休闲和旅游人才培养现状与从业人员接受培训的情况，包括当地高、中等学校是否设有培养相应人才的专业，当地是否为休闲和旅游行业从业人员的培训提供资金支持，是否建有行业培训基地，接受培训的人员比例是否逐年持续上升等。

2. 服务质量与人员保障竞争力指标体系

结合已有研究与现有数据，本课题组将服务质量与人员保障这一维度分为休闲和旅游服务质量保障、旅游教育与从业人员培训 2 个二级指标（分组指标），下设 10 个三级指标（单项指标），详细的指标与分值见表 21。

表 21　服务质量与人员保障竞争力指标体系

| 一级指标<br>（类项指标） | 二级指标<br>（分组指标） | 三级指标<br>（单项指标） | 指标解释 |
|---|---|---|---|
| 城市休闲和旅游服务质量与人员保障<br>（20 分） | 休闲和旅游<br>服务质量保障<br>（10 分） | 企业依法经营（2 分） | 休闲和旅游企业依法经营 |
| | | 市场秩序良好（2 分） | 休闲和旅游市场秩序良好 |
| | | 投诉服务的提升<br>（2 分） | 设立统一的旅游投诉受理机构，投诉渠道通畅、处理及时 |
| | | 预警机制的建立<br>（2 分） | 建立城市旅游预警机制，各类公园等公共休闲空间建有旺季游客疏导预案 |
| | | 门票预约制度推进<br>（2 分） | 4A 级以上景区实行旺季或节假日高峰门票预约制度 |
| | 旅游教育与<br>从业人员培训<br>（10 分） | 发展定位（2 分） | 高等院校设置有旅游专业 |
| | | 规划设计（2 分） | 旅游中等教育和职业教育与本地旅游发展充分适应 |
| | | 资金支持（2 分） | 对旅游行业培训资金给予保障性支持 |
| | | 培训点建设（2 分） | 有面向旅游从业人员的培训基地或固定的培训点 |
| | | 人才培育的可持续性<br>（2 分） | 旅游企业从业人员拥有旅游相关专业学历或培训证书的比例持续上升 |

资料来源：本课题组资料库。

3. 服务质量和人员保障竞争力排名与指数特征

表 22 是休闲和旅游服务质量与人员保障竞争力"30 佳城市"的综合指数和排名。

**表22　全国城市休闲和旅游服务质量与人员保障竞争力指数"30佳城市"排名**

| 城市 | 城市休闲和旅游服务质量与人员保障（类项指标） | | 城市休闲和旅游服务质量与人员保障下二级指标（分组指标） | | | |
| --- | --- | --- | --- | --- | --- | --- |
| | | | 休闲和旅游服务质量保障 | | 旅游教育与从业人员培训 | |
| | 指数 | 排名 | 指数 | 排名 | 指数 | 排名 |
| 北京 | 1.00 | 1 | 1.00 | 1 | 1.00 | 1 |
| 上海 | 0.93* | 2 | 0.93* | 2 | 0.93* | 3 |
| 南京 | 0.93* | 2 | 0.93* | 2 | 0.93* | 3 |
| 成都 | 0.90 | 4 | 0.90 | 4 | 0.90* | 5 |
| 石家庄 | 0.71* | 5 | 0.71 | 5 | 0.71 | 37 |
| 广州 | 0.71* | 5 | 0.47 | 6 | 0.95 | 2 |
| 青岛 | 0.67 | 7 | 0.45* | 7 | 0.90* | 5 |
| 杭州 | 0.66* | 8 | 0.45* | 7 | 0.90* | 5 |
| 深圳 | 0.66* | 8 | 0.44* | 9 | 0.88* | 8 |
| 武汉 | 0.66* | 8 | 0.44* | 9 | 0.88* | 8 |
| 厦门 | 0.65 | 11 | 0.44* | 9 | 0.87 | 10 |
| 重庆 | 0.64 | 12 | 0.43 | 12 | 0.86 | 11 |
| 天津 | 0.63* | 13 | 0.42* | 13 | 0.84* | 12 |
| 济南 | 0.63* | 13 | 0.42* | 13 | 0.84* | 12 |
| 大连 | 0.63* | 13 | 0.42* | 13 | 0.84* | 12 |
| 西安 | 0.62* | 16 | 0.41* | 16 | 0.83 | 15 |
| 沈阳 | 0.62* | 16 | 0.41* | 16 | 0.82* | 16 |
| 长沙 | 0.61* | 18 | 0.41* | 16 | 0.82* | 16 |
| 无锡 | 0.61* | 18 | 0.41* | 16 | 0.81 | 18 |
| 张家界 | 0.60* | 20 | 0.40* | 20 | 0.80 | 19 |
| 宁波 | 0.60* | 20 | 0.40* | 20 | 0.79* | 20 |
| 哈尔滨 | 0.59* | 22 | 0.40* | 20 | 0.79* | 20 |
| 苏州 | 0.59* | 22 | 0.39* | 23 | 0.78* | 22 |
| 太原 | 0.59* | 22 | 0.39* | 23 | 0.78* | 22 |
| 昆明 | 0.59* | 22 | 0.39* | 23 | 0.78* | 22 |
| 合肥 | 0.58* | 26 | 0.39* | 23 | 0.77* | 25 |
| 珠海 | 0.58* | 26 | 0.39* | 23 | 0.77* | 25 |
| 黄山 | 0.58* | 28 | 0.39* | 28 | 0.77* | 25 |
| 洛阳 | 0.58* | 28 | 0.38* | 29 | 0.77* | 25 |
| 福州 | 0.57 | 30 | 0.38* | 29 | 0.76 | 29 |

注：＊排名根据小数点后四位分值确定，表中只显示小数点后两位。
资料来源：本课题组资料库。

通过对国内 50 个样本城市休闲和旅游服务质量与人员保障竞争力指数的分析，可以发现以下四个特征。

其一，50 个城市有关服务质量与人员保障竞争力指数排名前十的城市，依次是北京、上海、南京、成都、石家庄、广州、青岛、杭州、深圳与武汉。从得分情况看，前 4 名城市竞争力指数分值均超过 0.9，成绩突出，而其他城市均在 0.8 以下，第 4 名与第 5 名差距比较明显。

其二，从总体情况看，服务质量与人员保障竞争力指数（类项指标）与二级指标（分组指标）休闲和旅游服务质量保障的关联度最大，进入上下两组前 10 名的城市在排名上完全一致。从分值上看，北京、上海、南京、成都 4 个城市与其他城市拉开了较大距离，分值较低的城市主要为分布在西部、西南、南部地区的三线城市。

其三，就二级指标休闲和旅游服务质量保障的分值而言，只有北京、上海、南京、成都、石家庄的分值较高，其他多个城市均处于较低水平，说明此方面工作尚未引起国内大多数城市的普遍重视，故而缺少相应的业绩。

其四，从区域分布情况看，服务质量与人员保障竞争力排名分布呈现出东部城市最强，中部较弱，西南部、南部最弱的基本态势。对于南部地区城市而言，尤其是一些旅游业开发较早或者已有良好发展基础的旅游城市，其在服务质量上不仅没有突出的表现，反而落后于多数被调研的城市。这些城市应当思考未来发展中如何进行服务质量的改进和提升，如何保障优秀从业人员的可持续供给；如果只依赖原有的资源优势而忽视长远发展，也就难以形成可持续的发展。

## 四　创新与成熟度驱动板块小结

在上述分析的基础上，再继续对 50 个样本城市细加分析，则不难发现它们在创新与成熟度竞争力上表现出的三个突出特点。

第一，50 个样本城市在休闲和旅游创新与成熟度涉及的各个方面已经具备一定的发展基础，但在发展水平上却存在大小不一的差距。这在创新与成熟度驱动竞争力总体指标以及 9 个类项的维度上都已得到验证。排名靠前的城市大多位于东部发达地区，少数来自内陆的城市也属于经济体量较大的省会、计划单列市，而排名落后的城市则基本为内陆三线城市，这说明休闲和旅游产业的创新与成熟度水平和城市经济发展水平、发展规模之间具有相互依存的密切关系。

第二，即使同一城市，其在创新与成熟度驱动的 9 个不同维度的发展（即类项指标）方面，也具有明显的不均衡性。以创新与成熟度驱动竞争力总体指标排名前 30 的城市为例（见图 1、图 2、图 3、图 4、图 5、图 6），根据归一化处理将北京（"30 强城市"第一名）的数据作为基线，可以看出，绝大多数城市在创新与成熟度驱动的 9 个维度所代表的方面存在较大的发展差异；其中以西安、昆明、贵阳、无锡的差距较为明显，尤其是在某一项指标上存在明显短板，直接影响到城市整体竞争力分值的上升；上海、杭州两市，则是除北京之外在 9 个维度上的发展较为均衡的少数几个城市。

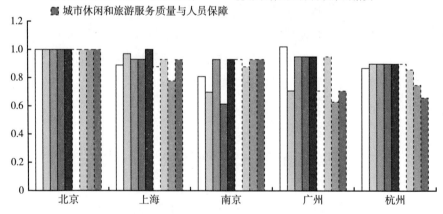

**图 1　创新与成熟度驱动板块前 5 名城市 9 个维度竞争力表现**

资料来源：本课题组资料库。

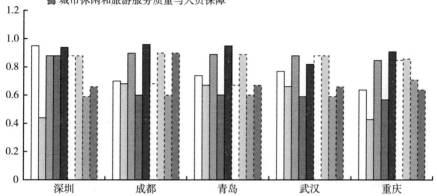

□ 地区经济持续发展　　　　　□ 地方政府对休闲和旅游发展的重视
■ 环境与资源的保护利用　　　■ 对弱势群体的关爱
■ 休闲和旅游服务业的拓展　　🁢 休闲和旅游公共服务的拓展
🀰 休闲和旅游的辅导与公共教育　■ 推动休闲和旅游政策的落实
🀱 城市休闲和旅游服务质量与人员保障

**图 2　创新与成熟度驱动板块 6～10 名城市 9 个维度的竞争力表现**

资料来源：本课题组资料库。

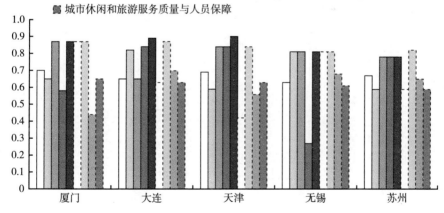

□ 地区经济持续发展　　　　　□ 地方政府对休闲和旅游发展的重视
■ 环境与资源的保护利用　　　■ 对弱势群体的关爱
■ 休闲和旅游服务业的拓展　　🁢 休闲和旅游公共服务的拓展
🀰 休闲和旅游的辅导与公共教育　■ 推动休闲和旅游政策的落实
🀱 城市休闲和旅游服务质量与人员保障

**图 3　创新与成熟度驱动板块 11～15 名城市 9 个维度的竞争力表现**

资料来源：本课题组资料库。

291

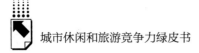

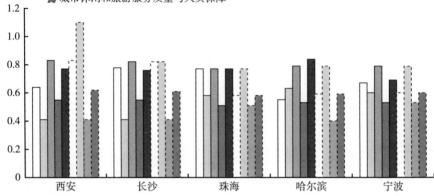

**图4 创新与成熟度驱动板块16～20名城市9个维度的竞争力表现**

资料来源：本课题组资料库。

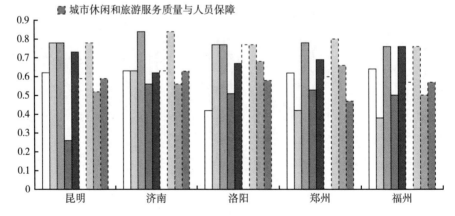

**图5 创新与成熟度驱动板块21～25名城市9个维度的竞争力表现**

资料来源：本课题组资料库。

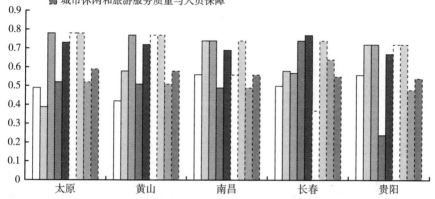

图6　创新与成熟度驱动板块 26～30 名城市 9 个维度的竞争力表现

资料来源：本课题组资料库。

第三，部分城市在创新与成熟度不同维度上显示的发展业绩，一定程度上体现出它们在发展优先度上的选择倾向。如深圳、重庆两大城市虽然在创新与成熟度总体竞争力中排名为第 6 和第 10，但两市在地方政府对休闲和旅游的重视程度这一维度上的得分，却低于总排名在它后面的一些城市。此项结果说明，政府的发展思路与政策导向对于一个城市的休闲和旅游产业发展有着重要影响，即使是经济发展水平在国内较高的深圳和重庆，对休闲和旅游重视的某种不足也会影响到产业发展的迈进步伐；但从另一方面看，说明这些城市在休闲和旅游产业的未来发展中仍然有很大的上升空间，只要补齐短板，就能够在总体竞争力水平上提高。当然了，这得以当地政府未来的政策措施保障以及相关投入力度的加大为前提。

基于以上三点分析，对于相关城市在休闲和旅游产业创新与成熟度的推进方面，本研究拟提出以下建议供参考。

其一，城市之间在休闲和旅游产业创新与成熟度上的发展不均，应该是一种十分正常的现象，很大程度上是由区位差异、资源差异、地方政策导向以及区域发展的历史等多种因素造成的，少部分城市则是其自身产业发展选择的结果。对于那些目前排名居后但明确将休闲和旅游产业作为城市发展龙头或重点产业的城市，则需要进行深度的资源梳理，通过政策措施的再定位、再细化、再落实，通过借助国家政策的支持以及区域联合等外力的推动，加强市场的培育，优化供给，创新产品，以实现产品与服务的更优发展，从而保障当地休闲和旅游产业的转型升级。

其二，即使同一座城市，其在休闲和旅游创新与成熟度方面发展的不均衡，同样也存在着主观和客观两方面的原因。资源短板、人才缺乏等客观原因需要通过产业规划逐步解决；而像政府重视、休闲政策的落实、对弱势群体的关爱、休闲和旅游的辅导与公共教育等方面，则大多属于主观因素，只要能够适度调整政府思维，对这些方面的工作给以相应的安排，就能够将政府的主观能动性发挥得更充分，也就能够整合和带动全社会的力量，推动休闲和旅游产业的可持续发展。

其三，发展经济只是城市休闲和旅游产业发展的目标之一，提供更多适合市场需求的休闲和旅游产品，打造人民群众满意的休闲和旅游业才是发展的终极目标。因此，城市未来的休闲和旅游业的发展应当有更长远的发展观，应当舍得在未必有直接经济收益的公益事业上加大投入力度，拓展公共空间，优化公共服务，城市休闲和旅游竞争力才会日益提高，让人民满意的休闲和旅游业才能获得高质量的发展，城市才能够在以人为本、人民至上的理念下获得本地居民和外来旅游者的共同喜爱。

# 专题报告

**Special Reports**

## G.5

# 享有天赋优势还要锦上添花

## ——基本要素驱动名列前茅的黄山市

基本要素驱动竞争力研究组 *

**摘　要：** 基本要素是支撑城市休闲与旅游竞争力的重要基础。黄山在城市休闲和旅游竞争力指数中的基本要素驱动综合指数位居全国第九，是典型的资源驱动型休闲旅游城市。优质的生态资源、丰富的自然资源和深厚的文化底蕴，为黄山市发展休闲和旅游产业，提高当地居民休闲生活品质、外来旅游者休闲和旅游质量奠定了丰厚的基础，资源要素驱动黄山休闲和旅游业实现了大发展。近年来，黄山市依托良好的自然生态环境、宜居的生活环境、丰富的文化资源和景观资源，着力发展旅游休闲产业：一是以生态环境资源为本底，探索休闲

---

\* 本报告主要执笔人：廖斌、何滢。本文是对分报告第一部分关注城市黄山的分析。

和旅游发展新模式。二是优化城市生活环境，打造宜居城市。三是挖掘文化资源，推动文旅融合发展。四是加强城市建设，打造休闲和旅游发展的新空间。据此，以资源为基础的黄山市，实现了旅游供给体系日益完善、休闲和旅游影响力不断提升、旅游业从国民经济新的增长点到国民经济战略性支柱产业和五大幸福产业之首的历史性变革。展望未来发展，黄山市休闲和旅游业将以拓宽和提升休闲和旅游空间基础为前提，呈现重内涵、高质量，多元化、多类型，文化性、特色化三大趋势。

**关键词：** 资源要素　黄山市　休闲和旅游竞争力

.

在本研究城市休闲和旅游竞争力的基本要素驱动板块中，黄山市的综合指数高居全国第 9 位，是基本要素驱动“10 强城市”的突出代表。本板块决定将其选为典型的要素驱动的休闲旅游城市来给予更深入的分析研究。

# 一　黄山市概况

黄山市“因黄山而立”。1987 年国务院撤销徽州地区、县级屯溪市和县级黄山市，设立地级黄山市，将县级屯溪市改为屯溪区，原歙县管辖的岩寺区改为县级徽州区，原县级黄山市改为黄山区，绩溪县、旌德县划归宣城地区。黄山市总面积 9807 平方公里，2018 年末全市户籍人口 148.58 万，常住人口 140.7 万，下辖 3 区 4 县，即黄山区、徽州区、屯溪区和休宁县、歙县、黟县、祁门县。

黄山市自秦朝设立郡县以来，已有 2200 多年的历史，在历史发展的长河中形成了良好的生态环境、宜居休闲的生活环境与宜游的旅游环境、丰富的文化资源，并依托这些资源发展旅游休闲产业，古建筑遗存星罗棋布，丰富的旅游资源吸引着世界各地的游客慕名而来，已发展为我国著名的旅游目的地。如据政府部门和民间机构等的评选，黄山市1998年跻身首批中国优秀旅游城市行列，2006年跻身中国旅游竞争力百强城市前20名，2010年度被评为"2010中国最佳休闲城市"、"2010中国特色休闲城市"（之"最佳户外休闲城市"），2019年列"中国康养城市排行榜50强"第10位，也曾获得"中国人居环境奖"城市荣誉称号（2010年）、世界旅游目的地管理奖、国家园林城市称号等荣誉。

## 二 黄山市休闲与旅游竞争力分析——成就与不足

近年来，黄山市依托自身的生态环境资源、文化资源等优势，大力发展休闲与旅游业，城市休闲与旅游竞争力显著提升。黄山市是典型的资源驱动型休闲旅游城市。

### （一）休闲与旅游竞争力位置

根据本课题组对全国50个样本城市的测算，在城市休闲和旅游竞争力方面，黄山市要素驱动综合竞争力指数得分190.71分，在基本要素驱动的"10强城市"综合排名中列第9名，得分高于全国50个样本城市均值18.37分，处于全国前列，属于典型的要素驱动的休闲旅游城市。

在具体要素指数竞争力方面，黄山市的表现特别突出。在生态环境要素竞争力指数方面，黄山市在全国50个城市中排第1名，得分高于全国50个样本城市均值的13.49分；在生活环境要素竞争力指数方面，黄山市也排第1名，得分高于全国50个样本城市均值6.14分。在其他几个维度，黄山市的表现仍然相当可观：在景观资源要素竞争力指数方面，黄山市排第6名，得分高于全国50个样本城市均值2.35分；休闲和旅游安全保障要素指数，黄山排第9名，得分高于全国50个样本城市均值3.90分；在文化资源要素竞争力指数方面，黄山市排第 14 名，得分高于全国 50 个样本城市均值 4.98 分。唯有休闲和旅游空间基础要素竞争力指数方面让人颇为遗憾，黄山市的得分低于全国 50 个样本城市均值 12.50 分，以致排名也就落在了前 30 名之后。图 1 和表 1 是黄山市要素驱动竞争力指数及排名的详细数据。

### （二）优劣势要素的分析

从本课题组的要素驱动指数结果来看，黄山市休闲和旅游竞争力依赖要素驱动，是以资源要素驱动形成较强城市休闲和旅游竞争力的典型代表。从要素竞争力指数来看，黄山市要素驱动综合竞争力指数居第 9 位，处于全国前列。

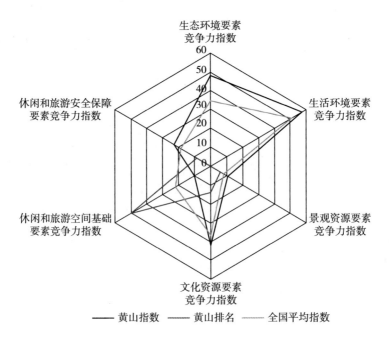

**图 1　黄山市基本要素驱动竞争力指数及排名**

资料来源：课题组资料库。

**表1 黄山市要素驱动竞争力指数及排名情况**

单位：分

| 指数名称 | | 黄山市 | 排名 | 全国50个样本城市均值 |
|---|---|---|---|---|
| 要素驱动综合竞争力指数 | 要素驱动综合竞争力指数 | 190.71 | 9 | 172.35 |
| | 生态环境要素竞争力指数 | 48.17 | 1 | 34.68 |
| | 生活环境要素竞争力指数 | 57.18 | 1 | 51.04 |
| | 景观资源要素竞争力指数 | 10.36 | 6 | 8.01 |
| | 文化资源要素竞争力指数 | 42.00 | 14 | 37.02 |
| | 休闲和旅游空间基础要素竞争力指数 | 10.00 | 50 | 22.50 |
| | 休闲和旅游安全保障要素竞争力指数 | 23.00 | 9 | 19.10 |

资料来源：课题组资料库。

第一，优势要素。从最终数据看，前面已经论及黄山市在两个维度（生态环境要素、生活环境要素）的竞争力指数均居全国第1位，而且在另外三个维度上，也获得了第6、第9、第14的不凡成绩。这显示出黄山市良好的自然生态环境、宜居的生活环境、丰富的文化资源和景观资源，都为当地居民和外来旅游者提供了理想的休闲和旅游条件，这是支撑黄山市休闲与旅游竞争力的重要力量。

第二，劣势要素。相对来说，黄山市排全国第30名之后的休闲和旅游空间基础要素也实在让人惋惜。怎么偌大个黄山，还会出现休闲和旅游空间的基础要素的不足呢？原因是，本研究的指标体系是针对整个黄山市的考量。那么，黄山市如何依托自己良好的自然生态环境、宜居的生活环境、丰富的文化资源和景观资源，包括黄山市优美的自然风光和丰富的徽州文化资源，为本地居民打造出适应于大众的多样休闲且结构配置合理的公共空间，也仍然有许多工作要做。

## 三 黄山市休闲旅游发展的资源要素驱动路径

从本课题研究数据来看，黄山市目前提升其休闲旅游竞争力的第一依托，主要是以基本要素驱动形成的较强优势。因此，黄山市休闲旅游竞争力的继续增强，充分利用自身的资源，发挥自己内生优势，仍不失为一个有益的选择。

### （一）以生态环境资源为本底，探索休闲和旅游发展新模式

生态环境包括影响人类生存和发展的水资源、土地资源、生物资源、气候资源等，是与人类生产、生活等活动密切相关的各种自然力量或作用的总和，是关系社会和经济可持续发展的复合系统。旅游业是资源依托型很强的产业，良好的生态环境品质是旅游业发展的基础和必要条件。对黄山旅游业来说，其原生态的资源和环境是其旅游发展的核心优势与基本依托。

从资源本底来看，黄山市是典型的中部山区城市，生态环境要素优势明显，是黄山市最大的优势资源。2013 年，中国社会科学院发布的中国生态城市竞争力显示，黄山市居第九位，生态竞争力位居全国前列。2019 年联合国工业发展组织绿色产业平台中国办公室在 "2019 中国绿色发展论坛" 上发布了《2019 中国城市绿色竞争力指数报告》，黄山市以 0.2691 的指数值列中国绿色城市竞争力指数百强榜单第 68 位。

本课题组研究分析，黄山市的生态环境得分 48.17 分（满分 60 分），在全国 50 个样本城市中居第 1 位，比 50 个样本城市的该指数均值 34.68 分高 13.49 分，比排第 30 名的城市得分高 14.28 分。其中，建成区绿化覆盖率排在第 4 位，人均公园绿地面积排在第 15 位，森林覆盖率排在第 1 位，空气质量达到及好于二级的天数排在第 8 位，污水集中处理率排在第 23 位，城市区域环境噪声等效声级排在第 4 位。黄山市生态资源要素优势明显（见表 2）。

表 2  2015～2018 年黄山市生态与生活环境相关指标数据

| 指标 | 2015 年 | 2016 年 | 2017 年 | 2018 年 |
| --- | --- | --- | --- | --- |
| 森林覆盖率(%) | 82.90 | 82.90 | 82.90 | 82.90 |
| 建成区绿化覆盖率(%) | 47.17 | 46.67 | 45.80 | 47.15 |

| 指标 | 2015 年 | 2016 年 | 2017 年 | 2018 年 |
|---|---|---|---|---|
| 人均公园绿地面积(平方米/人) | 14.96 | 14.88 | 14.84 | 15.22 |
| 空气质量达到及好于二级的天数比例(%) | 94.70 | 97.30 | 98.10 | 98.40 |
| 污水集中处理率(%) | 92.19 | 93.40 | 94.86 | 96.20 |
| 城区声环境质量(分贝) | 52.50 | 52.90 | 52.40 | 52.0 |

资料来源：森林覆盖率和城区声环境质量数据来源于2015年、2016年、2017年、2018年《黄山市国民经济和社会发展统计公报》；建成区绿化覆盖率、人均公园绿地面积、空气质量达到及好于二级的天数比例数据来源于2016年、2017年、2018年、2019年《安徽统计年鉴》；污水集中处理率数据来源于2016年、2017年、2018年《中国城市统计年鉴》。

1. 生态资源本底优势突出

黄山市地处皖南地区，自然环境优美，地貌结构多元，森林植被丰富。这为旅游活动开展提供了丰富的旅游资源，是旅游业的核心吸引力。比如黄山风景区，有着丰富的生态旅游资源，主要体现在悬崖幽谷、溪流瀑布、次生林海、杜鹃花海、修竹茂林、徽青古道、云海奇观等资源。其中以黄山四绝为代表：一绝奇松，黄山迎客松不仅是黄山的标志也是安徽省人民热情友好的象征；二绝怪石，垂直节理的花岗岩地貌，形成众多的花岗岩造型石，如"猴子观海"；三绝云海，云海既有两峰之间云雾缭绕、云海翻腾之景，又有深秋红枫穿梭在云海之中，实为罕见之景；四绝温泉，传说轩辕黄帝在此沐浴，又称"灵泉"。

（1）地貌结构多元

黄山市地处安徽省最南端的皖南山区，海拔高差大，海拔高的山体聚集在两条大体呈东西走向的地带，是一个"八山一水一分田"的山区。境内群峰参天，山丘屏列，岭谷交错，有深山、山谷，也有盆地、平原，地形地貌类型多种多样。

（2）森林植被丰富

在本课题研究中，黄山市的森林覆盖率指标得分是20分，居第1位，森林植被资源优势明显。

黄山市为常绿阔叶林、红壤黄壤地带，地形以山地为主，森林植被丰富，黄山市的森林覆盖率由 2004 年的 76.2% 提高至 2017 年的 82.9%。2017 年造林面积 6483 公顷，其中森林面积 74.07 万公顷活立木总蓄积量 4490 万立方米。黄山市已建成自然保护区 69 个，其中国家级 2 个、省级 7 个。

其中，牯牛降国家级自然保护区内有国家一级保护植物 2 种、二级保护植物 15 种；国家一级保护动物 6 种、二级保护动物 24 种。清凉峰国家级自然保护区内有国家一级保护植物 5 种、国家二级保护植物 21 种；国家一级保护动物 4 种、二级保护动物 10 种。岭南省级自然保护区有国家一级保护植物 2 种、二级保护植物 11 种；国家一级保护动物 7 种、二级保护动物 14 种。五溪山省级自然保护区有国家一级保护植物 1 种、国家二级保护植物 11 种；国家一级保护动物 7 种、国家二级保护动物 14 种。

（3）气候宜人

黄山市处于亚热带季风湿润气候区，主要特点是四季分明，春秋短、夏冬长，热量丰富，雨水充沛，日照时数和日照百分率偏低，云雾多，湿度大，夏洪秋旱，对农业影响较大。年平均气温 15.5℃ ~ 16.4℃，降水量在 1395 ~ 1702 毫米。盛夏凉爽宜人，为避暑度假理想场所。其中，太平湖年平均气温 14.5℃，洋湖 12.1℃、天湖 12.1℃。

（4）水资源丰富

黄山市水资源丰富。2018 年，黄山市水资源总量达 90.12 亿立方米，人均水资源量达到 6405.12 立方米。近年来，水资源品质不断提升，各断面（点位）水质监测指标年均值达到或优于地表水环境质量标准Ⅲ类水质，主要湖库水质均达到或优于Ⅲ类水质标准，水质状况优。全市各集中式饮用水源地水质良好，饮用水源水质达标率为 100%，境内无劣Ⅴ类地表水。黄山市地表水质量全省排名第一，在全国 333 个地级市中排第 30 位。

2. 坚持保护优先、绿色发展

黄山市最大的优势在生态，最大的责任也在生态。旅游业的发展，首要的任务也在于保护生态环境。近年来，黄山市始终把保护一方好山好水作为重大政治责任，把生态保护放在更加突出位置，坚定不移地走生态优先、绿色发展之路，坚持山水林田湖草是一个生命共同体，以实际行动践行"绿水青山就是金山银山"的发展理念，在现有生态资源基础上加大整治和保护力度，采取多种措施，加强生态文明建设，推动黄山生态特色优势持续提升，切实保护休闲和旅游业发展所依赖的良好生态环境。

第一，强化生态系统保护。加快推进退耕还林、封山育林、荒山造林等，创建林长制改革示范区，全面推进国土绿色提升行动，建立市、县两级林长制示范区（点）24 个，完成千万亩森林增长工程和绿色质量提升行动等。2017 年印发《黄山市全面推行河长制工作方案》以来，黄山市先后印发了《贯彻落实〈黄山市全面推行河长制工作方案〉实施意见》《黄山市河湖长制规定》《黄山市全面推行河（湖）长制暗访工作制度（试行）》等文件，成立了黄山市全面推行河湖长制工作领导小组，全面推行河长制工作。

第二，大力推进生态建设示范区创建。编制了《黄山市生态网络规划(2017~2035 年)》《新安江生态经济示范区规划》等多个生态城市相关规划，以生态规划引领经济社会发展。黄山市先后获批国家生态文明先行示范区、国家主体功能区建设试点示范区、皖南国际文化旅游示范区、新安江流域生态补偿机制试点、国家级生态保护与建设示范区，其中制定并实施《千岛湖及新安江上游流域水资源与生态环境保护综合规划》，基本完成了新安江上游段综合治理，"新安江模式"成为落实习近平生态文明思想的生动实践，得到党中央的充分肯定，在全国十省六流域推广实施，新安江流域生态保护和绿色发展项目获亚行批准。此外，黄山区、休宁县、祁门县、黟县、歙县等五个区县获得省级生态县（区）正式命名，全市共创成市级以上生态乡镇99 个、省级以上57 个、国家级26 个；市级以上生态村299 个、省级以上115 个、国家级4 个。

第三，出台一系列近乎苛刻的环境保护条例和管理制度。坚决防控水上污染、岸上污染、产业污染，打好污染防治攻坚战、蓝天保卫战、碧水攻坚战、净土持久战。坚决控制有污染性的项目上马，执行"坚决不上一个有污染的工业项目"，坚决对污染企业说"不"，关闭了一批污染较大的造纸、针织、钼矿类工业企业，确保地表水、饮用水水源地水质达标率继续保持在

100%，出境断面水质达Ⅱ类地表水标准。大力促进节能减排，2018 年，黄山市单位地区生产总值能耗 0.3073 吨标煤/万元，较 2017 年下降 1.25%，单位地区生产总值能耗持续改善，并获批国家低碳城市试点。

第四，加强生态环境领导责任制。严格落实党政领导干部生态环境损害责任追究机制。2017 年黄山市生态文明建设工作占党政实绩考核的比例为20.70%；2018 年黄山市生态文明建设工作占党政实绩考核的比例为23.70%。生态文明建设工作占党政实绩考核的比例逐年上升。

3. 发挥生态资源优势，探索绿水青山向金山银山转化的新模式

绿色是黄山最亮的底色，生态是黄山最大的优势。以生态资源为依托，黄山市探索绿水青山向金山银山有效转化之路，打造"望得见青山、看得见绿水、记得住乡愁"的旅游业，走出了"绿水青山就是金山银山"的新模式。

（1）休闲旅游业是黄山发展的必然选择

从生态发展定位看，按照《安徽省主体功能区规划》，黄山市除了屯溪区、徽州区属于省重点开发区以外，其他地区都属于限制开发区域中的省重点生态功能区，而全市境内的重点风景名胜区、相关森林公园、自然保护区等，则属于禁止开发区域。因此，保护生态环境是全市的核心任务。

因此，依托生态资源优势发展旅游业成为黄山市发展的首位选择。旅游不仅是转化生态价值、传播和分享生态文明的美丽产业，还是资源节约、环境友好、生态共享的绿色产业。大力发展旅游业，充分发挥旅游的生态效应，是推动形成新文明的有效通道。在城市发展中，黄山市立足本地实际，提出"以旅游经济为中心、以工业经济为支撑，加快建设现代经济强市"的发展目标，一直将休闲旅游业作为城市经济发展的首位产业。

（2）生态资源为黄山发展休闲旅游提供了核心基础

黄山市生态环境要素优势明显，良好的生态是旅游业发展的重要资源，为发展休闲和旅游提供了重要基础。第一，借助生态，整合不同层面资源要素，推进生态＋全域旅游，扩展旅游业发展的资源空间。第二，依托生态资源，丰富旅游产品供给，延伸出摄影写生、运动休闲、健康养生、徽州民宿

等新业态新产品。第三，拓展旅游发展空间，推动休闲和旅游向全域覆盖。第四，良好的生态资源是休闲和旅游发展的依托，无论是气候、森林植被，还是水资源，都是发展休闲旅游业，特别是休闲度假的重要资源和环境。

（3）生态资源助推黄山休闲旅游业的兴起

良好的自然环境是黄山本地的重要优势，促进了黄山旅游业的大发展。从发展历史看，黄山市是以旅游立市，旅游又是以黄山而起。

黄山市旅游业发端于黄山这一自然生态资源，并借助于这一世界级的自然资源而扬名世界，可以说，黄山市是因为黄山得名，为发展旅游而立，是因黄山而兴，其早期旅游业单纯地依赖黄山风景区的发展。1979 年邓小平同志视察黄山，其"黄山是发展旅游的好地方"，"要有点雄心壮志，把黄山的牌子打出去"，拉开了黄山市发展旅游业的大幕，黄山旅游实现了从无到有的历史性突破。

事实上，黄山市本身也是因黄山而生，以黄山立市。1987 年，为了将黄山这块牌子打出去，国务院撤销徽州地区、县级屯溪市和县级黄山市，以黄山之名设立地级市，将县级屯溪市改为屯溪区，原歙县管辖的岩寺区改为县级徽州区，原县级黄山市改为黄山区，绩溪县、旌德县划归宣城地区。1988 年，地级黄山市（管辖屯溪区、徽州区、黄山区、歙县、休宁县、祁门县、黟县）正式成立。国务院对黄山的指示是"以旅游牵头，强农、兴工、尊商、重教，建设以黄山为中心的皖南旅游区"。

## （二）优化城市生活环境，打造宜居城市

城市生活环境是当地居民休闲、生活和外来旅游者旅游活动的重要依托。它的好坏直接影响当地居民与外来旅游者的生活质量与旅游活动质量。它包括生活环境质量中的空气质量、声环境质量以及污水处理率等多个方面。

根据本课题组的研究，黄山市在城市生活环境质量方面得分 57.18 分（满分 60 分），在 50 个样本城市中居第 1 位，比排第 10 名的城市得分高 2.32 分，比排第 30 名的城市得分高 6.94 分，是中国宜居城市。

近年来，黄山市持续优化人居环境，改善城市生活环境，打造宜居城市，推动城市高质量发展，不断提升人民群众的获得感、幸福感和安全感，把黄山市建设得更美丽更富裕更文明。

1. 加强绿化建设，打造森林城市

黄山市坚持绿色发展，推进城市绿化建设。在本课题研究中，黄山建成区绿化覆盖率指标得分 15.16 分，居第 4 位，第 1 名是北京，得分 20 分。黄山市人均公园绿地面积指标得分 13.01 分，居第 15 位，排在第 1 名的是东莞，得分是 20 分。

近年来，黄山市围绕提升城镇园林绿化品质，优化城市绿道网络，加快城市绿道步道互联互通，全市新增绿道 52 公里。按照"300 米见绿、500 米见园"的要求，打造了一批街头绿地游园、山体公园，全市新增绿地面积 13.4 万平方米，改造提升绿地面积 36 万平方米，新增街头绿地（游园）2个。从数据上看，2018 年黄山市绿化覆盖面积 14528 公顷，其中建成区绿化覆盖面积 3317 公顷，占比 22.8%。园林绿地面积 13410 公顷，公园绿地面积 618 公顷，人均公园绿地面积 15.22 平方米，有公园 29 个，建成区绿地率达到 38.82%，建成区绿化覆盖率达到 47.15%。

2. 加强污染防控，建设蓝天城市

本课题研究中，黄山市空气质量达到及好于二级的天数（天）指标的得分是 19.45 分，居第 8 位，排在第 1 名的是丽江，得分 20 分。

近年来，黄山市着力打好"蓝天保卫战"，出台了一系列污染防控措施，全市空气质量稳中向好，优良天数比例为 98.3%，空气质量蝉联全省首位，在全国 169 个重点监测城市中名列第二，在内陆城市中排名第一。2018 年，黄山市城区二氧化硫、二氧化氮、可吸入颗粒物、细颗粒物、一氧化碳、臭氧（日最大 8 小时平均）年均值分别为 10 微克/立方米、16 微克/立方米、42 微克/立方米、24 微克/立方米、1.1 毫克/立方米（第 95 百分位）和 95 微克/立方米，全部达到《环境空气质量标准》（GB3095 - 2015）中的二级标准，其中二氧化硫、二氧化氮年均值达到国家一级标准。全年空气质量优良天数比例达 98.3%。其中，空气质量为优的天数 239 天，占全年总天数的 66.4%；良好天数 115 天、轻度污染 5 天、中度污染 1 天。空气质量指数范围为 20 ~ 166。

3. 加强污水处理，建设卫生城市

在本课题研究中，黄山市污水集中处理率（指污水处理量/污水排放总量）指标得分 18.68 分，居第 23 位，排名第一的是长沙，得分 20 分。

近年来，黄山市加强了城市污水处理工作，持续推进城市污水处理提质增效行动，水环境质量常年保持稳定，水质状况总体为优，在全国处于领先水平。重点是按照城市污水处理提质增效三年行动目标任务要求，深入推进各项城市污水整治工作。从数据上看，2018 年黄山城市污水排放量 3489 万立方米，城市污水处理总量 3370 万立方米，城市污水处理率达到 96.59%，城市污水处理厂集中处理率达到 96.59%。黄山市中心城区和各区县集中式饮用水源地全部满足饮用水源地水质要求，水质达标率 100%。各水源地水质优良。

4. 加强噪声管理，建设宜居城市

噪声污染是影响一个城市休闲和旅游的重要因素，包括工业噪声、交通噪声、施工噪声、社会生活噪声等。近年来，黄山市加强城市噪声管理工作，区域声环境质量级别为较好。在本课题的研究中，黄山该指标得分19.05 分，居第四位，排名第一的是拉萨，得分 20 分。

从数据上看，2018 年，黄山城区环境噪声昼间平均等效声级 52.0 分贝，环境噪声总体水平为二级，声环境质量等级为较好；夜间平均等效声级44.0 分贝，环境噪声总体水平为二级，声环境质量等级为较好。城区道路交通噪声昼间平均等效声级为 65.7 分贝，道路交通噪声强度等级为一级，道路交通声环境质量等级为好。夜间平均等效声级 53.9 分贝，道路交通噪声强度等级为一级，道路交通声环境质量等级为好。全市各类功能区共监测56 点次。定点噪声监测结果表明，全市 1、2、3、4 类声环境功能区等效声级昼间达标率为 100%，夜间达标率为 100%。

城市环境的改善，极大地改善了本地居民的休闲环境，也提升了黄山市的旅游吸引力，为发展城市休闲旅游创造了良好的基础环境。

### （三）挖掘文化资源，推动文旅融合发展

文化资源是人类在自身发展过程中创造的物质财富和精神财富，除现实的文化现象和文化活动外，还包括物质文化遗产、非物质文化遗产等。文化资源是城市休闲和旅游发展的依托资源，是城市休闲和旅游吸引力和竞争力的重要基础所在。依托本地文化资源，有助于打造高品质的休闲旅游产品，满足本地居民和外地游客的休闲和旅游需求。当前，城市休闲和旅游的发展越来越依托广泛存在的文化资源，其在提升城市休闲氛围以及其品质和吸引力的增强方面也正在发挥着越来越关键的作用。

丰富的文化资源为休闲和旅游发展提供了良好的基础，在我国发展之初，历史文化、文物古迹资源就作为重要的旅游资源被开发为旅游产品。近年来，更有新的文化元素、文化资源被不断开发成旅游产品，通过旅游走向市场，催生新的文化业态，并创造出新的文化景观和未来遗产。依托文化资源促进城市休闲和旅游竞争力提升过程，涉及两个方面。第一，考虑城市在其历史发展过程中形成的独特的历史文化资源禀赋，包括有形的文化资源，比如文物保护单位、文物博物馆、城市的历史建筑和格局等，也包括城市独特的语言、风俗和非物质文化遗产等。第二，城市居民的现代文化生活，以及其在现代休闲和旅游生活中的应用和体现，包括当地文化生活的活跃度、普及度和休闲度，是否有形成丰富的文化休闲和旅游活动，比如城市的各类文化生活展览、戏剧和舞台演出、节庆活动、影视制作、广播电视出版及居民的参与和阅读，还有居民的休闲旅游氛围和态度等，这些都是一个城市休闲和旅游发展的基础和表现。

黄山市文化资源指标的得分是 42.00 分（满分 65 分），居第 14 位。排名第一的是北京，得 62 分。排名前十的是：北京、杭州、苏州、南京、上海、天津、广州、西安、洛阳、太原，排名前十城市的平均分是 54.6 分。第十名是太原，得分 45.5 分。

悠久深厚的徽州文化孕育了黄山旅游区丰富多彩的自然和人文旅游资源，有力地促进了其旅游业的发展，为黄山市休闲和旅游发展注入了更优

质、更富吸引力的文化内容。自旅游业发展以来，黄山市将旅游业的发展与保护和传承弘扬徽文化两条主线结合起来，推动文化与旅游融合创新发展，文化资源旅游转化成效显著。

1. 加强文化保护利用，推动文化资源休闲和旅游化利用

黄山市历史悠久，拥有丰富的文化资源。在本课题研究指标中，历史文化资源方面，黄山得 31 分，在 50 个样本城市中排第 13 位，位居前列。

黄山市历史悠久，前身是徽州，是徽商故里，也是徽文化的重要发祥地，徽州文化为中国区域文化体系，与藏文化、敦煌文化并称为中国三大地域文化，涵盖了哲、经、史、医、科、艺多个领域，被誉为"中国封建社会后期的典型标本"，是中国传统文化区域性传承最完整的地区。

历史上，黄山市名人辈出，文化发达，新安理学、徽州朴学、新安医学、徽商、徽剧、徽派建筑、徽派版画、徽派篆刻、新安画派、徽派盆景等经济文化流派构成了徽州文化，其中徽剧是京剧的前身，徽菜是中国八大菜系之一。如今，境内的黄山为世界自然与文化双遗产，皖南古村落西递、宏村为世界文化遗产，黄山市入选全国首批十大历史建筑保护利用试点城市，获评"中国文房四宝文化名城"和"中国摄影之乡"，有着独具魅力的地域文化，具有丰富的历史文化资源。

（1）依托历史文物资源，开发休闲和旅游新业态

第一，文物资源丰富，成为休闲和旅游发展的新载体。

黄山历史悠久，老祖宗留下了丰富的历史文物资源。近年来，黄山市加强了文物资源的保护与利用，全市有世界文化遗产地 2 处（黄山和皖南古村落西递、宏村），中国传统村落 68 个（全省 163 个，占 41.7%），国家级历史文化名城 1 个（全省 5 个，占 20%），国家级历史名镇 3 处（全省 8 处，占 37.5%），国家级历史名村 14 处（全省 19 处，占 73.7%），国家级历史名街 3 条（全国 4 条，占 75%），各级文物保护单位 528 处，其中全国重点文物保护单位 31 处（全省 130 处，占 23.8%），省级重点文物保护单位 93 处（全省 708 处，占 13.1%），不可移动文物 8032 处（全省 25005 处，占 32.1%）。这些是发展休闲旅游的重要资源，是最具吸引力的城市名

片，是最具感召力的人文情结。

近年来，依托这些重要的历史文化遗存，黄山市积极推动其与休闲和旅游的结合，开展文化休闲和旅游业态创新，已成为休闲和旅游业发展的重要载体，带动了休闲和旅游业发展。比如，重要的历史文化场所均已开辟为休闲和旅游景点。依托文化遗存，黄山市建设了一些专题博物馆，除普通的历史、综合、艺术、自然博物馆外，还有生态、社区博物馆等各种类型，全市共有52家国有、民营博物馆，年接待游客、市民近300万人次，其中徽州文化博物馆在全省地级市首家获评国家一级馆，屯溪老街跻身全国首批生态（社区）博物馆示范点。博物馆旅游成为一个重要的新业态。此外，新四军军部旧址、杨业功纪念馆、红军北上抗日先遣队纪念馆等深挖红色旅游资源内涵，丰富红色旅游产品，促进了休闲和旅游与文化的深度融合。

第二，依托古村落资源，开发休闲和旅游新业态。

悠长的历史发展过程，特别是徽商的兴起，使得黄山市古村落、特色民居成为旅游胜地，为黄山市休闲和旅游业的发展提供了极佳的资源。从数据上看，黄山市保存较完整的徽州古村落中1000年以上的超过100个，每个村落都是一本活历史书（见图2）。其中有271个传统村落入选中国传统村落名录，位居安徽省第一，占了安徽省传统村落的"半壁江山"，其中还有一些既是传统村落又是历史文化名村，甚至是世界文化遗产的代表性村落，比如西递村、宏村已是享誉全世界的文化遗产。

近年来，黄山市坚持应保尽保，先后实施"百村千幢"古民居保护利用、徽州古建筑保护利用等工程，累计完成投资95.52亿元，对古城、古镇、古村、古街等空间形态4类116处，古民居、古祠堂、古牌坊、古书院、古戏台等单体建筑12类3358处古建筑进行全面保护利用。其中，2018年共实施168个保护利用项目，总投资5.8亿元。其中"百村千幢"工程入选国家文化创新工程，"徽州府衙修复"获中国建筑工程鲁班奖，徽州区呈坎古村落保护项目列入国家文物维修样板工程。

在做好古村落、特色民居的保护工作之外，黄山市围绕古村古镇特色资源，有序推进古民居产权流转改革，打破以往博物馆式的保护模式，利用新技术，涵养新业态，培养新乡贤，注入新资本，与当地建筑民居、特色农业、民俗文化等融合，突破了原有的传统、单一的古村落古民居观光旅游模式，打造了徽州特色民宿、主题酒吧、休闲茶吧、乡贤好人馆等古建筑事业、产业方面19类1114处新型业态。比如，创新徽州古建筑业态打造形式，推进整体形态古村落和单体形态古建筑保护利用，因地制宜改建一批好人馆、建成一批村史馆、姓氏博物馆、乡贤好人馆，打造一批徽州民宿、文化客栈、书吧等新型业态，打造徽州传统手工作坊等文化旅游业态，推进建设一批乡村艺术会所、田园文化农家乐、徽州民宿客栈、精品徽州古道，开拓一批休闲与文化、古朴与时尚相结合的现代文化体验型文化旅游融合新模式。目前有村史馆9处、乡贤好人馆6处、姓氏馆1处、清廉馆5处、红色纪念馆2处，铭德堂好人馆、中共皖南特委机关旧址、灵山名世祠村史馆、洽舍张村村史馆等场馆正在建设中。与此同时，依托古镇古村资源，黄山市实施西溪南古村落旅游综合开发等74个重点文化旅游项目，有105个行政村从事乡村旅游接待，超过10万农民从事以旅游为主的第三产业。古村古镇的文化资源，为黄山市休闲和旅游业的发展带来了新空间、新业态。

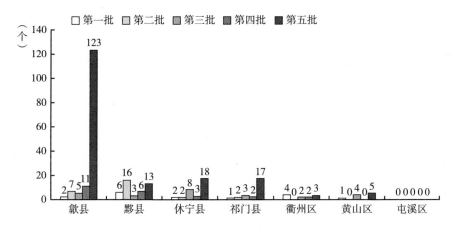

**图2　黄山市中国传统古村落数量**

（2）依托非物质文化遗产，发展文化旅游

非物质文化遗产涉及民间文学、传统音乐、传统舞蹈、传统戏剧、曲艺、传统体育、游艺与杂技、传统美术、传统技艺、传统医药、民俗等类别，是休闲和旅游业发展的重要资源。近年来，黄山市开展了系统的非遗整理与保护，成效显著。全市非遗项目涉及民间文学、民间美术、民间舞蹈、戏曲、民间手工技艺等 14 大类 1325 项（安徽省 10016 项），种类和数量在全省各市中均位列第一。大量非物质文化遗产被国家和省政府列入保护项目，拥有国家级非遗代表性项目 21 项（全国 1372 项，占 1.5%）、省级 63 项、市级 97 项。国家级非遗代表性传承人 33 人（全国 3068 人，占 1%；）、省级 154 人、市级 479 人。国家级非遗生产性保护示范基地 1 处、省级传习基地（所）27 处、省级非遗教育传习基地 5 处、市级传习基地 85 处。其中，徽州三雕、徽州竹雕、徽派传统民居营造技艺、徽墨制作技艺、歙砚制作技艺、徽州漆器髹饰技艺、万安罗盘制作技艺 7 个项目入选第一批国家传统工艺振兴目录（全国 383 项，占 1.83%；全省 18 项，占 38.9%）。徽州传统木结构营造技艺被列入联合国教科文组织人类非遗代表作名录。此外，还有祁门红茶制作技艺、绿茶制作技艺（太平猴魁、黄山毛峰、屯溪绿茶、松萝茶）、五城米酒制作技艺、五城豆腐干制作技艺、徽派盆景技艺、徽州根雕、徽州竹编、皖南火腿腌制技艺（兰花火腿腌制技艺、汤口火腿腌制技艺）、徽菜、新安医学等。

为推进黄山市文化遗产保护，2008 年，文化部批准设立徽州文化生态保护实验区，以在徽州文化产生、发展、传承的区域内对其所承载的各种文化表现形式，开展以非物质文化遗产保护为主的全面的整体性保护工作。此外，黄山市成立文化遗产保护管理委员会，加大资金投入力度，自上而下形成"横到边、竖到底"的工作网络，先后制定了《黄山市非物质文化遗产代表性传承人认定与管理办法》《加强非物质文化遗产传承保护工作的实施意见》等，形成了较为完整的保护体系，为加强文化遗产保护工作提供了法规依据和制度保障。

近年来，黄山市依托徽州文化生态保护实验区这一平台，在开展非物质文化遗产保护整理的同时，积极推动其与休闲和旅游融合发展，开展非物质文化遗产的休闲和旅游利用，许多重要的非物质文化遗产被广泛应用于旅游景区、旅游节庆、旅游商品、旅游演艺等，形成了较好的市场基础。

第一，建设了屯溪黎阳老街等 7 个非物质文化遗产密集区。在这条街上，歙砚制作技艺国家级代表性传承人蔡永江、徽州木雕技艺国家级代表性传承人蒯正华、雕砚大师方见尘等一批优秀的非遗传承人和工艺大师建起了自己的工作室，使这里成为重要的文化休闲和旅游街区。

第二，开展非遗进景区。利用文化旅游活动平台，组织非遗项目进景区。如歙县雄村的《跳钟馗》、徽州府衙常态演出的历史情景剧《三戒碑》等，每次都吸引来大量游客观看。

第三，扶持建立了非遗展示馆 20 余家，逐渐形成以民间非遗博物馆为主、专题博物馆和非遗展示中心多形式发展的保护格局，这些均由市级以上代表性传承人投资建成，以企业养馆的形式运作，如谢裕大茶叶博物馆、黄山市徽派雕刻博物馆、祁门红茶博物馆等，也演变成为重要的文化旅游景点。此外，借助安徽中国徽州文化博物馆场地设立非遗文创展示体验中心，中心以非遗文创产品为主，分为徽玩之雅、徽工之巧、徽茶之香、徽味之美四大板块共计 133 件（套）非遗文创产品。推进徽州四雕、文房四宝、徽州漆器、徽派盆景等规模化生产，促进非遗项目、民俗节庆向产业化发展，推动黄山市非遗文创产品研发向深入化、专业化发展。

第四，实施徽剧振兴工程，举办徽班进京故宫展演、故宫博物院藏文房用具暨徽州贡品展，故宫文化创意馆徽派传统工艺馆开馆，以故宫文创馆徽派传统工艺馆为平台展出产品。2019 年度故宫文创馆徽派传统工艺馆共研发产品 30 款，目前该馆合作的国家级、省级、市级非遗传承人已有 29 位，与故宫博物院共同研发富含故宫元素、运用徽派传统技艺制作的产品种类包含十大类 207 种，累计进馆游客约 14 万人次。

第五，旅游节庆方面，黄山市在传统节日开展富有特色的传统文化活动，成功举办首届和第二届中国非物质文化遗产传统技艺大展，打造了两省三地歙砚技能大赛、徽州民歌大赛等非遗活动品牌。以黄山职业技术学院、歙县行知学校等为重点，大力开展职业院校民族文化传承与创新示范专业点建设。

第六，弘扬徽州饮食文化的特色，开发特色徽菜和传统食品，打响徽菜品牌。黄山全市共有"老字号"品牌39个，其中"中华老字号"5个、"安徽老字号"34个，"中华老字号""安徽老字号"数量均占全省的1/5，居16个地市的首位；四星级酒店3家、五星级酒店7家，其中白金五星级1家，在全省为除省会合肥市外星级酒店最多的地市；国家绿色商场1座，五叶级、四叶级绿色餐饮企业各1家；共有包括屯溪老街、黎阳in巷在内的省级特色商业街区8条。

2. 发展现代文化资源新体系，丰富文化旅游产品供给

现代文化资源也是城市居民与外来游客休闲旅游的重要内容。在本课题研究中，黄山市这一指标得分11分，排第18位。黄山市在悠久的历史文化资源基础上，近年来加快现代文化资源建设步伐，文化产品供给体系日渐形成，成为满足本地居民和外来游客旅游休闲的重要内容。

（1）打造公共文化资源品牌

目前，黄山市共有各级公共博物馆12家、图书馆11家、文化馆8家、美术馆5家、乡镇综合文化站101个，110个乡镇、街道、村公共电子阅览室，697个农家书屋，38个省级农民文化乐园，全部实现免费开放。全市建成村级综合文化服务中心673个，形成市、县（区）有图书馆、文化馆、博物馆、美术馆，乡镇有综合文化站（文化服务中心），村和社区有文化活动阵地的格局。此外，还着力推进新时代文明实践中心建设，组建新时代轻骑兵文艺小分队22支、文化辅导点136个。连续多年成功举办徽州古城民俗文化节、徽州读书节、电视春晚等活动；以徽州读书节活动为契机，先后组织开展以"经典诗文诵读""传递书香分享阅读""阅读·生活"等为主题的全民阅读活动，推出了交谊舞、健身舞、徽剧、黄梅戏等一批特色文化广场，打造了"百姓大舞台月月演"、广场舞大赛、徽剧票友大赛等群文品牌，开展了送戏进万村、送电影、送展览、公益性慰问演出等文化活动。每年全市完成农村演出763场，完成农家书屋更新出版物65721册，完成电影放映8477场，打造形成了一批具有特色的公共文化服务品牌，全市文化旅游产品供给日渐完善。

（2）现代文化艺术创作作品丰富多彩

黄山市结合现代文化艺术，不断进行演艺品牌创新，为文化旅游产品增加了新内容。比如，大型音乐黄梅戏《曙光曲》、歌曲《那古道》荣获2014～2017年度省"五个一"工程奖，现代黄梅戏《远去的差距》、徽剧小戏《三杯停》等4部戏成功入选安徽省2018年戏曲创作孵化计划暨农村现实题材创作工程项目，还推出了电影《邓小平登黄山》《火红青春》，电视剧《女祠》，纪录片《大黄山》《黄山》《挑山女人》《美在黄山》《清清新安江》《徽韵》《徽州魂》等一大批优秀文艺作品，而《徽韵》《宏村·阿菊》入选全省民营艺术院团"十大名剧"。与此同时，黟县守拙园、秀里影视村等影视演艺基地初具规模，成为新的文化旅游产品。

（3）文化旅游节庆品牌多样

文化旅游节庆是利用地方特有的文化传统，举办意在增强地方吸引力的各种节日和庆祝活动。近年来，黄山市充分利用地方和民族特色的节庆，打造了一批具有地方特色的文化旅游节庆产品。中国（黄山）非遗大展、中国黄山国际旅游节暨徽文化节等已成为全国知名节庆品牌，互联网与中国摄影旅游大会、黟县国际摄影大展、黄山风光国际摄影大展、油菜花摄影大赛、梅花节、枇杷节、油菜花节、国际登山大会、"黄山168"超级越野赛、徽州古城民俗文化节、黄山七夕情人节、祁门红茶节、歙县枇杷节、宋村葡萄节、徽菜美食节、休宁茶交会等一批节庆赛事活动成为知名品牌，营造出深厚的文化休闲和旅游氛围，产生了极好的市场效益。

（4）广播电视节目覆盖范围扩大

全市有广播电台5座，中、短波发射台和转播台6座，广播节目综合人口覆盖率99.40%。电视台5座，有线电视用户28.3万户，电视节目综合人口覆盖率99.45%。全市101个乡镇、742个行政村全部实现城乡有线电视联网，有线电视用户超过35万户，各中心城区数字化整体转换率达100%。这为城乡居民提供了更高质量的无线广播电视公共服务。

3. 文化资源为黄山市休闲和旅游发展增添了内涵

黄山旅游起步于黄山，兴起于文化。黄山旅游正是由于身处历史悠久的徽州文化氛围而兴起。近年来，黄山依托文化资源，按照"宜融则融、能融尽融"的总体思路，推动文化资源优势向产业发展优势转变，深入推进徽州文化生态保护实验区建设，以皖南国际文化旅游示范区为平台，全力推动文旅新融合，形成文旅资源开发逐渐走向全域、文旅产品结构不断优化、文旅业态不断创新的良好局面。

（1）文化旅游产品体系完善

黄山市积极推进徽艺小镇产业集聚区、服务业产业园文创小镇、屯溪老街整体改造提升、屯溪老街综合提升、新安江百里大画廊等重大文化旅游项目，建设了一批休闲街区、特色小镇、特色民宿客栈、主题酒店、精品徽州古道等，打造了一批富含民俗文化、地域特色的文化旅游项目；加快博物馆、纪念馆和博览园建设，打造特色突出、布局合理的博物馆集群，使其成为旅游发展的新载体。充分利用中华老字号名店、名胜古迹、药膳食疗馆等资源，建设一批以新安医学文化研究成果展示为核心的养生康复旅游体验中心，促进传统生态旅游向文化休闲疗养旅游转型。打造民宿客栈品牌，黄山市已涌现出精品民宿300多家，打造了西递宏村、屯溪老街、徽州区西溪南上村以及休宁祖源等一批民宿集群，全市民宿客栈已近2000家。据不完全统计，2018年黄山市民宿接待过夜游客超20万人次，经营收入达10亿元以上。

（2）文旅融合呈现新模式

黄山市创新文旅融合，推动徽州文化资源转化为旅游休闲产品，实现了从销售文化产品（如非物质文化遗产产品）到提供文化体验，再到推广新的休闲生活方式的转变。黄山市与赛富基金合作设立10亿元文化旅游产业基金，与故宫博物院合作设立国家级非遗传统工艺工作站，启动建设非遗创意产业园。

（3）打造了一批旅游文化品牌

目前全市54家A级以上景区中，以文化为主的有32家，占59%。

（4）徽文化影响力不断扩大

随着文旅融合的发展，徽州古建筑保护利用工程全面推进，徽州文化生态保护实验区建设深入开展，中国历史文化名镇名村达到 17 个，中国传统村落达到 92 个，成功打造了一批文化新型业态。借助于这些文化旅游业态，徽州文化的影响力不断扩大。

（5）文化产业建设态势良好

全市 132 个 1000 万元以上项目完成投资 79.05 亿元。推行文化"走出去"战略，先后组织市优秀文化企业参加深圳文博会、上饶文博会、中国西部文化产业博览会等重大文化产业博览会。故宫文创馆徽派传统工艺馆正式对外营业，不断提高黄山市文化企业和文化产品的知名度和美誉度。扎实推进西溪南镇文创小镇等省级特色小镇建设工作。徽州大剧院改造项目完成施工，正式对外营业，市文化艺术中心、徽剧博物馆项目建设有序推进。8 家企业入选全省民营文化企业 100 强，9 家单位获评安徽省第六批省级文化产业示范基地。

## （四）加强城市建设，打造休闲和旅游发展的新空间

充足的国民休闲和旅游空间、完善的休闲和旅游设施，是城市休闲和旅游竞争力的重要内容和发展基础。城市休闲和旅游空间包括城市游憩空间、休闲公园、休闲街区、文体活动空间、城市绿道、骑行公园、慢行系统、环城休憩带等休闲设施。随着城市经济社会发展，越来越多的城市开展城市休闲空间规划、建设和改造，以满足本地居民休闲需求，同时吸引游客，提升旅游吸引力。

考虑一个城市休闲和旅游空间发展基础要素，重点在于考虑其城市休闲和旅游空间规划和空间设施功能。第一，城市空间发展规划中是否明确休闲和旅游空间的规划，是否明确规划了满足休闲和旅游需求的空间范围。第二，城市休闲和旅游空间的数量、规模和适宜性程度，是否能够满足居民和游客需求。第三，城市是否有专门的休闲和旅游空间规划，比如城市公园、郊野公园、城市其他绿地等城市自然休闲活动空间及城市广场、市民文化活动中心等城市文体活动公共空间，以及兼有商业开发价值的健身运动、传统民俗活动，以及城市经营性休闲空间等。第四，城市是否将最佳生态环境区

域开辟为城市的公共休闲空间，城市是否注重自然生态环境的营造。

随着经济发展水平的提高，黄山市城市建设、城市环境、城市空间等越来越多地考虑到了休闲和旅游的功能，更加呈现出休闲化的特点，为本地居民服务的休闲空间与为游客服务的旅游设施正在相互融合，形成一个主客共享的新空间，绿色空间建设良好。虽然从数据上看，该指标黄山得分 10.00分（满分 36 分），排第 50 位，居最后一位。排第 1 名的是杭州，得分是 35分。相对来说，这是黄山市的弱项。

1. 加强城市空间规划建设

近年来，黄山市编制出台了市、县国土空间规划，加快实现"多规合一"，编制了《黄山市城市总体规划修编（2008~2030）》，提出要重点保护自然与历史文化遗产资源、历史文化名城（镇、村）、历史文化街区以及周边环境的整体景观、各级文物保护单位及典型的历史建筑、非物质文化遗产和有地域文化特色的传统民俗，要建设"三城环绿心、曲水绕三城"的城市绿地系统，形成"一环五带多园多廊道"的绿地格局，实现城市生长在青山绿水之间，以构建适合休闲旅游的新空间。还编制了《黄山市城市生态网络规划（2017~2035）》，完善黄山市绿色空间。此外，《黄山市国民经济和社会发展第十三个五年规划纲要（2016~2020 年）》也提出要保护和修复自然生态系统，新建一批湿地自然保护区、湿地公园、湿地风景名胜区等。

2. 编制《黄山市全域旅游发展规划》

把全市作为一个整体旅游目的地来打造，将旅游业发展作为重要内容纳入经济社会发展规划中，市、县（区）、重点旅游乡镇、旅游景区、旅游村均编制完善各类旅游专项规划，在顶层设计层面推动全域旅游健康发展，为休闲和旅游发展提供新的发展环境。

3. 完善城市休闲和旅游设施与空间

着力扩大城市公园面积，拓展公共绿化空间，从空间上解决城市居民对人居环境的切实需求。按照城市旅游发展的特征，以全市综合旅游目的地打造为目标，推进城市旅游发展。加强城市公园、城市休闲街区、城市慢行绿道系统建设，发展自行车旅游。以中心城区新安江沿岸为重点，建设 1 条城市旅游休憩带，结合城市"旅游者空间"建设，谋划城市旅游综合体建设，打造城市游憩体系。此外，实施全国"城市双修"试点和"两治三改"专项行动，规划建设 60 平方公里城市森林公园，屯溪老街综合提升、城市综合管廊等项目快速推进，城市功能和品位全面提升。2018 年，黄山市城市现状建设用地面积达到 56.14 平方公里，其中绿地广场用地 6.67 平方公里。

4. 建设了一批城市绿地

将城市最佳生态环境区域开辟为城市的公共休闲空间，重点推进稽灵山公园景区化打造，戴震公园改造提升，尖山公园、龙山公园、儿童公园、湿地公园等建设，使之成为市民游客休闲场所，推进了南滨江路的景观改造和休闲利用，建设滨水带状公园，丰富了城市休闲项目。目前，黄山市已建立涉及湿地生态类型的湿地公园和自然保护区 9 个，其中国家级 2 处、省级 4 处、县级 3 处。

## 四 资源要素驱动黄山休闲和旅游的发展成效

黄山市是典型的资源驱动型旅游城市，优质的生态资源、丰富的自然资源和深厚的文化底蕴，为黄山市发展休闲和旅游产业，提高当地居民休闲生活品质和外来旅游者休闲和旅游质量奠定了丰厚的基础，资源要素驱动黄山休闲和旅游业实现了大发展。1979 年我国改革开放的总设计师邓小平同志视察黄山，发表著名的"黄山谈话"，确立了旅游在国民经济中的重要地位，黄山开始了从山区农林经济向以旅游为主导产业的"华美转身"；黄山旅游从无到有、从小到大、从弱到强，成为安徽旅游的龙头，跻身全国旅游第一方阵。目前，黄山已发展成为我国著名的旅游目的地，是典型的以资源要素驱动休闲和旅游业发展的例子，是典型的因旅游发展而促城市发展的例子。

### （一）以资源为基础，旅游供给体系日益完善

依托丰富的资源基础，黄山市旅游资源要素不断丰富，旅游产业体系不

断完善，产业链条不断延伸，产业融合日渐加强，原来点线状、封闭化的产业体系被打破，向开放、全域的旅游产业体系转变，从薄弱零散的寥寥数家企业发展到适应大众旅游时代消费需求的供给体系，形成了丰富完善、品质优越、结构合理的旅游供给体系。

### 1. 旅游要素和资源不断扩展

旅游要素从传统的"吃、住、行、游、购、娱"向"吃、住、行、游、购、娱、文、商、养、学、闲、情、奇"等综合要素体系转变。旅游资源不断扩展，从旅游资源向社区资源、城市资源、自然资源、生态资源、文化资源、乡村资源、商务娱乐休闲资源、新兴服务业资源、休闲环境等纳入旅游资源体系转变，开发形成新的旅游产品。特别是在文旅融合推动下，旅游资源整合进一步发展，组建了古徽州文化旅游区，推动文化旅游资源的整合发展、一体化发展。

### 2. 景观资源日渐丰富

景观资源是当地居民休闲活动和外来旅游者旅游活动的关键吸引物和重要依托。景观是一定区域呈现的景象视觉效果，反映了土地及土地上的空间和物质所构成的综合体，是复杂的自然过程和人类活动在大地上的烙印。依托资源基础，黄山市打造了丰富的景观资源。在本课题研究中，黄山市景观资源指标得分 10.36 分（满分 49 分），居第 6 位，第 1 名重庆得分 32.97分。在景观资源的丰富度方面，在本课题的研究中，黄山得分 9.66 分，居第 5 位。排在第 1 位的是重庆，得分 30.1 分。

黄山市的旅游资源有 8 项主类、29 项亚类、115 项基本类型，基本包括了 74% 以上的全国旅游资源类型，覆盖面宽，类型丰富，使得黄山市拥有得天独厚的发展休闲和旅游业的自然资源优势。第一类是以黄山、齐云山为代表的山岳景观资源；第二类是以太平湖、新安江山水画廊为代表的水体资源；第三类是以牯牛降、花果山为代表的生态景观资源；第四类是以西递、宏村为代表的徽文化和古村落资源。

### 3. 旅游产品体系日臻完善

依托良好的基础资源，黄山市打造了丰富的休闲旅游产品。目前，黄山市拥有黄山风景区和皖南古村落（西递、宏村）2 处 3 个地方的世界自然与文化遗产、3 处国家级重点风景名胜区、3 座国家级森林公园、3 座国家级地质公园、2 处国家级自然保护区、52 处国家级 A 级以上景区（见表 3）、31 处国家重点文物保护单位，14 处全国工农业旅游示范点，先后成为中国首批优秀旅游城市、国家级旅游业改革创新先行区、国家全域旅游示范区。截至 2017 年底，全市已开发列入统计景区（点）52 处，星级以上宾馆 41 家（挂牌五星级 4 家），旅行社 176 家（其中经营出境旅游业务的旅行社 12 家），旅游从业人员 25 万余人。此外，培育了一批重点企业。现有国家级文化产业示范基地 1 家、国家级文化出口重点企业 1 家、国家级文化类高新技术企业 3 家、文旅上市公司 2 家、省级文化产业示范基地 9 家、省级民营文化百强企业 8 家。总体上形成了观光旅游和休闲度假旅游并重、旅游传统业态和新业态齐存的新格局。

表 3　黄山市主要 A 级旅游景区

| 旅游景区 | 等级 | 具体分布 |
|---|---|---|
| 黄山风景名胜区、徽州古城景区 | 5A | 黄山市辖区 |
| 西递景区、宏村景区 | 5A | 黟县 |
| 唐模景区、潜口民宅博物馆、呈坎景区 | 5A | 徽州区 |
| 歙县牌坊群鲍家花园 | 5A | 歙县 |
| 古城岩风景区、雄村景区、丰乐溯景区 | 4A | 黄山市辖区 |
| 新安江滨水旅游景区、新辉天地——醉温泉、花山谜窟——浙江风景名胜区、黎阳 in 巷 | 4A | 屯溪区 |
| 太平湖风景区、九龙瀑、芙蓉谷、东黄山度假区、翡翠谷、黄山虎林园 | 4A | 黄山区 |
| 岩寺新四军军部旧址纪念馆 | 4A | 徽州区 |
| 新安江山水画廊 | 4A | 歙县 |
| 齐云山风景名胜区 | 4A | 休宁县 |
| 归园·赛全花景区、南屏景区、打鼓岭景区、屏山景区 | 4A | 黟县 |
| 牯牛降观音堂景区、黄山市祥源祁红产业文化博览园、历滨景区 | 4A | 祁门县 |
| 石门峡、黄山区普仁滩景区 | 3A | 黄山区 |
| 徽州文化园、黄山徽茶文化博物馆 | 3A | 徽州区 |
| 徽州糕饼博物馆 | 3A | 屯溪区 |

| 旅游景区 | 等级 | 具体分布 |
|---|---|---|
| 徽州大峡谷、三溪大峡谷、黄山麟圣博物馆、松萝茶文化博览园 | 3A | 休宁县 |
| 许村景区、搁船尖景区 | 3A | 歙县 |
| 牯牛降九龙、九龙池景区 | 3A | 祁门县 |
| 木坑竹海景区、龙池湾农耕文化园、霸王山摇铃秀水景区 | 3A | 黟县 |

### 4. 旅游产业融合不断推进

以资源为基础，旅游日益渗透到其他相关行业，黄山旅游业从封闭的旅游自循环向开放的"旅游＋"融合发展方式转变，旅游与农业、文化、体育、互联网等各领域不断融合，旅游产品供给不断创新，从单一、静态到多元、迭代，多点支撑、多业共生、多元融合的大旅游产业格局日渐形成。一是"旅游＋农业"壮大乡村旅游。推出紫霞美食街等6个乡村特色餐饮集聚区，打造板桥泉水鱼等10个精致农业示范区、30个休闲农庄，发展省星级农家乐298家、民宿客栈近千家，近200个行政村从事乡村旅游接待，超过10万农民从事以旅游为主的第三产业，人均年收入超8000元。二是"旅游＋文化"发掘徽州文化内涵。成功推出《黄山映象》新媒体情景剧，与赛富基金合作设立10亿元文化旅游产业基金，与故宫博物院合作设立国家级非遗传统工艺工作站，启动建设非遗创意产业园；黄山市徽漆、歙砚作品在国家旅游局9月份举办的首届中国民族特色旅游商品大赛上荣获金奖。三是"旅游＋体育"发展运动休闲产业。成功举办"黄山168"超级越野赛、太平湖铁人三项等60余项赛事活动，建设特色体育产业基地，每年产生综合经济效益超4亿元；中国黄山（黟县）国际山地车节被国家体育总局、国家旅游局评为"国家体育旅游精品赛事"。完成旅游风景道资源普查，编制10条旅游风景道总体规划和皖浙1号旅游风景道详细规划。四是"旅游＋休闲度假"着力丰富新型业态。随着市场转变，黄山市推动文旅融合创新，大力发展休闲度假业态，一批新业态新项目产生出来，既有以屯溪区黎阳in巷、屯溪区醉温泉、东黄山旅游度假区为代表的休闲度假业态，以徽州农舍为代表的乡村旅游业态，也有以徽州区绿道、谭家桥自驾车营地、奇瑞自驾营地为代表的运动旅游业态，还有以宏村阿菊、屯溪区徽韵为代表的旅游演艺业态，更有以焦村奇瑞房车营地为代表的房车新业态。五是"旅游＋互联网"发展智慧旅游。市内主要景区、星级饭店等游客聚集区域基本实现无线网络覆盖，市旅游大数据中心建设加快推进，在全省率先发布旅游大数据报告，年内上线旅游统计、分析和监测系统。六是"旅游＋特色小镇"发展强劲。宏村艺术小镇、齐云旅游小镇、西溪南创意小镇入选中国特色小镇50强。

## （二）旅游产业从一般性产业到战略性支柱产业

自改革开放以来，黄山旅游从无到有、从小到大、从弱到强，成为安徽旅游的龙头，跻身全国旅游"第一方阵"，旅游业从国民经济新的增长点到国民经济战略性支柱产业和五大幸福产业之首的历史性变革。

1. 旅游产业规模不断扩大

资源要素驱动下，丰富的旅游产品供给，叠加旅游市场需求的扩大，为黄山市旅游业开创了良好的发展局面，促进了黄山旅游人数与收入增长，旅游业整体规模不断壮大。2011～2018年，黄山市累计接待游客4.67亿人次，其中入境游客约1540万人次，实现旅游总收入3153.57亿元，创汇47.63亿美元。黄山旅游居全国第一方阵之列（见表4）。

表4　2011～2018年黄山市旅游发展情况

| 项目 | 2011年 | 2012年 | 2013年 | 2014年 | 2015年 | 2016年 | 2017年 | 2018年 |
|---|---|---|---|---|---|---|---|---|
| 总接待人数（万人次） | 3054.4 | 3641.3 | 3732.6 | 4165.1 | 4665.9 | 5187.18 | 5777.18 | 6486.59 |
| 总接待人数增长率（%） | 20 | 19.2 | 2.5 | 11.6 | 12 | 11.2 | 11.4 | 12.3 |
| 入境游客接待人数（万次） | 131.4 | 160.3 | 160.6 | 176.9 | 195.1 | 215.2 | 237.59 | 262.79 |
| 入境游客人数增长率（%） | 25.1 | 22 | 0.2 | 10.1 | 10.3 | 10.3 | 10.4 | 10.6 |
| 旅游总收入（亿元） | 252 | 303 | 314.5 | 354.4 | 400.7 | 450.1 | 506.11 | 572.76 |

| 项目 | 2011 年 | 2012 年 | 2013 年 | 2014 年 | 2015 年 | 2016 年 | 2017 年 | 2018 年 |
|------|--------|--------|--------|--------|--------|--------|--------|--------|
| 旅游总收入增长率（%） | 24.2 | 20.7 | 3.8 | 12.7 | 13.1 | 12.3 | 12.4 | 13.2 |
| 旅游外汇收入（亿美元） | 3.85 | 4.82 | 4.87 | 5.43 | 6.04 | 6.7 | 7.5 | 8.42 |
| 旅游外汇收入增长率（%） | 27.9 | 25.2 | 1 | 11.5 | 11.3 | 11.3 | 11.6 | 12.2 |
| 国内旅游总收入（亿元） | — | 272.4 | 284.4 | 321.1 | 363.4 | 405.5 | 455.46 | 517.04 |

资料来源：各年《黄山市国民经济和社会发展统计公报》、各年《安徽统计年鉴》。

### 2. 旅游产业效益持续释放

从 2015 年到 2017 年，黄山市国内游客平均每人花费增加 40.4 元，增长率为 4.25%，其中，购物费占比 25%、交通费占比 21%、住宿费占比 14%、餐饮费占比 12%、其余占比 28%。从 2015 年到 2017 年，黄山市国内旅游平均逗留天数增加 0.1 天，增长率为 6.76%（见表 5）。

表 5　2015～2017 年黄山市旅游业发展总体状况

| 项目 | 2015 年 | 2016 年 | 2017 年 |
|------|--------|--------|--------|
| 旅游总收入（亿元） | 400.7 | 450.1 | 506.11 |
| 旅游外汇收入（亿美元） | 6.04 | 6.7 | 7.5 |
| 国内旅游收入（亿元） | 363.4 | 405.5 | 455.46 |
| 入境旅游人数（万人次） | 195.1 | 215.2 | 237.59 |
| 国内游客人数（万人次） | 4470.8 | 4971.9 | 5535.59 |
| 国内游平均每人花费（元） | 950.2 | 937.0 | 990.6 |
| 其中:交通费（元） | 202.9 | 205.9 | 215.1 |
| 住宿费（元） | 116.7 | 109.1 | 130.8 |
| 餐饮费（元） | 128.1 | 127.8 | 137.9 |
| 购物费（元） | 233.4 | 233.3 | 249.0 |
| 国内游平均逗留天数（天） | 1.48 | 1.51 | 1.58 |

资料来源：2015 年、2016 年、2017 年《黄山市国民经济和社会发展统计公报》，2016 年、2017 年、2018 年《安徽统计年鉴》。

### 3. 休闲和旅游业成为黄山支柱产业

近年来，黄山市休闲和旅游业总体发展趋势良好、潜力较大，其对黄山市经济增长的贡献显著，是黄山市名副其实的第一大支柱产业。从 2013 年到 2017 年，黄山市旅游总收入占国民生产总值的比例逐年攀升，均在 60% 以上，其中 2012 年、2015 年、2016 年、2017 年、2018 年旅游总收入占 GDP 比重均在 71% 以上，2018 年更是高达 84.5%（见图 3）。

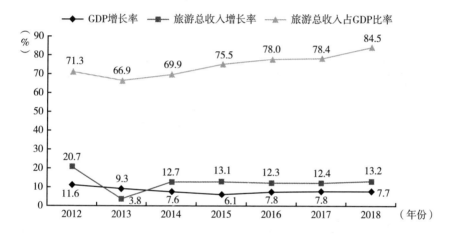

**图 3　黄山市旅游收入情况**

### 4. 带动城市经济发展

在休闲和旅游业的带动下，从 2015 年到 2017 年，黄山市第三产业国民生产总值占国民生产总值的比重逐年攀升，已超过 50% 的比例。住宿餐饮业生产总值占国民生产总值的比重稳中略有上升，但因产业其他门类发展迅速，因此住宿餐饮业生产总值占第三产业总值的比重稳中略有下降（见表 6、表 7）。此外，2012～2018 年黄山市生产总值按可比价计算累计增长 56.2%，财政收入累计增长 48.1%；城镇居民人均可支配收入由 21208 元提高到 33551 元，农村居民人均可支配收入由 9161 元提高到 15391 元，三次产业也由 11.4∶46.3∶42.3 优化为 8.4∶34.9∶56.7。

表6　2015～2017年黄山市第三产业发展总体状况

| 产值 | 2015 年 | 2016 年 | 2017 年 |
|---|---|---|---|
| GDP(亿元) | 530.90 | 576.82 | 611.32 |
| 其中:第三产业(亿元) | 264.04 | 296.19 | 332.19 |
| 其中:住宿餐饮(亿元) | 19.31 | 20.88 | 22.64 |
| 第三产业占 GDP 比重(%) | 49.73 | 51.35 | 54.34 |
| 住宿餐饮占 GDP 比重(%) | 3.64 | 3.62 | 3.70 |
| 住宿餐饮占第三产业比重(%) | 7.31 | 7.05 | 6.82 |

资料来源：2016 年、2017 年、2018 年《安徽统计年鉴》。

表7　2015～2017年黄山市各县第三产业发展总体状况

| 产值 | 2015 年 | 2016 年 | 2017 年 |
|---|---|---|---|
| 歙县生产总值(亿元) | 133.71 | 143.01 | 158.92 |
| 休宁县生产总值(亿元) | 72.13 | 78.50 | 87.44 |
| 黟县生产总值(亿元) | 26.26 | 28.43 | 31.53 |
| 祁门县生产总值(亿元) | 54.10 | 58.34 | 64.50 |
| 其中:歙县第三产业(亿元) | 49.72 | 55.64 | 61.72 |
| 休宁县第三产业(亿元) | 29.76 | 33.79 | 37.30 |
| 黟县第三产业(亿元) | 11.45 | 12.78 | 14.16 |
| 祁门县第三产业(亿元) | 27.39 | 30.21 | 33.33 |

资料来源：2016 年、2017 年、2018 年《安徽统计年鉴》。

## （三）黄山市休闲和旅游业影响力提升

近年来，黄山市休闲和旅游影响力不断提升，黄山旅游已成为国内知名的旅游品牌。其中，黄山是世界文化与自然遗产、世界地质公园、世界生物圈保护区，是国家级风景名胜区、全国文明风景旅游区、国家 5A 级旅游景区。从数据上看，2011～2018 年，黄山市游客数量和旅游收入快速增长。统计数据显示，2019 年春节长假全市共接待游客 340.3 万人次，同比增长9.13%，旅游总收入 21.43 亿元，同比增长 10.2%。据《安徽省旅游行业数据报告》显示，在 2019 年春节期间依托新浪微舆情大数据平台监测数据，黄山风景区以显著优势位于全省各景区热度指数排行第一，歙县、黟县和徽州区热度指数分别占据全省各县级市（区、县）第一、第二和第三，臭鳜鱼位居安徽美食热度指数第一。

### （四）黄山市游客满意度不断提高

自 2012 年以来，黄山市游客满意度持续提升，2013 年连续 6 个季度位居全国前三。近年来一直稳定在全国 60 个样本城市的前 10 之列，游客满意度高。

## 五　黄山市休闲和旅游业发展趋势与展望

综上所述，从 2015 年到 2017 年，黄山市第三产业占 GDP 的比重已超过 50%，而住宿餐饮业占第三产业 GDP 的比重只有 7% 左右，住宿餐饮业占黄山市 GDP 的比重只有 3.7% 左右。伴随着 2019 年 1 月 5 日杭黄高铁的开通以及黄山市休闲和旅游产业升级，在黄山市未来产业发展中，以休闲和旅游带动的第三产业占 GDP 的比重将会稳步上升。黄山市休闲和旅游业未来发展将以拓宽和提升休闲和旅游空间基础为前提，呈现重内涵、高质量，多元化、多类型，文化性、特色化三大趋势。

### （一）重内涵、高质量

从 2015 年到 2016 年，虽然黄山市旅游企业数量略有下降，固定资产投资也略有减少，但营业收入、利润额及利润率都在增加。这说明黄山市旅游企业在从粗放式、数量化发展方式转型为内涵式、质量化发展方式。旅游企业的发展方式是由旅游市场需求决定的，旅游市场需要有内涵、高质量的旅游产品，不论是黄山市当地居民还是外来旅游者，随着人们可支配收入的增加、休闲时间的增加、到达黄山交通更快速便捷以及人们对美好生活的追求与向往，未来黄山市休闲和旅游业发展更加注重旅游产品的深内涵、高品质确实是一个可贵的选择。

从政府角度来讲，则更需要制定一套推动黄山市休闲和旅游业内涵式发展的政策，例如：加强生态环境、自然环境、人文环境积极保护与合理开发；积极改善当地居民生活与休闲设施与条件；扩大招商引资，为相关休闲和旅游企业降低税负，对符合条件的休闲和旅游企业提供政府补贴；充分发挥黄山学院为黄山市培养输送相关人才与培训的优势，为休闲和旅游企业提供更多专业培训机会与交流合作平台；多媒体宣传黄山市休闲和旅游发展；等等。黄山从休闲和旅游企业角度，透析市场需求，因地制宜创新休闲和旅游产品与服务，为当地居民和外来旅游者提供更多、更新、更好的休闲和旅游产品。

### （二）多元化、多类型

目前，黄山市政府和旅游企业已经在探索多元化、多类型休闲和旅游业的发展上做出了许多努力，例如：在文化旅游方面已有的徽韵、宏村阿菊、《黄山映象》等文化旅游新产品；在休闲体育旅游方面已有861计划以及中国黄山国际登山大会、中国齐云山国际养生万人徒步大会、黟县国际山地车赛、黄山太平湖国际铁人三项精英赛和国际级游泳赛事等。这些旅游产品虽已形成了一定的影响力，但无论是深度和广度还是形成的经济效益、社会效益和生态效益都仍然有很大的提升空间。

受景区门票降价等因素影响，从2015年到2016年黄山市旅游景区营业收入减少12441.91万元人民币，下降率为27.18%。2019年1月5日杭黄高铁开通，更便捷快速的交通有助于黄山市客流量的增加，有利于黄山市旅游景区营业收入的增加。要从根本上增加黄山市旅游景区和旅游企业整体营业收入及利润，不仅需要吸引游客，提高可达性，更需要有内涵、高质量及多元化、多类型的休闲和旅游产品与服务留住游客，延长游客逗留天数。如前所述，黄山市国内游客平均逗留天数从2015年到2017年分别为1.48天、1.51天和1.58天，低于同年安徽省国内游客平均逗留天数1.54天、1.59天和1.64天。因此，黄山市休闲和旅游业发展以世界自然遗产和文化遗产吸引游客，以丰富多彩的文化旅游、康养旅游、休闲体育旅游、森林旅游和农业旅游等丰富当地居民的休闲生活，留住不同兴趣爱好的游客，实现"快旅慢游、游居融合"。

### （三）文化性、特色化

深厚的徽文化底蕴留给黄山市的不仅有黄山风景区和西递、宏村2处3个世界自然与文化遗产，还有20项国家级非物质文化遗产、71项省级非物质文化遗产，以及徽文化在建筑、医学、雕刻、盆景、剧目、绘画、餐饮等领域深远的影响，而这些也都是休闲和旅游发展的宏厚依托。

从2015年到2017年，黄山市国内游客平均每人花费中购物费233～249元，占人均旅游总花费的25%，这说明黄山市的旅游购物还是有一定吸引力的。因此，在现有基础上努力开发富有徽文化内涵的特色文创产品，就成为既能发展旅游又能弘扬徽文化的一大创新工程。从2015年到2017年，黄山市国内游客平均每人花费中餐饮费127～138元，占比12%。起源于歙县的徽菜是中国八大菜系之一，徽菜的形成自然与江南古徽州独特的地理环境、人文环境、风俗礼仪、时节活动、饮食习俗密切相关，因此进一步积极探索创新就成为黄山优化旅游六要素。为游客提供味美价廉的徽菜既能增加旅游餐饮销售收入，又能丰富游客的文化体验。

黄山市休闲和旅游业发展需要充分发挥深厚的文化底蕴优势，将文化要素融入多元化、多类型的旅游产品与服务中，例如：景区自助导游讲解、导游员的讲解及景区的标识和介绍中更多融入徽文化相关内容；为便于当地居民和外来旅游者更好更深地了解徽文化，开展以茶资源为主的农业旅游时，也可以将当地的茶文化融入其中；为丰富当地居民和外来旅游者的文化体验，在旅游土特产品和旅游纪念品的创新中融入更多文化元素，体现徽文化特色。

有关资料显示，2018年安徽全省进入中国城市GDP 100强的只有两座城市，一座是省会合肥市，一座是芜湖市。合肥市人口803万，2018年全市GDP 7822亿元（同比增长8.5%），居安徽省第1名、全国第26名；芜湖市人口370万，2018年全市GDP 3279亿元（同比增长8%），居安徽省第2名、全国第74名。作为地级市的安徽黄山，其经济力并不强，即使与全国城市GDP第100名的山东省枣庄市（人口392万，2018年GDP 2402亿元，居山东省第15名）相比，黄山市也有颇大的落差。如果从《中国城市统计年鉴》来看，在安徽的16个地级及其以上的城市中，黄山市的人口是最少的，它的GRP（地区生产总值，Pross Regional Product）也是16个城市中最少的；但是，近些年黄山市创造的人均地区生产总值却走在了安徽地级城市的前列，且更以自己并不太雄厚的人力和经济实力，在提升全市的休闲和旅游竞争力方面付出了极大的投入，从而使得它在生态环境要素竞争力方面、在生活环境要素竞争力方面、在景观资源要素竞争力方面、在文化资源要素竞争力方面、在休闲和旅游安全保障要素方面，都走在了全国许多城市的前列。从本文对黄山市的深入专题讨论中，不仅可以发现黄山市的确是本专题重点关注的诸多城市之一，而且它也确实有着许多值得全国城市思考和借鉴的地方。

# G.6
# 把握效率优势的展翅翱翔

## ——效率增强驱动名列前茅的深圳市

效率增强驱动竞争力研究组*

**摘　要：** 深圳市在此次城市休闲和旅游竞争力评价中居第6名，在效率增强驱动和创新与成熟度驱动板块也取得了突出成绩。研究发现：为有效提升城市休闲和旅游竞争力，深圳市着重从经济社会高质量发展、休闲和旅游优质供给、政府支持休闲和文化、推进城市建设等方面协同推进。本板块从效率增强驱动的视角出发，总结和思考深圳对休闲和旅游竞争力的增长做出的努力，以期为其他城市提供示范效应，推进城市休闲和旅游竞争力总体进程。

**关键词：** 效率增强　深圳　休闲和旅游竞争力

在本研究城市休闲和旅游竞争力的综合指数评价中，深圳市的表现很不一般，不仅进入了本研究"名列前茅30城"的行列，而且以639.20分的总分和效率增强驱动第3名、创新与成熟度驱动第6名的骄人成绩获得了"名列前茅30城"第6名的位置。联系到它近年来在《中国城市竞争力报告》的城市综合竞争力排行榜中连年独占鳌头，本板块决定从效率增强驱动第3名的业绩出发，对深圳有关休闲和旅游竞争力的增长做一些深度认识的思考。

---

* 本报告主要执笔人：王雅丽、石美玉。本文是对分报告第二部分关注城市深圳市的分析。

深圳又被称为"鹏城",是地处中国南部的滨海城市,东西两面临水,南部毗邻香港,北连东莞和惠州。面积1997.47平方公里,海洋水域总面积1145平方公里。共辖10个行政区,包含大鹏新区。深圳极具包容性,建市以后人口实现了大规模增长,已经包含56个民族,截至2019年末,常住人口高达1343.88万。

深圳1979年建市,1980年被设为经济特区,是中国第一个经济特区。作为经济改革开放的重要窗口,深圳市经济发达,地理位置独特,拥有得天独厚的休闲和旅游资源及众多的休闲与旅游场所和设施,对休闲和旅游业的发展具有良好的推动作用。深圳是中国重要旅游城市之一、重要的旅游创汇基地,早在20世纪,深圳市就已凭着环境、资源、设施和服务的成绩获得了"中国优秀旅游城市"的荣誉称号,而国家有关部门授予其"国家卫生城市""国家园林城市""国家环保模范城市""全国文明城市"时它所具有的良好基础,还有民间机构对其城市发展的肯定之处,都推动着休闲和旅游业在深圳城市发展中发挥着重要作用。

## 一 经济社会发展持续向好,助力休闲和旅游发展

深圳作为中国首个经济特区,经过40年的改革发展,其经济获得了飞速发展。近五年来,深圳市地区生产总值逐年增长,增速保持在7%以上。据《深圳市2018年国民经济和社会发展统计公报》统计,2018年深圳市地区生产总值达到24221.98亿元,比上年增长7.6%。人均地区生产总值189568元,比上年增长3.2%,按2018年平均汇率折算为28647美元,[1] 居民人均可支配收入增长8.7%,[2] 近五年来深圳市地区生产总值及变化如图1所示。

在本报告的50个样本城市中,2014~2018年,深圳市地区生产总值保

---

[1] 《深圳市2018年国民经济和社会发展统计公报》,深圳政府在线,2019年4月29日。

[2] 深圳市市长陈如桂2020年1月8日在深圳市第六届人民代表大会第八次会议上所作的《深圳市2019年政府工作报告》。

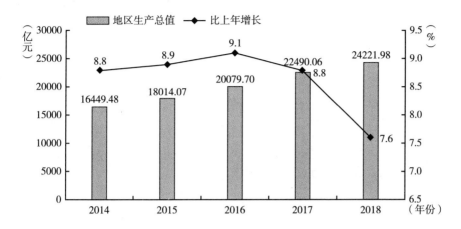

**图1　2014～2018 年深圳市地区生产总值及变化**

注：按当年价格计算。

持在前 5 名，其中，2014～2016 年排在第 4 名，2017～2018 年排在第 3 名。2018 年深圳市实现地区生产总值 24221.98 亿元，经济总量居亚洲城市前 5 名，在国内仅次于北京和上海，如表 1 所示。

**表1　2018 年地区生产总值前 5 名的城市**

单位：亿元

| 排名 | 城市 | 2018 年 GDP |
| --- | --- | --- |
| 1 | 上海 | 32679.87 |
| 2 | 北京 | 30319.98 |
| 3 | 深圳 | 24221.98 |
| 4 | 广州 | 22859.35 |
| 5 | 重庆 | 20363.19 |

资料来源：各城市《2018 年国民经济和社会发展统计公报》。

经济发展与休闲和旅游发展相互促进。首先，经济稳步发展是推动休闲和旅游发展的重要因素之一。一方面，随着经济发展，居民的人均可支配收入不断增长，促进市民消费水平的提升，促使国内以及出境休闲和旅游需求旺盛；另一方面，从供给的角度，经济发展促进本市的基础设施以及服务设施日趋完善，积极打造休闲和旅游服务空间，营造城市的休闲和旅游环境氛围，可供选择的休闲和旅游产品也逐渐增加。其次，休闲和旅游产业发展提供了就业机会，带动地方经济发展，提高了居民收入。同时，休闲和旅游收入又可以用作休闲和旅游服务设施的完善与休闲和旅游产品的打造。

深圳是中国重要的旅游目的地、客源地和出境旅游集散地之一，旅游业发展不断实现新突破，旅游产业体系日臻完善。深圳市在《孤独星球》发布的"2019 年世界十大最佳旅行城市"榜单中位列第二，被世界旅游业理事会列为全球十大旅游城市之一。① 近年来，深圳市旅游总收入、国内过夜游客持续增加，入境过夜游客国际旅游收入稳居全国前列（见表 2）。深圳市不仅接待了大量游客，而且，旅游需求也相当旺盛，仅出境旅游就保持在 2.4 亿人次以上。

表 2　2014～2018 年深圳市旅游发展情况

| 年份 | 旅游总收入（亿元） | 入境过夜外国人（万人次） | 入境过夜港澳同胞（万人次） | 入境过夜台湾同胞（万人次） | 国内过夜游客（万人次） | 一线口岸出境人数（亿人次） |
|---|---|---|---|---|---|---|
| 2014 | 1091.7 | 161.1 | 979.4 | 41.7 | 3808.9 | 2.35 |
| 2015 | 1244.8 | 164.7 | 1011.7 | 42.3 | 4156.5 | 2.39 |
| 2016 | 1371.0 | 168.3 | 963.2 | 39.7 | 4524.6 | 2.39 |
| 2017 | 1485.5 | 177.6 | 988.2 | 41.3 | 4815.0 | 2.42 |
| 2018 | 1609.0 | 173.0 | 1009.4 | 37.9 | 5187.7 | 2.52 |

资料来源：根据 2014～2018 年《深圳市国民经济和社会发展统计公报》整理。

## 二　聚焦休闲和旅游优质供给，深耕幸福产业

休闲和旅游服务空间是休闲和旅游产业发展的必要条件，也是基础条件。城市休闲和旅游服务空间或者场所的打造、休闲和旅游服务接待能力的高低，以及休闲和旅游产品能否满足人们的需求，是决定休闲和旅游产业发

---

① 《深圳市文体旅游局 2018 年工作总结》，2018。

展的重要因素。深圳市在休闲和旅游城市竞争力中表现出色，得益于深圳市重视城市休闲和旅游服务空间的打造、休闲和旅游产品的供给及接待能力的提升。休闲和旅游产业作为幸福产业迅速发展，其发展要顺应社会需求，满足人民对美好生活的向往，聚焦优质供给，全面推动休闲和旅游产品品质与服务升级。

## （一）旅游企业持续增加，休闲和旅游服务升级

在50个样本城市中，深圳市休闲和旅游服务接待能力排在第三。据统计，2016年深圳市星级饭店、景区以及旅行社企业共有759家，总营业收入3078818.81万元，从业人员达到了48236人，全员劳动生产率每人203.82万元。伴随着深圳市休闲和旅游行业的快速发展，旅行社、A级景区、星级酒店、绿色饭店的数量也在持续增加，为休闲和旅游接待运行提供了基础保障。到了2019年，根据深圳市政府数据开放平台统计，旅行社1057家、3A级及以上景区16家、星级酒店149家、绿色饭店339家（见表3）。在休闲和旅游业快速发展的背景之下，为满足人们不断变化的需求，各种类型的休闲和旅游企业不断增加，逐渐丰富了专业化、特色化的休闲和旅游服务。

### 表3  2019年深圳市旅游企业数量

单位：家

| 企业类型 | 类别 | 数量 |
|---|---|---|
| 旅行社 | 旅行社 | 1057 |
| A级景区 | 5A级 | 4 |
| | 4A级 | 7 |
| | 3A级 | 5 |
| 星级酒店 | 五星级 | 40 |
| | 四星级 | 34 |
| | 三星级 | 59 |
| | 二星级 | 16 |
| 绿色饭店 | 绿色饭店 | 339 |

资料来源：根据深圳市政府数据开放平台统计数据整理。

## （二）拓展休闲和旅游服务空间，提升核心吸引力

城市休闲和旅游服务空间具有旅游、休闲和娱乐三个主要的功能性特征。随着人们对休闲和旅游等各方面需求的升级，休闲和旅游供需之间产生了矛盾。在这种矛盾之下，深圳市很早就开始了探索的步伐，休闲与旅游服务空间也随之发生了变化。深圳市的休闲和旅游服务空间有两种类型：第一种类型是政府部门提供的非营利休闲和旅游服务空间，包括图书馆、博物馆、文化广场等；第二种类型是个人或企业以营利为目的开发的休闲和旅游服务空间，如娱乐场所、演出场所、艺术品经营等。

深圳市休闲和旅游服务空间呈现出数量大、种类多、多元化的特征。据深圳市政府数据开放平台对休闲和旅游业的调查，截至 2019 年，据不完全统计，深圳市休闲和旅游服务空间总量达到了 2461 个，涉及文化类场馆、体育场馆、演出场所、娱乐场所、景区等。深圳市政府数据开放平台对深圳市休闲和旅游服务空间的调查统计如表 4 所示。

表 4　深圳市休闲和旅游服务空间一览

单位：家（个）

| 休闲和旅游服务空间类型 | 数量 |
| --- | --- |
| 文化产业园区 | 61 |
| 文化馆 | 15 |
| 文化站 | 61 |
| 博物馆 | 50 |
| 文化广场 | 830 |
| 图书馆 | 310 |
| 自助图书馆 | 245 |
| 市级文物保护单位 | 37 |
| 省级文物保护单位 | 13 |
| 市级以上文化遗产项目 | 60 |
| 文艺表演团体 | 68 |
| 艺术品经营单位 | 132 |

| 休闲和旅游服务空间类型 | 数量 |
|---|---|
| 演出场所和机构 | 25 |
| 美术馆 | 11 |
| 娱乐场所经营单位 | 863 |
| 游艺娱乐场所经营单位 | 51 |
| A 级以上景区 | 16 |
| 公共体育场馆、健身场地设施 | 28 |

资料来源：根据深圳市政府数据开放平台统计数据整理。

## （三）丰富休闲和旅游产品，满足多元化需求

随着人们需求的变化，深圳市不断完善休闲和旅游产品体系。目前主要的产品类型包括主题公园、都市休闲购物、山海生态文化度假、生态运动休闲以及邮轮旅游，其中深圳主题公园创新发展和邮轮旅游的联动发展模式具有借鉴意义。

### 1. 主题公园创新发展

在中国的主题公园发展历史上，深圳拥有重要地位，是我国主题公园开发最早也是最成功的城市。据统计，2017 年 1 月深圳市已建成各类公园 911 个，是全国公园最多的城市之一，被人们称为"主题公园之城"。

在《2018 年全球主题公园报告》中，中国华侨城集团、华强方特占据了第四名和第五名，是中国乃至世界主题公园的引领者。从主题特色来看，目前深圳的主题公园主题丰富、特色鲜明，涵盖了微缩景观、民俗文化、音乐、宠物社区、岩石、交通、爱情、山地、植物、湿地、儿童、古风、婚恋、童年、龙图腾、党建、消防等。这些主题公园不仅满足了人们的需求、丰富了人们的生活，而且为休闲和旅游的发展奠定了基础。此外，深圳依托主题公园举办旅游节庆等活动，吸引游客。2018 年，华侨城组织了覆盖全国 50 个城市的首届"华侨城文化旅游节"，并在旗下景点举办了系列特别活动，促使华侨城主题公园游客量

普遍增加。

在《2019 中国主题公园竞争力指数报告》中，42 座被监测的主题公园 2018 年全年合计接待游客 7927.3 万人次，合计营业收入 12287 亿元。[①] 其中深圳市有 4 个主题公园综合评价排名位列前十，分别是东部华侨城、世界之窗、深圳欢乐谷、深圳锦绣中华民俗村。深圳市主题公园迅猛发展，增强了地区的旅游竞争力，推动了城市发展。

这座"千园之城"不断探索，创新旅游商业模式，创建主题公园产业集群。建立了"天然公园—城市公园—社区公园"三级公园体系，做到了"出门见绿、500 米见园"。华侨城以"旅游 + 地产"的核心竞争优势，积极探索"文化 + 旅游 + 城镇化"发展模式和"旅游 + 互联网 + 金融"补偿模式的双驱动创新发展模式。[②] 以"旅游 +"为契机，积极拓展旅游产业的横向发展空间，在国内创造出中国第一个大型旅游文艺晚会、第一个主题酒店、第一个主题公园产业群等，[③] 成为深圳主题公园旅游企业的新方向。深圳另一主题公园巨头华强方特，在"文化 + 科技"经营理念指导下，在文化上深耕细作，在科技上攻克难坚，形成了 3000 多人组成的创意院、研究院和设计院团队，共同承担科技产业的研发与设计工作，挖掘文化内容，创新项目表现形式，同时开发技术设备并对园区进行包装，形成了主题乐园"创研产销"的一体化产业链。[④] 华强方特是目前国内唯一拥有成套设计、制造、出口大型文化科技主题乐园的企业，开创了中国文化科技主题乐园"走出去"的先河（见表 5）。

---

① 中国主题公园研究院：《2019 中国主题公园竞争力指数报告》，指数网，2019 年 11 月 22 日，http：//www. comrc. com. cn/news/871. html。

② 《造梦者们：广东主题公园旅游的发展启示》，搜狐新闻，2016 年 9 月 19 日，http：//news. sohu. com/20160919/n468741644. shtml？qq – pf – to = pcqq. c2c。

③ 《〈深圳主题公园发展及创新研究〉课题成果简介》，深圳市哲学社会科学规划课题成果，深圳社科网，2012 年 4 月 23 日。

④ 《文化 + 科技华强方特创新主题乐园发展模式》，新华网，2018 年 9 月 3 日，https：//www. fantawild. com/newslist/show/5420. htm。

表5　全球排名前十的主题公园集团

单位：%，人次

| 排名 | 公司名称 | 所属国家 | 增速 | 2018 年游客量 | 2017 年游客量 |
|------|----------|----------|------|---------------|---------------|
| 1 | 迪士尼集团 | 美国 | 4.9 | 157311000 | 150014000 |
| 2 | 默林娱乐集团 | 英国 | 1.5 | 67000000 | 66000000 |
| 3 | 环球影城娱乐集团 | 美国 | 1.2 | 50068000 | 49458000 |
| 4 | 中国华侨城集团 | 中国 | 15.1 | 49350000 | 42880000 |
| 5 | 华强方特 | 中国 | 9.3 | 42074000 | 38495000 |
| 6 | 长隆集团 | 中国 | 9.6 | 34007000 | 31031000 |
| 7 | 六旗集团 | 美国 | 5.3 | 32024000 | 30421000 |
| 8 | 雪松会娱乐公司 | 美国 | 0.7 | 25912000 | 25723000 |
| 9 | 海洋世界娱乐集团 | 美国 | 8.6 | 22582000 | 20798000 |
| 10 | 团圆公园集团 | 西班牙 | 1.5 | 20900000 | 20600000 |
| 2017~2018 年全球排前 10 位的主题公园集团总游客量增长率 | | | 5.4 | 501228000 | 475767000 |

资料来源：《2018 全球主题公园和博物馆报告》。

2."邮轮 +"联动发展

深圳是中国最早的经济特区，毗邻港澳，辐射东南亚，经济发达，居民消费能力强，旅游市场规模大，具有发展邮轮旅游得天独厚的条件。相对于传统的旅游方式，新兴的邮轮旅游被称为移动的"海上度假村"。2017 年加快建设中国邮轮旅游发展实验区，"海上看深圳"游船旅游项目正式运营。太子湾邮轮母港开辟日本、新加坡等 5 条国际新航线和台湾航线，构建邮轮产业体系，发展水上客运和近海观光旅游，游客可以从海上的独特视角感受"深圳速度"，领略大湾区和海上丝绸之路的风貌及深圳的独特魅力。

太子湾邮轮母港创新"邮轮 +"模式，深圳市在发展邮轮旅游时从宣传、营销发力，推进邮轮文化走出深圳。首先，在宣传上整合 OTA 和旅行社代理商，创新"邮轮 + 飞机""邮轮 + 高铁""邮轮 + 巴士""邮轮 + 渡轮"的整合销售模式。其次，探索资源跨界整合营销，打造了"邮轮 + 主题活动"的营销新体系。最后，通过旅行大巴与"渡轮 + 邮轮"的便捷转运，创新水陆结合的交通接驳新模式。① 通过"船、港、城、游、购、娱"联动发展，把太子湾邮轮母港打造为出入境游客向往的特色旅游区域。2017年太子湾邮轮母港邮轮游客突破18.9万人次，② 接待游客量跃居全国第四位。2018年接待邮轮船次和游客数量迅速增长，接待邮轮89艘次，出入境旅客吞吐量增长了1倍，达36万人次。③

"邮轮经济"是深圳亮丽的新名片，扩大了深圳休闲旅游对外开放程度，提高了深圳休闲旅游竞争力。发展邮轮旅游是深圳旅游产品供给的重大拓展，自然也为深圳供给侧结构性改革增添了浓墨重彩的一笔。

# 三 政府为公众休闲和文化买单，公益演出异彩纷呈

休闲和旅游空间或场所内呈现的可供市民和游客参与的休闲和旅游活动，是休闲和旅游产业持续健康发展的助推器。从免费开放文化场馆到举办公益演出系列活动，深圳不断为市民创造休闲机会，打造深圳知名文化品牌。深圳配套完善的公益文化基础设施，以及多样化的文化类公益演出系列活动，丰富了人们的休闲和娱乐生活，使文化得到了传承。同时，也增加了城市的旅游吸引力。免费系列是深圳市休闲的一大亮点，政府为公众休闲和文化消费买单，为其他城市休闲和旅游发展提供了样板。

## （一）公共文化服务空间星罗棋布，休闲旅游增添新去处

为丰富市民的休闲生活，满足市民和游客对休闲与旅游的需求，让文化服务和休闲服务惠及广大市民群众，2007年3月1日，深圳在全国率先推出包括图书馆、博物馆、美术馆、群艺馆等市属公益性文化场馆的全面免费

---

① 广州日报数据和数字化研究院（GDI智库）：《邮轮经济发展报告（2019）》，2019年11月14日。
② 《深圳市文体旅游局（新闻出版广电局、文物局）2017年工作总结》。
③ 《邮轮经济发展报告（2019）》，2019年11月14日。

开放服务，使全市的公益文化场馆公共服务正式进入"零门槛"时代。2008年起深圳基层文化场馆陆续免费开放，随后，推出免费艺术培训、文物鉴定、观摩艺术演出等活动，大力拓展了公益文化服务内容。

据统计，截至2016年深圳共建成文化馆（站）69个、公共图书馆（室）621个、1000平方米以上的文化广场381个、博物馆36个、美术馆11个，[①] 形成了遍布全市的公共文化设施网络。构建了"一公里文化圈""十分钟公共文化服务圈""十分钟公共图书馆服务圈"等服务网络，"文化聚落"遍布各区，为市民和游客带来了福利。

## （二）公益演出系列活动，打造公益演出文化品牌

除了公共文化服务空间，还必须有高质量的内容资源和系列活动。从2009年起，深圳市委宣传部与文体旅游局积极探索与尝试，联合深圳剧院、深圳音乐厅和深圳文化馆等多部门与企业，共同举办了"艺术大观""戏曲交响乐""美丽星期天""音乐下午茶""粤剧在周末""周末剧场"等公益演出系列活动。

除音乐类公益表演之外，深圳市委宣传部与文体旅游局还推出了戏曲艺术和综合类表演，在丰富市民文化生活的同时，推动了传统文化的普及与传承。粤剧素有"南国红豆"之称，是岭南地区首个世界级非物质文化遗产。"粤剧在周末"不仅丰富了市民文化生活，而且加深了市民对非遗文化的认知，推动了粤剧文化的普及与传承，现已成为深圳乃至广东地区较为重要的大型粤剧公益文化活动之一。

据统计，"美丽星期天"共举办了300多场，惠及近40万观众，[②] 成为全国规模最大、持续时间最久的公益项目，也是深圳市家喻户晓的文化品牌。截至2016年，"戏曲交响乐"已陆续推出24场免费演出，惠及观众约

---

① 《文化场馆更多了　公益活动更丰富》，深圳市文体旅游局，2016年1月6日，http://wtl.sz.gov.cn/xxgk/qt/whsy/201601/t20160108_3422244.htm。

② 深圳市政府数据开放平台统计，https://opendata.sz.gov.cn/data/search/toSearch。

2万人次。① 从2007年到2017年，"周末剧场"历经10年，有400多个国内外专业院团及本土民间文艺社团参与演出500多场，观众达20万人次，②演出内容包括音乐、舞蹈、魔术、曲艺、戏剧、非物质文化遗产等（见表6）。

表6　休闲和旅游活动

| 活动名称 | 时间 | 演出性质 | 主办方 | 承办方 |
| --- | --- | --- | --- | --- |
| 周末剧场 | 2007年 | 公益 | 深圳市委宣传部、文体旅游局 | 深圳文化馆 |
| 美丽星期天 | 2007年 | 公益 | 深圳市委宣传部、文体旅游局 | 深圳音乐厅 |
| 音乐下午茶 | 2009年 | 公益 | 深圳市委宣传部、文体旅游局 | 深圳音乐厅 |
| 艺术大观 | 2012年 | 公益 | 深圳市委宣传部、文体旅游局 | 深圳大剧院和深圳天利时代演出策划有限公司 |
| 戏曲交响乐 | 2014年 | 公益 | 深圳市委宣传部、文体旅游局 | 深圳戏院 |
| 粤剧在周末 | 2015年 | 公益 | 深圳市委宣传部、文体旅游局 | 深圳戏院 |

资料来源：根据深圳市政府数据开放平台统计数据整理。

深圳市公益文化品牌不断发展壮大，叫响全国，不仅为市民呈现了一场文化盛宴，满足了市民的文化欣赏需求，而且使整座城市更具文化气息，成为深圳独特的休闲和旅游吸引力。

### （三）完善体制机制，公益文化持续推行

深圳不断完善公益文化体制机制，保障公益文化活动持续进行。2003年，深圳市委、市政府提出了"文化立市"的战略，引领深圳走上一条文化发展的新路子。2015年，深圳市在全国文化系统首次组建"深圳市文化联盟"。③ 在文化联盟的框架下，打通各区文化场馆壁垒，融合区域公益文

---

① 深圳市政府数据开放平台统计，https：//opendata. sz. gov. cn/data/search/toSearch。
② 深圳市政府数据开放平台统计，https：//opendata. sz. gov. cn/data/dataSet/toDataDetails/29200_01600357#。
③ 《文化场馆更多了　公益活动更丰富》，深圳市文体旅游局，2016年1月6日，http：//wtl. sz. gov. cn/xxgk/qt/whsy/201601/t20160108_ 3422244. htm。

化场馆资源，更好优化配置公共文化资源，创造更大的社会效益。深圳还对免费开放的文化场馆给予专项经费补贴，2015 年投入"三馆一站"免费开放奖励经费 219 万元。[1] 推行了高雅艺术演出票价补贴机制，建立了文化义工机制，借鉴国外及香港、台湾地区经验，招募文化义工，为公益文化场馆提供辅助服务。目前，深圳已经初步建立了设施齐全、产品丰富、机制健全的公共文化服务体系，文化设施和服务领跑全国。

## 四 全面推进城市建设，唱响全域休闲旅游好声音

深圳自然资源丰富，有被中国国家地理杂志评为"中国最美的八大海岸线"之一的大鹏半岛。深圳建成了锦绣中华民俗文化村等一批文化旅游景区。目前，城市休闲和旅游的发展除了依靠传统的自然和人文旅游资源之外，宜居、和谐、生态、信息、安全等方面都可以成为城市休闲和旅游的吸引力，为休闲和旅游产业发展营造环境氛围。同时，这些方面的建设有利于发展休闲和旅游，打造城市旅游目的地。近年来，深圳市重视休闲和旅游环境氛围的营造，在宜居城市、生态城市以及信息城市等休闲和旅游环境建设方面取得了显著成效。

### （一）宜居城市

近年来，深圳在文化、环境、教育、基础设施等各领域高质量、高速度发展，在《2018 年全球宜居城市指数报告》中，居全球宜居城市第 82 名。[2] 国内学者也对宜居城市竞争力进行了评价，如宜居城市的竞争力可以从优质的教育资源、健康的医疗环境、安全的社会环境、绿色的生态环境、舒适的居住环境、便捷的基础设施和活跃的经济环境几个方面综合评价。[3] 在《中

---

[1] 《深圳"文化惠民"工程深入推进》，《深圳特区报》，人民网，2016 年 6 月 2 日，http://sz.people.com.cn/n2/2016/0602/c202846-28441375.html。

[2] 英国"经济学人智库"：《2018 年全球宜居城市指数报告》，2018 年 8 月 14 日。

[3] 倪鹏飞主编《中国城市竞争力报告 No.16》，中国社会科学出版社，2018。

国城市竞争力报告 No. 16——40 年：城市星火已燎原》中，2017 年深圳宜居城市竞争力在全国排第 10 名，其指数与同年位居深圳之前的几座城市，如无锡、杭州、广州、南通、南京以及镇江、宁波比较起来，深圳宜居城市竞争力指数与其这些年来城市综合经济竞争力的连年全国第一是不太相称的。

或者正是基于对本市宜居竞争力不足的认识，深圳市提出了"加快建设美丽深圳，打造更加和美宜居的城市环境"，以宜居城市为基础建设休闲和旅游城市，积极促进城市休闲旅游和美好宜居城市建设融合发展。

如大力推进"四季花城、生态花城、人文花城"建设，增加城市绿化层次和色彩，丰富城市文化内涵和底蕴，截至 2019 年底，深圳已建成绿道2400 余公里。

又如深圳市城管局公布的《深圳市打造"世界著名花城"三年行动计划（2017～2019）》中提出，2020 年之前全市要建成 30 条以上的"花卉景观大道"、20 个以上的"花卉特色公园"、222 个花漾街区、444 个街心花园，突出打造深南路、益田路、前海路、光明大道等花卉景观大道。深圳公园众多，2019 年已经完成了"千园之城"的目标。深圳美化面积超过了45%，市民人均享受公园绿洲面积达到 17 平方米。这个"绿化之城"的空气质量也非常好，"深圳蓝"已经变成城市亮丽的名片。便捷的交通网络、发达的医疗、高质量的教育以及优质的公共服务让生活在这座城市的人更具有归属感和幸福感。深圳围绕宜居城市建设所做出的努力不仅为市民提供了良好的居住环境，而且正在逐渐内化为深圳的休闲和旅游吸引力。

历经 40 年，深圳从一座边陲农业县迅速崛起，成为城市功能完备的现代化国际化超大城市，拥有世界级集装箱枢纽港、亚洲最大陆路口岸、中国第五大航空港，荣获全国文明城市、联合国教科文组织创意城市网络"设计之都"等称号，正在成为开放包容、法治昌明、崇德向善、宜居宜业宜游城市。①

---

① 《深圳市审计局 2018 年度绩效审计工作方案》，深圳政府在线，2018 年 6 月 8 日，http：//www. sz. gov. cn/cn/xxgk/zfxxgj/sjbg/content/post_ 1365136. html。

如果从上面中国社科院财经战略研究院近几年《中国城市竞争力报告》宜居城市竞争力的连续分析来看，深圳市在惠及民生的舒适的生活环境、安全的社会环境、便捷的基础设施、健康的医疗环境方面，都还有继续努力的较大空间。如果从深圳市普通劳动者的反映来看，深圳的居住、交通、宜人度和价格还有进一步向普通劳动者靠近的空间。

## （二）生态城市

深圳市生态文明建设工作取得显著成效。《中国城市竞争力报告 No. 16》中对中国 289 个样本城市竞争力进行评估时，深圳市在生态城市竞争力这一指标中排第 8 名。[①] 深圳市生态城市竞争力取得的傲人成绩，与其在生态环境方面的工作是密不可分的。深圳市在生态文明考核中领先其他省市，2018 年，深圳市已有 6 个区荣获"国家生态区""国家绿色生态示范城区""国家水土保持生态文明区"的称号，还获得第一批"国家生态文明建设示范区"称号。深圳市还十分重视生态与旅游之间的关系，在国家生态旅游示范区、生态工业园区、生态街道、宜居社区等方面的建设中取得了不错的成绩。除此之外，全市共有 6 个项目获评中国人居环境范例奖，30 个项目获评广东省宜居环境范例奖。[②]

1. "无废城市"建设

2019 年深圳入选"无废城市"建设试点。"无废城市"以新发展理念为引领，是一种新型城市发展模式，也是一种先进的城市管理理念。[③] 建设"无废城市"的主要方法是通过推动绿色发展方式和生活方式，采用源头控制和资源化利用方式把固体废物对环境的影响降到最低。"无废城市"是建设先行示范区和强国城市范例的重要支撑，是打造美丽湾区的必然要求，是经济高质量发展和生态环境高水平保护协调、可持续发展的必由之路。

深圳不仅让垃圾变废为宝，在处理城市垃圾、提供清洁能源的同时，

---

① 倪鹏飞主编《中国城市竞争力报告 No. 16》，中国社会科学出版社，2018。
② 《深圳荣膺全国"无废城市"建设试点》，《深圳特区报》2019 年 5 月 14 日。
③ 《深圳荣膺全国"无废城市"建设试点》，《深圳特区报》2019 年 5 月 14 日。

还将能源生态园建设成垃圾处理、科普教育、工业旅游、休闲娱乐四位一体的综合体。如龙岗能源生态园、南山能源生态园、盐田能源生态园等，不仅解决了垃圾处理的难题，而且为人们提供了休闲和旅游场所。"无废城市"建设为深圳生态环境建设提供了新思路，深圳市力争在"无废城市"建设上发挥引领作用，通过"生活垃圾处理＋科普教育＋工业旅游＋休闲娱乐"四位一体现代化环保建设，[①] 为全国提供可复制、可推广的示范模式。

2. "绿水青山就是金山银山"实践创新基地

近年来，深圳市南山区全力攻坚污染防治，环境改善和生态建设并重，提升城区核心竞争力。成功入选第三批"绿水青山就是金山银山"实践创新基地名单，也是全国唯一上榜的产业高度聚集城市中心区。2018 年深圳市灰霾天数仅有 20 天，相比 2004 年减少了 167 天；PM2.5 年均浓度也在不断降低，已率先达到世界卫生组织第二阶段的标准。2018 年森林覆盖率达 35.2%，绿化覆盖率高达 50% 以上，公园共计 135 个，平均每万名常住人口拥有一个公园。[②]

深圳市南山区勇开国内先河，将"绿水青山"转化成"金山银山"，以"文化＋自然＋旅游"为特色，建设华侨城都市生态旅游主体公园集群；将岭南特色生态产品——南山荔枝作为媒介，持续打造南山荔枝文化旅游节，通过旅游节庆活动塑造全国闻名的生态品牌；另一举措则是"串珍珠为项链"，将深圳湾滨海长廊、红树林自然保护区、华侨城湿地、大沙河生态长廊、人才公园等生态节点有机串连形成特色旅游线路，并实行生态惠民的政策，免费向全体市民开放；深圳市将环境改善和生态建设紧密联系起来，打造"南山蓝"的蓝天白云、公园之城、海湾之滨及滨海红树林湿地，提升城区核心竞争力，吸引高科技研发产业和高端人才集聚，

① 《"无废城市"重新定义生态深圳》，东方网，2019 年 8 月 13 日，http：//news. eastday. com/eastday/13news/auto/news/china/20190813/u7ai8750674. html。

② 《深圳市南山区入选全国第三批"绿水青山就是金山银山"实践创新基地》，《深圳特区报》2019 年 11 月 15 日。

建设科技强区、经济强区，成功探索出一条高度发达中心城区绿水青山转化路径。①

## （三）信息城市

深圳是创新力之城，持续推进以科技创新为核心的全面创新，科技创新是深圳市信息城市的核心竞争优势。在本报告的 50 个样本城市中，深圳信息城市竞争力排在第 4 名。深圳信息城市的优势体现在两个方面：第一，利用现代科技手段打造旅游项目；第二，将信息科技应用于休闲和旅游公共服务。

2016 年，深圳市以现代科技为手段，以文化传承与创新为内容，以虚拟现实、影视互动等游乐体验为园区形态，打造"卡乐世界·OCT 华侨城"主题体验园，将文化、艺术与现代科技完美结合，打造具有完全自主知识产权的新一代文化旅游科技体验园。这种形式的主题体验园文化内容丰富、形式新颖，参与性和体验性也更强。

2019 年，深圳东部华侨城国家级旅游度假区携手中国移动深圳分公司举办 5G 战略合作签约仪式，联合启动深圳首个"5G 智慧度假区"建设，充分发挥 5G 网络、物联网、大数据等信息技术手段，结合东部华侨城度假区实际情况，在"管理、服务、经营、安全"四大方向开展信息化工作，努力打造城市信息化、管理一体化、服务优质化、安全精细化四化合一的国家级旅游度假区。② 实现一部手机游东部的愿景，将盐田区生态旅游名片推向世界。

深圳市文体旅游局为服务市民及游客，2018 年末上线"深圳游客中心"手机版，采聚了深圳旅游全方位资讯，不仅为市民及游客在鹏城游玩提供了便利，而且彰显了深圳文体旅游公共服务的便捷与智慧。只要登录"深圳游客中心"就可获游玩指南，"吃、住、行、游、购、娱"等全方位信息应

---

① 《打造大型文旅科技项目》，《晶报》2016 年 7 月 28 日。
② 《东部华侨城打造深圳首个 5G 智慧度假区》，东部华侨城公众号，2019 年 8 月 20 日。

有尽有①。

近年来，深圳市文体旅游局全面推进数字化建设，搭建多方位的服务产品，提升智慧服务水平。现已拥有"深圳文体通""深圳公共文化""数字博物馆""数字文化馆""深圳群体荟""数字图书馆"等多方位的服务产品，大大提升了公共文体休闲旅游服务水平。

历经几十年的发展，深圳在休闲和旅游城市建设与发展上取得了很大的成就。公共文化服务体系不断健全，文化产品、设施及服务领跑全国。荣获全国文明城市、联合国教科文组织创意城市网络"设计之都"等称号，逐渐发展成为宜居宜业宜游城市。早在 2010 年，深圳就被美国《纽约时报》评为 2010 年"全球旅游者必到的 31 个旅游目的地"之一。② 2018 年深圳被世界旅游业理事会（WTTC）列为全球十大旅游城市。③ 深圳旅游产业迅速发展，多次被主流媒体和旅游发展组织列入全球旅游榜单。

深圳在休闲和旅游城市建设方面的做法及取得的成功，给我们带来了重要的启示。首先，创新驱动是深圳休闲和旅游发展的灵魂，在传统主题公园发展的基础上积极探索"文化＋旅游＋城镇化"发展模式和"旅游＋互联网＋金融"补偿模式的双驱动创新发展模式，走出了一条独具特色的主题公园发展之路，体现出供给侧改革的动力。其次，优化供给是深圳休闲和旅游发展的关键，关注人们休闲和旅游需求，并随着需求的变化，不断更新休闲和旅游产品，创造新的经济增长点，就找到了可持续发展关键。再次，政企合作是深圳休闲和旅游发展的共赢之路。政府与企业集中发力，公益文化演出深化普及，为市民提供文化盛宴，打造公益文化演出品牌，从而实实在在地发挥了公共服务对全社会的普惠作用。最后，全面推进城市建设是深圳向全域旅游和休闲转变的助推器，不仅生态城市、信息城市等城市建设是休闲和旅游的重大推力，而且惠及本市居民的宜居城市的不断优化，更是步入

---

① 《文体旅游数字化服务水平全面提升》，《深圳特区报》2018 年 12 月 27 日。

② 《〈纽约时报〉：全球旅游必到深圳　全球 31 个旅游胜地推荐中深圳》，《南方都市报》2010 年 1 月 14 日。

③ 世界旅游业理事会：《2018 年城市旅游和旅游业影响》。

全域旅游和休闲时代的关键。

　　遗憾的是，因为在课题组进行全国城市休闲和旅游竞争力研究时是统一采集的 2016 年的截面数据，以致深圳市近些年的新发展未能够在已经完成的总报告和分报告中得到充分反映。这里，本专题研究特选取深圳作为效率增强驱动板块的关注城市，正好可以对飞速发展的深圳市的竞争力进行有意义的补充。

# G.7

# 从"西湖旅游"盛名走向
# "休闲杭州"的实践

## ——创新与成熟度驱动名列前茅的杭州市

创新与成熟度驱动竞争力研究组 *

**摘　要：** 历史文化名城杭州，自然人文资源丰富，西湖景观独一无二。
早在 20 世纪 80 ~ 90 年代，杭州就以西湖景观为主要旅游产
品，发展成为蜚声海内外的著名旅游目的地。然而，杭州并
未止步于西湖旅游。21 世纪初，杭州围绕"国际重要旅游休
闲中心"的发展定位，借助"巧实力"，通过产业培育提升
休闲与旅游的城市环境和氛围，以大区域思维拓展旅游发展
空间，通过持续推动休闲与旅游产业的融合发展，在产品业
态创新和公共服务提升上下功夫，从而形成了今天休闲与旅
游多元产品令人向往的局面。

**关键词：** 创新与成熟度驱动　西湖旅游　休闲杭州

在本研究城市休闲和旅游竞争力的综合指数评价中，杭州市的成绩
特别突出，不仅以综合指数 686.01 分的高分进入本研究"名列前茅 30
城"的行列，而且是"名列前茅 30 城"的第 3 名。在本研究竞争力的
三个驱动板块中，它都是走在前列的"10 强城市"之一（基本要素驱动

---

　* 本报告主要执笔人：季少军。本文是对分报告第三部分关注城市杭州的分析。

的第 2 名，效率增强驱动的第 7 名，创新与成熟度驱动的第 5 名）。杭州之所以能够如此，的确有着不少可圈可点的地方。因此，本板块决定在创新与成熟度驱动的研讨中，对杭州有关休闲和旅游竞争力的力量来源做一些深度讨论和追溯。

杭州位于浙江省北部、钱塘江下游、京杭大运河南端，总面积16853.57 平方公里，建成区面积 559.2 平方公里，是环杭州湾大湾区的核心城市。[①] 截至 2019 年，杭州市下辖 10 个区、2 个县，代管 1 个县级市、1个新区、1 个风景名胜区，常住人口 1036 万，城镇人口 813.3 万。[②]

作为历史名城，杭州拥有丰富的自然与人文资源以及独一无二的西湖景观，多年前就已成为世界闻名的旅游目的地城市。21 世纪以来，杭州围绕国际重要旅游休闲中心的发展定位，不断开拓创新，逐渐从以西湖景观为主要旅游产品的状态发展到今天休闲与旅游多元产品共生的局面。如追溯其发展经验，则大体可以归纳为三个方面。

## 一 大区域谋划，拓宽旅游发展空间

自古以来的杭州城，东南、西南、西北三面环山，城市位于东北开阔的平原之上，构成了"三面云山一面城"的独特地理格局。[③] 这种格局在为杭州带来丰富山水资源的同时，也将其地理范围局限于钱塘江、西湖群山和西溪湿地之间，影响到城市的持续扩容与发展。自 2000 年始，杭州市委提出"城市东扩，旅游西进，沿江开发，跨江发展"战略，进行了三轮"撤市建区"。截至 2017 年 8 月，杭州市区面积扩大了 64%，达到 8002.8 平方公里，

---

① 《杭州市第一次地理国情普查公报》，杭州市规划局网，2018 年 2 月，http：// www.hzplanning.gov.cn/Data/ResourceFileData/file/20180314/6365662283857022435426970. pdf。

② 《2019 年杭州市常住人口主要数据公报》，杭州市政府网，2020 年 3 月 16 日，http：// www.hangzhou.gov.cn/art/2020/3/16/art_ 805865_ 42297976.html。

③ 《花了 20 年，杭州终于把自己打造成了一个超级景区》，新浪网，2019 年 2 月 1 日，http：//k.sina.com.cn/article_ 6630398120_ 18b33d8a800100fvhz.html? from = travel。

一跃成为长三角市区陆域面积最大的城市，其城市格局也从"三面云山一面城"变为"一江春水穿城过"。随着扩城战略的推进，杭州不仅加深了与东部海宁、嘉兴等周边副城的联系，而且推动了与上海"1+6"大都市圈辐射力的迭代升级，杭州都市圈快速崛起。与此同时，在"创新、协调、绿色、开放、共享"五大发展理念指引下，2017年杭州市在重大建设项目"十三五"规划中，计划完成重大建设项目500个，总投资约为2.1万亿元。自此，杭州已经开始并将持续加快其经济发展步伐，加大对城市环境与资源的保护力度。

### （一）地方经济发展

近年来，杭州GDP增速均保持在8%～10%。① 根据《2019年杭州市国民经济和社会发展统计公报》，2019年杭州市GDP全年地区生产总值达到15373亿元，同比增长6.8%。② 其中第一产业增加值326亿元，第二产业增加值4875亿元，第三产业增加值10172亿元，分别增长1.9%、5.0%和8.0%。三次产业结构由上年的2.3∶33.8∶63.9调整为2.1∶31.7∶66.2。全年财政总收入3650.0亿元，同比增长5.6%。一般公共预算支出1966.0亿元，同比增长7.7%，其中民生支出1535.3亿元，占一般公共预算支出的78.1%。

全年旅游总收入4005亿元，同比增长18.3%，其中旅游休闲产业增加值1191亿元，同比增长12.1%。旅游总人数20813.7万人次，同比增长15.1%，其中接待入境过夜旅游者113.3万人次，同比增长5.7%。外汇收入约8亿美元，同比增长约8%。③

① 姚建莉、吴佳宝：《做强都市圈经济 杭州城区大扩容夯实"新一线"基础》，搜狐网，2017年8月15日，http://mt.sohu.com/20170815/n506758076.shtml。
② 《2019年杭州市国民经济和社会发展统计公报》，杭州市政府网，2020年3月20日，http://www.hangzhou.gov.cn/art/2020/3/20/art_805865_42336875.htm。
③ 《一份文旅消费报告 一种全年畅享新体验 一套文消费杭州模式》，载《浙江日报》，杭州市政府网，2020年1月16日，http://www.hangzhou.gov.cn/art/2020/1/16/art_812262_41726117.html。

### （二）环境与资源的保护利用

在扩城战略推进的同时，杭州不断加大对城市环境与资源的保护与管理力度。针对城市环境污染等问题，先后实施了几大环境综合治理项目。为打造全国环境监管最严城市，杭州陆续出台《打造全市域清洁排放区实施意见》等最严生态保护制度，开展黄标车清退、黑臭河全面整治等一系列治水、治气、治废的攻坚战，一步步打造出向世界城市迈进的"美丽杭州"①。2017 年上半年，杭州空气优良天数累计 128 天，比"G20 年"还多 5 天，"西湖蓝"已经成为杭州人民生活的"新常态"。

与此同时，杭州也不断加大对城市文化资源与遗产的保护力度，取得了四个方面的突出成果。② 一是基本形成涵盖多种文化遗产类型的多层级、多类别的具有杭州地域特色的历史文化保护体系。二是以《杭州历史文化名城保护规划》为指导，制定了大量文化遗产保护专项规划。三是将文化遗产的保护范围扩展至杭州市域的传统村落和乡土民居建筑，重点打造与推广杭派民居。四是进行文化遗产的"活态"利用，通过政府领衔、多方参与、项目主导的方式，注重对原住民生活的保护与延续，强调工业遗产的保护、再利用以及产业转型。在文化遗产保护管理方面，杭州先后出台了《杭州市文物保护管理若干规定》《杭州良渚遗址保护管理条例》《杭州清河坊历史街区保护管理办法》《杭州西湖文化景观保护管理条例》《杭州市历史文化街区和历史建筑保护条例》《工业遗产建筑规划管理规定》等一系列地方法规，形成了市区联动、多元参与的保护管理体系，创新的历史文化保护实施保障机制，以及利用计算机三维建模辅助历史文化遗产进行精细化管理的模式。

---

① 《杭州，迈向世界名城的脚步——G20 杭州峰会一周年》，《浙江日报》2017 年 9 月 7 日。
② 《浙江省杭州市历史文化遗产保护现状及规划实施》，全国勘察设计信息网，2018 年 10 月 11 日。

## 二 政府主导，推动休闲与旅游创新

休闲与旅游产业是杭州优势产业培育的"突破点"。在产业打造过程中，杭州始终走在全国前列，通过产业培育提升休闲与旅游的城市环境和氛围，借助"巧实力"，不断创新休闲与旅游服务的内涵。在地方政府高度重视的前提下，不断推动休闲与旅游项目的落实，不断拓展休闲与旅游服务的范围，不断强化作为产业基础的质量与人员保障。

### （一）地方政府对休闲与旅游发展的重视

杭州市休闲与旅游产业的创新发展很大程度上得益于地方政府的高度重视。多项政策措施先后出台，如《中共杭州市委、杭州市人民政府关于加快推进"旅游西进"战略的实施意见》（2001年）、《关于加快杭州旅游业发展的若干意见》（2006年）、《杭州市人民政府办公厅关于推进旅游产业城乡一体化发展的实施意见》（2011年）、《杭州市人民政府关于推进旅游休闲业转型升级的实施意见》（2015年）等文件，多次强调休闲与旅游融合发展、休闲度假区建设等问题。2018年发布的《杭州市人民政府关于实施全域旅游发展战略加快国际重要的旅游休闲中心建设的若干意见》，进一步提出基于全域化、国际化、品质化、智慧化的旅游休闲业转型发展战略，以推动杭州作为国际重要旅游休闲中心的建设进程。

### （二）推动旅游与休闲的落实

政府的高度重视不仅体现在打造良好的休闲和旅游产业发展的政策环境，还体现在建设目标的制定以及相应的工作部署方面。在地方政策支持下，杭州市将休闲发展纳入城市总体规划，通过"还湖于民""还山于民""还溪于民"等一系列环境改造项目推动休闲与旅游目标的落实。这些项目涉及西湖紧邻的湖滨路改造及南线整治、西湖西进、南山路休闲一条街、北山路历史文化街区、中山南路御街等的改造，尤其是西湖环湖观光带、运河两岸步行道的形成，首创的公共自行车交通系统，旅游旺季与大型活动期间免费公交换乘措施等，引入现代休闲理念，真正将杭州的休闲环境打造与居民的生活品质提升紧密联系在一起。① 其中，针对杭州重点景观西湖景区实施的拆除围墙、免除门票、恢复全景的六年综合整治工程，拓展西湖景区总面积至 49 平方公里（包括 6.5 平方公里湖面），形成了以湖为主体的"一湖、二塔、三岛、三堤"的西湖全景，将昔日围墙中的"西湖景区"打造成游客与居民共享的休闲旅游空间。2014 年，杭州依据国内首个城市休闲示范点标准《特色休闲示范点服务规范》及《杭州特色休闲示范点创建办法》，开启特色休闲示范点创建工作，从美食、茶楼、康体养生、美发美容、文化娱乐、运动休闲、特色购物和特色民宿等方面挖掘出主题突出、特色鲜明、品质优良、服务规范的休闲服务经营场所，② 整个城市的休闲氛围得到了极大提升。

### （三）休闲与旅游服务业的拓展

在良好的政策环境以及有力措施的推动下，杭州休闲与旅游产业的发展空间不断拓宽，新的旅游吸引物和新业态不断涌现。尤其是五水贯通、沿水而建的工程，钱塘江、西湖、西溪湿地、京杭大运河及河道、萧山的湘湖以及余杭南湖的水资源得以整合开发，打破了杭州多年以来围绕"西湖旅游"单一主题发展的格局，取而代之的是多元化、多层次的特色休闲与旅游产品，包括"以西湖、大运河为主的自然人文观光产品，以千岛湖、西溪湿地为主的自然观光产品，以灵隐寺为主的宗教文化体验产品，以城市商业综合体为依托的主题商业产品，以湘湖、桐庐、茶坞村等为主的乡村旅游产

---

① 刘嘉龙：《论杭州休闲发展与城市国际形象的提升》，《湖北理工学院学报》（人文社会科学版）2015 年第 3 期，第 24～30 页。

② 《2018 杭州特色休闲示范点推广季：市民游客享百万消费优惠》，杭州市休闲发展促进会网，2018 年 9 月 22 日，http：//www.xxcjh.com/news/article/detail.action? newsId=117。

品，与国际会议相关的会奖旅游产品，以浙西山地为依托的骑行、登山、徒步、房车露营等运动养生产品"①。

### （四）质量与人员保障的加强

在休闲与旅游业实现高速增长的同时，杭州开始着眼于产业格局优化，投入大力气提升休闲和旅游产品质量。② 2017 年 10 月，杭州成功入选世界旅游组织发布的"全球 15 个旅游实践样本城市"名录，这是杭州旅游首次进入国际一流旅游标准体系的创优评选，是杭州休闲与旅游事业发展的一个历史性突破。③ 其成功经验不仅在于始终坚持"游客至上、以人为本、面向国际"的城市发展理念，更在于始终坚守创新开拓下的优质产品打造理念以及持之以恒的旅游市场综合整治行动。④ 2017 年，杭州市旅游工作会议明确未来目标：至 2020 年在实现旅游增加值 1000 亿元工程的同时，确保每年游客满意度达到 90% 以上。

众所周知，休闲与旅游产业的发展离不开专业人才，杭州市政府一直以来十分关注人才的培育，并在近些年不断加大优秀人才的引进力度。G20 峰会后，杭州开启了"521"计划，计划用 5 年时间引进并重点支持 200 名左右海外高层次人才。紧随其后又发布 22 条新政，计划每年投入 500 万元通过中介组织、猎头机构为杭州招才引智。此外，杭州还通过"名校名院名所"计划、打造国际人才创业创新园、领军型创新创业团队"一事一议"等措施吸引各种人才来杭。根据猎聘发布的《2018 年杭州中高端人才及"杭漂"大数据报告》，从 2016 年第四季度到 2018 年第一季度，杭州人才

---

① 《花了 20 年，杭州终于把自己打造成了一个超级景区》，新浪网，2019 年 2 月 1 日，http：//k. sina. com. cn/article_ 6630398120_ 18b33d8a800100fvhz. html？from = travel。

② 《去年杭州游客量超 1.6 亿人次　今年推动旅游高质量发展》，搜狐网，2018 年 2 月 9 日，http：//www. sohu. com/a/221809532_ 100032554。

③ 《杭州入选联合国世界旅游组织全球 15 个旅游最佳实践样本城市》，凤凰网，2017 年 10 月 16 日，https：//travel. ifeng. com/a/20171016/44716705_ 0. shtml。

④ 《2017 年全市旅游工作会议现场直击！大盘点、新目标，杭州旅游再踏新征程！》，搜狐网，2017 年 1 月 20 日，http：//www. sohu. com/a/124856731_ 349214。

流入率高达 13.6%，超越北上广深。① 2018 年 11 月，杭州的"旅游人才之家"平台正式上线，计划在三年内建成集杭州市旅游人才咨询、需求、类别、使用、评价等于一体的智力库，建立旅游人才信息管理平台搜索系统、人才服务信息数据库和人才服务供需对接特色网站，实现"PC 网 + 微信网 + WAP 网"三位一体的智能人才平台。目前，具有求职、发布职位及职位介绍、资讯等方面功能的企业端登录平台与人才登录平台已初步建成。②

## 三 休闲与旅游公共服务供给融合发展

公共服务是休闲与旅游产业发展的重要支撑。在多年实践中，杭州一直致力于公共服务的设施建设以及服务领域的拓宽。近年来，杭州市旅游主管部门更是以全域旅游的发展思路，在将以往的景点旅游转向全面休闲的同时，大力推动公共服务在休闲与旅游产业融合中的突破发展，在公共服务领域的拓宽、关爱弱势群体以及休闲与旅游的辅导与公共教育方面取得了令人瞩目的成绩，为杭州被评为全域旅游示范样本城市打下了坚实基础。

### （一）休闲和旅游公共服务领域的拓宽

公共服务的建设重点与成果主要包含以下方面：一是从智慧旅游到全域旅游视野下的智慧休闲与旅游体系建设的推进；二是休闲与旅游相关的公益活动逐渐丰富；三是志愿者团队在休闲与旅游产业中的作用不断增强。

1. 休闲与旅游的"智慧"建设

作为第二批"国家智慧旅游试点城市"的杭州，智慧旅游建设已经渗透到休闲与旅游的各相关行业，从旅游主管部门到景区、商家，都在积极探索"旅游 +""互联网 +"在实践中的创新应用之路，③ 近几年推出的多个

---

① 猎聘大数据研究院：《2018 年杭州中高端人才及"杭漂"大数据报告》，2018 年 4 月 12 日。
② 王丹情：《杭州"旅游人才之家"平台上线》，《中国旅游报》2018 年 11 月 21 日。
③ 《【互联网 +】大数据打造杭州"智慧旅游"》，搜狐网，2017 年 9 月 26 日，https：//www.sohu.com/a/194635466_ 100014118.

智慧应用平台与应用程序，不断刷新着休闲与旅游过程中的需求认知。

2015 年由杭州市旅游委员会与阿里巴巴集团共同推出的"杭州旅游护照"，其线上服务窗已能初步实现杭州旅游信息查询、旅游产品在线预订、旅游商户展示互动、优惠活动发布、高德导航、快的打车等多种功能。线下可通过支付宝钱包的"当面付"功能，使用手机进行支付。① 目前，杭州至少有 7125 家酒店、135 个景点、3291 家特色餐饮店能够进行在线预订与支付业务。"杭州旅游护照"的使用，不仅通过线上与线下的结合实现了"一部手机游杭州"，后台采集到的消费者数据，包括逗留时间、消费习惯等，能够有效帮助产品精准策划，提升营销的有效性。

2018 年 1 月，杭州旅游经济实验室推出的全国首个旅游大数据公共服务平台——"杭州旅游数据在线"，通过电脑端或者手机小程序，为游客与居民提供"随身导游"功能。② 使用者可以在电脑端输入 www. hztdc. net 后进入系统，查询杭州旅游的实时数据，如实时客流、城市搜索热度、主要景点实时拥挤度、各类酒店好评率、主要客源地以及游客画像等；也可以通过手机登录，使用手机小程序搜索厕所位置、规划智能行程、查询景区舒适度等。

杭州市旅游委基于"扫扫 App"智慧旅游应用平台开发的小程序"现实搜索"，解决了旅游出行中的痛点问题，使用者可以随时查询身边景点，再也无须提前规划行程；同时，该平台提供了景区内的实时导览功能以及城市的旅游导览功能，尤其是解决了旅行中的最后一公里甚至是 100 米的"盲点"导航问题。"现实搜索"的一大突出亮点在于其系统会自动提示前方 200 米至 5 公里以内的人气景点、商圈、博物馆甚至"小而美"的杭州名胜，同时提供景点的典故和介绍。该系统现已收录杭州旅游关键词近1500 个（见图 1）。

---

① 《一部手机游杭州尽在"杭州旅游护照"》，金融之家网，2017 年 12 月 18 日，https：// news. jrzj. com/202791. html。

② 《杭州这地方比西湖更受关注！景区实时客流、酒店评分今可上网查》，浙江在线，2018 年 1 月 26 日，http：// zjnews. zjol. com. cn/zjnews/hznews/201801/t20180126_ 6453418_ 2. shtml。

**图1　杭州"现实搜索"小程序使用展示**

图片来源：http：//biz. zjol. com. cn/zjjjbd/mssh/201804/t20180424_ 7100903. shtml。

继2004年杭州推出首套多语种旅游指南后，《杭州旅游指南》春季版"口袋"电子书上线。[①] 这本电子书以四季为节点进行资讯更新，内容包含游、购、吃、娱、住、行六大旅游要素。使用者可以使用手机登录"杭州旅游指南"微信公众号，随时随地进行信息查询，获取出行建议帮助。

此外，VR技术在杭州旅游中的应用也在不断深入。[②] 2017年12月，杭州旅游VR宣传片上线，采用虚拟现实技术，从杭州茶文化、丝绸、美食、

---

[①]　《智慧旅游再升级　杭州推出"现实搜索"旅游应用平台》，《杭州日报》2018年4月24日，http：//www. hangzhou. gov. cn/art/2018/4/24/art_ 812268_ 17575676. html。

[②]　《虚拟现实，真的来到你身边》，搜狐网，2016年7月30日，http：//www. sohu. com/a/108287900_ 160402。

乡村旅游等方面展示杭州城市品牌和核心旅游资源，让游客零距离体验杭州城市的旅游魅力。其中《杭州的一天》，从游客视角切入，精美呈现了游客从清晨到夜晚在杭州体验吃住行游购娱等旅游要素的情景，展示了城市优美的自然风光以及精致的杭州韵味。VR 技术的应用，使杭州旅游跨越了时空，将景观从平面变为立体，将体验从被动变为主动。使用者不管身在何处，都可以借助一副眼镜获得身临其境的感觉。

通过多年推进的信息技术的系统化、集约化发展，杭州不断推动旅游资源、社会资源的共享与有效利用，进而推动休闲与旅游产业的全方位提升和多层次发展。在不断提升外来游客体验的同时，也为本地居民的休闲游览带来更多便利。

2. 休闲与旅游相关的公益活动不断丰富

在休闲与旅游产业大力发展的背景下，公益活动也在社会不同层面展开，参与人数日渐增多，活动内容愈加丰富。有针对城市旅游形象宣传的大型公益活动，如 2016 年 5 月中共杭州市委宣传部、浙江广电集团钱江都市频道、中国银行浙江省分行共同发起的"喜欢杭州的 100 个理由"全媒体互动公益活动，通过全社会征集"爱的理由"，增加社会对最美杭州的关注。[1] 有爱心助残的公益活动，如 2017 年 5 月 20 日由杭州西湖国际旅行社管理有限公司推出的"爱在行走"爱心助残公益徒步活动，集公益、旅游、休闲于一体，通过爱心天使的帮助，鼓励想外出旅行而无法走、不敢走的残障人士勇敢走出家门，享受与健康人群同样的休闲旅游权利；同时，宣传健康、环保出行，倡导通过徒步运动调节身心。[2] 有宣传文明旅游、提供服务保障的公益活动，如 2016 年 4 月 20 日由张能庆公益服务站组织的"益起来"旅游、文明行动活动，志愿者组成的清篮行动服务队、文明引导服务

① 《"喜欢杭州的 100 个理由"大型公益活动正式启动》，腾讯 - 大浙网，2016 年 5 月 5 日，https：//xw. qq. com/zj/20160505055924？from = singlemessage&isappinstalled = 0。

② 《5·20 浙江杭州大型爱心公益徒步活动》，爱在行走微信公众号，2017 年 5 月 20 日，https：//www. sogou. com/link？url = hedJjaC291OBcGKuh2DDT – kNsKvzk_ JeEWLCxHA7WnKezNUAoOU_ uivADm0yhdWDQEN7gTtgiis。

队、旅游咨询服务队、平安巡逻服务队、生活保障服务队5个团队,在地铁站、公交站口,为过往游客、行人提供旅游咨询,宣传与辅助文明乘车、文明过马路等。①

3. 志愿者作用不断增强

志愿服务是助推休闲与旅游产业发展的重要补充手段。近年来,杭州市旅游委精心打造"旅游志愿服务"品牌,旅游志愿者服务团队在杭州的各区、县(市)旅游局(委)陆续建立,已成为旅游志愿服务的中坚力量。② 截至2017年4月,杭州市旅游委通过国家旅游局"中国旅游志愿者注册服务平台"完成461名旅游志愿者招募工作,位居国内其他省市前列;通过杭州团市委的"志愿汇平台"招募旅游志愿者525名,累计服务时数达到2881.5小时。

## (二)关爱弱势群体

随着《无障碍环境建设条例》的颁布,杭州的无障碍环境建设步伐加快,社会的人文关怀意识不断提升。第一,通过多届残疾人运动会的举办加大对残障人士事业的支持力度。截至2018年7月,杭州已成功举办10届杭州市残疾人运动会以及第8届全国残疾人运动会,这些赛事的举办,对整个城市的残疾人出行无障碍环境的提升起到了巨大推动作用。第二,杭州响应浙江省打造无障碍社区的号召,通过多部门联动模式,加大城市无障碍社区的建设力度,投入大量资金与人力物力,增设、改造坡道、盲道、护栏、无障碍停车位、无障碍公共厕所、无障碍标识牌,打造无障碍公园以及无障碍家庭环境。截至2018年8月,杭州有16个社区上榜首批省级无障碍社区名单,增加残障人士的生活幸福感。第三,景区通过自我发展意识驱动推进无障碍环境的打造。如西湖景区管委会于2004年与杭州市政府签订创建无障

---

① 《杭州举行迎G20"益起来"旅游咨询、文明引导行动》,搜狐网,2016年4月21日,http://www.sohu.com/a/70643556_139778。

② 《杭州开展"办好G20 志愿我先行"系列活动》,中国青年网,2016年3月9日,http://qnzz.youth.cn/place/dishi/201603/t20160309_7722592.htm。

碍示范城目标责任书，确定了建设重点，并先后对 8 个公园景点（杭州植物园、柳浪闻莺、花港观鱼、杭州花圃、长桥公园、曲院风荷、中山公园、岳庙）、4 条道路（灵隐路、孤山路、玉泉路、南山路）、1 个广场（少年宫广场）进行无障碍改造。目前，环湖各大公园景点已基本实现无障碍通行。

此外，杭州于 2018 年 11 月起启动全国首个《残障人员旅游服务规范》地方标准试点，参与试点的旅行社按要求每年需组织 300 人次残障人士出游，至少制定 5 条无障碍旅游线路。该项试点工作的实施，有力推动了杭州无障碍旅游的发展。据统计，"十三五"期间，杭州累计投入残疾人事业经费总计 32 亿元。

### （三）休闲与旅游的辅导与公共教育

杭州休闲与旅游发展取得的傲人成果，与其城市所拥有的敬业、专业的人才队伍密不可分。多年来，杭州围绕国际旅游休闲中心的城市建设目标，加强人才培养与从业人员培训。[①] 为培养与"中国最佳旅游城市"称号相匹配的高素质导游队伍，杭州市旅游委依托浙江省旅游职业学院、杭州市干部培训中心、杭州旅游职业学校等机构建立旅游人才培训基地，并建立了以市旅游委为指导、区县市旅游局为基础、旅游企业为主体的三级培训体系，按照统一计划安排、统一培训机构、统一教学管理、统一补助标准、统一经费投放的"五统一"原则，规范全市旅游行业教育培训的管理工作。为提升导游对杭州景区景点的了解与认知，杭州市旅游委组织编辑"杭州之旅"系列丛书免费发放给导游；同时为导游编写自学资料，开发专题网络视频，内容涵盖全市旅游业的主要工作以及历史、文化等导游应知应会的知识。为提升景区等行业管理人员的专业水平，邀请中央党校、清华大学、国务院发展研究中心等机构的高层次专家学者来杭讲课，帮助管理者汲取先进理念，了解国际前沿的市场营销策略，培养国际化战略思维。

游历了大半个中国的明代旅行家徐霞客，曾兴趣盎然地来了杭州 4 次，

---

① 城市旅游发展联合课题组编《杭州城市旅游创新与绩效评价》，中国旅游出版社，2014。

在他赞美杭州之余,也曾为杭州的衰败而叹惋。可今天的杭州不一样了,每来杭州一次,你都会为它休闲和旅游公共空间的拓展和服务的优化而感动。杭州市在本研究城市休闲和旅游竞争力中获得"名列前茅30城"的第三名,就是它在大自然赐予和祖先遗留的基础上经过日积月累的一步步努力得来的。本文所说的它在拓展城市休闲和旅游竞争力方面的经验与故事,确实是值得我们的城市管理者、经营者、规划者们认真思考的。

# 前 沿 报 告

**Frontier Reports**

## G.8

# 面向文旅融合的城市旅游
# 竞争力指标选择

孙　雯　马晓龙*

**摘　要：** 文旅融合背景下，城市及城市旅游业发展经历着复杂而不确
定的变化，以此变局为背景搭建城市旅游竞争力的框架体系，
将进一步助力城市竞争过程中比较优势作用的发挥，同时，
对于文化和旅游业进行更加有效的深度融合具有重要指导作
用。本研究在认识到以经济目标为导向的城市旅游竞争力难
以适应人本需求的基础上，以文旅融合对城市旅游竞争力提
升将产生显著影响的背景为出发点，提出了构建新型文旅融
合关系的城市旅游竞争力框架体系。

* 孙雯，南开大学旅游与服务学院硕士研究生；马晓龙，南开大学旅游学院教授，博士生导师，
主要研究领域为城市旅游竞争力、乡村旅游和区域旅游发展。

**关键词：** 文旅融合 城市旅游业竞争力 经济导向 人本需求

城市旅游包含城市内的各种游憩活动，是以城市为目的地、以城市为吸引物的各种旅游活动的总称。① 研究城市旅游竞争力的重要性在于，其能够帮助城市正确认识旅游发展的现状和存在的潜力，帮助城市构建特定的旅游地域系统，以促使城市在国内和国际旅游竞争中表现得更好。如今，人们的生活水平越来越高，对高品质的生活追求越来越迫切，旅游也逐渐成为人们生活中的常态。2018 年 3 月 20 日，文化和旅游部正式亮相，它是由前国家旅游局和文化部合并成立的，标志着文旅融合在国家宏观战略和政策制定上步入了全新的发展阶段。现如今，文旅融合成为社会热点话题，将文化与旅游相结合，实现 1 + 1 > 2 的文化传播、旅游产业发展共赢已成为大势所趋。因此，构建面向文旅融合的城市旅游竞争力框架体系显得尤为重要。本文在前人研究城市旅游竞争力的基础上，将文旅融合、人本需求作为价值导向，尝试构建面向文旅融合的城市旅游竞争力框架体系，为现代旅游产业转型升级提供参考。

## 一 以经济目标为导向的城市旅游竞争力难以适应人本需求

纵观学界对城市旅游竞争力的研究多以经济目标为导向（见表 1），很难满足现如今文旅融合背景下人们日益升级的人本需求。

**表 1 有关城市旅游竞争力研究文献总结**

| 题名 | 评价因子 | 观点 |
|---|---|---|
| 《智慧旅游城市旅游竞争力评价》 | 旅游相关的经济发展、发展潜力、科技创新、环境支撑、发展保障五大竞争力 | 旅游经济发展竞争力重要性仅次于旅游科技创新竞争力 |

---

① 彭华：《关于城市旅游发展驱动机制的初步思考》，《人文地理》2000 年第 1 期，第 1~5 页。

续表

| 题名 | 评价因子 | 观点 |
|------|---------|------|
| 《珠江三角洲城市旅游竞争力空间结构体系初探》 | 旅游发展规模、旅游接待能力、资源禀赋指数、相关依托因子 | 区域城市间旅游竞争力空间结构体系是一个由不同等级、不同空间区位、不同旅游发展阶段的城市通过旅游资源、旅游交通等生产力要素以及客流有机耦合而形成的 |
| 《山东半岛城市群旅游竞争力动态仿真与评价》 | 旅游业发展动力、旅游业发展水平、旅游影响、旅游经济联系 | 城市群旅游一体化与区域整合是提升山东半岛城市群旅游竞争力的重要途径 |
| 《中国西北五省会城市旅游竞争力评价研究》 | 城市旅游竞争业绩、城市旅游竞争潜力、城市旅游竞争环境支持力 | 对经济、自然、技术和社会文化环境构成的城市旅游竞争环境支持力有比较大的影响力 |
| 《长三角城市旅游产业竞争力综合比较研究——基于 AHP 法与 BP 人工神经网络模型》 | 旅游市场、资源丰度、基础设施、辅助产业、产业创新、城市经济 | 建立长三角城市旅游合作机制,提高区域旅游产业综合竞争力,实现区域一体化建设和资源共享 |
| 《环渤海主要滨海城市旅游竞争力定量研究》 | 旅游业绩竞争力、城市旅游环境支持竞争力、城市旅游潜力竞争力 | 区域旅游应积极采取整合政策 |
| 《环太湖城市旅游竞争力与区域旅游合作研究》 | 旅游业绩、旅游资源、旅游支撑 | 环太湖各市应加强合作,发挥政府引导作用,强化环太湖旅游品牌形象 |
| 《省域城市旅游竞争力测度与评价——以湖南省为例》 | 旅游相关的资源及交通条件、服务人员及设施、环境基础、运营业绩 | 旅游业的发展和当地经济的整体实力水平是密不可分的 |
| 《湘赣两省地级市旅游产业综合竞争力评价与聚类分析》 | 基础支撑力、环境保障力、规模扩张力、市场消费潜力 | 湘赣两省城市有着鲜明的区域发展异质性,并形成旅游产业发达领先型、相对优势型、成长积累型以及提升赶超型四类区域格局 |

| 题名 | 评价因子 | 观点 |
|---|---|---|
| 《城市旅游竞争力评价指标体系的构建及应用》 | 环境、人才、经济、设施、业绩、制度、开放 7 个竞争力 | 全面地评价某个城市的旅游竞争力,应采用横纵向结合(相同年份、不同年份旅游竞争力)的比较方式 |
| 《城市旅游竞争力研究综述》 | 国内学者在构建指标体系时,通常一级指标大同小异,细化指标归类不统一,未形成规范化操作 | 指标选取多以一些可直接获取的显性经济指标为主,缺乏不可直接量化的指标,如居民满意度、游客满意度等 |

资料来源:黄松、李燕林、戴平娟:《智慧旅游城市旅游竞争力评价》,《地理学报》2017 年第 2 期,第 242~255 页;黄耀丽、李凡、郑坚强、李飞:《珠江三角洲城市旅游竞争力空间结构体系初探》,《地理研究》2006 年第 4 期,第 730~740 页;李雪、董锁成、张广海、金贤锋:《山东半岛城市群旅游竞争力动态仿真与评价》,《地理研究》2008 年第 6 期,第 1466~1477 页;田大江、刘家明、王润:《中国西北五省会城市旅游竞争力评价研究》,《中国人口·资源与环境》2010 年第 S1 期,第 313~317 页;徐知渊、吕昌河:《长三角城市旅游产业竞争力综合比较研究——基于 AHP 法与 BP 人工神经网络模型》,《中国人口·资源与环境》2017 年第 S1 期,第 237~240 页;陈晓、李悦铮:《环渤海主要滨海城市旅游竞争力定量研究》,《经济地理》2008 年第 1 期,第 158~162 页;李松柏:《环太湖城市旅游竞争力与区域旅游合作研究》,《经济地理》2014 年第 2 期,第 180~186 页;刘中艳、罗琼:《省域城市旅游竞争力测度与评价——以湖南省为例》,《经济地理》2015 年第 4 期,第 186~192 页;吴志军、胡亚光:《湘赣两省地级市旅游产业综合竞争力评价与聚类分析》,《经济地理》2017 年第 5 期,第 208~215 页;丁蕾、吴小根、丁洁:《城市旅游竞争力评价指标体系的构建及应用》,《经济地理》2006 年第 3 期,第 511~515 页;刘素平、邱扶东、冯学钢:《城市旅游竞争力研究综述》,《经济地理》2008 年第 5 期。

1943 年,美国心理学家马斯洛出版了《人类激励理论》,书中提出了需求层次理论。它将人类需求从低到高按层次分为生理需求、安全需求、社交需求、尊重需求和自我实现需求,成为人本主义科学的重要理论之一。[①] 具体来说,生理需求是满足人类生存最基本的也是最低层次的需求。同属低级别需求层次的还有安全需求,包括人身安全、生活稳定、免受威胁或疾病等。《中华人民共和国 2019 年国民经济和社会发展统计公报》数据显示,在居民收入消费及社会保障方面,2019 年全国居民人均可支配收入 30733

---

① Russell Jesse, Cohn Ronald, *Maslow's Hierarchy of Needs*, Book on Demand Ltd.

元，实际比上年增长了 5.8％，人均消费支出 21559 元，恩格尔系数为 28.2％，生活较为富裕；年末全国参加城镇职工基本养老保险的有 43482 万人，享受城市最低生活保障的有 861 万人，享受农村最低生活保障的有 3456 万人，保障覆盖面较广。① 可见，当今社会经济发展可基本满足人们的低级别需求。

文旅融合顺应人们对于高层次需求的追求。高级别需求层次包括社交需求、尊重需求以及自我实现需求，它们对情感寄托、自我价值和自我实现提出了更高的要求。这些精神层面的需求在一定程度上反映出我们这个时代的文化特征，它不仅承载着经济社会发展的道德力量，也对个人修养产生深远持久的影响。但文化的内涵需要借助于一定的渠道或实体才能实现与传承，而最佳的渠道就是旅游。伴随着国民收入的提高，居民对于旅游的支出不断增加，从旅游行业近年来持续高增长的态势可以看出，人们越来越倾向于选择旅游的方式来满足更多的精神需求，希望在旅游过程中达到身心愉悦、强健体魄、促进自身全面发展的目的。因而，旅游成为体验、分享、传播文化价值的最佳载体，文旅融合成为人们追求美好生活的必然选择。

## 二　基于文旅融合的城市旅游竞争力指标遴选

在经济可持续发展条件下，发展文旅融合的城市旅游需从供给侧改革着手，提升旅游竞争力。因为城市旅游产业承担着一定的社会服务职能，在注重其带动经济增长的同时，更应关注民生，适应人本需求。它不仅需要服务外地游客，也应对当地居民的美好生活起到一定的助力作用，倡导以人为本，提升城市居民幸福感。为此，需强调以下四项指标。

### （一）事业性指标

事业性指标主要是以学习、教育、娱乐为目的的图书馆、博物馆、展览

---

① 国家统计局：《中华人民共和国 2019 年国民经济和社会发展统计公报》，http：//www.stats.gov.cn/tjsj/zxfb/202002/t20200228_ 1728913.html。

馆、城市公园、服务休闲设施等。这些对公众开放、为社会发展提供服务的非营利永久性机构是探索文旅深度融合的主战场。其作为城市公共服务机构，承担着一定的社会服务职能，应积极探索文旅融合的新方式，在努力吸引外来游客的同时，也为本地居民的休闲娱乐生活提供更多便利服务。

例如天津市滨海新区图书馆，就在民众与图书馆之间构建起了最优的社会通道。图书馆坐落于滨海文化中心内，与演艺中心、市民活动中心、美术馆、科技馆等，共同组成了一个大型的文化综合体。一方面，图书馆建筑造型独特，人、书、符号、空间各元素相映成趣，设计感十足，共同形成了独具文化特质的场景。另一方面，图书馆环境舒适、设施先进、服务便利，秉持"基本服务高端化、高端服务大众化"的理念，努力提供优质的服务体验，赢得了广大民众的喜爱。开馆 13 个月以来累计到馆人次 280 万左右，图书借阅达 107 万册次；接待来访团队近 700 个，举办公益活动 500 多场；吸引了近百家国内外媒体争相报道。2019 年"五一"假期，图书馆日均接待人数高达 2 万人次。馆内各项活动的开展，不仅吸引了全球各地的游客前来参观游览，也为当地居民提供了一个开阔文化视野的平台。天津市滨海新区图书馆通过文旅深度融合的发展理念和实践经验，以满足广大民众对文化游览、文化体验、文化学习的需求为目标，成为当前中国公共图书馆文旅深度融合的典范，值得学习与借鉴。

### （二）生态红线指标

生态红线以维护国家生态安全为目标，实施严格保护的管理限值及空间边界，涵盖改善环境质量、提升生态功能、促进资源高效利用等多方面，具体包括环境质量红线、生态功能红线和资源利用红线。[①] 2011 年，"划定生态红线"首次被列为重要战略任务，并在党的十八届三中全会上，成为改革生态环境保护管理体制、推动生态文明制度建设的重中之重。作为一项国

---

① 杨邦杰、高吉喜、邹长新：《划定生态保护红线的战略意义》，《中国发展》2014 年第 1 期，第 1~4 页。

家级生态保护战略，生态红线划定后实行永久保护，这是党和政府站在对历史、对人民负责的高度，向生态环境保护工作提出的更高要求，体现出以强制性手段强化生态保护的政策导向与坚定决心。

生态红线为文旅融合的城市旅游打下坚实、可持续的健康发展基础。以客观规律为基准，尊重自然资源本身，遵循城市运行规律，基于环境系统结构、功能及承载力划定的生态红线就是城市健康发展的底线。城市发展建设应处于生态红线的体系框架内才能促使经济、社会、资源、环境多系统持续、有序、健康地运行。若不重视，再好的旅游项目也不会长久，对提升城市旅游竞争力甚至还会起反作用。20 世纪 90 年代，为迎合旅游行业的快速增长，坐落于湖南省张家界市的武陵源核心景区出现了过度开发的现象。至1998 年，武陵源景区内的违章建筑面积达 3.7 万平方米，被联合国教科文组织亮出黄牌警告。对此，武陵源区政府强制拆除核心景区违章建筑 59 处，腾退占地 1.5 万多平方米，搬迁景区居民 377 户。与此同时，积极开展景区绿化治理工作，最终恢复景区内 280 亩植被。为继续做好生态保护与环境治理，2001 年 9 月，景区进行了第二次拆迁，共拆迁景区内各类建筑设施19.1 万平方米，搬迁景区居民 546 户，恢复植被 500 亩。武陵源核心景区吸取了过度开发的经验教训，通过两次拆迁，基本实现了"拆迁建筑物、保护生态林、治理污染源"的目标。到 2013 年，全年景点接待游客达 3442万人次，全市旅游总收入 212 亿元，是 2002 年的几百倍。可见，遏制景区过度城市化、商业化，保护生态环境，才能促进旅游业可持续发展。

### （三）产业融合程度指标

产业融合是指在不同产业间或同一产业的不同行业间进行交叉渗透，形成新产业的动态发展过程。文化和旅游就是产业融合的体现，例如旅游目的地发生的各个民族、各个地域有特色的节事活动，将文化渗透进旅游过程的多种形态中，使参与的游客在活动场景内最大限度地满足对旅游体验升级的需要。节事活动是打造城市品牌、提升城市旅游竞争力的有效方式。它的形式多样，有节日、庆典、会议、交易会、博览会、展览会以及各种文化、体育赛事等。往往大型节事可以为城市旅游提供可预期的巨大需求，城市各领域资源都被调动起来，帮助它在组织能力、城市文化、旅游环境等方面营造良好的制度环境；在基础设施、新建标志性场馆等方面构建完备的物质环境。通常一个城市节事活动的活跃程度与旅游经济、城市旅游发展水平都是相关且成正比的。但目前我国文旅融合的产业结构还处于初级探索阶段，融合程度还比较低。因此，产业融合程度指标是衡量文旅融合的城市旅游竞争力的组成部分。

经典的案例就是2010年上海举办的世界博览会。上海世博园区在准备期间，计划投资30亿美元，预计带动的延伸领域投资是直接投资的5~10倍。在184天的展会期间，创下了7300多万人次的历史纪录，为上海带来巨大的经济、社会、文化效益，其影响也辐射到长三角区域经济及旅游相关产业。现在的上海世博园集会议、展览、文化交流、旅游休闲和商务贸易等多功能于一体，是新的城市公共活动中心和国际文化商务交流中心。而世博园区旅游产业集群的核心部分则由当年的标志性建筑中国馆、大型会议中心、城市公园、国际贸易中心、文化研究与展示中心、近代工业博物馆、黄浦江沿岸的绿带及贯穿整个园区的世博轴组成，不仅给上海带来城市娱乐、文化活动、主题公园等多方面的新型旅游资源，形成独有的城市个性特征，而且在促进旅游相关产业快速发展、提升上海市旅游竞争力等方面作用显著。此外，产业融合程度也包括城市其他产业转化或服务于旅游业的程度，应鼓励城市旅游多元化发展，增强城市旅游竞争力的韧性。例如，东北地区冰雪体育运动与旅游相结合、日益兴起的动漫游戏产业与文化旅游相结合、演艺产业与文化旅游相结合、房车房产与旅游相结合等多产业融合发展，都是在文旅融合背景下，城市旅游竞争力衡量的产业融合程度指标。

### （四）公共服务指标

人们对于提升旅游公共服务质量的需求在旅游活动趋于散客化、大众化、常态化的背景下，越来越迫切。2009年由国务院下发的《关于加快发展旅游业的意见》中，强调了旅游公共服务体系建设和提高旅游公共服务能力的重要性，并将其作为 2010 年全国旅游服务质量提升年的主要工作之一。旅游公共服务一般向旅游者、旅游企业及其就业人员、旅游目的地的公众提供公共产品，供给的主体包括旅游主管部门在内的政府、社会团体和组织、具备相应条件的私营部门。①它的重要支撑是旅游地的基础设施，主要以城市间、市县间交通运输、邮电系统、通信系统、金融服务、安全医疗保障为主。此外，随着互联网的普及与发展，旅游管理部门越来越重视信息咨询导览系统。当然，旅游咨询服务中心和旅游志愿者服务系统也不容忽视，它们是该地区面向大众的一张城市名片，体现着该地区的公民文化素养及城市发展水平。同时，旅游交通设施安全高速、种类齐全、实惠便捷；旅游信息和电子商务平台全面周到、特色鲜明，共同构成了良好的旅游公共服务体系，将在城市旅游竞争力中发挥不可忽视的作用。

近年来，体现一个城市旅游公共服务水平的热点是"厕所革命"。厕所问题不容小觑，解决好它，小到关乎旅游环境的改善，大到关乎广大民众生活品质的改善以及国民素质水平的提升和社会文明发展的进步。"厕所革命"涉及文化观念、行业法规、厕所数量、布局设计、设施设备、文化素质 6 个方面。可谓是小厕所、大民生。2015 年 4 月 1 日习总书记做出重要指示，将"厕所革命"作为基础工程、文明工程、民生工程来抓落实，收效显著。截至 2017 年底，全国超额完成三年行动计划的 22.8%，共新建改扩建旅游厕所 7 万座。2018 年全国新建改扩建近 2.4 万座旅游厕所，未来三年将完成 6.4 万座旅游厕所建设。如今，我国"厕所革命"的进程已逐步扩展到全域，管理模式也由封闭式改为开放式，更加注重质量的提升而非数量的增加。这些举措都赢得了广大人民群众和国内外游客的普遍欢迎，进一步推动了我国各地旅游产业的发展。

---

① 黄燕玲、罗盛锋、丁培毅：《供需感知视角下的旅游公共服务发展研究》，《旅游学刊》2010 年第 7 期，第 70～76 页。

# 三 结论

在当今国家积极推动稳发展、调结构、促改革、惠民生的时代背景下，文旅融合以国家机构改革为契机，上升到国家战略层面，其有效健康发展对于解决现阶段中国社会人民日益增长的美好生活需要同不平衡、不充分的发展之间的矛盾具有重要意义。同时，我们要认识到发展文旅融合的城市旅游产业是一个长期的过程，不可能一蹴而就。因此，在构建面向文旅融合的城市旅游竞争力框架体系时，既不能以城市经济指标为主导、忽视人本需求，也不能仅重视人本需求、不以城市经济可持续发展为目标。具体而言，针对一线城市来说，其经济发展水平与城市旅游发展阶段较为一致，均位于全国前列。在旅游方面，以长期较高的经济水平为支撑，旅游业形成了较为完备的基础设施、休闲娱乐、交通运输等配套设施，旅游六要素的供给也较为完善。在文化方面，一线城市更加开放、包容、多元化，有能力为国内外游客创造更多的旅游产品和旅游吸引物，满足游客多样化的旅游需求。因此，在经济可持续发展条件下，面向文旅融合的城市旅游竞争力框架体系将削弱经济指标的权重，与事业性指标、生态红线指标、产业融合程度指标、公共服务指标均衡考量。针对二、三线城市来说，其经济发展水平与城市旅游发展阶段不平衡。在旅游方面，由于其经济水平正处于上升阶段，对旅游产业的供给还不充分，各种配套设施还不完整，基础服务还不到位，使得城市旅游发展较为缓慢。在文化方面，二、三线城市有其独具特色的地域文化，但如何以此吸引更多的中外游客、创造更具竞争力的旅游产品和旅游吸引物还在探索阶段。因此，在经济可持续发展条件下，面向文旅融合的城市旅游竞争力框架体系将部分侧重经济指标的权重，事业性指标、生态红线指标、产业融合程度指标、公共服务指标均衡考量。

# G.9
# 北京旅游产业竞争力问题研究[*]

王琪延　曹　倩[**]

**摘　要：** 旅游产业是北京经济重要的支柱产业和增长点，提升北京旅游产业竞争力成为北京旅游产业发展所面临的重要课题。本文在构建城市旅游产业竞争力指标体系的基础上，分析了北京旅游产业竞争力现状和存在的问题。研究发现，北京旅游产业竞争力较强，但是与国内其他旅游强市相比，其竞争优势逐步缩小，存在如下问题：入境旅游略显疲态，国际旅游吸引力薄弱；旅游产业结构不合理，旅游产品缺乏创意；旅游消费水平有待提高，消费结构不合理；旅行社市场较为混乱，旅行社业发展面临困境；旅游产业与其他产业融合不充分等。针对上述问题，本文提出了进一步提升北京旅游产业竞争力的建议。

**关键词：** 旅游产业竞争力　北京　指标体系

随着国民生活水平的提高，旅游逐渐大众化、常态化，已经成为人们享受生活的最佳选择。[①] 旅游产业成为全球性的第一大产业，在世界经济中发

---

　* 本文为国家社会科学基金重点项目"促进中国休闲产业转型升级研究"（17ATJ003）成果的一部分。

** 王琪延，经济学博士，中国人民大学统计学院教授，博士生导师，研究方向为休闲经济；曹倩，中国人民大学统计学院博士研究生，研究方向为经济统计。

① 程平平、杨效忠、彭敏：《国内外旅游拥挤研究进展及其启示》，《旅游学刊》2015年第3期，第106～115页。

挥着越来越重要的作用。[①] 与此同时，旅游市场也逐渐成为一个具有高度竞争力的市场。[②] 对城市来说，提高旅游产业竞争力能够拉动城市经济、促进居民就业、增强城市整体竞争力。作为我国的首都以及国际大都市，北京的旅游产业竞争力是我国旅游产业竞争力的缩影，同时体现着我国对世界的旅游吸引力。研究北京旅游产业竞争力情况，分析其存在问题，并提出针对性的建议，对进一步提高北京乃至我国旅游产业竞争力具有重要的现实意义。

# 一 北京旅游产业竞争力评价

为了对北京旅游产业竞争力进行综合评价，选择一些国家重点旅游城市如上海、杭州等，对北京在内的 10 个城市的旅游产业竞争力进行比较分析，找出北京旅游产业竞争力在我国城市中的位置。将城市旅游产业竞争力分为城市旅游环境竞争力、城市旅游设施竞争力、城市旅游资源竞争力和城市旅游市场竞争力，建立城市旅游产业竞争力指标体系，具体如表 1 所示。

表 1 城市旅游产业竞争力指标体系

| 一级指标 | 二级指标 | 三级指标 |
|---|---|---|
| 城市旅游环境竞争力 | 经济发展 | GDP 同比增长率 |
| | | 人均 GDP |
| | | 第三产业产值占 GDP 比重 |
| | | 居民人均可支配收入 |
| | 社会进步 | 城镇登记失业率 |
| | | 城市化水平 |
| | | 高校数量 |
| | | 高等院校在校学生占总人口的比重 |

---

① 王琪延、徐玲：《基于产业关联视角的北京旅游业与农业融合研究》，《旅游学刊》2013 年第 8 期，第 102 ~ 110 页。

② 周礼、蒋金亮：《长三角城市旅游竞争力综合评价及其空间分异》，《经济地理》2015 年第 1 期，第 173 ~ 179 页。

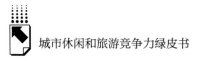

续表

| 一级指标 | 二级指标 | 三级指标 |
|---|---|---|
| 城市旅游环境竞争力 | 生态环境 | 空气质量优良天数比例 |
| | | 空气细微颗粒数（PM2.5） |
| | | 城市建成区绿化覆盖率 |
| | | 公园绿地面积 |
| | | 生活垃圾无害化处理率 |
| | | 污水处理厂集中处理率 |
| 城市旅游设施竞争力 | 交通承载 | 铁路年客运量 |
| | | 公路年客运量 |
| | | 水路客运量 |
| | | 民航客运量 |
| | | 公路网密度 |
| | | 有无飞机场(1:有;0:无) |
| | | 有无火车站(1:有;0:无) |
| | | 每万人公共汽车数 |
| | | 每万人出租车数量 |
| | 通信设施 | 每万人互联网用户 |
| | | 人均移动电话年末使用数 |
| | 旅游接待 | 五星级酒店数 |
| | | 四星级酒店数 |
| | | 三星级酒店数 |
| | | 餐饮住宿业营业额在社会消费品零售总额中占比 |
| | | 旅行社数 |
| 城市旅游资源竞争力 | 自然资源 | 世界自然遗产和地质公园 |
| | | 国家自然遗产 |
| | | 国家重点风景名胜区 |
| | | 国家自然保护区 |
| | | 国家水利风景区 |
| | | 国家森林、湿地公园 |
| | 人文资源 | 全国重点文物保护单位 |
| | | 国家级非物质旅游遗产 |

| 一级指标 | 二级指标 | 三级指标 |
|---|---|---|
| 城市旅游资源竞争力 | 旅游产品 | 5A 级景区数 |
| | | 4A 级景区数 |
| | | 3A 级景区数 |
| | 城市形象 | 国际历史旅游名城(1:是;0:否) |
| | | 国家园林城市(1:是;0:否) |
| | | 国家森林城市(1:是;0:否) |
| | | 国家环保模范城市(1:是;0:否) |
| | | 全国文明城市(1:是;0:否) |
| | | 国家卫生城市(1:是;0:否) |
| 城市旅游市场竞争力 | 市场规模 | 接待国内游客数 |
| | | 接待入境游客数 |
| | | 国内旅游收入 |
| | | 旅游外汇收入 |
| | 市场效益 | 旅游收入增长率 |
| | | 接待游客数增长率 |
| | | 人均旅游收入 |
| | | 人均接待游客数 |
| | | 旅游总收入占 GDP 比重 |

注:表中的三级指标数据主要来源于《中国城市统计年鉴(2018)》、各城市统计年鉴和统计公报以及各名单公示。

采取熵权法确定各指标对城市旅游产业竞争力的重要程度,进而求出各城市的旅游产业竞争力得分。测算结果如表 2 所示。2017 年,在 10 个城市中,北京旅游产业竞争力排名第一,产业总体竞争力较高。分竞争力来看,北京旅游环境竞争力和设施竞争力均排名第一。在旅游环境方面,较好的经济、社会、文化环境加上逐渐改善的空气环境使得北京的旅游环境竞争力名列前茅。在旅游设施方面,北京星级酒店和旅行社众多,交通路线四通八达,城市功能完善、设施齐全,大大增强了北京旅游产业竞争力。在旅游资

表 2　2017 年全国 10 个旅游重点城市旅游产业竞争力得分及排名

单位：分

| 城市 | 城市旅游产业竞争力 | | 城市旅游环境竞争力 | | 城市旅游设施竞争力 | | 城市旅游资源竞争力 | | 城市旅游市场竞争力 | |
|---|---|---|---|---|---|---|---|---|---|---|
| | 得分 | 排名 | 得分 | 排名 | 得分 | 排名 | 得分 | 排名 | 得分 | 排名 |
| 北京 | 0.635 | 1 | 0.633 | 1 | 0.621 | 1 | 0.676 | 2 | 0.466 | 4 |
| 天津 | 0.186 | 10 | 0.511 | 6 | 0.120 | 10 | 0.137 | 9 | 0.315 | 8 |
| 上海 | 0.441 | 3 | 0.628 | 2 | 0.586 | 2 | 0.200 | 7 | 0.627 | 1 |
| 南京 | 0.275 | 8 | 0.346 | 10 | 0.192 | 8 | 0.241 | 5 | 0.155 | 10 |
| 苏州 | 0.277 | 7 | 0.410 | 9 | 0.279 | 6 | 0.165 | 8 | 0.313 | 9 |
| 杭州 | 0.369 | 5 | 0.509 | 7 | 0.311 | 5 | 0.266 | 4 | 0.532 | 2 |
| 广州 | 0.391 | 4 | 0.537 | 4 | 0.497 | 3 | 0.130 | 10 | 0.459 | 5 |
| 重庆 | 0.542 | 2 | 0.593 | 3 | 0.376 | 4 | 0.769 | 1 | 0.483 | 3 |
| 成都 | 0.290 | 6 | 0.481 | 8 | 0.275 | 7 | 0.238 | 6 | 0.357 | 7 |
| 西安 | 0.266 | 9 | 0.515 | 5 | 0.123 | 9 | 0.278 | 3 | 0.456 | 6 |

源竞争力上，北京排名第二。北京历史文化遗产众多，旅游资源丰富，这使得除重庆外，北京旅游资源竞争力远高于其他城市。在旅游市场竞争力上，北京在 10 个城市中仅排第四位，低于上海、杭州和重庆。作为国际性的大都市，北京在国内外都具有较高的知名度与影响力，其旅游收入和人数高于其他国内城市。然而，随着上海、杭州等城市知名度的不断提升、旅游开发的不断完善，这种领先优势逐渐在缩小。北京的旅游收入和人数的增速在 10 个城市中最低，旅游收入占 GDP 的比重也低于苏州、杭州等旅游强市。总之，与国内旅游强市相比，北京旅游产业依然具有较强的竞争力，但是这种竞争优势正在逐步缩小，有些领先方面已经被超越。

## 二　北京旅游产业竞争力中存在的问题

北京拥有国内其他城市不可媲美的旅游资源和战略地位，旅游产业已经成为北京的优势产业。北京旅游产业竞争力较强，但是如何保持旅游产业竞争优势，进一步提高北京旅游产业竞争力还需要继续努力。目前，北京旅游产业竞争力中主要存在以下五点问题。

## （一）入境旅游略显疲态，国际旅游吸引力薄弱

随着我国综合国力的增强，北京的国际影响力不断提升，市容环境持续改善，交通、餐饮、住宿等各项服务水平明显提高。[①] 然而，自 2011 年以来，北京入境旅游者人数呈下降趋势。在国际旅游吸引力方面，北京不仅与巴黎、伦敦、东京等国际一流旅游城市差距甚大，而且与国内旅游业发展较好的城市如香港、澳门等也存在一定差距。根据世界旅游组织数据，2017年，香港、澳门的入境旅游者分别为 2790 万人次和 1730 万人次，而同期北京的入境旅游者仅为 392.6 万人次，前两者分别是同期北京的 7.11 倍和4.41 倍，差距悬殊。北京旅游资源丰富，但其得天独厚的旅游资源优势并未有效地转化为其旅游竞争力。

## （二）旅游产业结构不合理，旅游产品缺乏创意

北京名胜古迹、文化遗产众多，故宫、长城、颐和园等一直是北京非常重要的旅游资源。然而，北京旅游发展主要以观光旅游为主，[②] 还是传统的"景点旅游"模式，故宫、颐和园、长城纷纷成为旅游者的打卡处，但能够放松身心、陶冶情操的深层次的休闲度假游较少。观光旅游虽然能够吸引大量旅游者，但产业价值链较短，留不住人，游客通常观光完就走，一日游比重较大，而能够产生更大经济效益的过夜游比重较小。而且北京的旅游商品市场缺乏活力，多为大众观光旅游产品，旅游产品形式单一，更新速度缓慢，且各个景点的旅游产品雷同，缺乏独特性。无论是旅游模式还是旅游产品，都不能满足旅游者多样化、差异化的旅游消费需求，这不利于北京旅游产业竞争力的进一步提高。

---

① 王琪延、黄羽翼：《北京市旅游竞争力研究》，中国人民大学出版社，2017，第 192 页。
② 王琪延、黄羽翼：《提升北京旅游竞争力问题研究》，《北京第二外国语学院学报》2014 年第 11 期，第 1~8 页。

## （三）旅游消费水平有待提高，旅游消费结构不合理

虽然来京旅游人数已经具有较大规模，但是游客人均旅游消费较低而且旅游花费构成很不合理。如图 1 所示，2017 年入境旅游者的花费主要在长途交通费、住宿和购物上，三者占其在京旅游花费的 79.7%。外地来京游客的花费主要集中在住宿、餐饮、购物和长途交通费上，占其在京旅游花费的 86.7%。而在真正体现旅游目的、能够给旅游者带来旅游休闲感受的项目如文化娱乐上，两类旅游者花费比例较小，分别为 2.1% 和 1.2%。旅游者在文化娱乐、景区游览方面花费比例较小，一方面是由于交通、住宿、餐饮是必要消费，价格较高，另一方面可能是由于北京缺乏足够吸引游客消费的旅游产品与服务。如此不合理的旅游消费结构很可能会降低旅游者的旅游满意度和北京旅游产业竞争力。

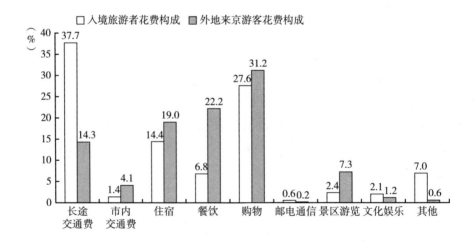

**图 1　2017 年游客在京旅游花费构成情况**

## （四）旅行社市场较为混乱，旅行社业发展面临困境

混乱的旅行社市场是影响北京旅游产业竞争力提升的重要因素之一。北京的旅行社虽然数量在全国名列前茅，但是在质量上却是参差不齐。旅行社

业存在恶意价格竞争、人员素质偏低、服务水平不高等问题。部分非法旅行社以低价引诱旅游者，在旅游过程中强制旅游者消费，"零元游""一元游"等旅游骗局层出不穷，扰乱北京旅游市场秩序。而且，有些旅行社从业人员素质低下，服务意识淡薄，甚至出现辱骂旅游者的行为，严重影响旅游者的旅游满意度和北京的城市形象。由于受到旅行社市场混乱的影响以及自驾游等多种旅游方式的冲击，北京旅行社业发展状况不容乐观。2017 年，北京旅行社企业数达到 1139 个，同比下降 2.02%；从业人员达到 3.80 万人，同比下降 7.01%；接待人数为 422.3 万人次，同比下降 9.53%。而且，北京旅行社营业利润总额在 2015 年和 2016 年连续两年为负值，旅行社面临亏损。

### （五）旅游产业与其他产业融合不充分

旅游的发展在带动住宿、餐饮、交通等产业的同时，也在潜移默化地与这些产业融合，衍生出了多种新型业态。旅游与农业融合，形成了采摘游、农活体验游等；旅游与工业融合，催生了观光工厂游、工业遗产游等；旅游与体育融合，产生了体育赛事游、奥运场馆游等。旅游与其他产业的融合，不仅能更好地满足旅游者多样化的消费需求，而且丰富和延伸了旅游产业的内涵，推动了旅游产业更好、更快发展。虽然国家和北京市政府出台了多个促进产业融合的政策意见，如《关于促进交通运输与旅游融合发展的若干意见》等，然而，旅游和农业、工业、体育产业等分属于不同的政府部门管理，各个部门相互独立，合作交流不够密切，这使得在旅游新业态开发中，旅游产业与其他产业融合较为表面，对旅游产品与服务的深层价值挖掘得不够深入，无法形成更强的竞争优势，难以提升北京旅游产业竞争力。而且，目前，对融合产生的新业态的概念、范畴界定不够明晰，缺乏统一、有效的法律监管，不利于新业态的健康发展。

## 三　提升北京旅游产业竞争力的建议

针对上述问题提出以下五点建议，探讨北京旅游产业竞争力提升的路径。

## （一）增强国际旅游吸引力，提高入境旅游者比例

增强国际旅游吸引力是提高北京旅游产业竞争力水平、建设北京成为世界一流旅游城市的首要任务。增强北京的国际旅游吸引力主要从生态环境、服务水平、宣传推广三方面着手。在生态环境方面，要努力改善北京的空气状况，营造良好的国际形象。在空气污染治理方面，要充分发挥区域协同作用，与周边省市全力合作，致力于从源头解决空气污染问题。在服务水平方面，北京需要紧跟国际脚步，在服务标准等方面与国际接轨；有针对性地放宽签证政策，简化国外游客入境手续，方便游客入境旅游。在宣传推广方面，以政府为主导，主动将北京旅游的海外营销推广与国家的"一带一路"建设、主题旅游年以及北京友城交往活动融合发展，举办多种形式的推介会，加强与境外旅游机构的合作，有针对性、有计划地拓展海外市场。

## （二）转变旅游模式，创新旅游产品与服务，实现旅游产业转型升级

过于局限在故宫等标志性的旅游景点，以景点观光为旅游的主要形式，不利于北京旅游产业的转型升级，[1] 也阻碍了北京旅游产业竞争力的提升。游客来京游玩不仅能够欣赏故宫、长城这些历史文化古迹，还应该充分享受北京作为国际大都市的各种旅游资源。因此，应改变北京以观光旅游为主的旅游模式，针对不同的旅游人群，细化旅游市场，大力发展休闲度假游、都市娱乐游等，多种旅游模式共同发展，实现从传统观光游向休闲度假游等深层次的旅游模式升级。此外，旅游的核心吸引物是旅游产品与服务，应增加对旅游产品与服务的研发投入，充分挖掘北京的历史文化精髓，创造出既能够体现北京悠久灿烂的历史文化，又具有实用性、趣味性的旅游产品。

---

[1] 厉新建、张凌云、崔莉：《全域旅游：建设世界一流旅游目的地的理念创新——以北京为例》，《人文地理》2013 年第 3 期，第 130～134 页。

### （三）规范旅行社市场，提高旅行社服务质量

旅行社的服务水平、旅行社从业人员的素质，不仅影响游客的旅行体验，而且与旅游产业竞争力密切相关。首先，政府应该提高旅行社的准入门槛，提高对旅行社在注册资本、经营场所、营业设施、人员配备等方面的要求。其次，建立健全旅行社市场监督机制，全方位监管旅行社经营情况，取缔非法经营的旅行社，严惩那些存在恶意竞争、欺骗旅游者的旅行社，规范旅行社经营行为。旅行社还应以提升服务质量为首要任务，加强对旅行社从业人员的培训，建立旅行社从业人员的奖惩机制，提高旅行社的服务水平。

### （四）促进旅游产业与其他产业深入融合发展，培育旅游新业态

产业融合是大势所趋，是提升北京旅游产业竞争力的重要路径。北京应该以现代科技作为旅游业与其他产业融合发展的技术支撑，加大旅游业与农业、工业、体育等产业的融合力度，促进旅游产业与其他产业主动融合，充分培育旅游新业态，开发旅游新产品，延长旅游产业价值链。首先，加大政府支持力度，不仅在政策上，还应在资金、项目等方面全方位支持旅游产业与其他产业融合发展。其次，各管理部门应加强协同合作，促进部门之间交流，减少甚至消除产业融合的壁垒。最后，充分利用北京的教育资源优势，大力培养、引进符合旅游产业融合需求的复合型人才，吸引人才集聚，以人才支撑北京旅游产业融合发展。

### （五）因地制宜发展北京区域旅游

北京区域面积广阔，由于地理位置、地形地貌、经济水平、人口数量等方面的差异，北京各区旅游发展禀赋差异明显。根据《北京城市总体规划（2016~2035年）》，在北京构建"一核一主一副、两轴多点一区"的城市空间结构。北京被分为首都功能核心区、中心城区、城市副中心、生态涵养区等。因此，应根据各区实际情况与城市总体规划，因地制宜、差异化地发展区域旅游，增强北京各区域旅游产业竞争力。首都功能核心区应在保护和

修缮古城的同时，主打历史文化游，以历史文化吸引旅游者。在中心城区，海淀区拥有众多国内著名高等学府，文化氛围浓厚，可以依托其顶级的教育优势，发展文化旅游；朝阳区可以依托三里屯、望京国际商业中心等休闲娱乐商业圈，发展都市休闲娱乐游。生态涵养区分布在北京郊区，在注重生态保护的同时，重点发展休闲度假游，打造北京休闲度假区。

# G.10

# 商家经营竞争力与消费适应竞争力的差异

## ——以城市住宿业的适应力为例

赵焕焱 廉月娟*

**摘　要：** 城市居民的休闲和旅游，是国民消费生活的重要组成部分，住宿业是休闲和旅游产业中的重要环节。本研究基于作者收集整理的 2016 年我国住宿业的一手基础数据，系统分析了我国住宿业 2010～2016 年的整体运营状况及酒店住宿业要素运行力状况，进而从休闲和旅游竞争力的角度去考察住宿业，将住宿业适应力指标体系分为三级指标，依据全国一线城市、二线城市、三四线城市住宿业的各个类别数据与其价格适应度、选择适应度、满意度之间的关系确定了 21 组分类指数标准，并对全国重点城市酒店住宿业适应度竞争力进行了排名，以进一步验证住宿业对休闲和旅游者的适应力的影响效应。

**关键词：** 住宿业　出租率　住宿业适应度　适应度竞争力

城市居民的休闲和旅游是国民消费生活的重要组成部分。城市在休闲和

---

\* 赵焕焱，高级经济师，华美顾问机构首席咨询师，中国智慧酒店联盟理事长，世界酒店总经理联盟顾问，主要研究方向为旅游饭店管理、全国和各城市饭店业绩效等；廉月娟，经济学博士，北京联合大学旅游学院副教授，主要研究方向为旅游金融、旅游市场、旅游企业财务管理等。

旅游领域的竞争力的大小，取决于其基本要素、效率增强、创新与成熟度这三大方面的驱动力。在效率增强驱动力方面，其关键因素又包括城市已有建设的基础、休闲和旅游的服务空间的格局、休闲和旅游的接待的适应能力，以及交通、餐饮、住宿、购物、旅行社等的服务效率效能。

住宿业是休闲和旅游产业中的重要环节。显然，城市中的住宿业也一样有着休闲产品和旅游产品所具有的一些特殊性（包括服务类产品常有的生产与消费的即时性、不可储存性、难于搬运性，以及产品对环境的依赖性，乃至在有形与无形之间的不确定性等），所以对其生产中的效率和效能的判定与衡量，也就与物质产品的生产不尽相同。正是因为休闲产品和旅游产品的供给与消费者的消费活动共处同一环境（共用环境空间），再加上多数休闲产品和旅游产品的生产也是与消费同步的，所以考察它的效能和效率，也就需要考察者的视角和方法与之相适应。

正是基于住宿业在休闲和旅游产业中的重要性，其对外来者的吸引力，往往代表着该区域的开放程度和品位，以四星级、五星级饭店为代表的高端饭店则成了城市的名片和地标。人们常常会认为，高端饭店的竞争力体现在档次、品位、特色和数量等方面，是一个城市吸引投资者和游客的重要因素。休闲和旅游竞争力研究虽然是近年有关研究的热门领域，但是具有代表性的住宿业竞争力评价研究却不多。

我国住宿业目前尚未有严格的统一管理，因此在行业名称方面亦有差异。文化和旅游部、商务部文件多习惯称其为"饭店"；证券界和我国南方各省市多习惯称其为"酒店"（香港地区的命名办法，有客房为酒店、无客房为酒楼）；其他政府文件多习惯称其为"宾馆"。在住宿业界，也以通称为"酒店"的居多。此外，还有"民宿""公寓"等不同称呼，不过那是饭店业群体中的不同类型。

本研究所涉及的住宿业主要包含酒店类住宿业和其他住宿业。在旅游主管部门推广的星级评定标准中，将纳入星级饭店评定体系的住宿设施最小客房数规定为15间。参考这一标准，本研究也以15间客房为限，将我国住宿业市场分为两个部分：15间（含）以上规模的设施，称为酒店类住宿业，

15 间以下的称为其他住宿业。

中国的住宿业市场到底发展到了多大的规模、体现出什么样的结构，是一个人们长期关注的问题。目前，比较权威的住宿业数据来源主要有 4 种：星级酒店统计数据、连锁酒店统计数据、全国旅游住宿设施统计调查资料和 3 次全国经济普查的资料（2004 年、2008 年和 2013 年）。另外，国家旅游局（并入文化和旅游部之前）历年发布的星级酒店统计数据连续时间长、指标全面、覆盖面广，是住宿业中质量最高的统计数据。然而，星级酒店市场在整个住宿业市场中占比仍然有限。按照《2018 中国大住宿业发展报告》（以下简称《大住宿业报告》或《报告》）的统计，这个比重在 10% 左右。因此，仅仅依靠星级饭店的统计数据，无法认识整个中国住宿业市场的全貌。

中国饭店协会有关咨询公司联合发布的《中国酒店连锁发展与投资报告》将非星级、连锁经营的住宿业态纳入了统计范畴。根据这一统计口径，2017 年，全国连锁酒店的市场规模大致为 320 万间。尽管这一数字包含的规模比星级饭店大，但是仍然只是整个住宿业市场中较小的一部分（按照《报告》，占 20% 左右）。原因在于我国的大部分酒店都是单体酒店，连锁的比重并不高。因此，根据这个数据来源，无法很好地认识住宿业市场的地区结构和档次结构。

所以，本研究的数据来源包括两大部分：一是基础数据，根据国家统计局和原国家旅游局数据，这全部是由本文第一作者收集整理的，并进行了同口径计算比较。在数据统计对象方面，经营数据是年主营业务收入 200 万元以上的全体统计，投资数据是 500 万元以上项目（不包括农户）的全体统计。二是考虑到数据的完整性和可比性，及参考全球研究报告数据的采用原则，本研究在进行同口径比较的时候主要使用 2016 年的数据，同时也使用 2016 年后的数据来反映发展的趋势。国际上，许多研究大多以报告出版前两年数据作为研究报告出版年的选用标准，如 UNDP 的《人类发展指数报告》、WEF 的《全球竞争力报告》和《旅游业竞争力报告》等。

我国于2004年、2008年和2013年的3次全国经济普查，对住宿业进行了较细致的调查。其中，2013年的统计显示，住宿和餐饮业的个体户有240.8万个、法人单位有20万个。其中，住宿业个体户的信息在经济普查年鉴中并没有公布。

国家统计局、原国家旅游局、国家工商行政管理局和公安部分别在1999年和2000年对全国的住宿设施进行过联合调查。这两次调查的结果均体现在"全国旅游住宿设施统计调查资料"中。

其中，第二次调查的资料显示，1999年全国共有个体旅馆16.39万家，客房数约147万间；社会旅馆7.99万家，客房数346万间；旅游涉外饭店0.7万家，客房数约89万间。上述三部分加总，客房总数约为582万间。虽然个体旅馆和社会旅馆的规模是抽样调查后估算的，但这个数字仍是2000年以前对整个中国住宿业供给量的最全面统计。

# 一 住宿业整体运营状况

截至2017年底，全国住宿业的设施总数为457834家，客房总规模16770394间。其中，酒店类住宿业设施317476家，客房总数15480813间，平均客房规模约49间，酒店类住宿业设施和客房数分别占我国住宿业的69%和92%。其他住宿业设施140358家，客房总数1289581间，平均客房规模约为9间，其他住宿业设施和客房数分别占我国住宿业的31%和8%。

从全国酒店类住宿业的档次分布总体情况来看，经济型（二星级及以下）、中档（三星级）、高档（四星级）、豪华（五星级）这四个档次的设施数分别是27.7万家、2.3万家、1.2万家和0.4万家，所占比重分别是87.3%、7.2%、3.8%和1.3%。从客房数来看，经济型（二星级及以下）的客房数约为1039万间，占67%；中档（三星级）的客房数约为214万间，占14%；高档（四星级）的客房规模约为181万间，占12%；豪华（五星级）的客房数约为114万间，占7%。由此可见，绝大部分的酒店类住宿设施都是低端设施。

全国酒店类住宿业客房规模在 29 间及以下的设施数为 154191 家，客房规模在 30~69 间的设施数为 100512 家，客房规模在 70~149 间的设施数为 49048 家，客房规模在 150 间及以上的设施数为 13725 家，上述四类规模的设施在总量中所占比重分别为 49%、32%、15% 和 4%。从这些设施所占房量的分布来看，15~29 间的占比 20%，30~69 间的占比 28%，70~149 间的占比 31%，150 间及以上规模的占比 21%。总体来看，占房量 48% 的酒店类住宿业设施都是 70 间以下中小型设施，占房量 52% 的酒店类住宿业设施规模在 70 间客房以上。

## （一）住宿业总体情况

2016 年，我国国内生产总值（GDP）744127.2 亿元，其中第三产业 384220.5 亿元，占 51.63%。在投资方面，2016 年我国投资总额 606465.7 亿元，其中第三产业投资 353546.2 亿元，占 58.30%。

2016 年我国入境旅客 2815.0 万人次，国内旅客 44.4 亿人次，国际旅游收入 1200.0 亿美元，国内旅游总花费 39390.0 亿元。休闲与旅游消费都与住宿业和餐饮业密切相关。

我国 2016 年旅游业国内生产总值 8.19 万亿元，占全国国内生产总值的 11.01%，占第三产业的 21.33%。国内生产总值是指一个国家（国界范围内）所有常驻单位在一定时期内生产的所有最终产品和劳务的市场价值。计算方法包括生产法、收入法、支出法。生产法：增加值 = 总产出 – 中间消耗；收入法：增加值 = 劳动者报酬 + 生产税净额 + 固定资产折旧 + 营业利润；支出法：增加值 = 总消费 + 总投资 + 净出口。

2016 年我国住宿业法人企业 19496 个，从业人员 186.3 万人，营业额 3811.1 亿元。在营业额组成部分中，客房收入为 1907.2 亿元，餐饮收入为 1405.8 亿元。2016 年我国住宿业主营业务利润 2108.6 亿元，其中非国有企业 1686.3 亿元，占 79.97%；国有企业 229.5 亿元，占 10.88%；国有独资公司 79.8 亿元，占 3.78%；股份有限公司 63.5 亿元，占 3.01%。非国有企业中，非国有独资的有限责任公司 794.0 亿元、私营企业 552.2 亿元、港澳台商投资企业 221.2 亿元、中外合资企业 62.2 亿元、中外合作企业 16.3 亿元、外资企业 40.4 亿元。

2017 年我国住宿业法人企业 19780 个，比 2016 年增加 1.46%，增加 284 个；从业人数 182.1 万人，比 2016 年减少 2.25%，减少 4.2 万人；营业额 3963.9 亿元，比 2016 年增加 4.01%，增加 152.8 亿元；客房收入 2051.2 亿元，比 2016 年增加 7.6%，增加 144 亿元；餐饮收入 1403.3 亿元，比 2016 年减少 0.18%，减少 2.5 亿元；客房数 393.2 万间，比 2016 年增加 3.94%，增加 14.9 万间；床位数 626.2 万位，比 2016 年增加 3.42%，增加 20.7 万位；餐饮营业面积 4239.3 万平方米，比 2016 年增加 3.89%，增加 158.8 万平方米。

从表 1 可以看出，全国住宿业资产总额从 2010 年的 7576.4 亿元，增加到 2017 年的 12648.1 亿元，每年增量分别为 865.9 亿元、867.8 亿元、1058.7 亿元、687.4 亿元、584 亿元、511.7 亿元、496.2 亿元。其中 2013 年增加 1058.7 亿元，增幅最大，为 11.37%，此后每年增量和增幅都在降低。

表 1  2010～2017 年全国住宿业资产总额及增量情况

| 年度 | 资产总额(亿元) | 每年增量(亿元) | 增幅(%) |
|---|---|---|---|
| 2010 年 | 7576.4 | — | — |
| 2011 年 | 8442.3 | 865.9 | 11.43 |
| 2012 年 | 9310.1 | 867.8 | 10.28 |
| 2013 年 | 10368.8 | 1058.7 | 11.37 |
| 2014 年 | 11056.2 | 687.4 | 6.63 |
| 2015 年 | 11640.2 | 584 | 5.28 |
| 2016 年 | 12151.9 | 511.7 | 4.40 |
| 2017 年 | 12648.1 | 496.2 | 4.08 |

### （二）住宿业设施的类型配置与价格的均衡度

多种类型的住宿设施适当配置是确保价格均衡的条件，在市场经济规律作用下，多种类型、多种价格的住宿设施得以逐步形成。根据第三次全国经济普查数据，我国小微住宿业（年主营业务收入 200 万元以下）、限额以上住宿业（年主营业务收入 200 万元以上）、限额以上住宿业中星级饭店的营业收入和资产总计结构如下。

其一，营业收入。全部住宿业营业收入 4362.7 亿元。其中小微企业 834.7 亿元，占全部住宿业的 19.13%；限额以上住宿业营业收入占全部住宿业的 80.87%，限额以上住宿业中星级饭店 2292.9 亿元，占全部住宿业的 52.56%。

其二，资产总计。全部住宿业资产总计 13745.9 亿元。其中，小微企业 3377.1 亿元，占全部住宿业的 24.57%；限额以上住宿业 10368.8 亿元，占全部住宿业的 75.43%，限额以上住宿业中星级饭店 6347.7 亿元，占全部住宿业的 46.18%。

社会上，一般把有相当规模的中高端住宿业称为酒店，把低端住宿业称为经济型酒店。在酒店中，正式评定星级的称为星级酒店。另外，住宿业设施的类型按照投资方式的不同区分为投资不动产和投资租赁装修。投资不动产有资产配置和回收，与投资租赁装修是两回事。酒店作为商业地产有 40 年的经营时间，酒店的黄金收获期是开业后 6~20 年。酒店投资必须有必要的良性基础，包括酒店的股本占 30%~60%，以避免还本付息压力过大；土地成本占总投资的 30%~40%，以避免投资成本过高。

为了分析酒店经营状况和盈利状况，必须了解酒店的两种亏损，即经营亏损和财务亏损。经营亏损就是毛利润（营业收入剔除人工、能耗、物耗等）为负，财务亏损是净利润（毛利润剔除还本付息、折旧、摊费等）为负。新开业酒店第一年经营亏损是正常的，因为打造酒店知名度、落实客户市场等都没有条件完成。酒店开业后 6 年甚至更多时间财务亏损是正常的。

在现代企业的发展过程中，决定企业存亡的是现金流量，最能反映企业本质的是现金流量，在众多价值评价指标中基于现金流的评价是最具权威性的。

现金流量比传统的利润指标更能说明企业的盈利质量。首先，针对利用增加投资收益等非营业活动操纵利润的缺陷，现金流量只计算营业利润而将非经常性收益剔除在外。其次，会计利润是按照权责发生制确定的，可以通过虚假销售、提前确认销售、扩大赊销范围或者关联交易调节利润，而现金流量是根据收付实现制确定的，上述调节利润的方法无法取得现金，因而不能增加现金流量。可见，现金流量指标可以弥补利润指标在反映公司真实盈利能力上的缺陷。

盈亏平衡点（Break Even Point，简称 BEP）又称零利润点、保本点、盈亏临界点、损益分歧点、收益转折点。通常是指全部销售收入等于全部成本时（销售收入线与总成本线的交点）的产量。以盈亏平衡点为界限，当销售收入高于盈亏平衡点时企业盈利，反之，企业就亏损。盈亏平衡点可以用销售量来表示，即盈亏平衡点的销售量；也可以用销售额来表示，即盈亏平衡点的销售额。

酒店投资一般包括所有者权益投资（资本金）和从银行与其他金融机构的银行贷款，资本金（投资人的非债务资金）比例以 30% 以上为宜。酒店贷款属于中长期贷款，中长期贷款期限为 5 年（不含 5 年）以上，主要用于新建、扩建、改造、开发、购置固定资产投资项目的贷款。酒店所用的贷款利率为合同利率，为贷款第 1 年利率，以后每年根据银行的利率变动进行调整。

酒店借款利息构成酒店经营的主要资金成本，在我国，银行借款利息是按单利来计算的。单利只按本金计算利息，其所生成利息不再加入本金重复计算利息。计算公式为：借款本利和 = 本金 + 本金 × 利率 × 借款时间。欧美国家长期借款利息一般按复利计算（复利不仅按本金计算利息，对尚未支付的利息也要计算应付利息，俗称"利滚利"）。

酒店开业前发生贷款利息的可以计入所建固定资产价值，予以资本化。例如，建造酒店向银行借款 5 亿元，年利率 10%，5 年到期，每年计息一次，到期一次性还本付息，按单利计算，5 年的本利和为：5 + 5 ×

10%×5 = 7.5 亿元。也就是说，酒店总投资从原先的 5 亿元增加到 7.5 亿元。饭店开业后的贷款利息直接计入当期损益，不能资本化，予以费用化。

投资于租赁装修的住宿业，其投资回报周期就短得多，但是不同于投资于不动产，其回收投资的同时并没有形成资产。这种多种形式、多种价格并存的住宿业态，为多种消费需求的国民提供了选择。

以上的分析告诉我们，本研究中许多地方住宿业的利润总额为负是因为还本付息、折旧摊销的财务亏损，而不是经营亏损。新开业住宿企业还本付息、折旧摊销压力比较大，新开业住宿企业比例高的城市，一定时期内发生财务亏损是正常的。

## （三）全国城市的住宿业之间比较

### 1. 全国城市住宿业配置比较

市场规律作用下，全国城市住宿业的配置比较合理。

以北京为例，2016 年住宿业客房 228182 间、床位 375311 张、餐位 332820 座，营业收入 4528375 万元，其中客房收入 2463091 万元、餐饮收入 1205905 万元、商品销售 42415 万元、其他收入 816964 万元。

2017 年北京市限额以上住宿企业 957 家，总资产 14125620 万元。其中星级酒店 519 家，平均出租率 64.8%，平均房价 572 元，营业收入 2575127 万元，利润总额 297712 万元，从业人数 76603 人。星级酒店中，五星级 60 家，平均出租率 68.7%，同比上升 2.08%；平均房价 835 元，同比上升 6.37%；营业收入 1144960 万元，同比上升 3.71%。

### 2. 住宿业的价格水平

我国住宿业的价格水平呈现稳中有降的态势，以五星级酒店每间每天可供出租的客房收入情况进行比较如下。

根据表 2 的数据，2012～2017 年我国五星级酒店每天每间可供出租的客房收入呈现略降态势，从 2010 年的 401.62 元增长到 2012 年的 425.48

元，2013 年降到 385.33 元，随后基本上处于降低状态，2017 年仍然保持低
价位 376.17 元。

表 2　中国 2010～2017 年五星级酒店每天每间可供出租的客房收入情况

单位：元

| 项目 | 2010 年 | 2011 年 | 2012 年 | 2013 年 | 2014 年 | 2015 年 | 2016 年 | 2017 年 |
|---|---|---|---|---|---|---|---|---|
| 客户间天收入 | 401.62 | 420.02 | 425.48 | 385.33 | 373.30 | 369.86 | 366.83 | 376.17 |

3. 住宿业的价格指数

2016 年全国住宿业营业收入 3811.1 亿元、资产总计 12151.9 亿元、主
营业务收入 3693.7 亿元、主营业务成本 1483.4 亿元、主营业务利润 2108.6
亿元、主营业务利润率 40.16%（在主营业务利润之后，必须扣除三项费
用、利息、税收、固定资产折旧、摊销费用才是净利润）。我国住宿业基本
处于微利状态。

4. 住宿业出租率情况

从酒店出租率变动情况来看，全国住宿业消费水平有上升的趋势。2017
年，全国五星级酒店出租率同比上升 4.9%，四星级酒店出租率同比上升
1.8%，而三星级酒店出租率降低 2.3%，二星级酒店出租率降低最多，达
到 10.1%，这与消费者对住宿档次要求提高有着直接的关系，也与旅游消
费的增加、商务会议活动的增加等因素有关。

相对于全国星级酒店的出租率，2017 年北京市各类星级酒店的出租率
均高于全国水平。北京市星级酒店的出租率一直是高于全国平均水平的，从
其出租率的年度变动情况来看，北京五星级酒店出租率上升幅度为 1.4%，
远低于全国五星级酒店 4.9% 的增幅，这是因为北京市五星级酒店出租率本
身已处于高位水平，增幅相对全国而言自然会低一些。北京四星级酒店出租
率增幅为 2.3%，略高于全国增幅水平 1.8%。在全国三星级酒店出租率小
幅下降的环境下，北京三星级酒店的出租率反而出现了 3.1% 的增长。二星
级酒店方面，在全国出租率大幅度下降的背景下北京保持持平。此外，北京
非星级酒店的出租率也出现了 3.0% 的增长。

5. 酒店住宿业要素运行力状况分析

（1）酒店住宿业运行力指标体系

根据上述分析，可以将城市住宿业从运行力的维度分为 3 个二级指标：旅游休闲住宿设施的多样性、住宿类型与价格的均衡度、该市住宿业运行力与全国各级城市的比较。具体的指标体系见表3。

表3　酒店住宿业运行力指标体系

| 一级指标<br>（类项指标） | 二级指标<br>（分组指标） | 三级指标<br>（单项指标） |
|---|---|---|
| 酒店住宿业<br>运行力<br>（30分） | 旅游休闲住宿设施的<br>多样性（9分） | 住宿设施类型配置的多样性（3分） |
| | | 住宿价格多样性（3分） |
| | | 住宿价格指数在同级城市中的位置（3分） |
| | 住宿类型与价格的<br>均衡度（6分） | 每种类型住宿出租率相近（3分） |
| | | 每种星级出租率相近（3分） |
| | 该市住宿业运行力与<br>全国各级城市的比较<br>（15分） | 星级饭店平均出租率（OR）（4分） |
| | | 每间可供出租客房产生的平均实际营业收入（4分） |
| | | 星级饭店平均利润率（3分） |
| | | 星级饭店平均投诉率（4分） |

资料来源：《中国城市休闲和旅游竞争力报告》课题组资料库。

（2）全国城市酒店住宿业运行力排名分析

根据酒店住宿业运行力指标体系，我们可以得到全国城市住宿业运行力的排名，在50个样本城市中，运行力位居城市酒店住宿业运行力维度前列的"30佳城市"见表4。其中，排名前10的城市分别是：上海、广州、深圳、北京、三亚、福州、厦门、南京、杭州、天津、苏州、宁波、重庆、成都、西安（由于第10名有6座城市并列，所以共有15座城市）。住宿与休闲和旅游密切相关，城市在住宿方面的运行力在一定程度上影响到城市休闲和旅游的运行力。

### 表4 城市酒店住宿业运行力"30佳城市"排名

单位：分

| 城市 | 酒店住宿业运行力(30) | | 酒店住宿业运行力下的二级指标 | | | | | |
|---|---|---|---|---|---|---|---|---|
| | | | 旅游休闲住宿设施的多样性(9) | | 住宿类型与价格的均衡度(6) | | 该市住宿业运行力与全国各级城市的比较(15) | |
| | 得分 | 排名 | 得分 | 排名 | 得分 | 排名 | 得分 | 排名 |
| 上海 | 30.00 | 1 | 9.00 | 1 | 6.00 | 1 | 15.00 | 1 |
| 广州 | 28.56 | 2 | 9.00 | 1 | 6.00 | 1 | 13.56 | 2 |
| 深圳 | 28.56 | 2 | 9.00 | 1 | 6.00 | 1 | 13.56 | 2 |
| 北京 | 28.50 | 4 | 9.00 | 1 | 6.00 | 1 | 13.50 | 4 |
| 三亚 | 27.61 | 5 | 9.00 | 1 | 6.00 | 1 | 12.61 | 5 |
| 福州 | 26.67 | 6 | 9.00 | 1 | 6.00 | 1 | 11.67 | 6 |
| 厦门 | 26.67 | 6 | 9.00 | 1 | 6.00 | 1 | 11.67 | 6 |
| 南京 | 25.67 | 8 | 9.00 | 1 | 6.00 | 1 | 10.67 | 8 |
| 杭州 | 25.67 | 8 | 9.00 | 1 | 6.00 | 1 | 10.67 | 8 |
| 天津 | 25.22 | 10 | 9.00 | 1 | 6.00 | 1 | 10.22 | 10 |
| 苏州 | 25.22 | 10 | 9.00 | 1 | 6.00 | 1 | 10.22 | 10 |
| 宁波 | 25.22 | 10 | 9.00 | 1 | 6.00 | 1 | 10.22 | 10 |
| 重庆 | 25.22 | 10 | 9.00 | 1 | 6.00 | 1 | 10.22 | 10 |
| 成都 | 25.22 | 10 | 9.00 | 1 | 6.00 | 1 | 10.22 | 10 |
| 西安 | 25.22 | 10 | 9.00 | 1 | 6.00 | 1 | 10.22 | 10 |
| 济南 | 24.72 | 16 | 9.00 | 1 | 6.00 | 1 | 9.72 | 16 |
| 郑州 | 24.72 | 16 | 9.00 | 1 | 6.00 | 1 | 9.72 | 16 |
| 武汉 | 24.72 | 16 | 9.00 | 1 | 6.00 | 1 | 9.72 | 16 |
| 青岛 | 24.62 | 19 | 9.00 | 1 | 6.00 | 1 | 9.62 | 27 |
| 珠海 | 24.22 | 20 | 9.00 | 1 | 6.00 | 1 | 9.22 | 28 |
| 贵阳 | 24.22 | 20 | 9.00 | 1 | 6.00 | 1 | 9.22 | 28 |
| 石家庄 | 23.52 | 22 | 7.80 | 22 | 6.00 | 1 | 9.72 | 16 |
| 太原 | 23.52 | 22 | 7.80 | 22 | 6.00 | 1 | 9.72 | 16 |
| 沈阳 | 23.52 | 22 | 7.80 | 22 | 6.00 | 1 | 9.72 | 16 |
| 大连 | 23.52 | 22 | 7.80 | 22 | 6.00 | 1 | 9.72 | 16 |
| 无锡 | 23.52 | 22 | 7.80 | 22 | 6.00 | 1 | 9.72 | 16 |
| 温州 | 23.52 | 22 | 7.80 | 22 | 6.00 | 1 | 9.72 | 16 |
| 长沙 | 23.52 | 22 | 7.80 | 22 | 6.00 | 1 | 9.72 | 16 |
| 兰州 | 23.52 | 22 | 7.80 | 22 | 6.00 | 1 | 9.72 | 16 |
| 哈尔滨 | 23.02 | 30 | 7.80 | 22 | 6.00 | 1 | 9.22 | 28 |

资料来源："中国城市休闲和旅游竞争力研究"课题组资料库。

从旅游休闲住宿设施的多样性这一指标来看，排前 30 位的城市略有差异，根据其得分情况，可以分为得分 9 分和 7.8 分两大类。随着我国社会经济的不断发展、人民生活水平的提高，我国住宿设施与之同步发展，能够充分满足国民休闲旅游的需要。包括郑州、武汉、青岛、珠海、贵阳在内的一些城市，在旅游休闲住宿设施方面具有较强的竞争力。这些城市的住宿业业态丰富，大多有星级酒店、经济型酒店、精品酒店、度假酒店、主题酒店、商务酒店、青年旅社、公寓、民宿（家庭旅馆）、汽车旅馆、自驾车房车营地等，且住宿价格多样，能够满足不同群体的需要。

从住宿类型与价格的均衡度这一指标来看，排前 30 位的城市基本一致，得分均为满分 6 分。在市场经济规律作用下，多种类型、多种价格的住宿设施趋于均衡，多种类型的住宿设施适当配置是确保价格均衡的条件。数据显示，在住宿类型与价格的均衡度指标下，全国 50 个城市的平均得分为 5.99分，不难看出，各城市的住宿类型与价格均衡度均较高。

从该市住宿业运行力与全国各级城市的比较这一指标来看，城市间差异较大，最高得分为上海，满分 15 分，排在首位。

近年来，星级酒店卫生方面的投诉比较突出。2018 年 11 月 15 日，文化和旅游部门户网站发布《文化和旅游部高度关注媒体曝光多家酒店存在卫生乱象问题》。2018 年 11 月 21 日，中国消费者协会网站刊发《中消协：旅游饭店行业品质提升，当从正星开始》，针对近日消费者曝光的国内数家星级大饭店卫生乱象，中国消费者协会对涉事旅游饭店无视消费者利益的侵权行为表示强烈谴责。

对于如何解决酒店卫生问题，业界人士提出了路径和建议：一是住宿业应出台一个详细的统一标准，以便于检查和监督；二是酒店内部应继续坚持有效的管理布置和随时检查的管理程序；三是社会各方配合，推动卫生部门专业检查以及消费者维权组织和媒体监督的结合；四是抓紧酒店员工道德素质的普遍提升。先统一标准，再把标准变为员工习惯，让员工习惯成为标准，使结果符合标准，让不自觉的行为变为自觉的行为。最关键的是管理层要充分重视。也有研究者分析，酒店卫生状况和质量的下滑，也有一些客观原因，那就是在中国酒店业供大于求的情况下，其经营业绩开始下降，造成某些基层员工收入的相对降低。因此这个问题，还需更多方面的关注才能够更好地解决。

# 二 住宿业的适应力与城市休闲和旅游竞争力

本报告第一节"住宿业整体运营状况"的"酒店住宿业要素运行力状况分析"显示，目前我国上海、广州、深圳、北京、三亚、福州、厦门、南京、杭州、天津等城市的住宿业的运行力，都处在全国前列，按照人们通常的理解，就是这些城市住宿业的经济效益，确实是"全国第一流"的。

住宿业的业界人士在研究住宿业（饭店、酒店、宾馆）时，常常愿意根据其主要服务对象而将其分为"度假型"、"商务型"和"混合型"几种。就位于城市商务地区的商务型酒店和混合型酒店而言，其住客自然是以商务客人为主体；而地处风光带的度假型酒店，MICE（会议展览与奖励旅游）的客人也占了相当大的一部分。另外，国家旅游主管部门多年来的"旅游抽样调查资料"也显示，基于商务、会议、交流目的的旅客实际是入境过夜游客里停留时间最久的那部分，而他们之中入住宾馆、饭店和公寓的又远在50%以上；据一些城市和酒店的统计，入住的这类客人占了70%～80%，甚至90%。上述旅游抽样调查资料还显示，国内旅游的旅客，也有10%以上是商务和公务目的的出差人员，有将近20%国内旅游总消费是来自这部分公务人员。可以说，这些在外停留时间最长且又下榻宾馆、酒店和公寓的群体，就是当前我国住宿业经济效益的最大贡献者。因此，如果要从我国居民的大众休闲与大众旅游角度来认识我国住宿业的未来发展与配置，也不妨增加一些新的思维。

## （一）对住宿业与休闲和旅游关系的进一步思考

城市是人类赖以生存和发展的最重要空间。作为物质存在，城市自当是人类社会经济、文化、政治的主要载体，它除了1933年《雅典宪章》所指出的服务于本地居民的居住、休闲、工作与交通的四大功能外，也是外地居民利用城际交通实现其异地休闲与旅游活动的重要场所。城市的自然环境、人文环境与人类休闲和旅游活动关系密切，使得城市的生态环境、生活环境，以及与其休闲和旅游密切相关的景观资源、文化资源及其服务业的配置等要素，都成为驱动城市休闲和旅游发展的竞争力。

人们平常在考察某一地方的住宿业时，常常都会把该地住宿业的规模、客房出租率、价格、利润等作为衡量的标准，并从经营者的角度认为客房出租率高、每间可供房收入高、本地饭店利润总额高、饭店利润总额率高等就是该地住宿业成功的标志。可是，如果从休闲与旅游的竞争力来看，情况并不完全如此。因为，一个地方酒店的总体规模与客房出租率是密切相关的，在住店客人数量变化数量不大时，饭店越多，客房出租率就越低，同时客房的价格也可能会更低一些。客房价格、客房出租率又与每间可供房收入密切相关，房价高，出租率高，每间可供房收入也就越高。显然，这样的地区、这样的城市，对旅游行业投资者和经营者都是极富吸引力的，如果从这个角度来看城市的竞争力，它无疑是十分强劲的。

但是，当地居民和旅游者的考虑却不都是这样的。在旅游地吸引力相似的情况下，房价低一些的地方往往更受消费者的欢迎；常常客满的酒店越少，客人就越有选择的余地。如果目的地酒店过多，在服务质量并不降低的情况下，四五星级酒店只卖三星级价钱、三星级酒店只卖二星级价钱的窘态，是商家所不愿意看到的；可是，这往往是不少旅游者乐意见到的。而且只有消费者愿意选择接受，城市的休闲与旅游的竞争力才能够得到保持和提升；客人的不断增多，发展下去，又是商家所乐意的了。因此本报告不得不反复斟酌这些类似的问题，从而对效率增强驱动板块的第二级及第三级的各个指数项目的确定和赋值做出多次调整。

## （二）饭店住宿业竞争力的再分析

### 1. 饭店住宿业在休闲和旅游方面竞争力的表现

住宿业是旅游产业中的重要环节，城市中住宿业也同样有着休闲产品和旅游产品具有的特殊性（包括人们多有共识的即时性、不可储存性、难于搬运性，以及产品对环境的依赖性，乃至在有形与无形之间的不确定性等），所以对其生产中的效率和效能的判定和衡量，也与物质产品的生产不尽相同。正是因为休闲产品和旅游产品的供给与消费者的消费共处一个环境（公共环境），再加上多数休闲产品和旅游产品的生产也是与消费同步的，所以考察它的效能和效率，也就需要考察者的视角和方法与之相适应。如果从本研究所探索的休闲和旅游竞争力的角度去考察住宿业，那又与从商业经营角度去考察有所不同了。

2. 酒店住宿业适应度竞争力分析

（1）酒店住宿业适应度竞争力指标体系

在酒店住宿业适应度竞争力（住宿业适应力）方面，我们将酒店住宿业适应度这一维度分为3个二级指标，分别是价格适应度、选择适应度、满意度。其下共有便于竞争力比较的5个子项，分别是价格适应度下的该地酒店平均房价高低等三项、选择适应度下的酒店平均出租率高低一项、满意度下的投诉率高低一项（见表5）。

**表5　酒店住宿业适应度竞争力指标体系**

| 一级指标<br>（类项指标） | 二级指标<br>（分组指标） | 三级指标<br>（单项指标） | 指标解释 |
| --- | --- | --- | --- |
| 酒店住宿业适应度<br>（30分） | 价格适应度<br>（18分） | 平均房价高低(6分) | 房价偏高,则降低了适应力 |
| | | 平均利润率高低(6分) | 利润偏高则性价比容易降低 |
| | | 客房平均收入高低<br>（6分） | RevPAR 与服务质量的关系 |
| | 选择适应度(6分) | 饭店平均出租率高低<br>（6分） | 入住率过高,缩小了客人的选择空间 |
| | 满意度(6分) | 投诉率高低(6分) | 投诉率低反映出住客比较满意 |

资料来源："中国城市休闲和旅游竞争力研究"课题组资料库。

（2）酒店住宿业适应度竞争力排名

考虑到"城市休闲和旅游竞争力研究"课题的"效率增强驱动"分课题分配给住宿业竞争力的总分为 30 分，于是本子课题小组分别根据全国一线城市、二线城市、三四线城市住宿业的各个类别数据与其价格适应度、选择适应度、满意度之间的关系确定了 21 组分类指数标准，从而对其进行了具体的认定，① 并对全国重点城市酒店住宿业适应度竞争力进行了排名，其中位列的"30 佳城市"的排名如下（见表6）。

表6　全国城市酒店住宿业适应度竞争力"30佳城市"排名

单位：分

| 城市 | 酒店住宿业适应度（30） | | 酒店住宿业适应度下的二级指标 | | | | | |
| | | | 价格适应度（18） | | 选择适应度（6） | | 满意度（6） | |
| | 得分 | 排名 | 得分 | 排名 | 得分 | 排名 | 得分 | 排名 |
| 沈阳 | 24.30 | 1 | 15.00 | 2 | 5.40 | 2 | 3.90 | 16 |
| 呼和浩特 | 24.00 | 2 | 15.60 | 1 | 4.80 | 6 | 3.60 | 21 |
| 张家界 | 23.70 | 3 | 14.70 | 3 | 4.80 | 6 | 4.20 | 2 |
| 拉萨 | 23.10 | 4 | 13.50 | 8 | 5.40 | 2 | 4.20 | 2 |
| 海口 | 22.80 | 5 | 13.80 | 4 | 4.80 | 6 | 4.20 | 2 |
| 银川 | 22.80 | 5 | 13.80 | 4 | 4.80 | 6 | 4.20 | 2 |
| 南昌 | 22.50 | 7 | 13.80 | 4 | 4.80 | 6 | 3.90 | 16 |
| 西宁 | 22.50 | 7 | 13.50 | 8 | 4.80 | 6 | 4.20 | 2 |
| 大连 | 22.50 | 9 | 13.20 | 11 | 5.40 | 2 | 3.90 | 16 |
| 贵阳 | 22.20 | 10 | 13.80 | 4 | 4.80 | 6 | 3.60 | 21 |
| 长春 | 22.20 | 12 | 13.50 | 8 | 4.80 | 6 | 3.90 | 19 |
| 宜昌 | 22.20 | 12 | 13.20 | 11 | 4.80 | 6 | 4.20 | 2 |
| 南宁 | 22.20 | 12 | 13.20 | 11 | 4.80 | 6 | 4.20 | 2 |
| 秦皇岛 | 22.20 | 10 | 12.60 | 24 | 6.00 | 1 | 3.60 | 21 |
| 长沙 | 21.90 | 15 | 13.20 | 11 | 4.50 | 21 | 4.20 | 2 |
| 东莞 | 21.90 | 15 | 13.20 | 11 | 4.50 | 21 | 4.20 | 2 |
| 昆明 | 21.90 | 15 | 12.60 | 24 | 4.80 | 6 | 4.50 | 1 |
| 乌鲁木齐 | 21.90 | 15 | 13.20 | 11 | 4.50 | 21 | 4.20 | 2 |

① 受篇幅有限，此处省略全国 50 个主要城市各级指标得分与排名情况。

续表

| 城市 | 酒店住宿业适应度（30） | | 酒店住宿业适应度下的二级指标 | | | | | |
| --- | --- | --- | --- | --- | --- | --- | --- | --- |
| | | | 价格适应度（18） | | 选择适应度（6） | | 满意度（6） | |
| | 得分 | 排名 | 得分 | 排名 | 得分 | 排名 | 得分 | 排名 |
| 洛阳 | 21.60 | 19 | 13.20 | 11 | 4.80 | 6 | 3.60 | 21 |
| 石家庄 | 21.60 | 20 | 13.20 | 11 | 5.40 | 2 | 3.00 | 32 |
| 泉州 | 21.60 | 20 | 12.90 | 21 | 4.80 | 6 | 3.90 | 16 |
| 丽江 | 21.60 | 20 | 12.60 | 24 | 4.80 | 6 | 4.20 | 2 |
| 西安 | 21.60 | 20 | 12.90 | 21 | 4.50 | 21 | 4.20 | 2 |
| 太原 | 21.00 | 24 | 13.20 | 11 | 4.20 | 27 | 3.60 | 21 |
| 黄山 | 21.00 | 24 | 13.20 | 11 | 4.20 | 27 | 3.60 | 21 |
| 武汉 | 21.00 | 24 | 12.90 | 21 | 4.50 | 21 | 3.60 | 21 |
| 无锡 | 20.40 | 27 | 12.60 | 24 | 4.20 | 27 | 3.60 | 21 |
| 合肥 | 20.40 | 27 | 12.60 | 24 | 4.20 | 27 | 3.60 | 21 |
| 郑州 | 20.40 | 27 | 12.60 | 24 | 4.20 | 27 | 3.60 | 21 |
| 桂林 | 20.40 | 27 | 12.00 | 32 | 4.20 | 27 | 4.20 | 2 |

资料来源：《中国城市休闲和旅游竞争力报告》课题组资料库。

　　如果从住宿业对休闲和旅游者的适应力来考量，根据本文有关指标体系，在本研究的50个样本城市中，我们就可以得到住宿适应力的排名。表6显示的就是全国样本城市中住宿维度适应力位居前列的"30佳城市"的指数与排名。其中，排名前10的城市分别是：沈阳、呼和浩特、张家界、拉萨、海口、银川、南昌、西宁、大连、贵阳，它们均以其价格适应度、选择适应度、满意度三项构成的综合适应力的总分，位居"30佳城市"的其他20个城市之前，成为竞争力最强的10座城市。其中，呼和浩特、沈阳、张家界，以及海口、银川、南昌，更以其价格适应度最强而居全国前4位。如果这些城市能够将其这一优势与其休闲和旅游资源竞争力进行更强的整合，并将其住宿业适应力优势作为一个营销的新卖点，必将为该城市休闲与旅游的发展带来更大的助力。

　　令人瞩目的是，这30个位居全国前列的城市的绝大部分，虽然没有特大城市京沪穗（北上广）那样的繁华，但却都是因其休闲和旅游资源各具特色（或自然风光优美独秀，或历史遗存积淀深厚，或民族文化丰富多彩，或现代生活绚丽多彩）而著名的城市，加上其住宿业适应力位居前列，这就为其服务本地居民和外来旅游者创造了更为舒适的休闲与旅游的可取条件。

"城市休闲和旅游竞争力研究"课题组在选择住宿业竞争力时，之所以要安排将住宿业对本地居民和外来旅游者的适应度作为其研究的重要内容，就是为了更好地在全国推动各城市休闲和旅游发展与百姓生活的适应。

# G.11
# 后　记

　　得知本研究报告马上就要进入印刷流程，课题组的同志们都十分高兴。

　　本课题研究是黄先开教授担任北京联合大学副校长的时候最初提议的，那时他还兼任着旅游学院的院长，除了联大的分工任务外，他对旅游学院的建设，尤其是学院的教学和科研的开拓，更为用心用力。那时我院退休教授刘德谦已被中国社科院旅游研究中心聘为副主任，由于刘教授参与该中心《旅游绿皮书》的创办并一直担任该书执行主编，国家旅游局也邀请他与旅游局综合司合作共同主编另一份全国性产业发展年度报告《休闲绿皮书》。于是黄校长向他谈到了加深旅游休闲科学的数理研究建议（黄校长原本就是应用数学、计量经济分析的著名专家），他们的想法很相近，并一起畅想了是否可以选择"北京市休闲和旅游竞争力研究"的课题。不巧的是，北京旅游学会在北京市旅游委支持下的《北京旅游绿皮书》也正邀刘教授担任他们的执行主编，于是原来"北京市休闲和旅游竞争力研究"课题的初步想法，就只好为北京市的任务让路了。

　　基于我个人原来也参与了这一课题的拟议，也有一些较为具体的想法，后来我便与刘教授又沟通了一下。我说，这样有价值的课题最好不要轻易放弃，有没有可能换为对全国城市的研究呢？刘教授向我转述了他与黄校长对课题的类似想法，而且他也正在做着一些相关的准备。恰巧，2015年国家旅游局通过全国旅游标准化技术委员会提出的《旅游休闲示范城市》的旅游行业标准在京召开审查会，刘教授不仅被选为审查组长，而且受托直接参与了该标准的最后改订。由于刘教授的敏锐，他觉得，也许这时正是研究休闲和旅游共轭驱动全国城市功能建设的好机会，这既符合时代发展的需要、百姓的需要，也可以对国家主管部门的部署起到一些配合的作用。在与我沟通后，他便把这个构想向黄校长汇报了。

正在他们进一步商议课题如何推进的时候，一个新消息传来，黄校长要由联大副校长调任北京开放大学校长。面对变化，黄校长不得不做了下一步的工作安排；更暖心的是，旅游学院党委曹长兴书记和张驰副院长等院领导都一致表示了对该课题的继续支持。所以，尽管后来我也从旅游学院主管教学工作的副院长岗位调到了北京联大校本部，但课题组组长没有换人，我的这项工作任务仍然没有变。2017 年后，在旅游学院任教的教师们，如一直讲授和研究统计学和其他旅游休闲相关学科的李享、张丽峰、丁于思、郝志成、季少军、何滢、廖斌、廉月娟等教师们（教授、副教授、讲师和年轻博士）也先后从其教学之余进入课题组，还有研究生王雅丽、王园等都积极参加了有关研究。大家一起从最初的对指标体系的调整到全国数据的采集分析，从研究方法的选定到无量纲化的加权计算，尽管困难和问题都不少，但是大家都明白这项工作的意义，所以一起研讨，彼此切磋，交换阅读并相互修改课题报告，非常融洽，非常团结；有力的是，我院新任常务副院长严旭阳教授、新任常务副书记王静教授也先后到任，并给予了这一课题十分积极的支持；再加之中国社科院倪鹏飞研究员来校为课题组举办专题讲座；南开大学马晓龙教授也对旅行社竞争力的研究提出了他的心得与建议；擅长住宿业研究的赵焕焱顾问不仅与我院刘德谦教授研究了本课题这次住宿业竞争力的要点，还无偿提供了他积累的统计资料；《旅游学刊》吴巧红和宋志伟两位副主编都慨然应允担任主要文稿的审读；中科院地理所在读博士魏云洁担任了地图绘制；杭州外院蒋艳副教授帮助补充改稿；等等。总之，本研究既有课题组的群策群力，又有如此多的支持和外援，使得课题后期进展速度加快，任务得以圆满完成。自然了，我也为能够跟大家合作并一起共事感到非常高兴。

回顾 70 年中国旅游的发展，人们对它的认识已经从最初的经济与外事的功能，发展成为关乎国人福祉的幸福产业；尤其是进入 21 世纪以来，国家和百姓对休闲生活的关注，更上升到了前所未有的高度。而且，人们的休闲体验，也已经不再局限于单一的旅游休闲，还有多样多彩的文化休闲，生动活泼的体育健身休闲，以及幽静闲适的养心休闲，等等；同时，有关休闲和旅游发展对于我国城市、国民经济的价值，也越来越受到官方和民间一致的重视。

党和国家领导人对城市的建设发展和民众的福祉都是十分关切的。2019年8月，习近平总书记在甘肃考察期间就着重强调，城市是人民的，城市建设要坚持以人民为中心的发展理念，让群众过得更幸福。国务院总理李克强在出席2016年夏季达沃斯论坛开幕式的致辞中也特别强调了我国推动旅游、文化、体育、健康、养老"五大幸福产业"快速发展的意义，因为服务业无论是产值还是就业，都稳居国民经济第一大产业。后来，国务院办公厅《关于进一步扩大旅游文化体育健康养老教育培训等领域消费的意见》（国办发〔2016〕85号），也特地为着力推进幸福产业服务消费提质扩容做了具体的部署。

当前人们关注的"五大幸福产业"，除了旅游产业，文化、体育、健康、养老实质上都是休闲产业。由此可见，本课题的寻找城市休闲和旅游竞争力的提升途径的主旨选择，也正好符合中央的部署精神。

振奋人心的是，2020年10月29日中共中央的五中全会审议通过了《中共中央关于制定国民经济和社会发展第十四个五年规划和2035年远景目标的建议》，其中在绘制我国城市发展蓝图时，又特地规划了"打造一批文化特色鲜明的国家级旅游休闲城市和街区"的目标；而本课题所研究的"城市休闲和旅游"共轭的驱动力，正是服务于旅游休闲城市建设、服务于城市休闲供给和旅游供给的优化、服务于休闲和旅游满意度的提升的，因此，本研究报告今后恰好能够为我国实现"十四五"规划和2035年远景目标贡献出它的一份力量，这更是我们感到十分幸运和欣慰的。

课题组在这次的探索研究中有不少的心得和体会，我们也准备把这一有益的研究继续下去。在下一轮的研究中，我们计划将进一步扩充样本城市的范围，关注更多的中小城市，也准备进一步优化指标体系。如果能够得到更多的支持，我们考虑还将进一步增加由专家考察得出的软性指标的数据，尤其是经过这次新冠肺炎疫情的考验，居民和旅游者对休闲和旅游的环境和生态都有了新要求，怎样营造适应于新需求的休闲和旅游的新环境，如何安排群体有关休闲旅游聚集的时空隔度，如何在新的指标体系中体现安全与健康的保障等，都是下一步工作的思考内容，如此种种，都热忱地欢迎有关专家、城市的管理者和广大读者提出宝贵的建议。谢谢！

课题组组长　石美玉

2020 年 6 月 26 日初记

2020 年 11 月 6 日再记

# 皮 书

## 智库报告的主要形式
## 同一主题智库报告的聚合

### ❖ 皮书定义 ❖

皮书是对中国与世界发展状况和热点问题进行年度监测，以专业的角度、专家的视野和实证研究方法，针对某一领域或区域现状与发展态势展开分析和预测，具备前沿性、原创性、实证性、连续性、时效性等特点的公开出版物，由一系列权威研究报告组成。

### ❖ 皮书作者 ❖

皮书系列报告作者以国内外一流研究机构、知名高校等重点智库的研究人员为主，多为相关领域一流专家学者，他们的观点代表了当下学界对中国与世界的现实和未来最高水平的解读与分析。截至 2020 年，皮书研创机构有近千家，报告作者累计超过 7 万人。

### ❖ 皮书荣誉 ❖

皮书系列已成为社会科学文献出版社的著名图书品牌和中国社会科学院的知名学术品牌。2016 年皮书系列正式列入"十三五"国家重点出版规划项目；2013~2020 年，重点皮书列入中国社会科学院承担的国家哲学社会科学创新工程项目。

# 中国皮书网

（网址：www.pishu.cn）

发布皮书研创资讯，传播皮书精彩内容
引领皮书出版潮流，打造皮书服务平台

## 栏目设置

**◆关于皮书**

何谓皮书、皮书分类、皮书大事记、
皮书荣誉、皮书出版第一人、皮书编辑部

**◆最新资讯**

通知公告、新闻动态、媒体聚焦、
网站专题、视频直播、下载专区

**◆皮书研创**

皮书规范、皮书选题、皮书出版、
皮书研究、研创团队

**◆皮书评奖评价**

指标体系、皮书评价、皮书评奖

**◆互动专区**

皮书说、社科数托邦、皮书微博、留言板

## 所获荣誉

◆2008年、2011年、2014年，中国皮书
网均在全国新闻出版业网站荣誉评选中
获得"最具商业价值网站"称号；

◆2012年,获得"出版业网站百强"称号。

## 网库合一

2014年，中国皮书网与皮书数据库端口
合一，实现资源共享。

# 权威报告·一手数据·特色资源

# 皮书数据库
## ANNUAL REPORT(YEARBOOK)
## DATABASE

## 分析解读当下中国发展变迁的高端智库平台

### 所获荣誉

- 2019年，入围国家新闻出版署数字出版精品遴选推荐计划项目
- 2016年，入选"'十三五'国家重点电子出版物出版规划骨干工程"
- 2015年，荣获"搜索中国正能量 点赞2015""创新中国科技创新奖"
- 2013年，荣获"中国出版政府奖·网络出版物奖"提名奖
- 连续多年荣获中国数字出版博览会"数字出版·优秀品牌"奖

### 成为会员

通过网址www.pishu.com.cn访问皮书数据库网站或下载皮书数据库APP，进行手机号码验证或邮箱验证即可成为皮书数据库会员。

### 会员福利

- 已注册用户购书后可免费获赠100元皮书数据库充值卡。刮开充值卡涂层获取充值密码，登录并进入"会员中心"—"在线充值"—"充值卡充值"，充值成功即可购买和查看数据库内容。
- 会员福利最终解释权归社会科学文献出版社所有。

数据库服务热线：400-008-6695
数据库服务QQ：2475522410
数据库服务邮箱：database@ssap.cn
图书销售热线：010-59367070/7028
图书服务QQ：1265056568
图书服务邮箱：duzhe@ssap.cn

# S 基本子库
## SUB DATABASE

### 中国社会发展数据库（下设 12 个子库）

整合国内外中国社会发展研究成果，汇聚独家统计数据、深度分析报告，涉及社会、人口、政治、教育、法律等 12 个领域，为了解中国社会发展动态、跟踪社会核心热点、分析社会发展趋势提供一站式资源搜索和数据服务。

### 中国经济发展数据库（下设 12 个子库）

围绕国内外中国经济发展主题研究报告、学术资讯、基础数据等资料构建，内容涵盖宏观经济、农业经济、工业经济、产业经济等 12 个重点经济领域，为实时掌控经济运行态势、把握经济发展规律、洞察经济形势、进行经济决策提供参考和依据。

### 中国行业发展数据库（下设 17 个子库）

以中国国民经济行业分类为依据，覆盖金融业、旅游、医疗卫生、交通运输、能源矿产等 100 多个行业，跟踪分析国民经济相关行业市场运行状况和政策导向，汇集行业发展前沿资讯，为投资、从业及各种经济决策提供理论基础和实践指导。

### 中国区域发展数据库（下设 6 个子库）

对中国特定区域内的经济、社会、文化等领域现状与发展情况进行深度分析和预测，研究层级至县及县以下行政区，涉及地区、区域经济体、城市、农村等不同维度，为地方经济社会宏观态势研究、发展经验研究、案例分析提供数据服务。

### 中国文化传媒数据库（下设 18 个子库）

汇聚文化传媒领域专家观点、热点资讯，梳理国内外中国文化发展相关学术研究成果、一手统计数据，涵盖文化产业、新闻传播、电影娱乐、文学艺术、群众文化等 18 个重点研究领域。为文化传媒研究提供相关数据、研究报告和综合分析服务。

### 世界经济与国际关系数据库（下设 6 个子库）

立足"皮书系列"世界经济、国际关系相关学术资源，整合世界经济、国际政治、世界文化与科技、全球性问题、国际组织与国际法、区域研究 6 大领域研究成果，为世界经济与国际关系研究提供全方位数据分析，为决策和形势研判提供参考。

# 法律声明

　　"皮书系列"（含蓝皮书、绿皮书、黄皮书）之品牌由社会科学文献出版社最早使用并持续至今，现已被中国图书市场所熟知。"皮书系列"的相关商标已在中华人民共和国国家工商行政管理总局商标局注册，如 LOGO（▊）、皮书、Pishu、经济蓝皮书、社会蓝皮书等。"皮书系列"图书的注册商标专用权及封面设计、版式设计的著作权均为社会科学文献出版社所有。未经社会科学文献出版社书面授权许可，任何使用与"皮书系列"图书注册商标、封面设计、版式设计相同或者近似的文字、图形或其组合的行为均系侵权行为。

　　经作者授权，本书的专有出版权及信息网络传播权等为社会科学文献出版社享有。未经社会科学文献出版社书面授权许可，任何就本书内容的复制、发行或以数字形式进行网络传播的行为均系侵权行为。

　　社会科学文献出版社将通过法律途径追究上述侵权行为的法律责任，维护自身合法权益。

　　欢迎社会各界人士对侵犯社会科学文献出版社上述权利的侵权行为进行举报。电话：010-59367121，电子邮箱：fawubu@ssap.cn。

社会科学文献出版社